Manual de
ATIVIDADE POLICIAL

O GEN | Grupo Editorial Nacional – maior plataforma editorial brasileira no segmento científico, técnico e profissional – publica conteúdos nas áreas de concursos, ciências jurídicas, humanas, exatas, da saúde e sociais aplicadas, além de prover serviços direcionados à educação continuada.

As editoras que integram o GEN, das mais respeitadas no mercado editorial, construíram catálogos inigualáveis, com obras decisivas para a formação acadêmica e o aperfeiçoamento de várias gerações de profissionais e estudantes, tendo se tornado sinônimo de qualidade e seriedade.

A missão do GEN e dos núcleos de conteúdo que o compõem é prover a melhor informação científica e distribuí-la de maneira flexível e conveniente, a preços justos, gerando benefícios e servindo a autores, docentes, livreiros, funcionários, colaboradores e acionistas.

Nosso comportamento ético incondicional e nossa responsabilidade social e ambiental são reforçados pela natureza educacional de nossa atividade e dão sustentabilidade ao crescimento contínuo e à rentabilidade do grupo.

ROGÉRIO GRECO

Manual de ATIVIDADE POLICIAL

Aspectos penais, processuais penais, administrativos e constitucionais

12.ª edição revista e atualizada

gen | atlas

- O autor deste livro e a editora empenharam seus melhores esforços para assegurar que as informações e os procedimentos apresentados no texto estejam em acordo com os padrões aceitos à época da publicação, e todos os dados foram atualizados pelo autor até a data de fechamento do livro. Entretanto, tendo em conta a evolução das ciências, as atualizações legislativas, as mudanças regulamentares governamentais e o constante fluxo de novas informações sobre os temas que constam do livro, recomendamos enfaticamente que os leitores consultem sempre outras fontes fidedignas, de modo a se certificarem de que as informações contidas no texto estão corretas e de que não houve alterações nas recomendações ou na legislação regulamentadora.

- Fechamento desta edição: *03.05.2023*

- O Autor e a editora se empenharam para citar adequadamente e dar o devido crédito a todos os detentores de direitos autorais de qualquer material utilizado neste livro, dispondo-se a possíveis acertos posteriores caso, inadvertida e involuntariamente, a identificação de algum deles tenha sido omitida.

- **Atendimento ao cliente: (11) 5080-0751 | faleconosco@grupogen.com.br**

- Direitos exclusivos para a língua portuguesa
  Copyright © 2023 *by*
  Editora Atlas Ltda.
  Uma editora integrante do GEN | Grupo Editorial Nacional
  Travessa do Ouvidor, 11 – Térreo e 6º andar
  Rio de Janeiro – RJ – 20040-040
  www.grupogen.com.br

- Reservados todos os direitos. É proibida a duplicação ou reprodução deste volume, no todo ou em parte, em quaisquer formas ou por quaisquer meios (eletrônico, mecânico, gravação, fotocópia, distribuição pela Internet ou outros), sem permissão, por escrito, da Editora Atlas Ltda.

- Capa: Fabricio Vale

- **CIP – BRASIL. CATALOGAÇÃO NA FONTE.**
  SINDICATO NACIONAL DOS EDITORES DE LIVROS, RJ.

G829m
Greco, Rogério

Manual de atividade policial : aspectos penais, processuais penais, administrativos e constitucionais/ Rogério Greco. – 12. ed., rev., atual. e ampl. – Barueri [SP]: Atlas, 2023.

376 p.; 23 cm.

Inclui bibliografia
ISBN 978-65-5977-528-6

1. Policiais - Brasil. 2. Investigação criminal – Brasil. 3. Aplicação da lei – Brasil. 4. Processo penal - Brasil. I. Título.

23-83740   CDU: 343.98(81)

Meri Gleice Rodrigues de Souza – Bibliotecária – CRB-7/6439

*Todo homem esteja sujeito às
autoridades superiores; porque não há
autoridade que não proceda de Deus;
e as autoridades que existem
foram por ele instituídas.*
Romanos 13.1

*Ao único que é digno de toda honra, toda glória e todo poder, a Jesus Cristo, que morreu por mim e por você, mas que, ao terceiro dia, ressuscitou.
A minha oração é que sejamos tal como o apóstolo Paulo, que, ao final de sua vida, disse que havia combatido o bom combate, completado a carreira e, o mais importante, guardado a fé*
(2 Timóteo Cap. 4:7),

pois que, "sem fé, é impossível agradar a Deus"
(Hebreus, Cap. 11:6).

"A fé é a certeza de coisas que se esperam, a convicção de fatos que não se veem"
(Hebreus, Cap. 11:1).

Apresentação

O Batalhão de Operações Policiais Especiais (Bope) da Polícia Militar do Estado do Rio de Janeiro tem se destacado, tanto nacional quanto internacionalmente, devido ao seu treinamento tático, físico e estratégico no que diz respeito à necessidade de ações que envolvam um melhor condicionamento do policial.

A ideia deste manual surgiu após verificar que a tropa, embora muito bem preparada naquelas áreas, necessitava de um aperfeiçoamento maior no campo jurídico, a fim de que pautasse suas ações, como normalmente ocorre, de acordo com a legalidade, nos moldes determinados pelo Estado Democrático de Direito.

O que, inicialmente, seria um manual destinado exclusivamente ao Bope acabou se transformando em um texto dirigido a toda atividade policial, independentemente de se cuidar das atividades relativas às polícias militar, civil, federal, rodoviária federal, penal etc.

Em alguns tópicos, o leitor perceberá um enfoque maior para uma dessas polícias, tendo em vista sua atividade específica. Em outros, percebe-se uma ideia geral do comportamento a ser assumido por qualquer policial.

Dessa forma, a finalidade deste manual é trazer ao conhecimento dos policiais em geral as informações jurídicas mais relevantes relacionadas às suas atividades, desde o instante em que saem do batalhão ou da delegacia de polícia com o objetivo de cumprir alguma missão, onde podem prender pessoas em flagrante delito, trocar tiros com criminosos, apreender drogas e munições, atuar de acordo com aquilo que lhes foi exigido pelo comando, cumprir mandados de prisão, ser ouvidos como testemunhas em juízo, até quando, eventualmente, praticam, eles próprios, alguma infração penal etc.

O livro, outrossim, foi dividido em três partes. A primeira delas, com o título de "Aspectos gerais da atividade policial", foi produzida com o escopo de trazer ao conhecimento tópicos (administrativos, constitucionais, penais e processuais penais) específicos sobre a atividade policial; a segunda parte diz respeito a tópicos da parte especial do Código Penal e da legislação penal especial, na qual são analisados temas correspondentes a vários tipos penais do dia a dia policial; por fim, a última parte foi confeccionada, exclusivamente, por policiais com vasta experiência em operações especiais, mostrando suas principais áreas de atuação, bem como a importância da existência de policiais treinados, especificamente, para atuar em situações excepcionais, que envolvam risco extremo.

Esta terceira parte está disponibilizada virtualmente, podendo o leitor fazer sua leitura por meio do Ambiente de Aprendizagem. Para acessá-lo, veja o passo a passo na orelha desta obra.

Este manual não seria possível sem o apoio do Bope do Rio de Janeiro, principalmente por conta das contribuições inestimáveis do Comandante à época, Cel. Pinheiro Neto. Da mesma forma, agradeço ao Ten.-Cel. Wilman Rene Gonçalves Alonso, também ex-comandante do Bope, que, sempre preocupado com a excelência da tropa, me honrou com seu convite para que pudesse dar continuidade às instruções jurídicas às suas equipes, fazendo que este trabalho permanecesse sempre atualizado, com novas e práticas situações trazidas durante as discussões ocorridas em nossos encontros. Na verdade, grande parte do conteúdo deste livro foi escrito após essas discussões com a tropa, que revelou suas dúvidas e apreensões.

Agradeço, igualmente, ao Cap. Edson Raimundo dos Santos (Bope); ao Dr. Marcelo Fernandes, Delegado de Polícia da Divisão de Operações Especiais da Polícia Civil do Distrito Federal (DOE/PCDF); ao Agente de Polícia Federal do Comando de Operações Táticas (COT) Eduardo Maia Betini; ao Dr. Lorenzo Martins Pompílio da Hora, Delegado de Polícia Federal, titular da Delegacia de Repressão a Entorpecentes no Rio de Janeiro; e ao Dr. Flávio Porto de Moura, Delegado da Coordenadoria de Recursos Especiais (Core), do Rio de Janeiro; ao Ten. Francis Albert Cotta, do Grupamento de Ações Táticas Especiais (Gate) de Minas Gerais; ao Ten.-Cel. Ledwan Salgado Cotta e ao Cap. Sandro Vieira Corrêa, Comandantes de aeronaves militares da Polícia Militar de Minas Gerais (PMMG); e ao Dr. Jeferson Botelho Pereira, Delegado Geral de Polícia Civil em Minas Gerais, que, com seus textos, enriqueceram, sobremaneira, este manual, mostrando que, no Brasil, temos uma polícia que pode servir como referência a qualquer outra existente no mundo.

Fica aqui, portanto, registrada a honra de poder contribuir, mesmo de forma singela, para o maior aperfeiçoamento das polícias de nosso país, que, ao longo dos anos, foram sendo sucateadas pelo Estado, que parece não se preocupar com a segurança pública.

Força e honra!

Rogério Greco

Prefácio

É com grande alegria que apresento aos estudiosos e interessados o livro do Professor Rogério Greco, *Manual de Atividade Policial – Aspectos Penais, Processuais Penais, Administrativos e Constitucionais*, obra que aborda os aspectos penais, processuais penais, administrativos e constitucionais dessa atividade indispensável, difícil e instigante.

Recordo-me dos tempos em que fazia o Curso de Formação para Delegado de Polícia, na Academia de Polícia do Estado do Rio de Janeiro, ocasião em que, reiteradas vezes, ouvi lamentos e críticas sobre a falta de bibliografia direcionada à atividade policial. Esse hiato ainda não foi solucionado, mas posso dizer que ele fica bem menor com a edição da presente obra. Sua confecção mostra o compromisso do Autor com o desenvolvimento da Ciência Jurídica, ciência que não vemos como uma atividade isolada, mas que tem (e deve ter) relação com a prática diária, solucionando os problemas da vida real e contribuindo, com a parte que lhe cabe, para o aperfeiçoamento do Direito, da sociedade e da democracia.

Um dos problemas mais comuns nos livros que tratam da Polícia é o de focar tão somente a (meritória e necessária) defesa dos direitos individuais, indicando o que a polícia pode ou não, deve ou não fazer, mas esquecendo-se de tratar o tema de forma que diga o "como fazer". Muitos tratam do que interessa ao cidadão, e isso é ótimo, porém poucos tratam do que interessa ao policial, das informações que eles precisam para trabalhar melhor. Outro hiato que o livro cuida de suprir é a discussão teórica de temas típicos da atividade policial, sobre os quais se silencia, quase como uma regra, a doutrina. Por fim, a atividade policial deve ser tratada com o respeito e as homenagens a que faz jus, sem nunca olvidar o quanto o Policial tem de útil à sociedade, de heroísmo e de relevância para o Direito Penal e Processual Penal. Por tudo isso, trazemos este livro a lume com grandes expectativas do quanto será útil.

Registro, por oportuno, ainda que versando sobre o óbvio, que o professor Rogério Greco vem se firmando cada vez mais como um dos maiores luminares do Direito Penal no País. Esse feito é resultado de sua vivência cotidiana na matéria ao lado de sua dedicação acadêmica. Além de se lançar ao ofício, ao contato com as Polícias, com a advocacia, de visitar penitenciárias e debater o tema com todos, registro que Rogério concluiu seu doutorado na Espanha e seu pós-doutorado na Itália.

Greco logra, com rara maestria, conciliar o cuidado científico com a prática, a capacidade de explicar os temas de forma profunda, mas também clara. Ao contrário da impressão geral, não é preciso ir às nuvens ou valer-se de linguajar inacessível para mostrar erudição.

Só para dar alguns exemplos, a obra enfrenta temas como a requisição administrativa, a figura do *sniper* (o atirador de elite), a camuflagem, as milícias, as operações policiais de natureza especial, a inteligência policial etc. Além disso, aborda, com profundidade maior do que a costumeira na doutrina, temas próprios do dia a dia policial. Por isso, resolve questões não só para quem é policial mas também para quem trabalha com aquilo que a Polícia faz ou prepara.

A obra foi dividida em três partes. A primeira delas, com o título de "Aspectos gerais da atividade policial", foi produzida com a finalidade de trazer ao conhecimento tópicos (administrativos, constitucionais, penais e processuais penais) específicos sobre a atividade policial; a segunda parte diz respeito a tópicos da parte especial do Código Penal e da legislação penal especial, na qual são analisados temas correspondentes a vários tipos penais do dia a dia policial; por fim, a última parte foi confeccionada, exclusivamente, por policiais com vasta experiência em operações especiais, mostrando suas principais áreas de atuação, bem como a importância da existência de policiais treinados, especificamente, para atuar em situações excepcionais, que envolvam risco extremo.

A obra de Rogério Greco, certamente, auxiliará estudantes, policiais e aplicadores do Direito, prestando, dessa forma, relevante serviço para a evolução da nossa sociedade e de seus profissionais.

William Douglas
Desembargador Federal. Professor Universitário.

Sumário

PARTE 1
ASPECTOS GERAIS DA ATIVIDADE POLICIAL

Capítulo 1 – Distinção entre a polícia militar, a polícia civil, a polícia federal, a polícia rodoviária federal, a polícia penal e a guarda municipal 3

Capítulo 2 – Cumprimento das funções policiais com observância do princípio da dignidade da pessoa humana 11

2.1 Origem do princípio da dignidade da pessoa humana 11
2.2 A concepção normativa da dignidade da pessoa humana 13
2.3 O desrespeito ao princípio da dignidade da pessoa humana pelo próprio Estado 15
2.4 A relativização do princípio da dignidade da pessoa humana 15
2.5 A exigível observância do princípio da dignidade da pessoa humana pela polícia 16
2.6 Da aplicação dos Tratados Internacionais sobre Direitos Humanos 17
2.7 Princípios éticos da conduta policial 18

Capítulo 3 – Prisão em flagrante 21

3.1 Prisões cautelares 21
3.2 Introdução à prisão em flagrante 22
3.3 Possibilidades 24
3.4 Conceito e situações que caracterizam as hipóteses de flagrante delito 25
3.5 Lavratura do auto de prisão em flagrante 27
3.6 Juiz das garantias 27
3.7 Direitos do preso 31
    3.7.1 Identificação criminal do civilmente identificado 32
    3.7.2 Identificação datiloscópica 35
3.8 Policial condutor 36

3.9	Quem poderá ser preso em flagrante pelo policial	37
3.10	Resistência à prisão em flagrante	38
3.11	Busca domiciliar, em veículos e pessoal	38
3.12	Mandado coletivo de busca e apreensão de coisas e pessoas	42
3.13	Busca pessoal em mulheres	43
3.14	Uso da força e de armas de fogo	43
	3.14.1 Uso de instrumentos de menor potencial ofensivo	46
3.15	Uso de algemas	47
3.16	Adolescente infrator	49
3.17	Utilização de algemas em adolescente infrator	50
3.18	Apreensão de drogas	51
3.19	Usuário de drogas	53
3.20	Apreensão de armas	55
3.21	Flagrante compulsório, flagrante preparado, flagrante esperado, flagrante diferido e flagrante forjado	56
3.22	Fiança criminal	60
3.23	Audiência de custódia	63

Capítulo 4 – Utilização de propriedade particular (requisição administrativa) **67**

Capítulo 5 – Ordem emanada de superior hierárquico **71**

5.1	Assédio moral e obediência hierárquica	74

Capítulo 6 – Investigação policial **79**

6.1	Princípios fundamentais da investigação policial	79
6.2	Inquérito policial – civil e militar. Conceito e finalidade	80
6.3	Dispensabilidade do inquérito policial	82
6.4	Instauração do inquérito policial	82
	6.4.1 Indiciamento	83
6.5	Características	83
6.6	Arquivamento do inquérito policial	85
6.7	Interceptação de comunicações telefônicas no curso do inquérito policial	88
6.8	Representação sobre a prisão temporária	91
6.9	Representação sobre a prisão preventiva	92
6.10	Exame de corpo de delito	95

| 6.11 | Do reconhecimento de pessoas e coisas | 100 |
| 6.12 | Acareação | 100 |

Capítulo 7 – O Ministério Público 101

7.1	Introdução	101
7.2	Titularidade da ação penal	102
7.3	Relacionamento com a Polícia	107
7.4	Controle externo da atividade policial	108
7.5	Poder investigativo do Ministério Público	112

Capítulo 8 – O papel do policial como testemunha no processo judicial 119

8.1	Introdução	119
8.2	Requisição do Policial Militar	119
8.3	Dever de dizer a verdade	120
8.4	Transgressão militar e crime propriamente militar	120

Capítulo 9 – Concurso de pessoas 125

9.1	Introdução	125
9.2	Requisitos necessários ao reconhecimento do concurso de pessoas	125
9.3	Espécies de concurso de pessoas	128
9.4	Responsabilidade penal dos coautores e dos partícipes	131
9.5	Espécies de autoria	132
9.6	Crimes multitudinários (multidão delinquente)	135

Capítulo 10 – Ilicitude 139

10.1	Conceito	139
10.2	Causas de exclusão da ilicitude	139
	10.2.1 Estado de necessidade	140
	10.2.1.1 Estado de necessidade exculpante e estado de necessidade justificante	141
	10.2.1.2 Policiais que se abrigam no interior de uma residência a fim de se protegerem durante uma troca de tiros	142
	10.2.1.3 Policiais que, à noite, encurralados em escadaria de uma favela, se veem obrigados a atirar nas lâmpadas, a fim de evitar que sejam alvejados facilmente	142

10.2.2 Legítima defesa 143

    10.2.2.1 Conceito e finalidade 143

    10.2.2.2 Espécies de legítima defesa 144

    10.2.2.3 Elementos que integram a legítima defesa 145

    10.2.2.4 Legítima defesa para repelir agressão ou risco de agressão a vítima mantida refém durante a prática de crimes 148

    10.2.2.5 Legítima defesa e agressão de inimputáveis 150

    10.2.2.6 Legítima defesa e aberratio ictus (erro na execução) 150

    10.2.2.7 Legítima defesa e disparo de arma de fogo pela polícia 152

    10.2.2.8 Legítima defesa sucessiva 152

10.2.3 Estrito cumprimento do dever legal 153

10.2.4 Exercício regular de direito 155

10.2.5 Ofendículos 155

10.3 Excesso 156

10.3.1 Introdução 156

10.3.2 Ilicitude do excesso 157

10.3.3 Excesso doloso e excesso culposo 158

10.3.4 Excesso intensivo e excesso extensivo 159

10.3.5 Excesso na causa 160

10.3.6 Excesso exculpante 161

Capítulo 11 – Negociação e gerenciamento de crise 163

11.1 Introdução, conceito e características 163

11.2 Providências imediatas após a ocorrência da crise 164

11.3 Perpetrador da crise, reféns e elementos operacionais 166

    11.3.1 O negociador 167

    11.3.2 O gerente da crise 168

    11.3.3 O grupo tático 170

        11.3.3.1 *Sniper* (atirador de precisão) 171

        11.3.3.2 Denominações ligadas à atividade do *sniper* 173

11.4 O ritual de rendição 173

11.5 *Suicide by cop* 174

11.6 Síndrome de Estocolmo 174

11.7 Síndrome de Londres 176

Capítulo 12 – Policial como garantidor. O dever e o poder de agir para evitar o resultado 179

12.1 Crimes omissivos próprios e crimes omissivos impróprios 179

12.2 Relevância da omissão 181

12.3 A posição de garantidor 182

12.4 O resultado que será imputado ao garantidor 185

Capítulo 13 – Transporte de presos 187

Capítulo 14 – Tópicos de Execução Penal 189

14.1 Monitoramento eletrônico 189

14.2 Trabalho do preso e remição da pena 192

14.3 Remição pelo estudo 194

14.4 Assistência religiosa aos presos 196

Capítulo 15 – Disque-denúncia 199

15.1 Introdução 199

15.2 Impossibilidade de solicitação de mandado de busca domiciliar somente com as informações fornecidas anonimamente pelo disque-denúncia 201

15.3 Início de investigação contra policial militar com base em informações fornecidas pelo disque-denúncia 201

15.4 Do acesso às informações previsto na Constituição Federal 202

Capítulo 16 – Camuflagem 205

Capítulo 17 – Criação da Força-Tarefa de Inteligência para o enfrentamento ao crime organizado no Brasil 209

PARTE 2

TÓPICOS DA PARTE ESPECIAL
DO CÓDIGO PENAL E DA LEGISLAÇÃO PENAL ESPECIAL

Introdução 215

Homicídio e exame de corpo de delito 215

Homicídio e exame do local 215

Homicídio. Diferença entre tiro nas costas e tiro pelas costas 215

Feminicídio 215

Feminicídio – qualificadora de natureza híbrida 216

Homicídio funcional 217

Homicídio. Criminoso que corre, durante perseguição policial, atirando para trás 218

Competência para julgamento do homicídio doloso 218

Homicídio praticado por policial militar – competência para julgamento 218

Julgamento pelo júri sem a presença do réu 219

Lesão corporal culposa praticada na direção de veículo automotor 220

Violência doméstica 220

Disparo de arma de fogo em via pública 221

Omissão de socorro 222

Vítima submetida a tortura a fim de praticar um fato definido como crime 223

Ameaça proferida em estado de ira ou cólera 224

Ameaça proferida em estado de embriaguez 224

Perseguição (*stalking*) 225

Tráfico de pessoas 227

Sequestro e roubo com pena especialmente agravada pela restrição da liberdade da vítima 228

Violação de domicílio e exclusão do crime 228

Violação de domicílio e posse de drogas 230

Policial que ingressa em residência sem mandado, por suspeita de prática de crime 230

A laje de uma casa localizada em uma favela pode ser considerada como parte da casa, para efeitos de reconhecimento do delito de abuso de autoridade? 231

Furto de sinal de TV em canal fechado ("Gatonet") 232

Antefato e pós-fato impuníveis no furto 233

Furto de automóveis e qualificadora do rompimento de obstáculo 234

Furto praticado por policial militar e princípio da insignificância 234

Emprego de explosivo ou de artefato análogo que cause perigo comum 235

Sequestro relâmpago no roubo (se o agente mantém a vítima em seu poder, restringindo sua liberdade) 236

Roubo qualificado pela lesão corporal grave e pela morte (latrocínio) 237

Consumação e tentativa no delito de latrocínio 239

Roubo e crime hediondo 242

Violência ou grave ameaça para escapar, sem a intenção de levar a coisa consigo 242

Roubo com arma de fogo sem munição ou impossibilitada de disparar e exame de potencialidade ofensiva 243

Diferença entre roubo e extorsão 244

Diferença entre extorsão e concussão 245

Diferença entre extorsão e exercício arbitrário das próprias razões 245

Prisão em flagrante quando do recebimento da vantagem 245

Extorsão e sequestro relâmpago 246

Delação premiada na extorsão mediante sequestro 249

Concurso entre a qualificadora do § 1º do art. 159 do CP e o crime de associação criminosa 249

Prescindibilidade de animus nocendi à caracterização do crime de dano 250

Preso ou condenado que danifica cela para fugir da cadeia ou penitenciária 250

Dano à viatura policial e embriaguez 251

Pichação 252

Apropriação indébita por procurador legalmente constituído 252

Prescindibilidade da prestação de contas à configuração do delito 253

Estelionato e torpeza bilateral 253

Estelionato e falsidade documental 255

Estelionato e apropriação indébita 257

Estelionato e jogo de azar 257

Estelionato e furto de energia elétrica 258

Estelionato e curandeirismo 258

Estelionato e furto mediante fraude 258

Estelionato e crime impossível 258

Endosso em cheque sem suficiente provisão de fundos 259

Estelionato e cola eletrônica 259

Autonomia da receptação 260

Prova do crime anterior à receptação 260

Receptação e concurso de pessoas no delito anterior 260

Receptação em cadeia 260

Imputação alternativa na denúncia de receptação 260

Receptação de talão de cheques e de cartão de crédito 261

Receptação de animal	261
Estupro	262
Estupro de vulnerável	264
Identificação do perfil genético nos crimes sexuais	264
Revogação do art. 61 da LCP (importunação ofensiva ao pudor) e continuidade normativo-típica	265
Diferença entre os delitos de ato obsceno e importunação sexual	266
Atendimento obrigatório e integral a pessoas em situação de violência sexual	267
Infiltração de agentes de polícia na internet e crimes sexuais	268
Incitação ao crime	269
Apologia de crime ou criminoso	270
Uso de camisetas que enaltecem o consumo de drogas ou facções criminosas	271
Músicas que enaltecem o crime organizado ou chefes do tráfico	271
Associação criminosa	271
Inimputáveis como integrantes da associação criminosa	272
Agentes não identificados na associação criminosa	272
Abandono por um integrante da associação criminosa depois de formada	272
Prática de delito pela associação criminosa, sem o conhecimento de um de seus integrantes	272
Individualização da função de cada integrante do grupo	272
Finalidade de praticar contravenções penais	273
Associação para o tráfico ilícito de drogas	273
Organização criminosa	273
Constituição de milícia privada	277
Diferença entre associação criminosa e constituição de milícia privada	283
Diferença entre a organização criminosa e a constituição de milícia privada	284
Número necessário à caracterização do crime de constituição de milícia privada	286
Falsificação de documento público e uso de documento público falso	287
Falsificação de documento público e estelionato	287
Falsificação de documento público e fotocópias não autenticadas	288
Falsificação de documento particular e uso de documento particular falso	288
Falsificação de documento particular e estelionato	288

Falsificação de cartão de crédito ou débito	288
Falsidade ideológica e folha em branco, com abuso no seu preenchimento	289
Uso do documento ideologicamente falsificado	289
Falsidade ideológica de circunstância incompatível com a realidade	289
Declaração de nascimento inexistente	289
Parto alheio como próprio	290
Falsidade ideológica e sonegação fiscal	290
Falsidade ideológica e estelionato	290
Declaração falsa para efeitos de instrução de pedido de remição	290
Uso de documento falso e apresentação do documento pelo agente	291
Documento que é encontrado em poder do agente	291
Competência para julgamento do delito de uso de passaporte falso	291
Falsificação ou alteração do documento e uso pelo próprio agente	291
Uso de documento falso e estelionato	291
Usuário que solicita a falsificação do documento	291
Uso de documento falso e fotocópia não autenticada	291
Falsificação grosseira	292
Uso de documento falso e erro de tipo	292
Falsa identidade e autodefesa	292
Agente que silencia com relação à sua identidade ou não nega a falsa identidade a ele atribuída	293
Recusa de dados sobre a própria identidade ou qualificação	293
Uso de documento falso de identidade	293
Falsa identidade e furto	294
Adulteração de sinal identificador de veículo automotor	294
Contribuição de funcionário público para o licenciamento ou registro do veículo remarcado ou adulterado	295
Peculato	295
Peculato e extinção da punibilidade	297
Necessidade de notificação prévia do funcionário público	297
Peculato de uso	297
Diferença entre concussão e corrupção passiva	298

Prisão em flagrante quando da entrega da vantagem indevida da concussão 298
Concussão praticada por médico credenciado pelo SUS 298
Corrupção passiva 299
Corrupção passiva e gravação de conversa 300
Prevaricação 300
Dever de vedar ao preso o acesso a aparelho telefônico, de rádio ou similar 301
Ingresso de pessoa portando aparelho telefônico de comunicação móvel, de rádio ou similar, sem autorização legal, em estabelecimento prisional 301
Condescendência criminosa 303
Conceito de funcionário público 304
Regime celetista e conceito penal de funcionário público 305
Conceito de funcionário público e advogado que atua em virtude de convênio celebrado com o Poder Público 305
Funcionário público e médico conveniado ao SUS 306
Crimes funcionais próprios e crimes funcionais impróprios 306
Resistência 306
Resistência e embriaguez 308
Resistência e desacato 308
Resistência e desobediência 309
Resistência e porte de arma 309
Auto de resistência e homicídio decorrente de intervenção policial 309
Desobediência 312
Desobediência a decisão judicial 312
Desobediência à ordem que implicaria autoincriminação ou prejuízo para o sujeito 313
Indiciado ou acusado que se recusa a comparecer em juízo ou na delegacia de polícia a fim de prestar suas declarações 313
Advogado que se recusa a prestar informações sobre fatos que importarão em prejuízo para seu cliente 313
Cumulação da sanção penal por desobediência com sanção de natureza administrativa 313
Desobediência e Polícia Militar 313
Advertência sobre o crime de desobediência 314
Desobediência e mandado de segurança 314

Desacato	314
Desacato e pluralidade de funcionários ofendidos	316
Desacato e embriaguez	316
Desacato e exigência de ânimo calmo e refletido	316
Desacato praticado por advogado e o § 2º do art. 7º do Estatuto da OAB	316
Desacato e ofensa dirigida a funcionário que não se encontra presente	317
Indignação e desacato	317
Corrupção ativa	317
Corrupção ativa e oferecimento de vantagem indevida após a prática do ato	318
Corrupção ativa e atipicidade no que diz respeito à conduta de dar a vantagem solicitada pelo funcionário público	318
Corrupção ativa e oferecimento de pequenos agrados	318
Corrupção ativa e flagrante esperado	318
Denunciação caluniosa	318
Falso testemunho e falsa perícia	319
Retratação no falso testemunho	320
Compromisso de dizer a verdade e falso testemunho	320
Vítima que presta depoimento falso	320
Prisão em flagrante no crime de falso testemunho	321
Favorecimento pessoal	321
Diferença entre favorecimento pessoal e participação no crime	321
Favorecimento real	321
Favorecimento real e receptação	322
Favorecimento real e furto	323
Arrebatamento de preso	323
Espionagem	324
Golpe de Estado	324
Consumo de drogas	324
Conceito de droga	325
Norma penal em branco ou primariamente remetida	325
Consumo pessoal	326
Consumo de drogas e elemento subjetivo	327

Consumo de drogas e prisão em flagrante 327

Aplicação do princípio da insignificância pela autoridade policial 328

Agente que é surpreendido pela polícia logo após ter feito uso da droga 328

Tráfico de drogas 328

Tráfico de drogas e elemento subjetivo 330

Tráfico de drogas e regime inicial de cumprimento de pena 330

Associação para o tráfico de drogas 331

Direção perigosa e embriaguez 331

Invasão de dispositivo informático 333

Abuso de autoridade 334

Terrorismo 338

Racismo e injúria racial 341

Bibliografia **343**

PARTE 3

OPERAÇÕES POLICIAIS ESPECIAIS

*O conteúdo desta seção está disponível no Material Suplementar da obra.
Para acessá-lo, siga as orientações contidas na orelha.*

- Texto 1 – Surgimento do Bope-RJ
- Texto 2 – Comando de Operações Táticas da Polícia Federal
- Texto 3 – A importância dos grupos táticos no âmbito das Polícias Civis
- Texto 4 – A estruturação da atividade de inteligência da Polícia Federal no segmento de repressão ao tráfico ilícito de entorpecentes
- Texto 5 – Coordenadoria de Recursos Especiais (Core) – Polícia Civil do Estado do Rio de Janeiro
- Texto 6 – Breves reflexões sobre a simbologia do crânio transpassado pelo punhal de Comandos nas Forças Especiais de Polícia no Brasil
- Texto 7 – A responsabilidade penal do Comandante de Aeronave de asas rotativas da Polícia Militar de Minas Gerais em face das missões de Defesa Social
- Texto 8 – Perspectivas da colisão de direitos fundamentais: o direito de imagem do preso e a dúplice necessidade de administração da justiça e manutenção da ordem pública

Parte 1
Aspectos Gerais da Atividade Policial

Capítulo 1
Distinção entre polícia militar, polícia civil, polícia federal, polícia rodoviária federal, polícia penal e guarda municipal

A segurança pública, nos dias de hoje, talvez seja um dos temas mais discutidos em nosso país. Embora a Constituição Federal (CF), em seu art. 6º, preveja como direitos sociais a educação, a saúde, o trabalho, a moradia, o lazer, a segurança, a previdência social, a proteção à maternidade e à infância, bem como a assistência aos desamparados, sabemos que, infelizmente, esses direitos não são efetivamente assegurados.

A ausência de um Estado Social e, mais do que isso, a perceptível desigualdade entre as camadas sociais gera nas classes mais baixas um sentimento de revolta, aumentando, consequentemente, o índice de criminalidade.

Por essa razão, a segurança pública no Brasil ocupa papel tão importante, ao contrário do que ocorre em outros países onde, por cumprirem com suas funções sociais, por não permitirem a existência de abismos entre as camadas da sociedade, suas forças públicas são utilizadas em casos excepcionais.

O papel exercido pelas polícias militar e civil está, a todo instante, sendo repensado. A criminalidade vem aumentando assustadoramente, sobretudo em virtude do tráfico de drogas e de armas, além da existência do chamado crime organizado. A situação é tão grave que já se escutam vozes clamando pela presença das Forças Armadas (Exército, Marinha e Aeronáutica) nas ruas, mesmo que sua preparação não seja destinada ao confronto com criminosos comuns, fora do estado de guerra.

A Polícia Militar, principalmente por meio dos seus Batalhões de Operações Policiais Especiais espalhados pelo Brasil, e as Polícias Civil e Federal vêm reconquistando, aos poucos, a confiança da população. Hoje, a separação existente entre a polícia militar, considerada, ao mesmo tempo, como uma polícia repressiva e preventiva, e a polícia civil (e mesmo a federal, em sua área de atuação), cuja finalidade precípua é investigar os delitos já ocorridos, vem diminuindo.

Assim, resumidamente, caberia à polícia militar, precipuamente, o papel ostensivo de prevenir a prática de futuras infrações penais, enquanto à polícia judiciária, civil e federal caberia, também de forma precípua, o papel investigativo.

Com precisão, assevera Rodrigo Foureaux:

O termo "polícia ostensiva" surgiu com a Constituição de 1988 e se divide em 04 (quarto) fases, quais sejam: ordem de polícia, consentimento de polícia, fiscalização de polícia e sanção de polícia.

Para fins didáticos, citamos a Diretriz para a Produção de Serviços de Segurança Pública nº 1/2002, que, de forma bastante elucidativa, explica o que é polícia ostensiva, em seu Capítulo II, item 2.1, a saber:

"A ordem de polícia se contém num preceito que, necessariamente, nasce na lei, pois se trata de uma reserva legal (Art. 5º, II/CF), e pode ser enriquecido discricionariamente, consoante as circunstâncias, pela Administração. Tanto pode ser um preceito negativo absoluto quanto um preceito negativo relativo.

O consentimento de polícia, quando couber, será a ausência vinculada ou discricionária do Estado com a atividade submetida ao preceito vedativo relativo, sempre que satisfeitos os condicionamentos exigidos. Se as exigências condicionais estão todas na lei, temos um consentimento vinculado: a licença; se estão parcialmente na lei e parcialmente no ato administrativo, temos um consentimento discricionário: a autorização.

A fiscalização de polícia é uma forma ordinária e inafastável de atuação administrativa, através da qual se verifica o cumprimento da ordem de polícia ou a regularidade da atividade já consentida por uma licença ou uma autorização. A fiscalização pode ser *ex-officio* ou provocada. No caso específico da atuação da polícia de preservação da ordem pública, é que toma o nome de policiamento.

Finalmente, a sanção de polícia é a atuação administrativa autoexecutória que se destina à repressão da infração. No caso da infração à ordem pública, a atividade administrativa, autoexecutória, no exercício do poder de polícia, esgota-se no constrangimento pessoal, direto e imediato, na justa medida para restabelecê-la."[1]

A Constituição Federal, de alguma forma, tentou delimitar as atribuições de cada uma delas, dizendo, em seu art. 144, o seguinte:

Art. 144. A segurança pública, dever do Estado, direito e responsabilidade de todos, é exercida para a preservação da ordem pública e da incolumidade das pessoas e do patrimônio, através dos seguintes órgãos:
I – polícia federal;
II – polícia rodoviária federal;
III – polícia ferroviária federal;
IV – polícias civis;
V – polícias militares e corpos de bombeiros militares.

---

[1] FOUREAUX, Rodrigo. *Justiça Militar*: aspectos gerais e controversos.

VI – polícias penais federal, estaduais e distrital. (Redação dada pela Emenda Constitucional nº 104, de 2019.)
(...)
§ 4º Às polícias civis, dirigidas por delegados de polícia de carreira, incumbem, ressalvada a competência da União, as funções de polícia judiciária e a apuração de infrações penais, exceto as militares.
§ 5º Às polícias militares cabe a polícia ostensiva e preservação da ordem pública; aos corpos de bombeiros militares, além das atribuições definidas em lei, incumbe a execução de atividades de defesa civil.

No que diz respeito às atividades da Polícia Civil, Denilson Feitoza destaca que:

(...) a Constituição Federal utilizou a expressão *polícia judiciária* no sentido original com o qual ingressou em nosso idioma há mais de cem anos, ou seja, como órgão que tem o dever de auxiliar o Poder Judiciário, cumprindo as ordens judiciárias relativas à execução de mandado de prisão ou mandado de busca e apreensão, à condução de presos para oitiva pelo juiz, à condução coercitiva de testemunhas etc.[2]

Além dessas funções, consideradas como de polícia judiciária, ou seja, auxiliares do Poder Judiciário, também competirá à Polícia Civil a apuração das infrações penais, ocasião em que exercerá uma função de natureza investigativa.

Dissemos, anteriormente, que à polícia militar caberia o papel precípuo de, ostensivamente, prevenir a prática de futuras infrações penais, com a finalidade de preservar a ordem pública, o que não a impede de exercer também uma função investigativa, que caberia, a princípio, e igualmente de forma precípua, à polícia civil. Ainda, não se descarta a possibilidade de a Polícia Militar exercer um papel auxiliar ao Poder Judiciário, o que, na verdade, é muito comum, a exemplo do que ocorre com frequência no Tribunal do Júri, onde a escolha dos presos é por ela realizada.

Da mesma forma, embora a polícia civil, além de seu papel de polícia judiciária, tenha uma natureza investigativa, com a finalidade precípua de apurar as infrações penais já ocorridas, nada impede que também atue na prevenção de futuros delitos, como ocorre, com frequência, quando realiza *blitz* em automóveis, visando, por exemplo, reprimir o porte ilegal de armas ou mesmo de drogas.

É por isso que, com precisão, Álvaro Lazzarini preleciona que:

A competência ampla da Polícia Militar na preservação da ordem pública engloba, inclusive, a competência específica dos demais órgãos policiais, no caso de falência operacional deles, a exemplo de suas greves e outras causas, que os tornem inoperantes ou ainda incapazes de dar conta de suas atribuições, pois, a Polícia Militar é verdadeira força pública da sociedade. Bem por isso as Polícias Militares constituem os órgãos de

---

[2] FEITOZA, Denilson. *Direito processual penal*, p. 171.

preservação da ordem pública e, especificamente, da segurança pública. A investigação policial militar preventiva, aliás, é a atribuição da Polícia Militar, conforme concluiu o E. TJSP, pela sua C. 4ª Câmara Criminal, ao referendar a missão que policial militar desenvolvia, em trajes civis, e que culminou na prisão de traficante de entorpecentes.[3]

O § 1º do art. 144 da CF diz que a polícia federal, instituída por lei como órgão permanente, organizado e mantido pela União e estruturado em carreira, destina-se a:

I – apurar infrações penais contra a ordem política e social ou em detrimento de bens, serviços e interesses da União ou de suas entidades autárquicas e empresas públicas, assim como outras infrações cuja prática tenha repercussão interestadual ou internacional e exija repressão uniforme, segundo se dispuser em lei;
II – prevenir e reprimir o tráfico ilícito de entorpecentes e drogas afins, o contrabando e o descaminho, sem prejuízo da ação fazendária e de outros órgãos públicos nas respectivas áreas de competência;
III – exercer as funções de polícia marítima, aeroportuária e de fronteiras;
IV – exercer, com exclusividade, as funções de polícia judiciária da União.

De acordo com o § 2º do art. 144 da Carta Magna, a Polícia Rodoviária Federal destina-se ao patrulhamento ostensivo das rodovias federais. Tal como ocorre com a Polícia Militar e diferentemente das atribuições destinadas à Polícia Civil e à Polícia Federal, a Polícia Rodoviária Federal tem como missão precípua o patrulhamento ostensivo, isto é, independentemente da prática de qualquer infração penal. Sua principal função é preventiva, e não investigativa, embora, em várias situações, atue não somente na prevenção, mas também na repressão a inúmeros crimes, a exemplo do contrabando, do descaminho, da sonegação fiscal, do tráfico de drogas etc.

A Polícia Rodoviária Federal, criada em 1928 pelo presidente Washington Luís e presente nas 27 unidades da federação, é dotada de Núcleos de Operações Especiais (NOEs), que atuam como Grupos Táticos, coordenados por uma Divisão de Combate ao Crime, competindo a esta última coordenar todas as grandes operações do Departamento de Polícia Rodoviária Federal, em toda a extensão do território nacional. Em alguns Estados, a exemplo de São Paulo, Rio Grande do Sul e Pernambuco, existem, inclusive, Grupos Táticos de Delegacia que operam não como efetivo de reforço aos postos, mas como efetivo que segue a doutrina de Grupo Tático, subordinado ao NOE, operando no trecho da Delegacia e reforçando o Efetivo dos NOEs em operações. Ainda, existem os Grupos de Operações com Cães (GOCs), que têm seu trabalho voltado para o combate ao narcotráfico e estão sendo ampliados para o combate a explosivos e armas. Já, no âmbito aéreo, atuam por meio da Divisão de Operações Aéreas (DOA), na parte de patrulhamento ostensivo e transporte aeromédico e resgate de feridos.

---

[3] LAZZARINI, Álvaro. *Estudos de direito administrativo*, p. 61.

Atendendo a uma antiga e justa reivindicação dos agentes penitenciários, que se sentiam alijados do sistema de segurança pública, a Emenda Constitucional nº 104, de 4 de dezembro de 2019, inseriu o inciso VI ao art. 144 da CF, criando as Polícias Penais Federal, Estaduais e Distrital.

De acordo com o § 5º-A do mencionado art. 144, também inserido em nossa Constituição Federal mediante a Emenda Constitucional nº 104, de 4 de dezembro de 2019, às polícias penais, vinculadas ao órgão administrador do sistema penal da unidade federativa a que pertencem, cabe a segurança dos estabelecimentos penais.

Agora, os até então agentes penitenciários passam, definitivamente, a gozar do *status* de polícia, com todas as garantias e atribuições que lhes são inerentes. Na verdade, à polícia penal cabe uma das funções mais delicadas e perigosas no sistema de segurança pública. Só a título de ilustração, podemos entender um ciclo de segurança pública da seguinte forma: a polícia militar (ou mesmo a civil ou a federal) efetua a prisão (que poderá ser mantida ou não); o órgão do Ministério Público, com atribuição para o caso, oferece a denúncia; após regular instrução do processo e comprovação da culpa, o Poder Judiciário condena o agente que praticou a infração penal e, consequentemente, determina sua prisão (após o trânsito em julgado da sentença penal condenatória); e, finalmente, cabe à Polícia Penal "cuidar" do condenado durante todo o tempo em que cumpre a sua pena no sistema prisional.

Percebe-se, portanto, o quão difícil é a atividade exercida pela polícia penal, que mantém um contato permanente com os condenados, muitos deles extremamente perigosos, ligados a organizações criminosas. Nada mais justo do que garantir a esses profissionais da segurança pública, que colocam em risco constante suas vidas, que sejam reconhecidos como parte do corpo policial.

Merece destaque, ainda, o disposto no § 6º do art. 144 da CF, cuja redação foi modificada também pela Emenda Constitucional nº 104, de 4 de dezembro de 2019, que diz, *in verbis*:

> § 6º As polícias militares e os corpos de bombeiros militares, forças auxiliares e reserva do Exército subordinam-se, juntamente com as polícias civis e as polícias penais estaduais e distrital, aos Governadores dos Estados, do Distrito Federal e dos Territórios.

Ainda no Capítulo III (Da Segurança Pública) do Título V (Da Defesa do Estado e das Instituições Democráticas) da Constituição Federal, no § 8º do art. 144, encontramos previsão para a criação das guardas municipais, *in verbis*:

> § 8º Os Municípios poderão constituir guardas municipais destinadas à proteção de seus bens, serviços e instalações, conforme dispuser a lei.

Pelo que se percebe da redação do mencionado parágrafo, nossa Carta Magna delimitou as funções destinadas às guardas municipais, destinando-as, especificamente, à proteção dos seus bens, serviços e instalações, agindo, assim, de maneira concorrente com as demais forças policiais. Atuam, portanto, de forma preventiva, nos limites do município a que pertencem.

Em 8 de agosto de 2014, foi editada a Lei nº 13.022, que instituiu normas gerais para as guardas municipais, disciplinando, outrossim, o mencionado § 8º do art. 144 da CF.

Por sua vez, o art. 3º do Estatuto Geral das Guardas Municipais cuida dos seus princípios mínimos de atuação, e seus arts. 4º e 5º dizem respeito à sua competência, conforme se verifica pelas redações a seguir:

> Art. 3º São princípios mínimos de atuação das guardas municipais:
> I – proteção dos direitos humanos fundamentais, do exercício da cidadania e das liberdades públicas;
> II – preservação da vida, redução do sofrimento e diminuição das perdas;
> III – patrulhamento preventivo;
> IV – compromisso com a evolução social da comunidade; e
> V – uso progressivo da força.
> Art. 4º É competência geral das guardas municipais a proteção de bens, serviços, logradouros públicos municipais e instalações do Município.
> Parágrafo único. Os bens mencionados no *caput* abrangem os de uso comum, os de uso especial e os dominiais.
> Art. 5º São competências específicas das guardas municipais, respeitadas as competências dos órgãos federais e estaduais:
> I – zelar pelos bens, equipamentos e prédios públicos do Município;
> II – prevenir e inibir, pela presença e vigilância, bem como coibir, infrações penais ou administrativas e atos infracionais que atentem contra os bens, serviços e instalações municipais;
> III – atuar, preventiva e permanentemente, no território do Município, para a proteção sistêmica da população que utiliza os bens, serviços e instalações municipais;
> IV – colaborar, de forma integrada com os órgãos de segurança pública, em ações conjuntas que contribuam com a paz social;
> V – colaborar com a pacificação de conflitos que seus integrantes presenciarem, atentando para o respeito aos direitos fundamentais das pessoas;
> VI – exercer as competências de trânsito que lhes forem conferidas, nas vias e logradouros municipais, nos termos da Lei nº 9.503, de 23 de setembro de 1997 (Código de Trânsito Brasileiro), ou de forma concorrente, mediante convênio celebrado com órgão de trânsito estadual ou municipal;
> VII – proteger o patrimônio ecológico, histórico, cultural, arquitetônico e ambiental do Município, inclusive adotando medidas educativas e preventivas;
> VIII – cooperar com os demais órgãos de defesa civil em suas atividades;
> IX – interagir com a sociedade civil para discussão de soluções de problemas e projetos locais voltados à melhoria das condições de segurança das comunidades;
> X – estabelecer parcerias com os órgãos estaduais e da União, ou de Municípios vizinhos, por meio da celebração de convênios ou consórcios, com vistas ao desenvolvimento de ações preventivas integradas;

XI – articular-se com os órgãos municipais de políticas sociais, visando à adoção de ações interdisciplinares de segurança no Município;

XII – integrar-se com os demais órgãos de poder de polícia administrativa, visando a contribuir para a normatização e a fiscalização das posturas e ordenamento urbano municipal;

XIII – garantir o atendimento de ocorrências emergenciais, ou prestá-lo direta e imediatamente quando deparar-se com elas;

XIV – encaminhar ao delegado de polícia, diante de flagrante delito, o autor da infração, preservando o local do crime, quando possível e sempre que necessário;

XV – contribuir no estudo de impacto na segurança local, conforme plano diretor municipal, por ocasião da construção de empreendimentos de grande porte;

XVI – desenvolver ações de prevenção primária à violência, isoladamente ou em conjunto com os demais órgãos da própria municipalidade, de outros Municípios ou das esferas estadual e federal;

XVII – auxiliar na segurança de grandes eventos e na proteção de autoridades e dignatários; e

XVIII – atuar mediante ações preventivas na segurança escolar, zelando pelo entorno e participando de ações educativas com o corpo discente e docente das unidades de ensino municipal, de forma a colaborar com a implantação da cultura de paz na comunidade local.

Parágrafo único. No exercício de suas competências, a guarda municipal poderá colaborar ou atuar conjuntamente com órgãos de segurança pública da União, dos Estados e do Distrito Federal ou de congêneres de Municípios vizinhos e, nas hipóteses previstas nos incisos XIII e XIV deste artigo, diante do comparecimento de órgão descrito nos incisos do *caput* do art. 144 da Constituição Federal, deverá a guarda municipal prestar todo o apoio à continuidade do atendimento.

Capítulo 2
Cumprimento das funções policiais com observância do princípio da dignidade da pessoa humana

2.1 ORIGEM DO PRINCÍPIO DA DIGNIDADE DA PESSOA HUMANA

Apontar a origem da dignidade da pessoa humana, como um valor a ser respeitado por todos, não é tarefa das mais fáceis. No entanto, analisando a história, podemos dizer que uma de suas raízes encontra-se no cristianismo. A ideia, por exemplo, de igualdade e respeito entre os homens, fossem eles livres ou escravos, demonstra que o verdadeiro cristianismo, aquele personificado na pessoa de Jesus, pode ser um dos alicerces desse complexo edifício da dignidade da pessoa humana.

Tivemos o cuidado de mencionar o *cristianismo verdadeiro* pelo simples fato de que os próprios homens, ao longo dos anos, foram responsáveis pela sua modificação, a fim de satisfazer seus desejos egoístas e cruéis, a exemplo do que ocorreu durante o período da chamada "Santa Inquisição", quando foram praticadas incontáveis atrocidades "em nome de Deus". Entretanto, a base do cristianismo, voltado para a pessoa de Jesus, pode ser o nosso primeiro marco de estudo para o conceito de dignidade da pessoa humana.

Dando um salto nos séculos, chegaremos ao período iluminista, ao século das luzes, quando a razão acendeu uma fogueira, colocando luz à escuridão existente até aquele momento. Os séculos XVII e XVIII foram de suma importância não somente ao efetivo reconhecimento mas também à consolidação da dignidade da pessoa humana como um valor a ser respeitado por todos, muito embora incontáveis "iluministas" foram responsáveis pelas mais gritantes e absurdas atrocidades.

Todavia, mesmo reconhecendo a sua existência, conceituar *dignidade da pessoa humana* continua a ser um enorme desafio, porque tal conceito encontra-se no rol daqueles considerados como *vagos* e *imprecisos*. É um conceito, na verdade, que, desde a sua origem, encontra-se em um processo de construção, de evolução. Não podemos, de modo algum, edificar um muro com a finalidade de dar contornos precisos a ele, justamente por ser um conceito aberto.

Em muitas situações, somente a análise do caso concreto é que nos permitirá saber se houve ou não efetiva violação da dignidade da pessoa humana. Não se pode desprezar, ainda, para efeitos de reconhecimento desse conceito, a diversidade histórico-cultural que reina entre os povos. Assim, aquilo que em determinada cultura pode ser concebido como uma violação dos direitos à dignidade do ser humano, em outra pode ser reconhecido como uma conduta honrosa. Veja-se o exemplo que ocorre com o costume em certas regiões da África, onde se pratica a chamada *excisão*, que consiste na mutilação do clitóris e dos pequenos lábios vaginais, ou a *excisão mínima*, utilizada também na Indonésia, onde se retira o *capuz do clitóris*.[1]

Temos, ainda, a possibilidade de aplicação de pena de morte, tal como acontece em muitos estados norte-americanos, reconhecida pela Suprema Corte daquele país, que somente discute sobre os meios pelos quais essa pena poderá ser aplicada etc. Assim, são precisas as lições de Ingo Wolfgang Sarlet quando indaga:

> (...) até que ponto a dignidade não está acima das especificidades culturais, que, muitas vezes, justificam atos que, para a maior parte da humanidade são considerados atentatórios à dignidade da pessoa humana, mas que, em certos quadrantes, são tidos por legítimos, encontrando-se profundamente enraizados na prática social e jurídica de determinadas comunidades. Em verdade, ainda que se pudesse ter o conceito de dignidade como universal, isto é, comum a todas as pessoas em todos os lugares, não haveria como evitar uma disparidade e até mesmo conflituosidade sempre que se tivesse de avaliar se uma determinada conduta é, ou não, ofensiva à dignidade.[2]

Contudo, embora de difícil tradução, podemos nos esforçar para tentar construir um conceito de dignidade da pessoa, entendida essa como uma qualidade que integra a própria condição humana, sendo, em muitas situações, considerada, ainda, como irrenunciável e inalienável. É algo inerente ao ser humano, um valor que não pode ser suprimido, em virtude da sua própria natureza. Até o mais vil, o homem mais detestável, o criminoso mais frio e cruel é portador desse valor. Podemos adotar o conceito proposto por Ingo Wolfgang Sarlet, que procu-

---

[1] Conforme adverte Celuy Roberta Hundzinski: "no leste africano (Djibuti, Etiópia, Somália, Sudão, Egito, Quênia), a infibulação, também chamada de excisão faraônica, considerada a pior de todas, pois, após a amputação do clitóris e dos pequenos lábios, os grandes lábios são seccionados, aproximados e suturados com espinhos de acácia, sendo deixada uma minúscula abertura necessária ao escoamento da urina e da menstruação. Esse orifício é mantido aberto por um filete de madeira, que é, em geral, um palito de fósforo. As pernas devem ficar amarradas durante várias semanas até a total cicatrização. Assim, a vulva desaparece, sendo substituída por uma dura cicatriz. Por ocasião do casamento a mulher será 'aberta' pelo marido ou por uma 'matrona' (mulheres mais experientes designadas para isso). Mais tarde, quando se tem o primeiro filho, essa abertura é aumentada. Algumas vezes, após cada parto, a mulher é novamente infibulada" (HUNDZINSKI, Celuy Roberta. Luta contra a excisão. *Revista Espaço* Acadêmico, v. 1, n. 3, ago. 2001).

[2] SARLET, Ingo Wolfgang. *Dignidade da pessoa humana e direitos fundamentais*, p. 55-56.

rou condensar alguns dos pensamentos mais utilizados para definir a dignidade da pessoa humana, dizendo ser:

> (...) a qualidade intrínseca e distintiva de cada ser humano que o faz merecedor do mesmo respeito e consideração por parte do Estado e da comunidade, implicando, neste sentido, um complexo de direitos e deveres fundamentais que assegurem a pessoa tanto contra todo e qualquer ato de cunho degradante e desumano, como venham a lhe garantir as condições existenciais mínimas para uma vida saudável, além de propiciar e promover sua participação ativa e corresponsável nos destinos da própria existência e da vida em comunhão com os demais seres humanos.[3]

2.2 A CONCEPÇÃO NORMATIVA DA DIGNIDADE DA PESSOA HUMANA

Uma vez reconhecida a dignidade da pessoa como um valor inerente a todo ser humano, foi um passo importante a sua corporificação normativa. Já o preâmbulo da Declaração dos Direitos do Homem e do Cidadão, de 1789, dizia:

> Os representantes do povo francês, reunidos em Assembleia Nacional, tendo em vista que a ignorância, o esquecimento ou o desprezo dos direitos do homem são as únicas causas dos males públicos e da corrupção dos Governos, resolveram declarar solenemente os direitos naturais, inalienáveis e sagrados do homem, a fim de que esta declaração, sempre presente em todos os membros do corpo social, lhes lembre permanentemente seus direitos e seus deveres; a fim de que os atos do Poder Legislativo e do Poder Executivo, podendo ser a qualquer momento comparados com a finalidade de toda a instituição política, sejam por isso mais respeitados; a fim de que as reivindicações dos cidadãos, doravante fundados em princípios simples e incontestáveis, se dirijam sempre à conservação da Constituição e à felicidade geral.

O século XX, por seu turno, principalmente após as atrocidades praticadas tanto pelo nazismo de Adolf Hitler quanto pelo stalinismo, presenciou o crescimento do princípio da dignidade da pessoa humana e também sua formalização nos textos das Constituições, especialmente as consideradas democráticas.

Assim, podemos afirmar que, de todos os princípios fundamentais que foram sendo conquistados ao longo dos anos, sem dúvida alguma se destaca, entre eles, o *princípio da dignidade da pessoa humana*.

O princípio da dignidade da pessoa humana serve como princípio reitor de muitos outros, tal como ocorre com os princípios da individualização da pena, da responsabilidade pessoal, da culpabilidade, da proporcionalidade etc., que nele buscam seu fundamento de validade.

O princípio da dignidade da pessoa humana, a exemplo do que ocorre nos estatutos das Polícias Militares de outros estados da Federação, foi previsto no

---

[3] SARLET, Ingo Wolfgang. *Dignidade da pessoa humana e direitos fundamentais*, p. 60.

inciso III do art. 27 da Seção II do Título II, do Estatuto dos Policiais Militares do Estado do Rio de Janeiro, que, dissertando sobre a ética policial, diz, *in verbis:*

> Art. 27. O sentimento do dever, o pundonor policial-militar e o decoro da classe impõem, a cada um dos integrantes da Polícia Militar, conduta moral e profissional irrepreensíveis, com observância dos seguintes preceitos da ética policial-militar:
> I – (...);
> II – (...);
> III – respeitar a dignidade da pessoa humana;
> (...).

As Constituições modernas, como a brasileira, de 5 de outubro de 1988, adotaram, expressamente, o princípio da dignidade da pessoa humana, conforme se verifica pela leitura do art. 1º, *in verbis:*

> Art. 1º A República Federativa do Brasil, formada pela união indissolúvel dos Estados e Municípios e do Distrito Federal, constitui-se em Estado Democrático de Direito e tem como fundamento:
> (...)
> III – a dignidade da pessoa humana;
> (...).

Percebe-se, portanto, a preocupação do legislador constituinte em conceder um *status* normativo ao princípio da dignidade da pessoa humana, entendendo-o como um dos fundamentos do Estado Democrático de Direito.

Como princípio constitucional, a dignidade da pessoa humana deverá ser entendida como norma de hierarquia superior, destinada a orientar todo o sistema no que diz respeito à criação legislativa, bem como para aferir a validade das normas que lhe são inferiores. Assim, por exemplo, o legislador infraconstitucional estaria proibido de criar tipos penais incriminadores que atentassem contra a dignidade da pessoa humana, ficando proibida a cominação de penas cruéis, ou de natureza aflitiva, como é o caso dos açoites. Da mesma forma, estaria proibida a instituição da tortura como meio de se obter a confissão de um indiciado/acusado (por maior que fosse a gravidade, em tese, da infração penal praticada).

Logo, podemos afirmar, com Lucrecio Rebollo Delgado, que temos que ter em conta que "a dignidade humana constituiu não somente a garantia negativa de que a pessoa não será objeto de ofensas ou humilhações, senão que entraria também a afirmação positiva de pleno desenvolvimento da personalidade de cada indivíduo",[4] devendo ser declarada a invalidade de qualquer dispositivo legal que contrarie esse valor básico, inerente a todo ser humano.

---

[4] DELGADO, Lucrecio Rebollo. *Derechos fundamentales y protección de datos*, p. 18.

2.3 O DESRESPEITO AO PRINCÍPIO DA DIGNIDADE DA PESSOA HUMANA PELO PRÓPRIO ESTADO

Embora o princípio da dignidade da pessoa humana tenha sede constitucional, sendo, portanto, considerado um princípio expresso, percebemos, em muitas situações, a sua violação pelo próprio Estado. Assim, aquele que deveria ser o maior responsável pela sua observância acaba se transformando em seu maior infrator.

A Constituição brasileira reconhece, por exemplo, os direitos à saúde, à educação, à moradia, ao lazer, à alimentação, enfim, direitos mínimos, básicos e necessários para que o ser humano tenha uma condição de vida digna. No entanto, em maior ou menor grau, esses direitos são negligenciados pelo Estado. Veja-se, por exemplo, o que ocorre, em regra, com o sistema penitenciário brasileiro. Indivíduos que foram condenados ao cumprimento de uma pena privativa de liberdade são afetados, diariamente, em sua dignidade, enfrentando problemas como superlotação carcerária, ausência de programas de reabilitação etc. A ressocialização do egresso é uma tarefa quase que impossível, pois não existem programas governamentais para sua reinserção social, além do fato de a sociedade não perdoar aquele que já foi condenado por ter praticado uma infração penal.

2.4 A RELATIVIZAÇÃO DO PRINCÍPIO DA DIGNIDADE DA PESSOA HUMANA

Segundo posição doutrinária amplamente majoritária, a dignidade da pessoa humana não possui caráter absoluto. Com isso, estamos querendo afirmar que, em determinadas situações, devemos, obrigatoriamente, trabalhar com outros princípios que servirão como ferramentas de interpretação, levando a efeito a chamada ponderação de bens ou interesses, que resultará na prevalência de um sobre o outro.

Assim, tomemos como exemplo o fato de alguém ter praticado um delito de extorsão mediante sequestro, qualificado pela morte da vítima. O sequestrador, como é do conhecimento de todos, tem direito à liberdade. No entanto, em virtude da gravidade da infração penal por ele praticada, seu *direito à liberdade*, diretamente ligado à sua dignidade, deverá ceder diante do direito de proteção dos bens jurídicos pertencentes às demais pessoas, que com ele se encontram numa mesma sociedade.

Percebe-se, desse modo, que a dignidade, como um valor individual de cada ser humano, deverá ser avaliada e ponderada em cada caso concreto. Não devemos nos esquecer, contudo, daquilo que deve ser entendido como *núcleo essencial* da dignidade da pessoa humana, que jamais poderá ser abalado. Assim, uma coisa é permitir que alguém que praticou uma infração penal de natureza grave se veja privado da sua liberdade pelo próprio Estado, encarregado de proteger, em última instância, os bens jurídicos; outra é permitir que esse mesmo condenado a uma privação de liberdade cumpra sua pena em local degradante de sua personalidade;

que seja torturado por agentes do governo, com a finalidade de arrancar-lhe alguma confissão; que seus parentes sejam impedidos de visitá-lo; que não tenha uma ocupação ressocializante no cárcere etc. A sua dignidade deverá ser preservada, pois ao Estado foi permitido somente privá-lo da liberdade, ficando resguardados, entretanto, os demais direitos.

2.5 A EXIGÍVEL OBSERVÂNCIA DO PRINCÍPIO DA DIGNIDADE DA PESSOA HUMANA PELA POLÍCIA

No prefácio de *Direitos humanos e aplicação da lei: manual de formação em direitos humanos para as forças policiais*, José Alaya Lasso, Alto-Comissário das Nações Unidas para os Direitos Humanos, aponta, com precisão, as consequências pelo descumprimento das leis por parte das forças policiais, bem como, por outro lado, o que ocorre quando as leis são cumpridas e os direitos humanos respeitados, dizendo que:

> (...) quando um responsável pela aplicação da lei viola a lei, o resultado é, não apenas um atentado à dignidade humana e à própria lei, mas também um erguer de barreiras à eficaz atuação da polícia. As violações da Lei por parte das forças policiais têm múltiplos efeitos práticos:
> - diminuem a confiança do público;
> - agravam a desobediência civil;
> - ameaçam o efetivo exercício da ação penal pelos Tribunais;
> - isolam a polícia da comunidade;
> - resultam na libertação dos culpados e na punição dos inocentes;
> - deixam a vítima do crime sem que se lhe faça justiça pelo seu sofrimento;
> - comprometem a noção de "aplicação da lei", ao retirar-lhe o elemento "lei";
> - obrigam os serviços de polícia a adotar uma atitude de reação e não de prevenção;
> - provocam críticas por parte da comunidade internacional e dos meios de comunicação social e colocam o respectivo Governo sob pressão.
>
> Pelo contrário, o respeito dos Direitos Humanos por parte das autoridades responsáveis pela aplicação da lei reforça de fato a eficácia da atuação dessas autoridades. Neste sentido, o respeito da polícia pelos direitos humanos, além de ser um imperativo ético e legal, constitui também uma exigência prática em termos de aplicação da lei. Quando se verifica que a polícia respeita, protege e defende os direitos humanos:
> - reforça-se a confiança do público e estimula-se a cooperação da comunidade;
> - contribui-se para a resolução pacífica de conflitos e queixas;
> - consegue-se que a ação penal seja exercida com êxito pelos tribunais;
> - consegue-se que a polícia seja vista como parte integrante da comunidade, desempenhando uma função social válida;
> - presta-se um serviço à boa administração da justiça, pelo que se reforça a confiança no sistema;

- dá-se um exemplo aos outros membros da sociedade em termos de respeito pela lei;
- consegue-se que a polícia fique mais próxima da comunidade e, em consequência disso, em posição de prevenir o crime e perseguir os seus autores através de uma atividade policial de natureza preventiva;
- ganha-se o apoio dos meios de comunicação social, da comunidade internacional e das autoridades políticas.

Os agentes policiais e serviços responsáveis pela aplicação da lei que respeitam os direitos humanos colhem, pois, benefícios que servem os próprios objetivos da aplicação da lei, ao mesmo tempo que constroem uma estrutura de aplicação da lei que não se baseia no medo ou na força bruta, mas antes na honra, no profissionalismo e na dignidade.[5]

2.6 DA APLICAÇÃO DOS TRATADOS INTERNACIONAIS SOBRE DIREITOS HUMANOS

Vivemos em um mundo globalizado. Nunca essa afirmação foi tão verdadeira como nos dias de hoje. Fatos que acontecem em determinado país podem ter repercussões globais, a exemplo do que ocorre com a economia. Da mesma forma, a segurança é uma preocupação de todos. Atrelado à segurança, vem o respeito aos direitos humanos.

A expressão "direitos humanos", pelo menos no Brasil, passou a receber um tratamento pejorativo por parte da sociedade, principalmente por conta do movimento de mídia. Quando se fala em direitos humanos, logo se pensa em "direitos daqueles que praticaram algum tipo de infração penal".

No entanto, devemos acabar com esse preconceito e agradecer àqueles que, em algum momento da história, deram suas vidas para que os direitos humanos fossem respeitados.

Graças ao sacrifício de muitos é que hoje podemos lutar por uma Justiça isonômica, que não leva em conta, nas suas decisões, a capacidade econômica e financeira daqueles que a procuram, que não enxerga a cor da pele daqueles que a buscam, enfim, que procura atender aos ideais democráticos tão aclamados em nossa Carta Magna. Bom, pelo menos é isso que se espera, embora a prática judiciária demonstre, constantemente, que essa isonomia pode se transformar também numa utopia.

Os tratados internacionais, frutos de uma discussão global sobre determinado tema, ocupam lugar de destaque no cenário dos direitos humanos, impondo a observância de regras vitais à sociedade. A nossa Constituição Federal,

---

[5] LASSO, José Alaya. Prefácio. In: NAÇÕES UNIDAS. Alto Comissariado das Nações Unidas para os Direitos Humanos. *Direitos humanos e aplicação da lei*: manual de formação em direitos humanos para as forças policiais, p. V-VI.

atenta à sua importância, determinou, no § 2º do seu art. 5º, que *os direitos e garantias expressos nesta Constituição não excluem outros decorrentes do regime e dos princípios por ela adotados, ou dos tratados internacionais em que a República Federativa do Brasil seja parte*, conferindo-lhes, após a sua aprovação em cada Casa do Congresso Nacional, em dois turnos, por três quintos dos votos dos respectivos membros, *status* de emendas constitucionais, conforme dispõe o § 3º do referido artigo.

Quer isso dizer que os tratados internacionais, uma vez aprovados, têm força de normas constitucionais, devendo servir de orientação na elaboração das normas infraconstitucionais, que não poderão contrariar as suas disposições.

No que diz respeito à atividade policial, vários tratados internacionais foram editados, trazendo regras e princípios de observância obrigatória.

Conforme adverte o Alto-Comissariado das Nações Unidas para os Direitos Humanos em seu manual, são três os princípios fundamentais que devem ser levados ao conhecimento do policial, responsável pela segurança da sociedade, a fim de que sejam preservados os direitos humanos:

- As normas internacionais de direitos humanos são obrigatórias para todos os Estados e seus agentes, incluindo funcionários responsáveis pela aplicação da lei.
- Os direitos humanos constituem um objeto legítimo do direito internacional e o seu respeito pode ser controlado pela comunidade internacional.
- Os funcionários responsáveis pela aplicação da lei estão obrigados a conhecer e a aplicar as normas internacionais de direitos humanos. [6]

Até mesmo as orientações de cunho ético deverão ser consideradas, ainda que não tenham sido objeto de ratificação formal pelos Estados, pois traduzem sentimentos universais que sequer necessitam de formalização para serem atendidos.

Neste manual, procuraremos seguir as orientações editadas pelas Nações Unidas em suas declarações, pactos, tratados, enfim, em suas posturas, de caráter universal, visando, sempre, a garantia do cidadão, aqui incluído o policial, que, com o risco de sua própria vida, busca preservar a ordem pública, bem como a incolumidade das pessoas e de seu patrimônio, conforme o disposto no art. 144 da CF.

2.7 PRINCÍPIOS ÉTICOS DA CONDUTA POLICIAL

De acordo com o Alto-Comissariado das Nações Unidas para os Direitos Humanos, podemos destacar os seguintes princípios éticos fundamentais da conduta policial:

---

[6] NAÇÕES UNIDAS. Alto-Comissariado das Nações Unidas para os Direitos Humanos. *Direitos humanos e aplicação da lei*: manual de formação em direitos humanos para as forças policiais, p. 31.

- Os direitos humanos derivam da dignidade inerente à pessoa humana.
- Os funcionários responsáveis pela aplicação da lei deverão respeitar e cumprir a lei em todas as ocasiões.
- Os funcionários responsáveis pela aplicação da lei deverão cumprir os deveres que lhe são impostos pela lei em todas as ocasiões, servindo a sua comunidade e protegendo todas as pessoas contra atos ilegais, em conformidade com o alto nível de responsabilidade exigida pela sua profissão.
- Os funcionários responsáveis pela aplicação da lei não deverão cometer qualquer ato de corrupção. Dever-se-ão opor frontalmente a tais atos e combatê-los.
- Os funcionários responsáveis pela aplicação da lei deverão respeitar e proteger a dignidade humana, bem como defender e garantir direitos humanos de todas as pessoas.
- Os funcionários responsáveis pela aplicação da lei deverão participar as violações de leis, códigos e conjuntos de princípios que promovem e protegem os direitos humanos.
- Todas as atividades da polícia deverão respeitar os princípios da legalidade, necessidade, não discriminação, proporcionalidade e humanidade.[7]

A expressão "funcionários responsáveis pela aplicação da lei" diz respeito a todos aqueles que exerçam o poder de polícia, principalmente aqueles que exercem as funções de polícia judiciária, de investigação criminal, bem como a de preservação da ordem pública.

---

[7] NAÇÕES UNIDAS. Alto-Comissariado das Nações Unidas para os Direitos Humanos. *Direitos humanos e aplicação da lei*: manual de formação em direitos humanos para as forças policiais, p. 47.

Capítulo 3
Prisão em flagrante

3.1 PRISÕES CAUTELARES

Prisões cautelares são todas aquelas que ocorrem anteriormente ao trânsito em julgado da sentença penal condenatória, somente podendo ser decretadas, em virtude da adoção do princípio da presunção de não culpabilidade, nos casos estritamente necessários.

O *caput* do art. 283 do CPP (Código de Processo Penal), com a nova redação que lhe foi conferida pela Lei nº 13.964, de 24 de dezembro de 2019, diz, *in verbis*:

> Art. 283. Ninguém poderá ser preso senão em flagrante delito ou por ordem escrita e fundamentada da autoridade judiciária competente, em decorrência de prisão cautelar ou em virtude de condenação criminal transitada em julgado.

Dessa forma, podemos apontar três modalidades de prisão cautelar, a saber: a) prisão decorrente de situação de flagrante delito; b) prisão temporária; e c) prisão preventiva.

Ressalte-se que as prisões decorrentes de pronúncia ou de sentença penal condenatória recorrível não mais subsistem após as reformas introduzidas pela Lei nº 12.403, de 4 de maio de 2011.

As prisões temporária e preventiva serão analisadas mais adiante, em capítulo próprio. Em seguida, faremos o estudo da prisão em flagrante.

Conforme destaca Paulo Queiroz:[1]

> Embora parte da doutrina, especialmente a partir da reforma de 2011, defenda que a prisão em flagrante tem natureza precautelar (não cautelar), parece-nos que a prisão em flagrante é, sim, uma prisão cautelar.
> O fato de sua manutenção depender de decisão judicial, que poderá legitimá-la ou não, não significa que a prisão em flagrante não seja uma providência acautelatória. Significa apenas que, em virtude do caráter inevitavelmente precário de que se reveste (além dos frequentes abusos, qualquer pessoa pode efetuá-la), a autoridade judiciária terá de apreciá-la sob o aspecto da legalidade e da proporcionalidade, a fim de relaxá-la, se ilegal, substituí-la por medida cautelar diversa, se excessiva, ou convertê-la em prisão

---

[1] QUEIROZ, Paulo. *Direito processual penal:* por um sistema integrado de direito, processo e execução penal, p. 189-190.

preventiva, se indispensável para os fins da investigação ou do processo. Com exceção do relaxamento, que tem como pressuposto a ilegalidade da prisão, o juiz estará, nos demais casos, a reconhecer (diretamente) a cautelaridade da medida de coação que julgar mais adequada e a confirmar (indiretamente) a cautelaridade da prisão em flagrante.

3.2 INTRODUÇÃO À PRISÃO EM FLAGRANTE

O direito à liberdade é a regra, sendo exceção a sua privação. Por esse motivo é que o art. 9º da Declaração Universal dos Direitos do Homem, adotada pela Assembleia Geral das Nações Unidas por meio da Resolução nº 217-A (III), de 10 de dezembro de 1948, diz que *ninguém pode ser arbitrariamente preso, detido ou exilado*, e o item 1 do art. 9º do Pacto Internacional sobre os Direitos Civis e Políticos, adotado pela Assembleia Geral das Nações Unidas na sua Resolução nº 2.200-A (XXI), de 16 de dezembro de 1966, assevera:

> XXI – Todo indivíduo tem direito à liberdade e à segurança da sua pessoa. Ninguém pode ser objeto de prisão ou detenção arbitrária. Ninguém pode ser privado de sua liberdade a não ser por motivo e em conformidade com processos previstos na lei.

Por isso, principalmente nos países democráticos, onde se valoriza a dignidade da pessoa humana, as possibilidades de privação da liberdade vêm, quase que exaustivamente, disciplinadas. No Brasil, por exemplo, existe previsão no inciso LXI do art. 5º da CF, que diz:

> LXI – ninguém será preso senão em flagrante delito ou por ordem escrita e fundamentada de autoridade judiciária competente, salvo nos casos de transgressão militar ou crime propriamente militar, definidos em lei;
> (...).

No mesmo sentido, vimos que, segundo o art. 283 do CPP, além da prisão em flagrante, será possível a prisão por ordem escrita e fundamentada da autoridade judiciária competente, em decorrência de prisão cautelar ou em virtude de condenação criminal transitada em julgado.

Normalmente, somente o Estado pode privar alguém de sua liberdade, porque o cidadão, que não esteja investido desse poder pelo Estado, se vier a privar alguém do seu direito de ir, vir ou mesmo permanecer, como regra, deverá ser responsabilizado pelo delito de sequestro ou cárcere privado, ou mesmo extorsão mediante sequestro, dependendo do seu dolo, ou seja, a finalidade de sua vontade dirigida conscientemente à produção de determinado resultado.

Dissemos que o cidadão, como regra, deverá ser responsabilizado criminalmente caso venha a privar alguém de seu direito de liberdade. No entanto, existe exceção a essa regra, uma vez que o art. 301 do CPP diz:

> Art. 301. Qualquer do povo poderá e as autoridades policiais e seus agentes deverão prender quem quer que seja encontrado em flagrante delito.

Portanto, existe uma *faculdade* concedida a qualquer pessoa do povo para prender alguém que se encontre em situação de flagrante delito. Nesse caso, não poderá ser responsabilizado, por exemplo, pelo delito de sequestro ou cárcere privado, ou mesmo por qualquer outra infração penal a ele ligado, desde que atue dentro dos limites legais previstos.

Como se percebe pela redação do mencionado artigo, o policial possui um tratamento diferenciado, com regras próprias, como veremos mais adiante.

Ocorrendo a prisão, ou seja, a privação do direito de liberdade de alguém, ainda assim outros direitos a ela inerentes deverão ser observados. Por essa razão, a Constituição Federal, nos incisos LXIII, LXIV, LXV, LXVI, LXVII e LXVIII do art. 5º, regulamenta tal possibilidade de privação do direito de liberdade, resguardando direitos a ela conexos, dizendo, *in verbis*:

> LXIII – o preso será informado de seus direitos, entre os quais o de permanecer calado, sendo-lhe assegurada a assistência da família e de advogado;
>
> LXIV – o preso tem direito à identificação dos responsáveis por sua prisão ou por seu interrogatório policial;
>
> LXV – a prisão ilegal será imediatamente relaxada pela autoridade judiciária;
>
> LXVI – ninguém será levado à prisão ou nela mantido, quando a lei admitir a liberdade provisória, com ou sem fiança;
>
> LXVII – não haverá prisão civil por dívida, salvo a do responsável pelo inadimplemento voluntário e inescusável de obrigação alimentícia e a do depositário infiel;[2]

---

[2] Também não será possível a prisão civil do depositário infiel, conforme já decidiu o STF: "Prisão civil do depositário infiel em face dos tratados internacionais de direitos humanos. Interpretação da parte final do inciso LXVII do art. 5º da Constituição brasileira de 1988. Posição hierárquico-normativa dos tratados internacionais de direitos humanos no ordenamento jurídico brasileiro. Desde a adesão do Brasil, sem qualquer reserva, ao Pacto Internacional dos Direitos Civis e Políticos (art. 11) e à Convenção Americana sobre Direitos Humanos – Pacto de San José da Costa Rica (art. 7º, 7), ambos no ano de 1992, não há mais base legal para prisão civil do depositário infiel, pois o caráter especial desses diplomas internacionais sobre direitos humanos lhes reserva lugar específico no ordenamento jurídico, estando abaixo da Constituição, porém acima da legislação interna. O *status* normativo supralegal dos tratados internacionais de direitos humanos subscritos pelo Brasil torna inaplicável a legislação infraconstitucional com ele conflitante, seja ela anterior ou posterior ao ato de adesão. Assim ocorreu com o art. 1.287 do Código Civil de 1916 e com o Decreto-Lei nº 911/69, assim como em relação ao art. 652 do Novo Código Civil (Lei nº 10.406/2002). Alienação fiduciária em garantia. Decreto-Lei nº 911/69. Equiparação do devedor-fiduciante ao depositário. Prisão civil do devedor-fiduciante em face do princípio da proporcionalidade. A prisão civil do devedor-fiduciante no âmbito do contrato de alienação fiduciária em garantia viola o princípio da proporcionalidade, visto que: a) o ordenamento jurídico prevê outros meios processuais-executórios postos à disposição do credor-fiduciário para a garantia do crédito, de forma que a prisão civil, como medida extrema de coerção do devedor inadimplente, não passa no exame da proporcionalidade como proibição de excesso, em sua tríplice configuração: adequação, necessidade e proporcionalidade em sentido estrito; e b) o Decreto-Lei nº 911/69, ao instituir uma ficção jurídica, equiparando o devedor-fiduciante ao depositário, para todos os efeitos previstos nas leis civis e penais, criou uma figura atípica de depósito,

LXVIII – conceder-se-á "habeas corpus" sempre que alguém sofrer ou se achar ameaçado de sofrer violência ou coação em sua liberdade de locomoção, por ilegalidade ou abuso de poder;
(...).

3.3 POSSIBILIDADES

A prisão em flagrante vem prevista nos arts. 301 a 310 do Capítulo II do Título IX do CPP.

Como vimos anteriormente, qualquer pessoa *poderá* prender quem quer que seja encontrado em flagrante delito. No entanto, as autoridades policiais e seus agentes *deverão* – isto é, têm a obrigação legal de – prender aqueles que se encontrem numa situação de flagrante delito, sob pena de serem responsabilizados criminalmente por sua omissão, uma vez que, de acordo com o art. 13, § 2º, *a*, do CP (Código Penal), são considerados como *garantidores*, cujo conceito será analisado em capítulo próprio.

Dessa forma, o policial militar, por exemplo, ao se deparar com a prática de alguma infração penal, terá a obrigação de prender aquele que esteja em situação de flagrante delito, pois, caso não o faça, ele é quem será punido criminalmente por sua omissão.

Merece ser registrado, entretanto, o fato de que, embora tenha a obrigação de levar a efeito a prisão daquele que esteja praticando determinada infração penal, essa obrigação somente existirá se houver, efetivamente, possibilidades físicas, ou seja, condições para que o policial cumpra com seu dever legal. Assim, imagine-se a hipótese em que um policial presencie a prática de um crime de roubo a uma agência bancária. No momento, encontrava-se sozinho. Os agentes, aproximadamente 10 pessoas, estavam armados com fuzis e metralhadoras, enquanto o policial portava seu revólver calibre .38. Nesse caso, como se percebe, não se podia exigir do policial nenhuma atitude heroica. A situação pareceria mais como uma cena de filme, ou seja, seria completamente irreal exigir daquele policial que entrasse na agência bancária, apontando seu revólver para o grupo criminoso, impondo sua rendição, e, consequentemente, prendendo-o em flagrante.

Portanto, embora o art. 301 do CPP diga que as autoridades policiais e seus agentes *deverão* prender quem quer que seja encontrado em flagrante delito, essa regra poderá sofrer exceção no caso concreto, visto que o *dever* deverá ser conjugado com o *poder* prender, ou seja, a possibilidade física de, no caso concreto, cumprir com o mandamento legal.

---

transbordando os limites do conteúdo semântico da expressão 'depositário infiel' insculpida no art. 5º, inciso LXVII, da Constituição e, dessa forma, desfigurando o instituto do depósito em sua conformação constitucional, o que perfaz a violação ao princípio da reserva legal proporcional Recurso extraordinário conhecido e não provido" (STF, RE 349.703/RS, Rel. Min. Carlos Britto, Tribunal Pleno, *DJ* 05/06/2009).

3.4 CONCEITO E SITUAÇÕES QUE CARACTERIZAM AS HIPÓTESES DE FLAGRANTE DELITO

A palavra "flagrante" é originária do latim *flagrans, flagrantis*, e diz respeito ao verbo *flagare*. Tem o significado de arder, queimar, estar em chamas. Assim, quando dizemos que alguém foi surpreendido em flagrante delito, estamos querendo afirmar que foi encontrado cometendo – praticando ainda – a infração penal, ou seja, o delito estava crepitando, ardendo, quando o sujeito foi flagrado.

No entanto, embora o conceito comum, mais evidente da situação de flagrante delito, seja efetivamente esse, vale dizer, quando o agente é surpreendido no exato instante em que estava cometendo a infração penal, o art. 302 do CPP considera outras hipóteses em que se poderá entender pela situação de flagrante delito, que recebem as denominações de:

- *flagrante próprio*, quando o agente está cometendo a infração penal, ou quando este acabou de cometê-la, sendo esta última hipótese reconhecida pela doutrina como sendo uma situação denominada de *quase flagrante* (art. 302, I e II, do CPP);
- *flagrante impróprio*, quando o agente é perseguido, logo após, pela autoridade, pelo ofendido ou por qualquer pessoa, em situação que faça presumir ser autor da infração (art. 302, III, do CPP);
- *flagrante presumido*, quando o agente é encontrado, logo depois, com instrumentos, armas, objetos ou papéis que façam presumir ser ele autor da infração (art. 302, IV, do CPP).

Com relação ao flagrante próprio, podemos trabalhar com as hipóteses em que o agente, por exemplo, seja surpreendido no exato instante em que efetuava os disparos que vieram a atingir mortalmente a vítima, ou mesmo naquela situação em que havia acabado de efetuá-los, quando foi surpreendido pela autoridade policial. Aqui, como se percebe, não existem muitas discussões. São esses os casos em que, mais do que qualquer outro, podemos dizer que a infração penal ainda ardia.

O flagrante impróprio, por sua vez, pode gerar alguma dúvida, uma vez que o inciso III do art. 302 do CPP se utiliza de expressões que podem conduzir à incerteza no caso concreto. Assim, por exemplo, o que se entenderia por *perseguição*? Quanto tempo poderia durar essa perseguição? Se a autoridade policial, durante essa perseguição, viesse a perder o agente de vista e, por sorte, viesse a encontrá-lo horas depois, ainda assim subsistiria a situação de flagrante?

Já se encontra, no imaginário popular, o fato de que, se o sujeito não for preso no prazo de 24 horas, não poderá mais ser privado cautelarmente de sua liberdade. Criou-se, na mente da população, a necessidade de a prisão ocorrer no prazo de 24 horas. Tal determinação não consta de qualquer dispositivo legal. Desse modo, respondendo às nossas próprias indagações, ainda haverá situação de flagrante enquanto durar a perseguição, ou seja, enquanto os agentes estiverem sendo perseguidos pela autoridade policial após a prática da infração penal.

Se, no entanto, houver interrupção na perseguição, ou seja, se a autoridade policial, por exemplo, perder de vista, por um tempo razoável, aquele que supostamente praticou a infração penal, sua prisão, realizada horas depois, já não mais poderá ser considerada como em flagrante delito.

As alíneas *a* e *b* do § 1º do art. 290 do CPP nos esclarecem o que seja perseguição, dizendo, *in verbis*:

> Art. 290. (...)
> § 1º Entender-se-á que o executor vai em perseguição do réu, quando:
> a) tendo-o avistado, for perseguindo-o sem interrupção, embora depois o tenha perdido de vista;
> b) sabendo, por indícios ou informações fidedignas, que o réu tenha passado, há pouco tempo, em tal ou qual direção, pelo lugar em que o procure, for no seu encalço.

O conceito de prazo razoável também não é fácil. Contudo, deverá ser conjugado com a expressão *logo após*, utilizada pelo inciso III do art. 302 do CPP. Assim, por exemplo, se, durante a perseguição, os policiais perderem o agente de vista por alguns minutos, ou mesmo por uma hora, mas, em seguida, conseguirem encontrá-lo devido ao rastreamento procedido, poderemos entender, ainda, como hipótese de flagrante, preenchendo, dessa forma, os requisitos exigidos pelo diploma processual penal.

Paulo Queiroz, em síntese, aponta os requisitos necessários ao reconhecimento do flagrante impróprio, a saber: "1) que haja perseguição; 2) que a perseguição (não a prisão, necessariamente) seja imediata; 3) que seja ininterrupta; 4) que o agente seja preso em situação que indique ser ele o autor do crime".[3]

Por fim, a última situação diz respeito ao chamado *flagrante presumido*, ou seja, hipóteses em que o agente não foi flagrado praticando ou mesmo acabando de praticar a infração penal, não foi perseguido logo após tê-la praticado, mas, sim, encontrado, logo depois, com instrumentos, armas, objetos ou papéis que façam presumir ser ele autor da infração.

No exemplo por nós sugerido do roubo a banco, imagine que os policiais tenham chegado minutos após a fuga dos assaltantes. Ato contínuo, começam a rastreá-los sem, contudo, haver qualquer tipo de perseguição, uma vez que não conheciam o paradeiro daqueles que levaram a efeito o crime de roubo. Estrategicamente, determinam a realização de barreiras nas saídas da cidade, oportunidade em que surpreendem o grupo com o malote de dinheiro subtraído da agência bancária, bem como com as armas de fogo utilizadas no roubo, podendo, nesse caso, ser presos em flagrante.

Um alerta interessante se faz nos chamados *crimes permanentes*, ou seja, aqueles cuja consumação (execução) se prolonga, perpetua-se no tempo, a exem-

---

[3] QUEIROZ, Paulo. *Direito processual penal*: por um sistema integrado de direito, processo e execução penal, p. 193.

plo do que ocorre com o crime de extorsão mediante sequestro, previsto no art. 159 do CP. Nos crimes permanentes, enquanto durar a permanência, é como se o delito estivesse sendo cometido a cada instante, razão pela qual o flagrante poderá ser levado a efeito, sendo considerado, ainda, próprio. Veja-se o que aconteceu com o sequestro ocorrido com os passageiros do ônibus 174, no Centro do Rio de Janeiro, onde o sequestrador mantinha as vítimas privadas do seu direito de ir, vir ou mesmo permanecer. Enquanto durava a privação do direito de liberdade dos passageiros, é como se o delito estivesse sendo praticado a cada instante, razão pela qual, a qualquer momento, poderia ocorrer a prisão em flagrante do sequestrador, conforme determina o art. 303 do CPP, que prevê:

> Art. 303. Nas infrações permanentes, entende-se o agente em flagrante delito enquanto não cessar a permanência.

3.5 LAVRATURA DO AUTO DE PRISÃO EM FLAGRANTE

O policial *deverá*, em virtude de determinação legal, efetuar a prisão daquele que seja encontrado em situação de flagrante delito.

Logo em seguida, deverá apresentar o preso à autoridade competente, que poderá ser a autoridade policial (delegado de polícia) ou, em caso de prisão em flagrante por crime militar, aquelas apontadas pelo art. 7º do CPPM (Código de Processo Penal Militar).

O art. 304 do CPP, a respeito dos passos a serem tomados pela autoridade competente após a apresentação do preso, esclarece-nos que:

> Art. 304. Apresentado o preso à autoridade competente, ouvirá esta o condutor e colherá, desde logo, sua assinatura, entregando a este cópia do termo e recibo de entrega do preso. Em seguida, procederá à oitiva das testemunhas que o acompanharem e ao interrogatório do acusado sobre a imputação que lhe é feita, colhendo, após cada oitiva suas respectivas assinaturas, lavrando, a autoridade, afinal, o auto.

Assim, o auto de prisão em flagrante é uma peça a ser confeccionada pela autoridade competente. Ele é composto de: a) oitiva das testemunhas; b) oitiva da vítima, quando houver, embora não tenha sido mencionada pelo *caput* do art. 304 do CPP; c) interrogatório do preso.

3.6 JUIZ DAS GARANTIAS

A Lei nº 13.964/2019 criou o chamado *juiz das garantias*[4]. Segundo o disposto nos arts. 3º-A a 3º-F, *in verbis*:

---

[4] Obs.: Em 22 de janeiro de 2020, o Ministro Luiz Fux, na qualidade de Relator, concedeu medida cautelar requerida nos autos da ADI nº 6.298, ajuizada pela Associação dos Magistrados Brasileiros (AMB) e pela Associação dos Juízes Federais do Brasil (Ajufe), e suspendeu *sine die*

Art. 3º-A. O processo penal terá estrutura acusatória, vedadas a iniciativa do juiz na fase de investigação e a substituição da atuação probatória do órgão de acusação.

Art. 3º-B. O juiz das garantias é responsável pelo controle da legalidade da investigação criminal e pela salvaguarda dos direitos individuais cuja franquia tenha sido reservada à autorização prévia do Poder Judiciário, competindo-lhe especialmente:

I – receber a comunicação imediata da prisão, nos termos do inciso LXII do *caput* do art. 5º da Constituição Federal;

II – receber o auto da prisão em flagrante para o controle da legalidade da prisão, observado o disposto no art. 310 deste Código;

III – zelar pela observância dos direitos do preso, podendo determinar que este seja conduzido à sua presença, a qualquer tempo;

IV – ser informado sobre a instauração de qualquer investigação criminal;

V – decidir sobre o requerimento de prisão provisória ou outra medida cautelar, observado o disposto no § 1º deste artigo;

VI – prorrogar a prisão provisória ou outra medida cautelar, bem como substituí-las ou revogá-las, assegurado, no primeiro caso, o exercício do contraditório em audiência pública e oral, na forma do disposto neste Código ou em legislação especial pertinente;

VII – decidir sobre o requerimento de produção antecipada de provas consideradas urgentes e não repetíveis, assegurados o contraditório e a ampla defesa em audiência pública e oral;

VIII – prorrogar o prazo de duração do inquérito, estando o investigado preso, em vista das razões apresentadas pela autoridade policial e observado o disposto no § 2º deste artigo;

IX – determinar o trancamento do inquérito policial quando não houver fundamento razoável para sua instauração ou prosseguimento;

X – requisitar documentos, laudos e informações ao delegado de polícia sobre o andamento da investigação;

XI – decidir sobre os requerimentos de:

a) interceptação telefônica, do fluxo de comunicações em sistemas de informática e telemática ou de outras formas de comunicação;

b) afastamento dos sigilos fiscal, bancário, de dados e telefônico;

c) busca e apreensão domiciliar;

d) acesso a informações sigilosas;

e) outros meios de obtenção da prova que restrinjam direitos fundamentais do investigado;

XII – julgar o habeas corpus impetrado antes do oferecimento da denúncia;

XIII – determinar a instauração de incidente de insanidade mental;

XIV – decidir sobre o recebimento da denúncia ou queixa, nos termos do art. 399 deste Código;

---

a eficácia, *ad referendum* do Plenário, da implantação do juiz das garantias e seus consectários (arts. 3º-A, 3º-B, 3º-C, 3º-D, 3º-E, 3º-F, do CPP) e da alteração do juiz sentenciante que conheceu de prova declarada inadmissível (157, § 5º, do CPP).

XV – assegurar prontamente, quando se fizer necessário, o direito outorgado ao investigado e ao seu defensor de acesso a todos os elementos informativos e provas produzidos no âmbito da investigação criminal, salvo no que concerne, estritamente, às diligências em andamento;

XVI – deferir pedido de admissão de assistente técnico para acompanhar a produção da perícia;

XVII – decidir sobre a homologação de acordo de não persecução penal ou os de colaboração premiada, quando formalizados durante a investigação;

XVIII – outras matérias inerentes às atribuições definidas no *caput* deste artigo.

§ 1º O preso em flagrante ou por força de mandado de prisão provisória será encaminhado à presença do juiz de garantias no prazo de 24 (vinte e quatro) horas, momento em que se realizará audiência com a presença do Ministério Público e da Defensoria Pública ou de advogado constituído, vedado o emprego de videoconferência.

§ 2º Se o investigado estiver preso, o juiz das garantias poderá, mediante representação da autoridade policial e ouvido o Ministério Público, prorrogar, uma única vez, a duração do inquérito por até 15 (quinze) dias, após o que, se ainda assim a investigação não for concluída, a prisão será imediatamente relaxada.

Art. 3º-C. A competência do juiz das garantias abrange todas as infrações penais, exceto as de menor potencial ofensivo, e cessa com o recebimento da denúncia ou queixa na forma do art. 399 deste Código.

§ 1º Recebida a denúncia ou queixa, as questões pendentes serão decididas pelo juiz da instrução e julgamento.

§ 2º As decisões proferidas pelo juiz das garantias não vinculam o juiz da instrução e julgamento, que, após o recebimento da denúncia ou queixa, deverá reexaminar a necessidade das medidas cautelares em curso, no prazo máximo de 10 (dez) dias.

§ 3º Os autos que compõem as matérias de competência do juiz das garantias ficarão acautelados na secretaria desse juízo, à disposição do Ministério Público e da defesa, e não serão apensados aos autos do processo enviados ao juiz da instrução e julgamento, ressalvados os documentos relativos às provas irrepetíveis, medidas de obtenção de provas ou de antecipação de provas, que deverão ser remetidos para apensamento em apartado.

§ 4º Fica assegurado às partes o amplo acesso aos autos acautelados na secretaria do juízo das garantias.

Art. 3º-D. O juiz que, na fase de investigação, praticar qualquer ato incluído nas competências dos arts. 4º e 5º deste Código ficará impedido de funcionar no processo.

Parágrafo único. Nas comarcas em que funcionar apenas um juiz, os tribunais criarão um sistema de rodízio de magistrados, a fim de atender às disposições deste Capítulo.

Art. 3º-E. O juiz das garantias será designado conforme as normas de organização judiciária da União, dos Estados e do Distrito Federal, observando critérios objetivos a serem periodicamente divulgados pelo respectivo tribunal.

Art. 3º-F. O juiz das garantias deverá assegurar o cumprimento das regras para o tratamento dos presos, impedindo o acordo ou ajuste de qualquer autoridade com órgãos da imprensa para explorar a imagem da pessoa submetida à prisão, sob pena de responsabilidade civil, administrativa e penal.

Parágrafo único. Por meio de regulamento, as autoridades deverão disciplinar, em 180 (cento e oitenta) dias, o modo pelo qual as informações sobre a realização da prisão e a identidade do preso serão, de modo padronizado e respeitada a programação normativa aludida no *caput* deste artigo, transmitidas à imprensa, assegurados a efetividade da persecução penal, o direito à informação e a dignidade da pessoa submetida à prisão.

A criação do juiz das garantias se deu pelo fato de que grande parte de nossa doutrina defendia a tese de que, se o juiz participasse da colheita das provas durante a fase investigativa, ou mesmo que deferisse alguma medida cautelar naquela oportunidade, fatalmente estaria contaminado para o julgamento, porque tais comportamentos fariam que perdesse a isenção.

Interessante frisar que o próprio STF, um dos maiores defensores da inclusão no Código de Processo Penal do juiz das garantias, perdeu completamente a legitimidade quando, de forma absurdamente ilegal, instaurou os chamados inquéritos do fim do mundo.

Dando início à série de absurdos jurídicos, o Ministro Dias Toffoli, inconformado com os ataques praticados nas redes sociais contra os ministros da Suprema Corte, editou a Portaria GP nº 69, de 14 de março de 2019, e determinou a instauração do Inquérito nº 4.781, haja vista, segundo seus considerandos, a existência de notícias fraudulentas (*fake news*), denunciações caluniosas, ameaças e infrações revestidas de *animus calumniandi, diffamandi e injuriandi*, que atingem a honorabilidade e a segurança do Supremo Tribunal Federal (STF), de seus membros e familiares, tendo sido diretamente designado para a condução do feito o Min. Alexandre de Morais.

Não bastasse o absurdo do primeiro inquérito, foi requerido pela Procuradoria-Geral da República, ao Presidente do STF, a abertura de um segundo inquérito, a fim de apurar os fatos ocorridos em 19 de abril de 2020 e seus antecedentes que, de acordo com o Procurador-Geral da República, traduziam potencialidade delitiva, nos termos da Lei nº 7.170/83,[5] vale dizer, a Lei de Segurança Nacional.

Ambos os inquéritos foram presididos pelo Min. Alexandre de Moraes. Vimos, neles, os maiores abusos e erros jurídicos da história daquela Corte. Ao que parece, os ministros confundiram a expressão "foro por prerrogativa de função" com "foro por prerrogativa da vítima", uma vez que, em vez de serem requisitadas as instaurações de inquéritos policiais à Polícia Federal, já que esses ministros se consideravam vítimas de várias infrações penais, se entendeu, ilegalmente por sinal, que os inquéritos seriam instaurados na própria Corte, sob a presidência do Min. Alexandre de Moraes.

Assim, ao contrário de tudo sobre o que já decidiu o STF, foram inaugurados inquéritos em que tínhamos um ministro, Alexandre de Moraes, na qualidade de vítima, investigador, acusador e julgador, ou seja, nada do que já haviam decidido a respeito do sistema acusatório era ali aplicado. Transformaram-se, assim,

---

[5] A Lei 7.170/1983 foi revogada pela Lei 14.197/2021.

em verdadeiros inquisidores, e as defesas tinham dificuldade extrema para terem acesso às provas neles produzidas. Além disso, pessoas foram presas cautelarmente por infrações penais que, normalmente, jamais as levariam ao cárcere.

Dessa forma, diante desse histórico que, até o presente momento, ainda persiste, já que o STF ainda insiste em manter abertos os inquéritos presididos pelo Min. Alexandre de Moraes, que deles se vale para a prática dos maiores absurdos jurídicos já praticados por aquela Corte, defender a existência do chamado juiz das garantias transformou-se em uma missão impossível para o Supremo Tribunal Federal que, em breve, terá que se posicionar, definitivamente, quanto à inserção dessa nova figura no sistema processual penal.

3.7 DIREITOS DO PRESO

Os incisos LVII, LVIII, LXII, LXIII e LXIV do art. 5º da CF determinam:

(...)
LVII – ninguém será considerado culpado até o trânsito em julgado de sentença penal condenatória;
LVIII – o civilmente identificado não será submetido à identificação criminal, salvo nas hipóteses previstas em lei; (...)
LXII – a prisão de qualquer pessoa e o local onde se encontre serão comunicados imediatamente ao juiz competente e à família do preso ou à pessoa por ele indicada;
LXIII – o preso será informado de seus direitos, entre os quais o de permanecer calado, sendo-lhe assegurada a assistência da família e de advogado;
LXIV – o preso tem direito à identificação dos responsáveis por sua prisão ou por seu interrogatório policial;
(...).

O *caput* do art. 306 do CPP possui, praticamente, a mesma redação do referido inciso LXII, anteriormente transcrito, diferindo apenas ao prever a comunicação da prisão também ao Ministério Público. No entanto, seus parágrafos ainda determinam, com a alteração feita pela Lei nº 12.403, de 4 de maio de 2011, que, *em até 24 (vinte e quatro) horas após a realização da prisão, será encaminhado ao juiz competente o auto de prisão em flagrante e, caso o autuado não informe o nome de seu advogado, cópia integral para a Defensoria Pública.*

No mesmo prazo, será entregue ao preso, mediante recibo, a nota de culpa, assinada pela autoridade, com o motivo da prisão e o nome do condutor e das testemunhas.

Merece ser destacado, igualmente, o disposto no art. 310, I a III, do CPP, com as modificações levadas a efeito pela Lei nº 13.964/2019, que diz:

Art. 310. Após receber o auto de prisão em flagrante, no prazo máximo de até 24 (vinte e quatro) horas após a realização da prisão, o juiz deverá promover audiência de custódia com a presença do acusado, seu advogado constituído ou membro da Defensoria Pública e o membro do Ministério Público, e, nessa audiência, o juiz deverá, fundamentadamente:

I – relaxar a prisão ilegal; ou

II – converter a prisão em flagrante em preventiva, quando presentes os requisitos constantes do art. 312 do Código de Processo Penal, e se revelarem inadequadas ou insuficientes as medidas cautelares diversas da prisão; ou

III – conceder liberdade provisória, com ou sem fiança.

Dizem, ainda, os §§ 1º a 4º do art. 310 da legislação processual, de acordo com a redação dada pela Lei nº 13.964/2019:

> § 1º Se o juiz verificar, pelo auto de prisão em flagrante, que o agente praticou o fato em qualquer das condições constantes dos incisos I, II ou III do *caput* do art. 23 do Decreto-Lei nº 2.848, de 7 de dezembro de 1940 (Código Penal), poderá, fundamentadamente, conceder ao acusado liberdade provisória, mediante termo de comparecimento obrigatório a todos os atos processuais, sob pena de revogação.
>
> § 2º Se o juiz verificar que o agente é reincidente ou que integra organização criminosa armada ou milícia, ou que porta arma de fogo de uso restrito, deverá denegar a liberdade provisória, com ou sem medidas cautelares.
>
> § 3º A autoridade que deu causa, sem motivação idônea, à não realização da audiência de custódia no prazo estabelecido no *caput* deste artigo responderá administrativa, civil e penalmente pela omissão.
>
> § 4º Transcorridas 24 (vinte e quatro) horas após o decurso do prazo estabelecido no *caput* deste artigo, a não realização de audiência de custódia sem motivação idônea ensejará também a ilegalidade da prisão, a ser relaxada pela autoridade competente, sem prejuízo da possibilidade de imediata decretação de prisão preventiva.

3.7.1 Identificação criminal do civilmente identificado

A Lei nº 12.037, de 1º de outubro de 2009, com as alterações trazidas pela Lei nº 13.964/2019, revogando a Lei nº 10.054, de 7 de dezembro de 2000, dispõe sobre a identificação criminal do civilmente identificado, regulamentando o art. 5º, LVIII, da CF, dizendo, *in verbis*:

> Art. 1º O civilmente identificado não será submetido a identificação criminal, salvo nos casos previstos nesta Lei.
>
> Art. 2º A identificação civil é atestada por qualquer dos seguintes documentos:
>
> I – carteira de identidade;
>
> II – carteira de trabalho;
>
> III – carteira profissional;
>
> IV – passaporte;
>
> V – carteira de identificação funcional;
>
> VI – outro documento público que permita a identificação do indiciado.
>
> Parágrafo único. Para as finalidades desta Lei, equiparam-se aos documentos de identificação civis os documentos de identificação militares.
>
> Art. 3º Embora apresentado documento de identificação, poderá ocorrer identificação criminal quando:
>
> I – o documento apresentar rasura ou tiver indício de falsificação;

II – o documento apresentado for insuficiente para identificar cabalmente o indiciado;

III – o indiciado portar documentos de identidade distintos, com informações conflitantes entre si;

IV – a identificação criminal for essencial às investigações policiais, segundo despacho da autoridade judiciária competente, que decidirá de ofício ou mediante representação da autoridade policial, do Ministério Público ou da defesa;

V – constar de registros policiais o uso de outros nomes ou diferentes qualificações;

VI – o estado de conservação ou a distância temporal ou da localidade da expedição do documento apresentado impossibilite a completa identificação dos caracteres essenciais.

Parágrafo único. As cópias dos documentos apresentados deverão ser juntadas aos autos do inquérito, ou outra forma de investigação, ainda que consideradas insuficientes para identificar o indiciado.

Art. 4º Quando houver necessidade de identificação criminal, a autoridade encarregada tomará as providências necessárias para evitar o constrangimento do identificado.

Art. 5º A identificação criminal incluirá o processo datiloscópico e o fotográfico, que serão juntados aos autos da comunicação da prisão em flagrante, ou do inquérito policial ou outra forma de investigação.

Parágrafo único. Na hipótese do inciso IV do art. 3º, a identificação criminal poderá incluir a coleta de material biológico para a obtenção do perfil genético. (Incluído pela Lei nº 12.654, de 28/5/2012)

Art. 5º-A. Os dados relacionados à coleta do perfil genético deverão ser armazenados em banco de dados de perfis genéticos, gerenciado por unidade oficial de perícia criminal. (Incluído pela Lei nº 12.654, de 28/5/2012)

§ 1º As informações genéticas contidas nos bancos de dados de perfis genéticos não poderão revelar traços somáticos ou comportamentais das pessoas, exceto determinação genética de gênero, consoante as normas constitucionais e internacionais sobre direitos humanos, genoma humano e dados genéticos. (Incluído pela Lei nº 12.654, de 28/5/2012)

§ 2º Os dados constantes dos bancos de dados de perfis genéticos terão caráter sigiloso, respondendo civil, penal e administrativamente aquele que permitir ou promover sua utilização para fins diversos dos previstos nesta Lei ou em decisão judicial. (Incluído pela Lei nº 12.654, de 28/5/2012)

§ 3º As informações obtidas a partir da coincidência de perfis genéticos deverão ser consignadas em laudo pericial firmado por perito oficial devidamente habilitado. (Incluído pela Lei nº 12.654, de 28/5/2012)

Art. 6º É vedado mencionar a identificação criminal do indiciado em atestados de antecedentes ou em informações não destinadas ao juízo criminal, antes do trânsito em julgado da sentença condenatória.

Art. 7º No caso de não oferecimento da denúncia, ou sua rejeição, ou absolvição, é facultado ao indiciado ou ao réu, após o arquivamento definitivo do inquérito, ou trânsito em julgado da sentença, requerer a retirada da identificação fotográfica do inquérito ou processo, desde que apresente provas de sua identificação civil.

Art. 7º-A. A exclusão dos perfis genéticos dos bancos de dados ocorrerá:

I – no caso de absolvição do acusado; ou

II – no caso de condenação do acusado, mediante requerimento, após decorridos 20 (vinte) anos do cumprimento da pena. (NR)

Art. 7º-B. A identificação do perfil genético será armazenada em banco de dados sigiloso, conforme regulamento a ser expedido pelo Poder Executivo. (Incluído pela Lei nº 12.654, de 28/5/2012)

Art. 7º-C. Fica autorizada a criação, no Ministério da Justiça e Segurança Pública, do Banco Nacional Multibiométrico e de Impressões Digitais.

§ 1º A formação, a gestão e o acesso ao Banco Nacional Multibiométrico e de Impressões Digitais serão regulamentados em ato do Poder Executivo federal.

§ 2º O Banco Nacional Multibiométrico e de Impressões Digitais tem como objetivo armazenar dados de registros biométricos, de impressões digitais e, quando possível, de íris, face e voz, para subsidiar investigações criminais federais, estaduais ou distritais.

§ 3º O Banco Nacional Multibiométrico e de Impressões Digitais será integrado pelos registros biométricos, de impressões digitais, de íris, face e voz colhidos em investigações criminais ou por ocasião da identificação criminal.

§ 4º Poderão ser colhidos os registros biométricos, de impressões digitais, de íris, face e voz dos presos provisórios ou definitivos quando não tiverem sido extraídos por ocasião da identificação criminal.

§ 5º Poderão integrar o Banco Nacional Multibiométrico e de Impressões Digitais, ou com ele interoperar, os dados de registros constantes em quaisquer bancos de dados geridos por órgãos dos Poderes Executivo, Legislativo e Judiciário das esferas federal, estadual e distrital, inclusive pelo Tribunal Superior Eleitoral e pelos Institutos de Identificação Civil.

§ 6º No caso de bancos de dados de identificação de natureza civil, administrativa ou eleitoral, a integração ou o compartilhamento dos registros do Banco Nacional Multibiométrico e de Impressões Digitais será limitado às impressões digitais e às informações necessárias para identificação do seu titular.

§ 7º A integração ou a interoperação dos dados de registros multibiométricos constantes de outros bancos de dados com o Banco Nacional Multibiométrico e de Impressões Digitais ocorrerá por meio de acordo ou convênio com a unidade gestora.

§ 8º Os dados constantes do Banco Nacional Multibiométrico e de Impressões Digitais terão caráter sigiloso, e aquele que permitir ou promover sua utilização para fins diversos dos previstos nesta Lei ou em decisão judicial responderá civil, penal e administrativamente.

§ 9º As informações obtidas a partir da coincidência de registros biométricos relacionados a crimes deverão ser consignadas em laudo pericial firmado por perito oficial habilitado.

§ 10. É vedada a comercialização, total ou parcial, da base de dados do Banco Nacional Multibiométrico e de Impressões Digitais.

§ 11. A autoridade policial e o Ministério Público poderão requerer ao juiz competente, no caso de inquérito ou ação penal instaurados, o acesso ao Banco Nacional Multibiométrico e de Impressões Digitais.

A Lei nº 13.964/2019, ao inserir o art. 7º-C à Lei nº 12.037, de 1º de outubro de 2009, autorizou a criação do Banco Nacional Multibiométrico e de Impressões Digitais, com o objetivo de armazenar dados de registros biométricos, de impressões digitais e, quando possível, de íris, face e voz, para subsidiar investigações criminais federais, estaduais ou distritais.

3.7.2 Identificação datiloscópica

No livro *Medicina legal à luz do direito penal e do direito processual penal*, da editora Impetus, no que diz respeito à identificação datiloscópica, prelecionam seus autores:

> (...) a datiloscopia é uma técnica simples e considerada a mais segura na identificação. Hélio Gomes, citando Locard, ensina que três qualidades conferem às impressões digitais valor sem igual para a identificação: a perenidade, a imutabilidade e a variedade dos desenhos digitais. Flamínio Fávero anota, como sendo os dois grandes princípios da datiloscopia, a imutabilidade e a individualidade. Há várias espécies diferentes de classificação; as mais conhecidas são as decadactilares (de Vucetich e de Galton-Henry) e a monodactilar (de Roberto Thut). O sistema usado no Brasil é o de Vucetich.
> Segundo Hélio Gomes "os desenhos formados na face das mãos (e na planta dos pés), pelas cristas papilares, aparecem a partir do sexto mês de vida intrauterina e duram toda a vida, e até depois da morte, enquanto não for destruída a pele." Os desenhos papilares não desaparecem, não se modificam, nem pelo desgaste fisiológico da pele nem pela senilidade. São perenes. Os desenhos digitais não são modificáveis nem patologicamente nem por vontade de seu portador. Se acaso desaparecem por algum motivo, reaparecem posteriormente, sempre integralmente. São imutáveis. Os desenhos digitais nunca são idênticos em dois indivíduos, ou seja, são variáveis.
> A patologia das impressões digitais se interessa pelas raras doenças que podem determinar a destruição progressiva das cristas papilares (ex.: a lepra). (...)
> No sistema de Vucetich, os desenhos digitais são divididos em quatro tipos fundamentais: arco, presilha interna, presilha externa e verticilo.
> A recente implantação pelo Governo do Estado do Rio de Janeiro do "AFIS" – *Automatic Fingerprint Identification System*, ou seja, Sistema de Identificação Civil e Criminal, ora disponível para a Diretoria de Identificação Civil do Detran-RJ, permite a pesquisa automática de impressões digitais, inclusive fragmentos colhidos em locais de crime, o que vem sendo realizado com competência pelo Instituto de Identificação Felix Pacheco (IIFP), através das várias equipes de papiloscopistas, cada uma dentro de sua especialidade, ou seja, no caso de, por exemplo, identificação de cadáveres em que as impressões digitais são "scaneadas" e submetidas ao sistema informatizado "AFIS". Do mesmo modo, são inseridos nesse mesmo sistema as impressões digitais oriundas de PAC – Pedido de Anotação Criminal, referentes a presos em Delegacias ou no Sistema Penitenciário. A grande novidade é o Sistema de Latentes, que contém cerca de 200.000 individuais decadatilares de criminosos registrados no IIFP e permite que sejam inseridos no sistema fragmentos de impressões digitais coletadas, principalmente, em locais de crime que podem

ser confrontadas com as dos criminosos, o que traz um excelente resultado na identificação dos mesmos. Cabe ressaltar que o "AFIS" faz o confronto automático das impressões e apresenta lista de candidatos, porém o veredicto final é sempre do papiloscopista.[6]

3.8 POLICIAL CONDUTOR

Antes da modificação levada a efeito pela Lei nº 11.113, de 13 de maio de 2005, o *condutor* também era ouvido no auto de prisão em flagrante. Isso fazia, muitas vezes, que os policiais perdessem horas numa delegacia de polícia, deixando as ruas desguarnecidas. Hoje, com a nova redação legal, o primeiro a ser ouvido pela autoridade competente é o condutor. Ou seja, aquele responsável pela apresentação do preso à autoridade competente terá prioridade em ser ouvido em um termo à parte do auto de prisão em flagrante.

Para sua segurança, o condutor receberá cópia do termo de suas declarações, bem como recibo de entrega do preso à autoridade competente. A partir desse momento, basicamente, termina sua função, pois, como regra, deverá ser requisitado somente para prestar suas declarações perante a autoridade judiciária, agora sob o crivo do contraditório. Isso quer dizer que, ao prestar suas declarações à autoridade policial, por exemplo, o condutor somente se incumbe de narrar os fatos que o levaram a prender em flagrante o agente. O condutor, portanto, narra a versão dele sobre os fatos e responde às perguntas formuladas pela autoridade competente. Contudo, quando estiver perante o juiz de direito, deverá responder não somente às perguntas do julgador mas também às formuladas pelo Ministério Público, pelo assistente de acusação, quando houver, e pela defesa. Por essa razão é que se diz que o processo se submete ao contraditório, pois ambas as partes têm o direito de fazer perguntas, em busca da verdade.

O policial requisitado a prestar suas declarações em juízo não poderá negar-se a responder às perguntas que lhe são formuladas. Isso não quer dizer que tenha que saber tudo o que lhe perguntam. No entanto, caso não saiba responder, deverá esclarecer os fatos de modo que as pessoas compreendam o seu desconhecimento sobre aquilo que lhe é perguntado, não podendo, simplesmente, se calar, sob pena de ser responsabilizado pelo crime de falso testemunho, previsto pelo art. 342 do CP, que prevê:

> Art. 342. Fazer afirmação falsa, ou negar ou calar a verdade, como testemunha, perito, contador, tradutor ou intérprete em processo judicial, ou administrativo, inquérito policial, ou em juízo arbitral:
> Pena – reclusão, de 2 (dois) a 4 (quatro) anos, e multa. (modificada pela Lei nº 12.850, de 2 de agosto de 2013)

---

[6] GRECO, Rogério (coord.) et al. *Medicina legal à luz do direito penal e do direito processual penal*, p. 41-42.

A falta de testemunhas não impedirá a lavratura do auto de prisão em flagrante. Pode ocorrer, e não é incomum que isso aconteça, que, quando da prisão em flagrante, não existam testemunhas da infração penal praticada pelo agente. Imagine-se a hipótese em que, durante a madrugada, o agente seja surpreendido vendendo drogas, e, no curso da operação policial, somente ele veio a ser preso em flagrante delito, uma vez que as ruas daquela comunidade se encontravam praticamente desertas. Nesse caso, como determina o § 2º do art. 304 do CPP, com o condutor, deverão assinar o auto de prisão em flagrante pelo menos duas pessoas que tenham testemunhado a apresentação do preso à autoridade.

3.9 QUEM PODERÁ SER PRESO EM FLAGRANTE PELO POLICIAL

A regra, de acordo com o art. 301 do CPP, é de que qualquer pessoa que for encontrada numa situação de flagrante delito poderá ser presa. No entanto, como quase toda regra, essa também sofre algumas exceções.

Há pessoas que não podem ser presas em flagrante, a exemplo do que ocorre com os Chefes de Estado e representantes diplomáticos, tendo em vista o disposto nos Tratados, ou nas Convenções, ou nas regras de Direito Internacional.

Há outras pessoas que somente podem ser presas em flagrante se estiverem praticando crimes inafiançáveis. Nesse caso, podemos citar:

- deputados federais e senadores (art. 53, § 1º, da CF);
- deputados estaduais (art. 27, § 1º, c/c art. 53, § 1º, todos da CF);
- magistrados (art. 33, II, da Lei Complementar nº 35/79 – Loman);
- membros do Ministério Público Estadual (art. 40, III, da Lei nº 8.625/93 – LNMP);
- membros do Ministério Público da União (Ministério Público Federal, Ministério Público do Distrito Federal e Territórios, Ministério Público do Trabalho e Ministério Público Militar (art. 18, II, *d*, da Lei Complementar nº 75/93;
- advogados, por motivos de profissão (art. 7º, IV c/c § 3º, da Lei nº 8.906/94 – Estatuto da Advocacia).

Merece ser ressaltado, ainda, o fato de que os *vereadores* podem ser presos em flagrante. Contudo, existe, com relação a eles, aquilo que é chamado de *imunidade material* no que diz respeito a suas opiniões, palavras e votos no exercício do mandato e na circunscrição do município. Assim, por exemplo, se, durante a defesa de um projeto de interesse do município, um vereador viesse a se exaltar, fazendo críticas contundentes a determinadas pessoas que, segundo ele, estariam prejudicando o município, tal fato, mesmo se fora daquele lugar, poderia se configurar crime contra a honra, na tribuna da Câmara Municipal onde ele goza de imunidade, não podendo ser preso em flagrante ou mesmo processado criminalmente pelo crime contra a honra.

Além disso, é importante frisar que o policial, nos casos em que não seja possível a prisão em flagrante, se insistir em levá-la a efeito, poderá ser responsabilizado criminalmente por abuso de autoridade, previsto na Lei nº 13.869, de 5 de setembro de 2019. Assim, imagine-se a hipótese em que um membro do Ministério Público esteja praticando um crime considerado pela lei como afiançável, a exemplo do que ocorre com o delito de desobediência, tipificado no art. 330 do CP. Nesse caso, o policial militar deverá tão somente lavrar o boletim de ocorrência (BO), a fim de encaminhá-lo ao chefe da instituição ministerial, vale dizer, ao Procurador-Geral de Justiça, para que tome as providências necessárias.

Por isso, é essencial saber como identificar se determinada infração penal é ou não afiançável. Para tanto, deverá ser analisado o Capítulo VI do Título IX do Código de Processo Penal, principalmente os arts. 321 a 324.

3.10 RESISTÊNCIA À PRISÃO EM FLAGRANTE

Conforme preconiza o art. 292 do CPP, *se houver, ainda que por parte de terceiros, resistência à prisão em flagrante ou à determinada por autoridade competente, o executor e as pessoas que o auxiliarem poderão usar dos meios necessários para defender-se ou para vencer a resistência, do que tudo se lavrará auto subscrito também por duas testemunhas.*

3.11 BUSCA DOMICILIAR, EM VEÍCULOS E PESSOAL

A busca domiciliar, em veículos ou mesmo pessoal é uma constante na atividade policial. No entanto, não se tolera que seja arbitrária, desnecessária. Por essa razão, o Código de Processo Penal elenca as hipóteses em que poderá ocorrer, dizendo:

> Art. 240. A busca será domiciliar ou pessoal:
> § 1º Proceder-se-á à busca domiciliar, quando fundadas razões a autorizem, para:
> a) prender criminosos;
> b) apreender coisas achadas ou obtidas por meios criminosos;
> c) apreender instrumentos de falsificação ou de contrafação e objetos falsificados ou contrafeitos;
> d) apreender armas e munições, instrumentos utilizados na prática de crime ou destinados a fim delituoso;
> e) descobrir objetos necessários à prova de infração ou a defesa do réu;
> f) apreender cartas, abertas ou não, destinadas ao acusado ou em seu poder, quando haja suspeita de que o conhecimento do seu conteúdo possa ser útil à elucidação do fato;
> g) apreender pessoas vítimas de crimes;
> h) colher qualquer elemento de convicção.
> § 2º Proceder-se-á busca pessoal quando houver fundada suspeita de que alguém oculte consigo arma proibida ou objetos mencionados nas letras *b* a *f* e letra *h* do parágrafo anterior.

Art. 241. Quando a própria autoridade policial ou judiciária não a realizar pessoalmente, a busca domiciliar deverá ser precedida da expedição de mandado.
Art. 242. A busca poderá ser determinada de ofício ou a requerimento de qualquer das partes.

É importante frisar que o § 1º do art. 240 do CPP faz menção a *fundadas razões* para que a busca domiciliar seja levada a efeito, e o § 2º do mesmo artigo utiliza a expressão *fundada suspeita*, a fim de legitimar a busca pessoal. Isso quer dizer que algum fato ou situação importante deve ter despertado no policial a necessidade de realizar a busca.
Conforme preleciona Rodrigo Foureaux:

A fundada suspeita legitima a busca pessoal, na forma do art. 244 do Código de Processo Penal e possui um menor rigor do que as fundadas razões, tanto é que o Superior Tribunal de Justiça decidiu que a mera intuição acerca de eventual traficância praticada pelo agente autoriza a abordagem policial (busca pessoal) em via pública para averiguação, o que, no entanto, não autoriza o ingresso em domicílio.[7]

Significa, como já dissemos anteriormente, que a busca não é arbitrária, ou seja, não pode ser praticada desnecessariamente. Além disso, não pode ser levada a efeito de modo que humilhe as pessoas, pois o policial está ali como um representante oficial do Estado, devendo velar, a todo custo, pela prevalência do princípio da dignidade da pessoa humana, um dos fundamentos do Estado Democrático de Direito, conforme o disposto no inciso III do art. 1º da CF.
Segundo esclarece Paulo Rangel, para que se possa, ainda, realizar a busca domiciliar, existe a necessidade da expedição:

(...) da competente ordem judicial, pois a Constituição Federal, em seu art. 5º, XI, estabeleceu como direito e garantia individual a inviolabilidade do domicílio, só permitindo o ingresso na residência alheia em cinco hipóteses, taxativamente, previstas, a saber:
a) *com o consentimento do morador* (a qualquer hora do dia ou da noite);
b) *em caso de flagrante delito* (com ou sem o consentimento do morador e a qualquer hora do dia ou da noite);
c) *em caso de desastre* (com ou sem o consentimento do morador e a qualquer hora do dia ou da noite);
d) *para prestar socorro* (com ou sem o consentimento do morador e a qualquer hora do dia ou da noite);
e) *durante o dia* (fora das hipóteses acima), por determinação judicial.
Perceptível ao intérprete que, por determinação constitucional, o disposto no art. 241 do CPP está parcialmente revogado (ou derrogado), pois a autoridade policial,

---

[7] FOUREAUX, Rodrigo. Abordagem policial e busca pessoal. *Atividade Policial*, 04/09/2022. Disponível em: <https://atividadepolicial.com.br/2022/09/04/abordagem-policial-e-busca-pessoal>. Acesso em: 20/01/2023.

mesmo realizando a diligência, pessoalmente, no domicílio de quem quer que seja, deverá estar de posse da precedente ordem judicial para realizar a busca domiciliar.[8]

Quando for realizada a busca domiciliar, em casa habitada, determina o art. 248 do CPP que ela seja realizada de modo que não moleste os moradores além do indispensável para o êxito da diligência.

Com a precisão que lhe é peculiar, Rodrigo Foureaux esclarece, com relação à busca pessoal:

> A busca pessoal é aquela realizada sobre o corpo do indivíduo e em seus pertences, como mochilas, bolsas, malas e veículos e tem por finalidade fiscalizar e garantir a segurança pública, prevenir e investigar o crime.
>
> A busca pessoal se estende aos pertences pessoais do indivíduo e quando decorrer de mandado de prisão autoriza, inclusive, a apreensão do aparelho celular, ainda que não haja um mandado de busca e apreensão anterior que autorize a apreensão do celular, já que o cumprimento de mandado de prisão, por si só, na forma do art. 244 do Código de Processo Penal, autoriza a busca pessoal, a qual, por sua vez, abrange pertences pessoais, dentre os quais se incluem celulares que poderão ser apreendidos pelos policiais e, posteriormente, ser solicitada autorização judicial para acessar as informações contidas no aparelho celular. Como a busca pessoal significa a realização de busca não somente no corpo da pessoa, mas também em seus pertences, seria de toda inócua a busca no celular se não fosse possível apreendê-lo para posterior investigação. Essa possibilidade de apreensão do aparelho celular em razão de busca pessoal deve ocorrer somente quando houver mandado de prisão ou de busca domiciliar ou situação de flagrante delito, não sendo possível na hipótese de busca decorrente de fundada suspeita em que nada de ilícito é localizado com o agente.[9]

A busca pessoal realizada em veículos particulares também deverá ter como fundamento alguma suspeita fundada, ou seja, algum fato que desperte o policial para essa necessidade.

As *blitze* policiais, tão comuns nos dias de hoje, podem e devem ser realizadas normalmente, como parte da atividade de prevenção aos delitos. No entanto, os excessos não podem ser tolerados, devendo ser punido o abuso praticado pela autoridade investida de poder pelo Estado.

Paulo Rangel ainda esclarece, com precisão, que a busca pessoal:

> (...) em carro particular não pode ser feita em pessoa que goza de foro com prerrogativa de função. Ou seja, um magistrado ou um membro do Ministério Público não pode ser revistado por agentes policiais, desde que se identifique; e, caso haja dúvidas sobre sua identidade, o fato deverá ser encaminhado à unidade policial mais

---

[8] RANGEL, Paulo. *Direito processual penal*, p. 147.
[9] FOUREAUX, Rodrigo. Abordagem policial e busca pessoal. *Atividade Policial*, 04/09/2022. Disponível em: <https://atividadepolicial.com.br/2022/09/04/abordagem-policial-e-busca-pessoal>. Acesso em: 20/01/2023.

próxima, para que o respectivo chefe da instituição compareça e proceda a revista, ou da forma que entender cabível.[10]

Ademais, o art. 244 do CPP elucida que a *busca pessoal independerá de mandado, no caso de prisão ou quando houver fundada suspeita de que a pessoa esteja na posse de arma proibida ou de objetos ou papéis que constituam corpo de delito, ou quando a medida for determinada no curso de busca domiciliar.*

O Superior Tribunal de Justiça (STJ), interpretando o art. 244 do CPP, no HC 158.580/BA, tendo como relator o Min. Rogerio Schietti, julgado em 19/04/22, assim decidiu:

> 1. Exige-se, em termos de standard probatório para busca pessoal ou veicular sem mandado judicial, a existência de fundada suspeita (justa causa) – baseada em um juízo de probabilidade, descrita com a maior precisão possível, aferida de modo objetivo e devidamente justificada pelos indícios e circunstâncias do caso concreto – de que o indivíduo esteja na posse de drogas, armas ou de outros objetos ou papéis que constituam corpo de delito, evidenciando-se a urgência de se executar a diligência.
>
> 2. Entretanto, a normativa constante do art. 244 do CPP não se limita a exigir que a suspeita seja fundada. É preciso, também, que esteja relacionada à "posse de arma proibida ou de objetos ou papéis que constituam corpo de delito". Vale dizer, há uma necessária referibilidade da medida, vinculada à sua finalidade legal probatória, a fim de que não se converta em salvo-conduto para abordagens e revistas exploratórias (*fishing expeditions*), baseadas em suspeição genérica existente sobre indivíduos, atitudes ou situações, sem relação específica com a posse de arma proibida ou objeto (droga, por exemplo) que constitua corpo de delito de uma infração penal. O art. 244 do CPP não autoriza buscas pessoais praticadas como "rotina" ou "praxe" do policiamento ostensivo, com finalidade preventiva e motivação exploratória, mas apenas buscas pessoais com finalidade probatória e motivação correlata.
>
> 3. Não satisfazem a exigência legal, por si sós, meras informações de fonte não identificada (*e.g.* denúncias anônimas) ou intuições e impressões subjetivas, intangíveis e não demonstráveis de maneira clara e concreta, apoiadas, por exemplo, exclusivamente, no tirocínio policial. Ante a ausência de descrição concreta e precisa, pautada em elementos objetivos, a classificação subjetiva de determinada atitude ou aparência como suspeita, ou de certa reação ou expressão corporal como nervosa, não preenche o standard probatório de "fundada suspeita" exigido pelo art. 244 do CPP.
>
> (...)
>
> 15. Na espécie, a guarnição policial "deparou com um indivíduo desconhecido em atitude suspeita" e, ao abordá-lo e revistar sua mochila, encontrou porções de maconha e cocaína em seu interior, do que resultou a prisão em flagrante do recorrente. Não foi apresentada nenhuma justificativa concreta para a revista no recorrente além da vaga menção a uma suposta "atitude suspeita", algo insuficiente para tal medida invasiva, conforme a jurisprudência deste Superior Tribunal, do Supremo Tribunal Federal e da Corte Interamericana de Direitos Humanos.
>
> 16. Recurso provido para determinar o trancamento do processo.

---

[10] RANGEL, Paulo. *Direito processual penal*, p. 151.

Dessa forma, dificilmente a polícia poderá cumprir seu papel, uma vez que os nosso Tribunais, principalmente os Superiores, a exemplo do STJ, adotando posturas ideológicas, fazem que a criminalidade se fortaleça, com o consequente enfraquecimento da segurança pública. Todo trabalho policial é desprezado por aqueles que nunca conheceram a ponta e não conseguem entender o seu dia a dia. Infelizmente, a doutrina de gabinete se sobrepõe à realidade das ruas, fazendo que a sensação de impunidade cresça cada vez mais.

Como se percebe, sem muito esforço, pelo julgado anteriormente colacionado, tratava-se de um traficante de drogas, que levava consigo porções de maconha e cocaína.

3.12 MANDADO COLETIVO DE BUSCA E APREENSÃO DE COISAS E PESSOAS

Pode ocorrer que não se saiba, exatamente, numa comunidade carente, ou mesmo em um condomínio residencial, o local exato onde se tenha em depósito uma grande quantidade de drogas ou armas, ou mesmo onde esteja escondido alguém contra quem tenha sido expedido um mandado de prisão. Nesse caso, poderia ser concedido um mandado de busca e apreensão de coisas ou pessoas, de natureza coletiva, ou seja, poderia o juiz de direito permitir que todas as residências daquela comunidade carente ou daquele condomínio residencial sofressem uma busca policial?

A questão não é tão simples, merecendo ser desdobrada, pois, quando estamos falando em comunidade carente (favela), referimo-nos a um local onde, normalmente, residem milhares de pessoas, que ocupam uma área espacial correspondente a um bairro inteiro, ao contrário do que ocorre em um condomínio fechado, onde o número de apartamentos é limitado.

Nesse caso, acreditamos ser possível a expedição de mandado para que seja realizada a busca em todos os apartamentos existentes naquele condomínio, ao contrário do que ocorre com a possibilidade de serem revistados, por exemplo, todos os "barracos" de uma favela, uma vez que o número indeterminado de buscas violaria o princípio da dignidade da pessoa humana.

Isso porque o art. 243 do CPP nos orienta nesse sentido, elencando os requisitos necessários do mandado de busca, conforme se verifica pela sua leitura, *in verbis*:

> Art. 243. O mandado de busca deverá:
> I – indicar, o mais precisamente possível, a casa em que será realizada a diligência e o nome do respectivo proprietário ou morador; ou, no caso de busca pessoal, o nome da pessoa que terá de sofrê-la ou os sinais que a identifiquem;
> II – mencionar o motivo e os fins da diligência;
> III – ser subscrito pelo escrivão e assinado pela autoridade que o fizer expedir.

O Superior Tribunal de Justiça, por seu turno, já reconheceu a ilegalidade do mandado de busca e apreensão coletivo, dizendo, no HC 435.934/RJ, de relatoria do Min. Sebastião Reis Júnior, julgado em 05/11/2019:

1. Configurada a ausência de individualização das medidas de apreensão a serem cumpridas, o que contraria diversos dispositivos legais, dentre eles os arts. 240, 242, 244, 245, 248 e 249 do Código de Processo Penal, além do art. 5º, XI, da Constituição Federal: a casa é asilo inviolável do indivíduo, ninguém nela podendo penetrar sem consentimento do morador, salvo em caso de flagrante delito ou desastre, ou para prestar socorro, ou, durante o dia, por determinação judicial. Caracterizada a possibilidade concreta e iminente de ofensa ao direito fundamental à inviolabilidade do domicílio. 2. Indispensável que o mandado de busca e apreensão tenha objetivo certo e pessoa determinada, não se admitindo ordem judicial genérica e indiscriminada de busca e apreensão para a entrada da polícia em qualquer residência. Constrangimento ilegal evidenciado. 3. Agravo regimental provido. Ordem concedida para reformar o acórdão impugnado e declarar nula a decisão que decretou a medida de busca e apreensão coletiva, genérica e indiscriminada contra os cidadãos e cidadãs domiciliados nas comunidades atingidas pelo ato coator.[11]

3.13 BUSCA PESSOAL EM MULHERES

Ponto que merece destaque é o relativo à viabilidade da busca pessoal em mulheres, praticada pela Polícia.

Hoje em dia, é muito comum que as infrações penais sejam cometidas por mulheres, principalmente o tráfico de drogas e o porte ilegal de armas. Assim, faz-se necessária, muitas vezes, quando houver fundada suspeita, a realização dessas buscas pessoais.

No entanto, conforme determina o art. 249 do CPP, a busca em mulher será feita por outra mulher, se não importar retardamento ou prejuízo da diligência.

O ideal, portanto, é que outra mulher, para se evitar um desnecessário constrangimento, faça a busca quando a suspeita também for mulher. Contudo, caso isso não seja possível, devido à inexistência, no local, de policial feminina, poderá o policial, com todo o respeito que lhe é exigido, levar a efeito a busca pessoal.

Não se poderá tolerar os atos que importem em cometimento, inclusive, de condutas ofensivas ao pudor, constrangendo a mulher com comportamentos desnecessários e indignos.

3.14 USO DA FORÇA E DE ARMAS DE FOGO

Durante a atividade policial, poderá haver necessidade do uso da força ou de armas de fogo, a exemplo do que ocorre com a situação em que o agente resiste à ordem de prisão e tenta fugir do local em que se encontrava, ou mesmo quando a vida do policial corre risco.

Nesse caso, o policial atuará amparado ou pela causa de justificação do estrito cumprimento do dever legal, previsto pelo inciso III do art. 23 do CP, ou pela

---

[11] Processo nº 0208558-76.2017.8.19.0001.

excludente de ilicitude da legítima defesa, quando contra a sua pessoa, ou mesmo de terceiros, houver a prática de uma injusta agressão, atual ou iminente.

Vale ressaltar, ainda, que a Lei nº 13.964/2019 inseriu o parágrafo único ao art. 25 do CP, dizendo:

> Parágrafo único. Observados os requisitos previstos no *caput* deste artigo, considera-se também em legítima defesa o agente de segurança pública que repele agressão ou risco de agressão a vítima mantida refém durante a prática de crimes.

De qualquer forma, o uso da força e o emprego de armas de fogo somente serão possíveis se não houver outra alternativa, conforme dispõem os itens 4, 5 e 9 da Declaração de Princípios Básicos sobre a Utilização da Força e de Armas de Fogo pelos Funcionários Responsáveis pela Aplicação da Lei, adotada pelo oitavo Congresso das Nações Unidas para a prevenção do crime e o tratamento dos delinquentes, realizada em Havana (Cuba), de 27 de agosto a 7 de setembro de 1990, que dizem:

> (...)
> 4. Os funcionários responsáveis pela aplicação da lei, no exercício das suas funções, devem, na medida do possível, recorrer a meios não violentos antes de utilizarem a força ou armas de fogo. Só poderão recorrer à força ou armas de fogo se outros meios se mostrarem ineficazes ou não permitirem alcançar o resultado desejado.
> 5. Sempre que o uso legítimo da força ou de armas de fogo seja indispensável, os funcionários responsáveis pela aplicação da lei devem:
> a) utilizá-las com moderação e a sua ação deve ser proporcional à gravidade da infração e ao objetivo a alcançar;
> b) esforçar-se por reduzirem ao mínimo os danos e lesões e respeitarem e preservarem a vida humana;
> c) assegurar a prestação de assistência e socorros médicos às pessoas feridas ou afetadas, tão rapidamente quanto possível;
> d) assegurar a comunicação da ocorrência à família ou pessoas próximas da pessoa ferida ou afetada, tão rapidamente quanto possível. (...)
> 9. Os funcionários responsáveis pela aplicação da lei não devem fazer uso de armas de fogo contra pessoas, salvo em caso de legítima defesa, defesa de terceiros contra perigo iminente de morte ou lesão grave, para prevenir um crime particularmente grave que ameace vidas humanas, para proceder à detenção de pessoa que represente essa ameaça e que resista à autoridade, ou impedir sua fuga, e somente quando medidas menos extremas se mostrem insuficientes para alcançarem aqueles objetivos. Em qualquer caso, só devem recorrer intencionalmente à utilização letal de armas de fogo quando isso seja estritamente indispensável para proteger vidas humanas.

Da mesma forma, o art. 3º, assim como seus comentários, do Código de Conduta para os Funcionários Responsáveis pela Aplicação da Lei (anexado à Resolução nº 34/169 da Assembleia Geral das Nações Unidas, de 17 de dezembro de 1979, assevera:

> Art. 3º Os funcionários responsáveis pela aplicação da lei só podem empregar a força quando tal se afigure estritamente necessário e na medida exigida para o cumprimento do seu dever.

Comentário:

a) Esta disposição salienta que o emprego da força por parte dos funcionários responsáveis pela aplicação da lei deve ser excepcional. Embora admita que estes funcionários possam estar autorizados a utilizar a força na medida em que tal seja razoavelmente considerado como necessário, tendo em conta as circunstâncias, para a prevenção de um crime ou para deter ou ajudar à detenção legal de delinquentes ou de suspeitos, qualquer uso da força fora deste contexto não é permitido.

b) O emprego da força por parte dos funcionários responsáveis pela aplicação da lei deve ser excepcional. Embora se admita que estes funcionários, de acordo com as circunstâncias, possam empregar uma força razoável, de nenhuma maneira ela poderá ser utilizada de forma desproporcional ao legítimo objetivo a ser atingido. O emprego de armas de fogo é considerado uma medida extrema; devem-se fazer todos os esforços no sentido de restringir seu uso, especialmente contra crianças. Em geral, armas de fogo só deveriam ser utilizadas quando um suspeito oferece resistência armada ou, de algum outro modo, põe em risco vidas alheias e medidas menos drásticas são insuficientes para dominá-lo. Toda vez que uma arma de fogo for disparada, deve-se fazer imediatamente um relatório às autoridades competentes.

c) O emprego de armas de fogo é considerado uma medida extrema. Devem fazer-se todos os esforços no sentido de excluir a utilização de armas de fogo, especialmente contra as crianças. Em geral, não deverão utilizar-se armas de fogo, exceto quando um suspeito ofereça resistência armada, ou quando, de qualquer forma coloque em perigo vidas alheias e não haja suficientes medidas menos extremas para o dominar ou deter. Cada vez que uma arma de fogo for disparada, deverá informar-se prontamente as autoridades competentes.

No entanto, mesmo agindo, inicialmente, em legítima defesa, ou no estrito cumprimento do dever legal, poderá ocorrer o chamado excesso. Como veremos mais adiante, todo excesso se configura uma agressão injusta, podendo o policial ser por ele responsabilizado criminalmente.

Assim, imagine-se a hipótese em que um policial, após ter usado de força física para efetuar a prisão em flagrante do agente, mesmo depois de tê-lo imobilizado, ainda continue a agredi-lo, causando-lhe lesões corporais. Nesse caso, o policial deverá responder pelas lesões produzidas desnecessariamente, ou seja, numa situação de excesso.

Pelo fato de necessitar de discussões mais aprofundadas, o excesso será analisado em capítulo próprio, quando fizermos o estudo das situações de risco em que poderá estar envolvido o policial.

Vale ressaltar, ainda, que, em muitos casos, a hesitação em reagir também poderá conduzir à morte do policial. Somente a hipótese concreta nos dirá se o comportamento do policial foi o correto, diante da situação de agressão injusta em que se encontrava. A hesitação, assim como a forma açodada em agir, poderá ter consequências graves no caso concreto, razão pela qual não se deve prejulgar a ação policial sem antes aferir todas as circunstâncias que a cercavam.

3.14.1 Uso de instrumentos de menor potencial ofensivo

Em 22 de dezembro de 2014, foi editada a Lei nº 13.060, disciplinando o uso dos instrumentos de menor potencial ofensivo pelos agentes de segurança pública, em todo o território nacional. Seu art. 2º assevera que:

> Art. 2º Os órgãos de segurança pública deverão priorizar a utilização dos instrumentos de menor potencial ofensivo, desde que o seu uso não coloque em risco a integridade física ou psíquica dos policiais, e deverão obedecer aos seguintes princípios:
> I – legalidade;
> II – necessidade;
> III – razoabilidade e proporcionalidade.
> Parágrafo único. Não é legítimo o uso de arma de fogo:
> I – contra pessoa em fuga que esteja desarmada ou que não represente risco imediato de morte ou de lesão aos agentes de segurança pública ou a terceiros; e
> II – contra veículo que desrespeite bloqueio policial em via pública, exceto quando o ato represente risco de morte ou lesão aos agentes de segurança pública ou a terceiros.

Explicitando o conceito de instrumentos de menor potencial ofensivo, o art. 4º do mencionado diploma legal diz, *in verbis*:

> Art. 4º Para os efeitos desta Lei, consideram-se instrumentos de menor potencial ofensivo aqueles projetados especificamente para, com baixa probabilidade de causar mortes ou lesões permanentes, conter, debilitar ou incapacitar temporariamente pessoas.

Como exemplos de instrumentos de menor potencial ofensivo, podemos citar as munições de elastômero (plástico ou borracha), gases de ação psicoquímica, espargidores de agentes químicos com ação lacrimogênea, pistolas de impulsos elétricos, cassetetes, bastões, tonfas etc.

A utilização desses instrumentos deve ser levada a efeito sempre que o uso da arma de fogo não seja necessário no caso concreto. Assim, por exemplo, se um policial, no cumprimento de um mandado de prisão, é recebido a tiros por aquele contra quem havia sido expedido o referido mandado, não pode conter essa agressão injusta a não ser por um meio equivalente, ou seja, o uso de arma de fogo. Agora, imagine-se a hipótese em que a mesma pessoa, desarmada, queira agredir o referido policial. Nesse caso, também dependendo especificamente do caso concreto, o uso de instrumentos de menor potencial ofensivo será o indicado, sobretudo com a finalidade de conter, debilitar ou incapacitar o agente agressor, lembrando sempre que todo excesso se configura uma conduta criminosa, não amparada pelas causas de justificação (legítima defesa ou estrito cumprimento do dever legal).

Importante ressaltar que se referiu corretamente a Lei a *instrumentos de menor potencial ofensivo*, ao contrário do que se costuma ouvir, principalmente por meio da mídia, referindo a eles como *instrumentos não letais*. Isso porque, dependendo da forma como é utilizado, se for aplicado incorretamente, fora dos padrões técnicos exigidos, o instrumento de menor potencial ofensivo poderá conduzir à morte daquele contra quem é utilizado.

3.15 USO DE ALGEMAS

O STF, na sessão plenária de 13 de agosto de 2008, aprovou, por unanimidade, a Súmula Vinculante nº 11, disciplinando as hipóteses em que seria cabível o uso de algemas, dizendo:

> Súmula vinculante nº 11. Só é lícito o uso de algemas em caso de resistência e de fundado receio de fuga ou de perigo à integridade física própria ou alheia, por parte do preso ou de terceiros, justificada a excepcionalidade por escrito, sob pena de responsabilidade disciplinar, civil e penal do agente ou da autoridade e de nulidade da prisão ou do ato processual a que se refere, sem prejuízo da responsabilidade civil do Estado.[12]

Paulo Rangel, com o brilhantismo que lhe é peculiar, dissertando sobre o tema, com precisão, assevera:

> Com a súmula vinculante a Polícia só poderá algemar o detido quando este oferecer resistência, ameaçar fugir no momento da prisão ou tentar agredir os agentes de polícia ou a si próprio. Dessa forma, ausentes os requisitos acima o suspeito deve ser preso sem algemas, sob pena de o Estado ser processado civilmente e os agentes responderem administrativa, civil e penalmente. Além disso, o APF ou o ato processual da prisão pode ser anulado.
>
> Cria-se, com a súmula vinculante, um novo vício jurídico: o vício do uso de algemas que acarreta a sanção de nulidade do ato prisional. A autoridade policial deverá justificar, por escrito, o uso de algemas no preso, sob pena da responsabilidade dita na lei. O problema será se a justificação da autoridade policial convencerá a autoridade judiciária que é quem exercerá o papel fiscalizador da legalidade ou não do seu uso. Em outras palavras, inventaram mais uma maneira de anular o APF ou a decisão judicial daqueles que não podem ser presos, mas se forem que não sejam algemados. Algema e "camburão" são para pobre, não para *Colarinho-Branco*.[13]

---

[12] A Confederação Brasileira dos Trabalhadores Policiais Civis apresentou proposta de cancelamento da Súmula Vinculante nº 11 por meio da petição 4428/STF, protocolizada em 02/10/2008, dando origem a uma nova classe processual, que foi denominada de PSV (Proposta de Súmula Vinculante), a qual permite a edição, a revisão ou o cancelamento das Súmulas Vinculantes, tendo sido reconhecida a adequação formal da proposta externa de cancelamento em 26 de agosto de 2009, mediante decisão da Min. Ellen Gracie, Presidente da Comissão de Jurisprudência. Em 24/09/2015, o Pleno do STF proferiu a seguinte decisão: "O Tribunal, por unanimidade, rejeitou o pedido de cancelamento da Súmula Vinculante nº 11. Ausentes, justificadamente, os Ministros Celso de Mello e Luiz Fux. Presidiu o julgamento o Ministro Ricardo Lewandowski. Plenário, 24/09/2015". A Confederação Brasileira dos Trabalhadores Policiais Civis apresentou Embargos de Declaração contra a decisão do STF, mas foram rejeitados, e a decisão transitou em julgado em 30/10/2019.

[13] RANGEL, Paulo. *Direito processual penal*, p. 628-629.

Os policiais que atuam em operações especiais, na maioria das vezes, se encontrão nas situações elencadas pela Súmula Vinculante nº 11. Contudo, agora, deverão formalizar o uso das algemas. Assim, deverão registrar a sua utilização no Boletim de Ocorrência lavrado pela Polícia Militar, ou mesmo no Registro de Ocorrência da Polícia Civil, ou até no auto de prisão em flagrante confeccionado pela autoridade policial, que, necessariamente, apontará um dos motivos constantes da mencionada Súmula, vale dizer, se houve resistência por parte do preso, fundado receio de fuga no momento da prisão, ou perigo para a integridade física ou a vida dos policiais ou do próprio preso.

Em 26 de setembro de 2016, foi publicado o Decreto nº 8.858, regulamentando o disposto no art. 199 da Lei nº 7.210, de 11 de julho de 1984 – Lei de Execução Penal (LEP), dizendo, em seus arts. 1º a 3º, *in verbis*:

> Art. 1º O emprego de algemas observará o disposto neste Decreto e terá como diretrizes:
> I – o inciso III do *caput* do art. 1º e o inciso III do *caput* do art. 5º da Constituição, que dispõem sobre a proteção e a promoção da dignidade da pessoa humana e sobre a proibição de submissão ao tratamento desumano e degradante;
> II – a Resolução nº 2010/16, de 22 de julho de 2010, das Nações Unidas sobre o tratamento de mulheres presas e medidas não privativas de liberdade para mulheres infratoras (Regras de Bangkok); e
> III – o Pacto de San José da Costa Rica, que determina o tratamento humanitário dos presos e, em especial, das mulheres em condição de vulnerabilidade.
> Art. 2º É permitido o emprego de algemas apenas em casos de resistência e de fundado receio de fuga ou de perigo à integridade física própria ou alheia, causado pelo preso ou por terceiros, justificada a sua excepcionalidade por escrito.
> Art. 3º É vedado emprego de algemas em mulheres presas em qualquer unidade do sistema penitenciário nacional durante o trabalho de parto, no trajeto da parturiente entre a unidade prisional e a unidade hospitalar e após o parto, durante o período em que se encontrar hospitalizada.

Somente a título de curiosidade, vale lembrar que, durante anos, ninguém se importou se o público-alvo do direito penal, ou seja, os pobres e miseráveis, faziam uso de algemas quando de suas prisões. Contudo, o Brasil estava começando a mudar, e políticos e empresários, antes intocáveis, começaram a ser objeto de investigações por uma série de crimes, principalmente os praticados contra a Administração Pública, a exemplo da corrupção, além da natural e consequente lavagem de dinheiro. A partir daí, alguns deles começaram a ser presos cautelarmente, ocasião em que a polícia, de forma correta, neles utilizava a algema.

As cenas de ricos empresários e políticos sendo presos e algemados despertaram o imaginário popular, que passou a acreditar na isonomia da Justiça, isto é, não apenas os pobres, mas também aqueles que faziam parte da elite, da camada mais alta da sociedade, podiam ser alvos da Justiça e, consequentemente, ter o mesmo tratamento.

Todavia, nossa Corte Superior, ao que parece, não se alegrou com essas mesmas cenas e passou a entender que a utilização de algemas poderia, naquelas condições, atingir a dignidade da pessoa humana. Assim, houve não somente uma mudança de posicionamento, mas também um regramento sobre a utilização das algemas, dando origem à Súmula Vinculante nº 11. Dessa forma, estava mantida a "integridade moral" dos corruptos que, desde incontáveis tempos, estavam destruindo o País.

A Lei nº 13.434, de 12 de abril de 2017, acrescentou parágrafo único ao art. 292 do Decreto-Lei nº 3.689, de 3 de outubro de 1941 (Código de Processo Penal), para vedar o uso de algemas em mulheres grávidas durante o parto e em mulheres durante a fase de puerpério imediato, dizendo, *in verbis*:

> Parágrafo único. É vedado o uso de algemas em mulheres grávidas durante os atos médico-hospitalares preparatórios para a realização do parto e durante o trabalho de parto, bem como em mulheres durante o período de puerpério imediato.

3.16 ADOLESCENTE INFRATOR

Tal como ocorre com uma pessoa penalmente imputável, ou seja, aquela que já atingiu a maioridade penal aos 18 anos completos, o adolescente infrator poderá ser preso em flagrante em virtude da prática de ato infracional, a exemplo dos adolescentes usados no tráfico de drogas, ou mesmo daqueles que, em plena via pública, praticam toda sorte de roubos, principalmente, hoje em dia, de aparelhos celulares.

Considera-se ato infracional, conforme esclarece o art. 103 da Lei nº 8.069/90 (Estatuto da Criança e do Adolescente – ECA), a conduta descrita como crime ou contravenção penal.

A prisão em flagrante somente poderá ser realizada se o policial estiver diante de um adolescente, ou seja, aquele que já tiver completado 12 anos de idade. Assim, os menores de 12 anos, considerados crianças pelo ECA, não poderão ser presos em flagrante, devendo, em obediência ao art. 105 do mencionado estatuto, ser submetidos às medidas previstas no seu art. 101, vale dizer:

> I – encaminhamento aos pais ou responsável, mediante termo de responsabilidade;
>
> II – orientação, apoio e acompanhamento temporários;
>
> III – matrícula e frequência obrigatórias em estabelecimento oficial de ensino fundamental;
>
> IV – inclusão em serviços e programas oficiais ou comunitários de proteção, apoio e promoção da família, da criança e do adolescente;
>
> V – requisição de tratamento médico, psicológico ou psiquiátrico, em regime hospitalar ou ambulatorial;
>
> VI – inclusão em programa oficial ou comunitário de auxílio, orientação e tratamento a alcoólatras e toxicômanos;
>
> VII – acolhimento institucional;

VIII – inclusão em programa de acolhimento familiar;
IX – colocação em família substituta.

No caso do adolescente infrator, o *caput* do art. 106 do ECA prevê que ele não poderá ser privado de sua liberdade senão em flagrante de ato infracional ou por ordem escrita e fundamentada da autoridade judiciária competente, devendo, como determina o art. 107 do mesmo diploma legal, a sua apreensão e o local onde se encontra recolhido ser, *incontinenti*, comunicados à autoridade judiciária competente e à família do apreendido ou à pessoa por ele indicada.

Os dispositivos do ECA se coadunam com o item 10 das Regras Mínimas das Nações Unidas para a Administração da Justiça de Menores (Regras de Beijing), adotadas pela Assembleia Geral das Nações Unidas, na sua Resolução nº 40/33, de 29 de novembro de 1985, que diz:

> (...)
> 10.1 Sempre que um menor é detido, os pais ou o tutor devem ser imediatamente notificados ou, se isso não for possível, deverão vê-lo no mais curto prazo de tempo.
> 10.2 O Juiz ou qualquer outro funcionário ou organismo competente deverá examinar imediatamente a possibilidade de libertar o menor.
> 10.3 Os contatos entre os organismos encarregados de fazer cumprir a lei e o jovem delinquente deverão ser estabelecidos de forma a respeitar o estatuto jurídico do menor, a favorecer o seu bem-estar e a evitar prejudicá-lo, tendo em conta as circunstâncias do caso.

Sabedores de sua condição, vale dizer, de que não ficarão internados por muito tempo em algum centro educacional ou corretor, os adolescentes abusam dessa situação para praticarem atos infracionais, tendo a certeza da impunidade.

Embora tenhamos que observar as regras internas e internacionais, com o objetivo de preservar os adolescentes infratores do convívio nefasto produzido pela internação, não raras as vezes, ela se fará necessária, a fim de evitar que retornem, pelo menos por um período curto, à prática dos atos infracionais.

3.17 UTILIZAÇÃO DE ALGEMAS EM ADOLESCENTE INFRATOR

É do conhecimento de todos que o tráfico de drogas, principalmente nas grandes cidades, a exemplo do Rio de Janeiro e de São Paulo, arregimenta adolescentes para "trabalharem" no comércio ilícito em diversas funções, desde o simples "olheiro" até mesmo como "soldados do tráfico", atuando, inclusive, na segurança dos "donos do morro".

De acordo com o ECA, esses adolescentes podem praticar atos infracionais que permitem a sua internação. Muitos deles, inclusive, são mais perigosos do que aqueles que já atingiram a maioridade penal, possuindo estatura e força de pessoas adultas.

Nesses casos, presentes os requisitos constantes da Súmula Vinculante nº 11, seria possível algemar um adolescente infrator? A resposta só pode ser positiva. Não podemos agir com ingenuidade nessas situações, argumentando simplesmente com a menoridade daquele que praticou uma conduta considerada gravíssima, com risco até para a integridade física ou a vida dos policiais que participaram da diligência que culminou na prisão.

Dessa forma, o caso concreto é que ditará a necessidade do uso de algemas, não se podendo descartá-lo pelo único fato de tratar-se de adolescente infrator.

3.18 APREENSÃO DE DROGAS

Dentro das atividades dos grupos especializados em combate à criminalidade organizada, é muito comum a apreensão de drogas. Não raro, o policial, ao chegar aos pontos de vendas, ou mesmo a locais utilizados como depósito, depara-se com pequenas ou grandes quantidades, muitas vezes abandonadas pelos traficantes, que fogem para não serem presos em flagrante, não tendo tempo, outrossim, de levar consigo a substância ilícita.

Pode ocorrer, ainda, que, juntamente com as drogas apreendidas, sejam presas em flagrante as pessoas responsáveis pelo comércio ilegal.

Nesses casos, como deverá proceder o policial no que diz respeito ao material apreendido? Todo material apreendido pela polícia, militar ou civil, deverá ser encaminhado à autoridade policial (delegado de polícia civil ou federal), a fim de que seja realizada a necessária perícia, com a finalidade de constatar a natureza e a quantidade da droga, permitindo, assim, ao Ministério Público oferecer a denúncia, caso tenha sido também descoberta a autoria do crime.

O laudo de constatação da natureza e da quantidade da droga é de suma importância, pois é um fator de convencimento para que, inicialmente, a autoridade policial, o Ministério Público e, finalmente, o julgador possam classificar corretamente o fato, podendo entendê-lo como um simples consumo, previsto pelo art. 28 da Lei nº 11.343/2006, atendendo, outrossim, à primeira parte do § 2º do referido artigo, que diz que, *para determinar se a droga destinava-se a consumo pessoal, o juiz atenderá à natureza e à quantidade da substância apreendida*, ou se destinava ao tráfico ilícito.

As consequências, como se percebe, serão completamente diferentes, caso se entenda pelo consumo ou pelo tráfico de drogas.

A função da polícia, principalmente nesse momento, é de extrema relevância, uma vez que o condutor, na hipótese de prisão em flagrante, deverá fazer menção à provável natureza e à quantidade da droga, que será corroborada após a confecção do laudo.

Conforme preleciona Zenildo Bodnar:

> (...) o laudo provisório não requer exame laboratorial para aferição do grau toxicológico existente na substância entorpecente ou precisão centesimal da quantidade,

basta uma análise preliminar que ministre ao juiz as informações prévias necessárias para a decisão urgente do flagrante.

A admissão do laudo de constatação provisória para este momento processual também objetiva garantir a brevidade da decisão acerca do flagrante, o que não seria possível se fosse exigido um sofisticado e completo laudo pericial.[14]

A Lei nº 11.343/2006 traz expresso, no § 1º do art. 50, que, para efeito da lavratura do auto de prisão em flagrante e estabelecimento da materialidade do delito, é suficiente o laudo de constatação da natureza e da quantidade da droga, firmado por perito oficial ou, na falta deste, por pessoa idônea. Assim, a lei estabeleceu que o laudo de constatação será confeccionado por perito oficial, porém, na falta deste, poderá ser confeccionado por pessoa idônea.

O Superior Tribunal de Justiça fixou várias Teses sobre a Lei de Drogas, e em algumas firmou entendimento pacífico sobre o laudo de constatação, a saber:

- Na edição nº 120 da *Jurisprudência em Teses* do Superior Tribunal de Justiça, sobre a prisão em flagrante, foi editada a 5ª (quinta) Tese, que afirma:

Para a lavratura do auto de prisão em flagrante é despicienda a elaboração do laudo toxicológico definitivo, o que se depreende da leitura do art. 50, § 1º, da Lei nº 11.343/2006, segundo o qual é suficiente para tanto a confecção do laudo de constatação da natureza e da quantidade da droga.

Na edição nº 126 (Lei de Drogas – IV):

3) É imprescindível a confecção do laudo toxicológico para comprovar a materialidade da infração disciplinar e a natureza da substância encontrada com o apenado no interior de estabelecimento prisional. 4) A falta da assinatura do perito criminal no laudo toxicológico é mera irregularidade que não tem o condão de anular o referido exame.

- Na edição nº 60 (Lei de Drogas – II): "20) O laudo de constatação preliminar da substância entorpecente constitui condição de procedibilidade para apuração do crime de tráfico de drogas".

Para que se exerça também um maior controle sobre a qualidade e a quantidade da droga apreendida, o policial militar, por exemplo, deverá fazer constar todas essas informações em seu boletim de ocorrência, evitando-se, com isso, possíveis desvios do material apreendido. Não importa que, no momento da apreensão, não possa o policial afirmar, com certeza absoluta, de que se trata de determinada droga. No entanto, isso não o impede de colocar, em seu boletim de ocorrência, a palavra "possivelmente", dando a entender que se parece com determinada droga, mas que somente se terá certeza após o laudo de constatação.

---

[14] BODNAR, Zenildo. *Nova Lei Antidrogas*, p. 175.

A destruição da droga apreendida será feita por incineração, no prazo máximo de 30 (trinta) dias, guardando-se as amostras necessárias para a preservação da prova, conforme determina o art. 50-A da Lei nº 11.343/2006, com a redação que lhe foi conferida pela Lei nº 13.840, de 5 de junho de 2019, que diz, *in verbis*:

> Art. 50-A. A destruição das drogas apreendidas sem a ocorrência de prisão em flagrante será feita por incineração, no prazo máximo de 30 (trinta) dias contados da data da apreensão, guardando-se amostra necessária à realização do laudo definitivo.

Vale ressaltar, por oportuno, que serão apreendidos veículos, embarcações, aeronaves e quaisquer outros meios de transporte, além de maquinários, utensílios, instrumentos e objetos de qualquer natureza utilizados para a prática dos crimes definidos na Lei nº 11.343/2006, conforme determina o seu art. 61, com a redação que lhe foi dada pela Lei nº 13.840/2019, dizendo:

> Art. 61. A apreensão de veículos, embarcações, aeronaves e quaisquer outros meios de transporte e dos maquinários, utensílios, instrumentos e objetos de qualquer natureza utilizados para a prática, habitual ou não, dos crimes definidos nesta Lei será imediatamente comunicada pela autoridade de polícia judiciária responsável pela investigação ao juízo competente.
> § 1º O juiz, no prazo de 30 (trinta) dias contado da comunicação de que trata o *caput*, determinará a alienação dos bens apreendidos, excetuadas as armas, que serão recolhidas na forma da legislação específica.
> § 2º A alienação será realizada em autos apartados, dos quais constará a exposição sucinta do nexo de instrumentalidade entre o delito e os bens apreendidos, a descrição e especificação dos objetos, as informações sobre quem os tiver sob custódia e o local em que se encontrem.
> § 3º O juiz determinará a avaliação dos bens apreendidos, que será realizada por oficial de justiça, no prazo de 5 (cinco) dias a contar da autuação, ou, caso sejam necessários conhecimentos especializados, por avaliador nomeado pelo juiz, em prazo não superior a 10 (dez) dias.
> § 4º Feita a avaliação, o juiz intimará o órgão gestor do Funad, o Ministério Público e o interessado para se manifestarem no prazo de 5 (cinco) dias e, dirimidas eventuais divergências, homologará o valor atribuído aos bens.

3.19 USUÁRIO DE DROGAS

A situação do usuário de drogas foi completamente modificada com o advento da Lei nº 11.343/2006. Anteriormente, quando estava em vigor a Lei nº 6.368/76, aquele que fosse surpreendido fazendo uso de substância entorpecente poderia ser preso em flagrante, e, uma vez comprovada a autoria e a materialidade do crime, poderia ser condenado a uma pena de detenção, que variava entre 6 (seis) meses e 2 (dois) anos, nos termos do seu revogado art. 16.

Atualmente, após a edição da Lei Antidrogas (Lei nº 11.343/2006), o atual art. 28 ainda continua a incriminar o consumo de drogas, mas cria uma situação *sui generis*, pois não prevê qualquer pena de privação de liberdade, dizendo:

Art. 28. Quem adquirir, guardar, tiver em depósito, transportar ou trouxer consigo, para consumo pessoal, drogas sem autorização ou em desacordo com determinação legal ou regulamentar será submetido às seguintes penas:
I – advertência sobre os efeitos das drogas;
II – prestação de serviços à comunidade;
III – medida educativa de comparecimento a programa ou curso educativo.

O Superior Tribunal de Justiça, em Teses fixadas sobre a Lei de Drogas, confirmou a posição já defendida nas edições anteriores deste livro, dizendo:

> Edição nº 45 (Lei de Drogas): "1) Com o advento da Lei nº 11.343/2006, não houve descriminalização da conduta de porte de substância entorpecente para consumo pessoal, mas mera despenalização".
> Edição nº 123 (Lei de Drogas III): "11) O crime de uso de entorpecente para consumo próprio, previsto no art. 28 da Lei nº 11.343/2006, é de menor potencial ofensivo, o que determina a competência do Juizado Especial estadual, já que ele não está previsto em tratado internacional e o art. 70 da Lei de Drogas não o inclui dentre os que devem ser julgados pela Justiça Federal".
> Edição nº 123 (Lei de Drogas III): "12) A conduta prevista no art. 28 da Lei nº 11.343/2006 admite tanto a transação penal quanto a suspensão condicional do processo".

Em virtude de o consumidor de drogas não poder ser punido, se condenado a uma pena de privação de liberdade, o § 2º do art. 48 da Lei Antidrogas proibiu, expressamente, a sua prisão em flagrante, dizendo, no entanto, que o autor do fato deverá *ser imediatamente encaminhado ao juízo competente ou, na falta deste, assumir o compromisso de a ele comparecer, lavrando-se termo circunstanciado e providenciando-se as requisições dos exames e perícias necessários.*

O papel do policial será de suma importância para se poder aferir se aquele que foi flagrado portando determinada quantidade de droga o fazia para consumo próprio, ou era destinado ao tráfico ilícito.

Isso porque, como sabemos, muitas vezes, o traficante não carrega consigo toda a carga de drogas a que destinava vender. Normalmente, deixa a droga escondida em determinado lugar e vai retirando aos poucos, à medida que vende aquela que traz consigo.

Para que se possa aferir o dolo do agente que foi flagrado, por exemplo, trazendo consigo determinada quantidade de drogas, ou seja, para que se possa concluir que o delito praticado era o de mero consumo ou o tráfico, o § 2º do art. 28 da Lei nº 11.343/2006 assevera:

> § 2º Para determinar se a droga destinava-se a consumo pessoal, o juiz atenderá à natureza e à quantidade da substância apreendida, ao local e às condições em que se desenvolveu a ação, às circunstâncias sociais e pessoais, bem como à conduta e aos antecedentes do agente.

Edição nº 45 (Lei de Drogas): "16) A natureza e a quantidade da droga não podem ser utilizadas simultaneamente para justificar o aumento da pena-base e afastar a redução prevista no § 4º do art. 33 da Lei nº 11.343/2006, sob pena de caracterizar *bis in idem*".

Na verdade, o primeiro a fazer essa leitura, ou seja, se a droga apreendida era para consumo próprio ou destinada ao tráfico, é o policial que surpreendeu o agente durante a prática criminosa.

Sua conclusão fortalecerá aquela a que chegará a autoridade policial para efeitos de primeira classificação do crime, quando da abertura do inquérito policial, bem como a do Ministério Público, que oferecerá a denúncia, e a do juiz, que sentenciará ao final da instrução do processo.

Essa primeira conclusão, portanto, poderá decidir o futuro daquele que foi surpreendido com certa quantidade de droga. Por isso, todos os detalhes deverão ser narrados pelo condutor, a fim de que o processo chegue o mais próximo possível da verdade dos fatos, uma vez que as consequências são muito distintas entre a condenação de um consumidor de drogas, que jamais poderá ser preso, e a de um traficante, que poderá ser condenado com uma pena de reclusão, que varia entre 5 (cinco) e 15 (quinze) anos, além do pagamento de 500 (quinhentos) a 1.500 (mil e quinhentos) dias-multa.

3.20 APREENSÃO DE ARMAS

A apreensão de armas é comum durante a atividade policial.

Da mesma forma que ocorre com a apreensão de drogas, o policial deverá levar as armas apreendidas para a delegacia de polícia, a fim de que seja instaurado o necessário inquérito policial, visando à apuração da infração penal, podendo, inclusive, ser lavrado o auto de prisão em flagrante na hipótese de terem sido presos aqueles que as possuíam ou portavam ilegalmente.

O boletim de ocorrência deverá especificar, minuciosamente, todo o material apreendido, informando os modelos das armas apreendidas, bem como a quantidade de munição que com elas foi arrecadada, e seus acessórios, se houver.

Como regra, conforme determinação constante do art. 25 e parágrafos da Lei nº 10.826, de 22 de dezembro de 2003 (Estatuto do Desarmamento), com a nova redação que lhes foi dada pela Lei nº 13.886, de 17 de outubro de 2019:

Art. 25. As armas de fogo apreendidas, após a elaboração do laudo pericial e sua juntada aos autos, quando não mais interessarem à persecução penal serão encaminhadas pelo juiz competente ao Comando do Exército, no prazo de até 48 (quarenta e oito) horas, para destruição ou doação aos órgãos de segurança pública ou às Forças Armadas, na forma do regulamento desta Lei.

§ 1º As armas de fogo encaminhadas ao Comando do Exército que receberem parecer favorável à doação, obedecidos o padrão e a dotação de cada Força Armada ou órgão de segurança pública, atendidos os critérios de prioridade estabelecidos pelo Ministério da Justiça e ouvido o Comando do Exército, serão arroladas em relatório reservado trimestral a ser encaminhado àquelas instituições, abrindo-se-lhes prazo para manifestação de interesse.

§ 1º-A. As armas de fogo e munições apreendidas em decorrência do tráfico de drogas de abuso, ou de qualquer forma utilizadas em atividades ilícitas de produção ou comercialização de drogas abusivas, ou, ainda, que tenham sido adquiridas com recursos provenientes do tráfico de drogas de abuso, perdidas em favor da União e encaminhadas para o Comando do Exército, devem ser, após perícia ou vistoria que atestem seu bom estado, destinadas com prioridade para os órgãos de segurança pública e do sistema penitenciário da unidade da federação responsável pela apreensão.

§ 2º O Comando do Exército encaminhará a relação das armas a serem doadas ao juiz competente, que determinará o seu perdimento em favor da instituição beneficiada.

§ 3º O transporte das armas de fogo doadas será de responsabilidade da instituição beneficiada, que procederá ao seu cadastramento no Sinarm ou no Sigma.

3.21 FLAGRANTE COMPULSÓRIO, FLAGRANTE PREPARADO, FLAGRANTE ESPERADO, FLAGRANTE DIFERIDO E FLAGRANTE FORJADO

Conforme redação constante do art. 301 do CPP, qualquer do povo *poderá* e as autoridades policiais e seus agentes *deverão* prender quem quer que seja encontrado em flagrante delito.

Assim, como se percebe, o policial deverá, obrigatoriamente, salvo as exceções mencionadas anteriormente, prender aquele que se encontrar numa situação de flagrante delito, sob pena de ser responsabilizado administrativa e criminalmente pela sua omissão. Essa é a hipótese do chamado *flagrante compulsório*, em que o policial não tem outra alternativa a não ser prender o agente em flagrante delito.

Existem, no entanto, outras modalidades de flagrante, que são debatidas doutrinária e jurisprudencialmente, a saber:

- flagrante preparado;
- flagrante esperado;
- flagrante diferido (retardado);
- flagrante forjado.

Por intermédio da Súmula nº 145 do STF, que estipula que *não há crime, quando a preparação do flagrante pela polícia torna impossível a sua consumação*, foi pacificado o entendimento daquela Corte no sentido de que, em determinadas situações, se a polícia vier a preparar o flagrante de modo a tornar impossível a consumação do delito, tal situação importará em *crime impossível*, não havendo, por conseguinte, qualquer conduta que mereça ser reprimida pelo Estado.

Nossos Tribunais tentam levar a efeito uma distinção entre o *flagrante preparado*, mencionado na Súmula nº 145 do STF, e o *flagrante esperado*. Qual seria, efetivamente, a diferença entre eles? No primeiro, isto é, no *flagrante preparado*, o agente é estimulado pela vítima, ou mesmo pela autoridade policial, a cometer a infração penal com a finalidade de prendê-lo. A vítima, a autoridade policial e até mesmo terceiros que se prestem a esse papel são conhecidos como agentes provocadores.

Já, no *flagrante esperado*, não haveria essa estimulação por parte da vítima, da autoridade policial ou de terceiros. O agente, aqui, não é induzido a cometer delito algum. Nesses casos, tendo a autoridade policial prévio conhecimento da intenção do agente em praticar a infração penal, aguarda-o, sem estimulá-lo a absolutamente nada, e cuida de todos os detalhes a fim de evitar a consumação do crime. Fala-se, nessa hipótese, em possibilidade de tentativa, caso, obviamente, o delito não consiga ser consumado, mesmo diante de todo o aparato policial que fora preparado para que pudesse ser evitado.

A diferença entre os dois tipos de flagrante, como se percebe, reside no fato de que, no flagrante preparado ou provocado, o agente é induzido, é estimulado a cometer a infração penal; já, no flagrante esperado não existe esse estímulo, mas o agente é impedido de praticar o delito pelo fato de ter a autoridade policial tomado conhecimento prévio da ação criminosa.

Embora doutrinária e jurisprudencialmente seja essa a distinção entre eles, em algumas infrações penais, a exemplo do que ocorre com o tráfico de drogas, seja o flagrante preparado, seja tão somente estimulado, nossos Tribunais têm entendido pela possibilidade de se reconhecer a infração penal.

Assim, imagine-se a hipótese em que um policial integrante do grupo de operações especiais mantenha contato com um traficante, fazendo-se passar também por alguém que pratica o comércio ilegal de drogas, querendo, com isso, fazer que ele seja preso trazendo consigo grande quantidade da substância ilícita. Dessa forma, após manterem contato pessoal, marcam um encontro para a entrega e, consequentemente, o efetivo pagamento da "carga".

Ao se encontrarem no local predeterminado, o policial, que já havia acionado o seu grupo de operações especiais, prende o traficante em flagrante pela prática do delito tipificado no art. 33 da Lei nº 11.343/2006, vale dizer, o delito de tráfico de drogas.

Nesse caso, o flagrante seria considerado preparado ou esperado? De acordo com o que dissemos anteriormente, seria preparado, uma vez que o policial estimulou o agente à prática do delito, fazendo-se passar por um comprador da droga. Para a Súmula nº 145 do STF, à primeira vista, essa seria uma hipótese de crime impossível, o que conduziria à absolvição do agente. No entanto, no que diz respeito ao tráfico de drogas, nossos Tribunais, analisando o tipo penal que prevê o mencionado delito, entendem, pacificamente, que, nesse caso, a conduta praticada pelo traficante deverá ser punida criminalmente, visto que o tipo penal do art. 33 da Lei Antidrogas prevê vários comportamentos, que já se aperfeiçoaram antes mesmo da entrega das drogas no local que havia sido acordado entre o traficante e o policial que o havia estimulado a isso.

Nesse sentido, é a posição do STJ, quando diz:

> Não se constata a alegada ilegalidade do flagrante, cumprindo registrar que, "no flagrante preparado, a polícia provoca o agente a praticar o delito e, ao mesmo tempo, impede a sua consumação, cuidando-se, assim, de crime impossível; ao passo que no flagrante forjado a conduta do agente é criada pela polícia, tratando-se de fato atípico. Hipótese totalmente diversa é a do flagrante esperado, em que a polícia tem notícias de que uma infração penal será cometida e aguarda o momento de sua consumação para executar a prisão" (HC 307.775/GO, Rel. Min. Jorge Mussi)[15].
>
> Nos termos dos precedentes desta Corte, afasta-se a alegação de flagrante preparado quando a atividade policial não provoca e nem induz ao cometimento do crime, sobretudo, em relação ao tipo do crime de tráfico ilícito de drogas, que é de ação múltipla, consumando-se já pela conduta de guardar e manter em depósito a substância entorpecente, conforme restou evidenciado na espécie.[16]

No item 3 do Boletim nº 120 da *Jurisprudência em Teses* do Superior Tribunal de Justiça, foi pacificado que:

> (...)
> 3) No flagrante esperado, a polícia tem notícias de que uma infração penal será cometida e passa a monitorar a atividade do agente de forma a aguardar o melhor momento para executar a prisão, não havendo que se falar em ilegalidade do flagrante.

Existe, inclusive, o chamado *flagrante diferido ou retardado*. Ao iniciarmos o estudo da prisão em flagrante, dissemos que o policial tinha o dever de prender aquele que se encontrava numa situação de flagrante delito, sob pena de ser responsabilizado administrativa e criminalmente. No entanto, essa regra sofre exceção, justamente na hipótese do *flagrante diferido* ou *retardado*, previsto no art. 8º, *caput*, da Lei nº 12.850, de 2 de agosto de 2013, que, cuidando da chamada ação controlada, diz, *in verbis*:

> Art. 8º Consiste a ação controlada em retardar a intervenção policial ou administrativa relativa à ação praticada por organização criminosa ou a ela vinculada, desde que mantida sob observação e acompanhamento para que a medida legal se concretize no momento mais eficaz à formação de provas e obtenção de informações.

Assim, conforme preleciona Sérgio Ricardo de Souza, o chamado flagrante diferido diz respeito:

> (...) à situação em que os policiais, encontrando um suspeito da prática de crimes vinculados à lei em questão, em situação de flagrante, deixem de prendê-lo, imediatamente, mantendo-o sob observação e acompanhamento, com vistas a alcançar também os demais membros da organização criminosa.[17]

---

15 STJ, AgRg no AREsp 1.301.191/SP, Rel. Min. Ribeiro Dantas, 5ª T., *DJe* 25/03/2019.
16 STJ, HC 193.319/SP, Rel. Min. Nefi Cordeiro, 6ª T., *DJe* 26/10/2015.
17 SOUZA, Sérgio Ricardo de. *A nova Lei Antidrogas*, p. 88.

Discordando desse raciocínio, Paulo Queiroz aduz que:

> O flagrante retardado não se confunde com a ação controlada, conquanto seja frequente essa confusão. É que a ação controlada é uma atividade policial estratégica mais ampla e complexa, que pode ou não compreender o retardamento da prisão em flagrante.[18]

Assim, continua o renomado professor baiano e Procurador da República:

> A ação controlada distingue-se, por conseguinte, do flagrante retardado especialmente pela amplitude e complexidade de seu objeto, visto que: 1) é aplicável às organizações criminosas; 2) pode envolver o cumprimento de mandados de prisão provisória (temporária e preventiva, e não só o retardamento de prisão em flagrante; 3) pode compreender outras medidas cautelares (busca e apreensão etc.); 4) pode incidir também sobre ações administrativas as mais diversas (*v.g.*, não autuação por crime ambiental ou não suspensão de servidor público sob investigação); 5) o retardamento da intervenção policial ou administrativa deverá ser preventivamente comunicado ao juiz competente e ao Ministério Público, que poderão estabelecer limites ou impedir a ação controlada.
>
> O retardamento do flagrante não é, pois, uma medida essencial, mas acidental, da ação controlada, que pode ou não integrá-la, juntamente com outas tantas providências, tudo a permitir uma atuação policial estratégica e maximamente eficaz.[19]

No item 4 do Boletim nº 120 da *Jurisprudência em Teses* do Superior Tribunal de Justiça, foi pacificado que:

> (...) 4) No tocante ao flagrante retardado ou à ação controlada, a ausência de autorização judicial não tem o condão de tornar ilegal a prisão em flagrante postergado, vez que o instituto visa a proteger o trabalho investigativo, afastando a eventual responsabilidade criminal ou administrava por parte do agente policial.

Finalmente, temos o chamado *flagrante forjado*, que, na verdade, não se configura hipótese de flagrante, mas, sim, abuso de autoridade, tipificado no art. 25 da Lei nº 13.869/2019. Esse flagrante, infelizmente, acontece com frequência. Isso porque maus policiais, com a finalidade de obterem alguma vantagem indevida, criam a situação de flagrante, "plantando", por exemplo, determinada quantidade de drogas em um automóvel, a fim de incriminar seu proprietário pelo delito de tráfico e, com isso, conseguir alguma vantagem patrimonial para que esse fato não chegue ao conhecimento da autoridade policial.

O flagrante forjado, em alguns lugares, a exemplo do que ocorre em Minas Gerais, é conhecido também como "javanesa". Assim, como vimos, não se tra-

---

[18] QUEIROZ, Paulo. *Direito processual penal*: por um sistema integrado de direito, processo e execução penal, p. 199.

[19] QUEIROZ, Paulo. *Direito processual penal*: por um sistema integrado de direito, processo e execução penal, p. 200.

ta verdadeiramente de hipótese de flagrante delito, mas, sim, de abuso praticado pelo mau policial, que, infelizmente, mesmo que excepcionalmente, ainda integra algumas corporações.

O "flagrado", pelo que se percebe, não passa de uma vítima nas mãos daquele que, supostamente, o encontrou praticando algum tipo de infração penal.

3.22 FIANÇA CRIMINAL

A autoridade policial somente poderá conceder fiança nos casos de infração cuja pena privativa de liberdade máxima não seja superior a 4 (quatro) anos (art. 322 do CPP).

Nos demais casos, a fiança será requerida ao juiz, que decidirá em 48 (quarenta e oito) horas.

Não será concedida fiança (arts. 323 e 324 do CPP):

- nos crimes de racismo;
- nos crimes de tortura, tráfico ilícito de entorpecentes e drogas afins, terrorismo e nos definidos como crimes hediondos;
- nos crimes cometidos por grupos armados, civis ou militares, contra a ordem constitucional e o Estado Democrático;
- em caso de prisão civil ou militar;
- quando presentes os motivos que autorizam a decretação da prisão preventiva (art. 312 do CPP);
- aos que, no mesmo processo, tiverem quebrado fiança anteriormente concedida ou infringido, sem motivo justo, qualquer das obrigações a que se referem os arts. 327 e 328 do CPP, que preveem:

Art. 327. A fiança tomada por termo obrigará o afiançado a comparecer perante a autoridade, todas as vezes que for intimado para atos do inquérito e da instrução criminal e para o julgamento. Quando o réu não comparecer, a fiança será havida como quebrada.

Art. 328. O réu afiançado não poderá, sob pena de quebramento da fiança, mudar de residência, sem prévia permissão da autoridade processante, ou ausentar-se por mais de 8 (oito) dias de sua residência, sem comunicar àquela autoridade o lugar onde será encontrado.

O valor da fiança será fixado pela autoridade que a conceder nos seguintes limites (art. 325 do CPP):

- de 1 (um) a 100 (cem) salários mínimos, quando se tratar de infração cuja pena privativa de liberdade, no grau máximo, não for superior a 4 (quatro) anos;

- de 10 (dez) a 200 (duzentos) salários mínimos, quando o máximo da pena privativa de liberdade cominada for superior a 4 (quatro) anos.

Se assim recomendar a situação econômica do preso, a fiança poderá ser:

- dispensada, na forma do art. 350 do CPP;
- reduzida até o máximo de 2/3 (dois terços); ou
- aumentada em até 1.000 (mil) vezes.

Para determinar o valor da fiança, a autoridade terá em consideração a natureza da infração, as condições pessoais de fortuna e a vida pregressa do acusado, as circunstâncias indicativas de sua periculosidade, bem como a importância provável das custas do processo, até final julgamento (art. 326 do CPP).

Nos juízos criminais e nas delegacias de polícia, haverá um livro especial, com termos de abertura e de encerramento, numerado e rubricado em todas as suas folhas pela autoridade, destinado, especialmente, aos termos de fiança. O termo será lavrado pelo escrivão e assinado pela autoridade e por quem prestar a fiança, e dele extrair-se-á certidão para juntar-se aos autos (art. 329 do CPP).

O réu e quem prestar a fiança serão pelo escrivão notificados das obrigações e da sanção previstas nos arts. 327 e 328 do CPP, o que constará dos autos.

A fiança, que será sempre definitiva, consistirá em depósito de dinheiro, pedras, objetos ou metais preciosos, títulos da dívida pública, federal, estadual ou municipal, ou em hipoteca inscrita em primeiro lugar (art. 330 do CPP).

A avaliação de imóvel ou de pedras, objetos ou metais preciosos será feita imediatamente por perito nomeado pela autoridade. Quando a fiança consistir em caução de títulos da dívida pública, o valor será determinado pela sua cotação em Bolsa, e, sendo nominativos, exigir-se-á prova de que se acham livres de ônus.

O valor em que consistir a fiança será recolhido à repartição arrecadadora federal ou estadual, ou entregue ao depositário público, juntando-se aos autos os respectivos conhecimentos (art. 331 do CPP).

Nos lugares em que o depósito não se puder fazer de pronto, o valor será entregue ao escrivão ou à pessoa abonada, a critério da autoridade, e, dentro de três dias, dar-se-á ao valor o destino que lhe assina o art. 331 do CPP, o que tudo constará do termo de fiança.

Em caso de prisão em flagrante, será competente para conceder a fiança a autoridade que presidir ao respectivo auto, e, em caso de prisão por mandado, o juiz que o houver expedido, ou a autoridade judiciária ou policial a quem tiver sido requisitada a prisão (art. 332 do CPP).

Depois de prestada a fiança, que será concedida independentemente de audiência do Ministério Público, este terá vista do processo a fim de requerer o que julgar conveniente (art. 333 do CPP).

A fiança poderá ser prestada enquanto não transitar em julgado a sentença condenatória (art. 334 do CPP).

Recusando ou retardando a autoridade policial a concessão da fiança, o preso, ou alguém por ele, poderá prestá-la, mediante simples petição, perante o juiz competente, que decidirá em 48 (quarenta e oito) horas (art. 335 do CPP).

O dinheiro ou objetos dados como fiança servirão ao pagamento das custas, da indenização do dano, da prestação pecuniária e da multa, se o réu for condenado (art. 336 do CPP). Isso se aplica ainda no caso da prescrição depois da sentença condenatória (art. 110 do CP).

Se a fiança for declarada sem efeito ou passar em julgado sentença que houver absolvido o acusado ou declarada extinta a ação penal, o valor que a constituir, atualizado, será restituído sem desconto, salvo o disposto no parágrafo anterior (art. 337 do CPP).

A fiança que se reconheça não ser cabível na espécie será cassada em qualquer fase do processo (art. 338 do CPP).

Será também cassada a fiança quando reconhecida a existência de delito inafiançável, no caso de inovação na classificação do delito (art. 339 do CPP).

Será exigido o reforço da fiança (art. 340 do CPP):

- quando a autoridade tomar, por engano, fiança insuficiente;
- quando houver depreciação material ou perecimento dos bens hipotecados ou caucionados, ou depreciação dos metais ou pedras preciosas;
- quando for inovada a classificação do delito.

A fiança ficará sem efeito e o réu será recolhido à prisão, quando, na conformidade do art. 340 do CPP, não for reforçada.

Julgar-se-á quebrada a fiança quando o acusado (art. 341 do CPP):

- regularmente intimado para ato do processo, deixar de comparecer, sem motivo justo;
- deliberadamente praticar ato de obstrução ao andamento do processo;
- descumprir medida cautelar imposta cumulativamente com a fiança;
- resistir injustificadamente a ordem judicial;
- praticar nova infração penal dolosa.

Se vier a ser reformado o julgamento em que se declarou quebrada a fiança, esta subsistirá em todos os seus efeitos (art. 342 do CPP).

O quebramento injustificado da fiança importará na perda de metade do seu valor, cabendo ao juiz decidir sobre a imposição de outras medidas cautelares ou, se for o caso, a decretação da prisão preventiva (art. 343 do CPP).

Entender-se-á perdido, na totalidade, o valor da fiança, se, condenado, o acusado não se apresentar para o início do cumprimento da pena definitivamente imposta (art. 344 do CPP).

No caso de perda da fiança, o seu valor, deduzidas as custas e mais encargos a que o acusado estiver obrigado, será recolhido ao fundo penitenciário, na forma da lei (art. 345 do CPP). Não ocorrendo tal hipótese, o saldo será entregue a quem houver prestado a fiança, depois de deduzidos os encargos a que o réu estiver obrigado (art. 347 do CPP).

No caso de quebramento de fiança, feitas as deduções previstas no art. 345 do CPP, o valor restante será recolhido ao fundo penitenciário, na forma da lei (art. 346 do CPP).

Nos casos em que couber fiança, o juiz, verificando a situação econômica do preso, poderá conceder-lhe liberdade provisória, sujeitando-o às obrigações constantes dos arts. 327 e 328 do CPP e a outras medidas cautelares, se for o caso (art. 350 do CPP).

Se o beneficiado descumprir, sem motivo justo, qualquer das obrigações ou medidas impostas, aplicar-se-á o disposto no § 4º do art. 282 do CPP.

A Lei nº 13.964/2019, dando nova redação ao § 4º do art. 282 do CPP, assevera que:

> § 4º No caso de descumprimento de qualquer das obrigações impostas, o juiz, mediante requerimento do Ministério Público, de seu assistente ou do querelante, poderá substituir a medida, impor outra em cumulação, ou, em último caso, decretar a prisão preventiva, nos termos do parágrafo único do art. 312 deste Código.

3.23 AUDIÊNCIA DE CUSTÓDIA

A audiência de custódia passou a ser uma exigência após o advento da Resolução nº 213 do Conselho Nacional de Justiça (CNJ), que dispôs sobre a apresentação de toda pessoa presa à autoridade judicial no prazo de 24 horas, tendo como fundamento o art. 9º, item 3, do Pacto Internacional de Direitos Civis e Políticos das Nações Unidas, bem como o art. 7º, item 5, da Convenção Americana sobre Direitos Humanos (Pacto de São José da Costa Rica); a decisão nos autos da Arguição de Descumprimento de Preceito Fundamental nº 347 do Supremo Tribunal Federal, consignando a obrigatoriedade da apresentação da pessoa presa à autoridade judicial competente; o que dispõe a letra *a* do inciso I do art. 96 da CF, que defere aos tribunais a possibilidade de tratarem da competência e do funcionamento dos seus serviços e órgãos jurisdicionais e administrativos; a decisão prolatada na Ação Direta de Inconstitucionalidade nº 5.240 do Supremo Tribunal Federal, declarando a constitucionalidade da disciplina pelos Tribunais da apresentação da pessoa presa à autoridade judicial competente; o relatório produzido pelo Subcomitê de Prevenção à Tortura da ONU (CAT/OP/BRA/R.1, 2011), pelo Grupo de Trabalho sobre Detenção Arbitrária da ONU (A/HRC/27/48/Add.3, 2014) e o relatório sobre o uso da prisão provisória nas Américas da Organização dos Estados Americanos; que a prisão, conforme previsão constitucional (art. 5º, LXV e LXVI, da CF), é medida extrema que se aplica somente nos casos expressos em lei e quando a hipótese não comporta nenhuma das medidas cautelares alternativas; que as inovações introduzidas no Código de Processo Penal pela Lei nº 12.403, de 4 de maio de 2011, impuseram ao juiz a obrigação de converter em prisão preventiva a prisão em flagrante delito, somente quando apurada a impossibilidade de relaxamento ou concessão de liberdade provisória, com ou sem medida cautelar diversa da prisão; que a condução imediata da pessoa presa à autoridade judicial é o meio mais eficaz para prevenir e reprimir a prática de tortura no momento da prisão, assegurando, portanto, o direito à integridade física e psicológica das pessoas submetidas à custódia estatal, previsto no art. 5.2 da Convenção Americana de Direitos Humanos e no art. 2.1 da Convenção Contra a Tortura e Outros Tratamentos ou Penas Cruéis, Desumanos ou Degradantes; o disposto na Recomendação nº 49, de 1º de abril de 2014, do CNJ; bem como a decisão plenária tomada no julgamento do Ato Normativo nº 0005913-65.2015.2.00.0000, na 223ª Sessão Ordinária, realizada em 15 de dezembro de 2015.

Com a edição da Lei nº 13.964/2019, a audiência de custódia, que antes se encontrava regulamentada na Resolução nº 213 do CNJ, agora consta de forma expressa no Código de Processo Penal.

Os arts. 287 e 310, ambos do diploma processual penal, foram alterados a fim de introduzir a audiência de custódia em nosso ordenamento jurídico processual, dizendo:

> Art. 287. Se a infração for inafiançável, a falta de exibição do mandado não obstará a prisão, e o preso, em tal caso, será imediatamente apresentado ao juiz que tiver expedido o mandado, para a realização de audiência de custódia. (NR)
> (...)
> Art. 310. Após receber o auto de prisão em flagrante, no prazo máximo de até 24 (vinte e quatro) horas após a realização da prisão, o juiz deverá promover audiência de custódia com a presença do acusado, seu advogado constituído ou membro da Defensoria Pública e o membro do Ministério Público, e, nessa audiência, o juiz deverá, fundamentadamente:
> I – relaxar a prisão ilegal; ou
> II – converter a prisão em flagrante em preventiva, quando presentes os requisitos constantes do art. 312 deste Código, e se revelarem inadequadas ou insuficientes as medidas cautelares diversas da prisão; ou
> III – conceder liberdade provisória, com ou sem fiança.
> § 1º Se o juiz verificar, pelo auto de prisão em flagrante, que o agente praticou o fato em qualquer das condições constantes dos incisos I, II ou III do *caput* do art. 23 do Decreto-Lei nº 2.848, de 7 de dezembro de 1940 (Código Penal), poderá, fundamentadamente, conceder ao acusado liberdade provisória, mediante termo de comparecimento obrigatório a todos os atos processuais, sob pena de revogação.
> § 2º Se o juiz verificar que o agente é reincidente ou que integra organização criminosa armada ou milícia, ou que porta arma de fogo de uso restrito, deverá denegar a liberdade provisória, com ou sem medidas cautelares.
> § 3º A autoridade que deu causa, sem motivação idônea, à não realização da audiência de custódia no prazo estabelecido no *caput* deste artigo responderá administrativa, civil e penalmente pela omissão.
> § 4º Transcorridas 24 (vinte e quatro) horas após o decurso do prazo estabelecido no *caput* deste artigo, a não realização de audiência de custódia sem motivação idônea

ensejará também a ilegalidade da prisão, a ser relaxada pela autoridade competente, sem prejuízo da possibilidade de imediata decretação de prisão preventiva.

A audiência de custódia tem sido um dos institutos jurídicos mais atacados por aqueles que lidam diretamente com a segurança pública. Isso porque a sua utilização prática acabou sendo desvirtuada por alguns juízes que ainda não entenderam o seu real propósito e passaram a nela enxergar o policial como um provável suspeito de tortura, e o preso como uma "vítima do sistema".

Em sua página, o Conselho Nacional de Justiça nos traz alguns dados sobre a audiência de custódia, dizendo que:

> Desde fevereiro de 2015, foram realizadas 758 mil audiências de custódia em todo o país, com o envolvimento de pelo menos 3 mil magistrados, contribuindo para a redução de 10% na taxa de presos provisórios no país identificada pelo Executivo Federal no período. Com a pandemia de Covid-19, o Judiciário brasileiro está se adaptando para garantir a apresentação do preso a um juiz observando de forma conjunta regras de segurança sanitária e garantia de direitos da pessoa presa, o que incluiu a aprovação de normativa para a realização do instituto por videoconferência.
>
> Desde janeiro de 2019, a qualificação, consolidação e expansão das audiências de custódia é um dos temas trabalhados na parceria entre o Conselho Nacional de Justiça e o Programa das Nações Unidas para o Desenvolvimento, com o apoio do Ministério da Justiça e Segurança Pública, para enfrentar problemas estruturais no sistema prisional e socioeducativo do país – hoje o programa Fazendo Justiça. As ações sobre audiências de custódia são executadas em parceria com o Escritório das Nações Unidas sobre Drogas e Crime.[20]

---

[20] CONSELHO NACIONAL DE JUSTIÇA. *Audiências de custódia*. Disponível em: <https://www.cnj.jus.br/sistema-carcerario/audiencia-de-custodia/>. Acesso em: 20/01/2023.

Capítulo 4
Utilização de propriedade particular (requisição administrativa)

Dispõe o inciso XXV do art. 5º da CF que, *no caso de iminente perigo público, a autoridade competente poderá usar de propriedade particular, assegurado ao proprietário indenização ulterior, se houver dano.*

Prevê o dispositivo constitucional a chamada requisição administrativa, que, segundo Di Pietro, é o "ato administrativo unilateral, autoexecutório e oneroso, consistente na utilização de bens ou de serviços particulares pela Administração, para atender a necessidade coletiva em tempo de guerra ou em caso de perigo público iminente"[1].

Compete à União, nos termos do inciso III do art. 22 da CF, legislar privativamente sobre requisições civis e militares, em caso de iminente perigo e em tempo de guerra.

Tal legislação, no entanto, ainda não foi produzida. Havia, contudo, o Decreto-Lei nº 4.812, de 8 de outubro de 1942, que dispunha sobre a requisição de bens móveis e imóveis, necessários às forças armadas e à defesa passiva da população; tal diploma legal foi declarado insubsistente pelo Decreto-Lei nº 8.090, de 15 de outubro de 1945.

Dessa forma, a pergunta que nos fazemos agora é a seguinte: poderá, por exemplo, a autoridade competente requisitar, temporariamente, o uso de propriedade particular (móvel ou imóvel), ou mesmo serviços particulares, sem que, para tanto, exista regulamentação a respeito? Entendemos que tudo dependerá do caso concreto.

O ideal seria que houvesse regulamentação sobre o tema, o que simplificaria a interpretação no que diz respeito às possibilidades de sua utilização. No entanto, como as normas definidoras dos direitos e das garantias fundamentais tem aplicação imediata, conforme preconiza o § 1º do art. 5º da CF, mesmo inexistindo legislação específica, poderemos, em determinadas situações, nos valer do dispositivo constitucional.

O fundamental é que exista uma situação de iminente perigo público. Embora seja um conceito um tanto fluido, isto é, cuja definição pode se tornar impreci-

---
[1] DI PIETRO, Maria Sylvia Zanella. *Direito administrativo*, p. 113.

sa, com certeza haverá situações em que qualquer intérprete apontará que o caso se refere a um perigo público iminente. Em outras, devido à fluidez do conceito, haverá discussão.

Assim, por exemplo, imagine-se a hipótese em que uma equipe de policiais requisite alguns veículos particulares a fim de prestar socorro a algumas pessoas que se feriram durante uma troca de tiros com traficantes, levando-se em consideração, ainda, o fato de que a viatura em que se encontravam havia sido danificada na operação. Nesse caso, a utilização do veículo particular também se amoldaria à situação de estado de necessidade, uma vez que a vida do policial ferido sobrepujava o direito de uso do proprietário ao seu veículo.

O caso concreto, portanto, devido à falta de regulamentação do dispositivo constitucional, é que ditará a possibilidade da requisição administrativa, lembrando sempre que esta somente será possível quando estiver presente o requisito do *iminente perigo público*.

Embora não diga respeito à requisição administrativa em análise, vale frisar a importante modificação trazida pela Lei nº 13.964/2019, que agiliza a utilização de bens sequestrados, apreendidos ou sujeitos a medidas assecuratórias, dizendo, no art. 133-A do CPP:

> Art. 133-A. O juiz poderá autorizar, constatado o interesse público, a utilização de bem sequestrado, apreendido ou sujeito a qualquer medida assecuratória pelos órgãos de segurança pública previstos no art. 144 da Constituição Federal, do sistema prisional, do sistema socioeducativo, da Força Nacional de Segurança Pública e do Instituto Geral de Perícia, para o desempenho de suas atividades.
> § 1º O órgão de segurança pública participante das ações de investigação ou repressão da infração penal que ensejou a constrição do bem terá prioridade na sua utilização.
> § 2º Fora das hipóteses anteriores, demonstrado o interesse público, o juiz poderá autorizar o uso do bem pelos demais órgãos públicos.
> § 3º Se o bem a que se refere o *caput* deste artigo for veículo, embarcação ou aeronave, o juiz ordenará à autoridade de trânsito ou ao órgão de registro e controle a expedição de certificado provisório de registro e licenciamento em favor do órgão público beneficiário, o qual estará isento do pagamento de multas, encargos e tributos anteriores à disponibilização do bem para a sua utilização, que deverão ser cobrados de seu responsável.
> § 4º Transitada em julgado a sentença penal condenatória com a decretação de perdimento dos bens, ressalvado o direito do lesado ou terceiro de boa-fé, o juiz poderá determinar a transferência definitiva da propriedade ao órgão público beneficiário ao qual foi custodiado o bem.

A estratégia do perdimento de bens é de suma importância no combate à criminalidade, principalmente a organizada, e o Estado tem que ser ágil o suficiente para que os bens, utilizados na prática de crimes, sejam imediatamente revertidos em benefício dele, que poderá deles se utilizar, não havendo necessidade do término da ação penal, com seu trânsito em julgado.

O art. 61 da Lei Antidrogas foi modificado pela Lei nº 14.322, de 6 de abril de 2022, esclarecendo o seguinte:

> Art. 61. A apreensão de veículos, embarcações, aeronaves e quaisquer outros meios de transporte e dos maquinários, utensílios, instrumentos e objetos de qualquer natureza utilizados para a prática, habitual ou não, dos crimes definidos nesta Lei será imediatamente comunicada pela autoridade de polícia judiciária responsável pela investigação ao juízo competente.

Já o § 1º do referido artigo determina que:

> § 1º O juiz, no prazo de 30 (trinta) dias contado da comunicação de que trata o *caput*, determinará a alienação dos bens apreendidos, excetuadas as armas, que serão recolhidas na forma da legislação específica.

São, portanto, ferramentas jurídicas indispensáveis, que permitem ao Estado "estrangular" as organizações criminosas, fazendo-as se descapitalizarem.

Capítulo 5
Ordem emanada de superior hierárquico

A hierarquia e a disciplina são a base institucional, principalmente da Polícia Militar, conforme assevera o art. 12 da Lei nº 443, de 1º de julho de 1981, que dispõe sobre o Estatuto dos Policiais Militares do Estado do Rio de Janeiro.

Explicitando o que vem a ser *hierarquia*, o § 1º do mencionado artigo assevera que *a hierarquia policial-militar é a ordenação da autoridade em níveis diferentes, dentro da estrutura da Polícia Militar. A ordenação se faz por postos ou graduações; dentro de um mesmo posto ou de uma mesma graduação se faz pela antiguidade no posto ou na graduação. O respeito à hierarquia é consubstanciado no espírito de acatamento à sequência de autoridade.*

Disciplina, nos termos do § 2º, é *a rigorosa observância e o acatamento integral das leis, regulamentos, normas e disposições que fundamentam o organismo policial-militar e coordenam seu funcionamento regular e harmônico, traduzindo-se pelo perfeito cumprimento do dever por parte de todos e de cada um dos componentes desse organismo.*

O § 3º vem em complemento aos parágrafos anteriores, prevendo que *a disciplina e o respeito à hierarquia devem ser mantidos em todas as circunstâncias da vida, entre policiais-militares da ativa, da reserva remunerada e reformados.*

O art. 38 do CPM (Código Penal Militar), por seu turno, assevera que:

Art. 38. Não é culpado quem comete o crime:
a) (...)
b) em estrita obediência a ordem direta de superior hierárquico, em matéria de serviço.
§ 1º Responde pelo crime o autor da coação ou da ordem.
§ 2º Se a ordem do superior tem por objeto a prática de ato manifestamente criminoso, ou há excesso nos atos ou na forma da execução, é punível também o inferior.

A hierarquia, além de ser uma relação de Direito Público, é uma condição natural do serviço militar. Na verdade, hierarquia e disciplina, como bem salientado por Ione de Souza Cruz e Claudio Amin Miguel, "formam os pilares das Forças Armadas e sem obediência ao superior não há como se admitir o regular funcionamento de uma unidade militar. Tal princípio é tão importante que o descumprimento de uma ordem pode ser considerado crime"[1], previsto no art. 163 do CPM, que pune, com detenção de 1 (um) a 2 (dois) anos, aquele que se recusar a obedecer à ordem do superior sobre assunto ou matéria de serviço, ou relativamente a dever imposto em lei, regulamento ou instrução.

No entanto, embora o inferior deva acatar as ordens emanadas de seu superior hierárquico, essa obediência não pode ser cega, ilimitada. Se a hierarquia é uma necessidade imperiosa do serviço militar, ao mesmo tempo, não pode ser confundida com atos abusivos ou ilegais. O inferior hierárquico somente poderá cumprir as ordens que, efetivamente, não sejam manifestamente ilegais, pois, caso contrário, será também responsabilizado pelos seus atos juntamente com seu superior.

Assim, imagine-se que, durante uma incursão numa zona de risco, com a finalidade de prender alguns traficantes que aterrorizavam determinada região da cidade, ocorra uma troca de tiros, oportunidade em que alguns criminosos são presos. Embora tenha havido a prisão de alguns membros integrantes da associação criminosa, as drogas e as armas não foram apreendidas, mesmo os policiais tendo o conhecimento de que a "carga" existente naquela região era muito grande, bem como havia quantidade considerável de armamento pesado. Todos sabiam que as drogas e as armas encontravam-se escondidas em determinado lugar, que era do conhecimento dos criminosos, mas que ainda não havia sido descoberto pelos policiais. Nesse instante, o comandante da operação determina a um inferior hierárquico que "arranque" as informações dos criminosos já presos, utilizando-se, para tanto, de tortura.

Dessa forma, pergunta-se: a utilização de tortura é um meio legal ou ilegal a fim de se obter informações? Obviamente que ilegal. Essa ilegalidade é de conhecimento geral, ou a polícia pode valer-se desse meio em determinadas situações? O Estado, representado pelos seus policiais, não tem o direito de torturar qualquer pessoa, mesmo em se tratando de criminosos perigosos. Assim, podemos afirmar, com segurança, que a ordem era manifestamente ilegal. Nesse caso, se cumprida pelo inferior, ambos deverão responder pela infração penal praticada, ou seja, inferior e superior hierárquico deverão responder pelo delito de tortura.

No que diz respeito à tortura, o art. 5º do Código de Conduta para os Funcionários Responsáveis pela Aplicação da Lei, adotado pela Assembleia Geral das Nações Unidas por meio de sua Resolução nº 34/169, de 17 de dezembro de 1979, esclarece que:

> Nenhum funcionário responsável pela aplicação da lei pode infligir, instigar ou tolerar qualquer ato de tortura ou qualquer outra pena ou tratamento cruel, desumano ou degradante, nem invocar ordens superiores ou circunstancias excepcionais, tais como o estado de guerra ou uma ameaça à segurança nacional, instabilidade política interna

---

[1] CRUZ, Ione de Souza; MIGUEL, Claudio Amin. *Elementos de direito penal militar*: parte geral, p. 103.

ou qualquer outra emergência pública como justificação para torturas ou outras penas ou tratamentos cruéis, desumanos ou degradantes.

Por outro lado, imagine-se a hipótese em que um comandante ordene a seu inferior hierárquico que vá até determinada comunidade e traga um morador que, segundo dizia o comandante, havia um mandado de prisão expedido contra ele. O comandante não apresentou ao seu subordinado o mandado, mas tudo levava a crer que a ordem de prisão, efetivamente, existia. Em cumprimento à determinação superior, o subordinado vai até o local indicado e efetua a prisão da pessoa apontada pelo comandante, trazendo-a até o batalhão. Tempos depois, verifica-se que não havia qualquer mandado e que a prisão daquele cidadão havia sido praticada abusivamente. Nesse caso, somente poderá ser punido o autor da ordem que não era manifestamente ilegal.

O mesmo raciocínio deve ser levado a efeito no que diz respeito à Polícia Civil, à Polícia Federal, à Polícia Rodoviária Federal, à Polícia Penal e também à Guarda Civil Municipal, uma vez que nelas, igualmente, existe a chamada hierarquia, ou seja, essa relação de direito público que se estabelece entre um funcionário superior e seu inferior, a exemplo do que ocorre entre o Delegado de Polícia e seus investigadores ou inspetores, ou mesmo um diretor do unidade prisional e os policiais penais a ele subordinados, aplicando-se aqui, portanto, tudo o que foi dito com relação à Polícia Militar.

O art. 22 do CP, regulando a hipótese, diz que:

> Art. 22. Se o fato é cometido sob coação irresistível ou em estrita obediência a ordem, não manifestamente ilegal, de superior hierárquico, só é punível o autor da coação ou da ordem.

Assim, concluindo, o que fará que o subordinado, o inferior hierárquico, seja ou não punido juntamente com aquele que proferiu a ordem será o fato de se evidenciar se a ordem era ou não manifestamente ilegal. Se não era, somente será punido o seu autor, não podendo o subordinado ser responsabilizado criminalmente; se manifestamente ilegal, ambos responderão pelo crime cometido, aplicando-se-lhes a regra correspondente ao concurso de pessoas.

Em 26 de dezembro de 2019, foi publicada a Lei nº 13.967, alterando o art. 18 do Decreto-Lei nº 667, de 2 de julho de 1969, para extinguir a pena de prisão disciplinar para as polícias militares e os corpos de bombeiros militares dos estados, dos territórios e do Distrito Federal, cujo art. 2º diz, *in verbis*:

> Art. 2º O art. 18 do Decreto-Lei nº 667, de 2 de julho de 1969, passa a vigorar com a seguinte redação:
> "Art. 18. As polícias militares e os corpos de bombeiros militares serão regidos por Código de Ética e Disciplina, aprovado por lei estadual ou federal para o Distrito Federal, específica, que tem por finalidade definir, especificar e classificar as transgressões disciplinares e estabelecer normas relativas a sanções disciplinares, conceitos, recursos, recompensas, bem como regulamentar o processo administrativo disciplinar

e o funcionamento do Conselho de Ética e Disciplina Militares, observados, dentre outros, os seguintes princípios:

I – dignidade da pessoa humana;
II – legalidade;
III – presunção de inocência;
IV – devido processo legal;
V – contraditório e ampla defesa;
VI – razoabilidade e proporcionalidade;
VII – vedação de medida privativa e restritiva de liberdade." (NR)

Apesar de o seu art. 4º afirmar que a lei entrará em vigor na data de sua publicação, vale dizer, 27 de dezembro de 2019, ela própria determinou um prazo de 12 (doze) meses para que os Estados e o Distrito Federal regulamentassem e implementassem a alteração efetuada.

Assim, a função de regulamentação e implementação para extinguir a pena de prisão disciplinar para as polícias militares e os corpos de bombeiros militares dos estados, dos territórios e do Distrito Federal caberá ao Poder Legislativo de cada estado da Federação e do Distrito Federal. Lembrando que, após esses 12 (doze) meses, caso não haja regulamentação e implementação por parte dos estados e do Distrito Federal, haverá mora legislativa dessas entidades.

5.1 ASSÉDIO MORAL E OBEDIÊNCIA HIERÁRQUICA

O assédio moral tem sido objeto de intensos debates nos últimos anos. Embora antigo o problema, ganhou relevo sua discussão, principalmente após o advento da Constituição Federal de 1988. O assédio moral afronta a dignidade da pessoa humana, razão pela qual houve uma mobilização nacional no sentido de coibi-lo. Assim, diversos estados da Federação procuraram regulamentar o tema, editando leis que tivessem a possibilidade de defini-lo, com a maior precisão possível, a exemplo do que ocorreu no Rio de Janeiro, por meio da Lei nº 3.921, de 23 de agosto de 2002.

O mencionado diploma legislativo, dispondo sobre o tema, vedou o assédio moral no trabalho, no âmbito de órgãos, repartições ou entidades da administração centralizada, autarquias, fundações, empresas públicas e sociedades de economia mista, do Poder Legislativo, Executivo ou Judiciário do Estado do Rio de Janeiro, inclusive concessionárias e permissionárias de serviços estaduais de utilidade ou interesse público, tendo o mérito de ter sido a primeira lei aprovada no Brasil sobre o assunto.

Sua aplicação, portanto, também se faz obrigatória nas Polícias Militar e Civil (aqui incluída a Federal), devendo qualquer superior ser punido em face do seu descumprimento.

Os arts. 1º e 2º da referida lei estadual nos esclarecem a quem é dirigida a vedação do assédio moral, bem como explicitam o seu conceito, dizendo, *in verbis*:

Art. 1º Fica vedada, no âmbito dos órgãos, repartições ou entidades da administração centralizada, autarquias, fundações, empresas públicas ou sociedades de economia mista, do Poder Legislativo, Executivo ou Judiciário, inclusive concessionárias ou permissionárias de serviços estaduais de utilidade ou interesse público, o exercício de qualquer ato, atitude ou postura que se possa caracterizar como assédio moral no trabalho, por parte de superior hierárquico, contra funcionário, servidor ou empregado e que implique em violação da dignidade desse ou sujeitando-o a condições de trabalho humilhantes e degradantes.

Art. 2º Considera-se assédio moral no trabalho, para os fins do que trata a presente Lei, a exposição do funcionário, servidor ou empregado a situação humilhante ou constrangedora, ou qualquer ação, ou palavra gesto, praticada de modo repetitivo e prolongado, durante o expediente do órgão ou entidade, e, por agente, delegado, chefe ou supervisor hierárquico ou qualquer representante que, no exercício de suas funções, abusando da autoridade que lhe foi conferida, tenha por objetivo ou efeito atingir a autoestima e a autodeterminação do subordinado, com danos ao ambiente de trabalho, aos serviços prestados ao público e ao próprio usuário, bem como, obstaculizar a evolução da carreira ou a estabilidade funcional do servidor constrangido.

Parágrafo único. O assédio moral no trabalho, no âmbito da administração pública estadual e das entidades colaboradoras, caracteriza-se, também, nas relações funcionais escalões hierárquicos, pelas seguintes circunstâncias:

I – determinar o cumprimento de atribuições estranhas ou atividades incompatíveis com o cargo do servidor ou em condições e prazos inexequíveis;

II – designar para funções triviais, o exercente de funções técnicas, especializadas ou aquelas para as quais, de qualquer forma, sejam exigidos treinamento e conhecimento específicos;

III – apropriar-se do crédito de ideias, propostas, projetos ou de qualquer trabalho de outrem;

IV – torturar psicologicamente, desprezar, ignorar ou humilhar o servidor, isolando-o de contatos com seus colegas e superiores hierárquicos ou com outras pessoas com as quais se relacione funcionalmente;

V – sonegar de informações que sejam necessários ao desempenho das funções ou úteis à vida funcional do servidor;

VI – divulgar rumores e comentários maliciosos, bem como críticas reiteradas, ou subestimar esforços, que atinjam a saúde mental do servidor; e

VII – na exposição do servidor ou do funcionário a efeitos físicos ou mentais adversos, em prejuízo de seu desenvolvimento pessoal e profissional.

Por sua vez, o art. 3º do referido diploma legal assevera que todo ato resultante de assédio moral no trabalho é nulo de pleno direito, e o art. 4º determina que o assédio moral no trabalho praticado por agente que exerça função de autoridade, nos termos da Lei nº 3.921, de 23 de agosto de 2002, será considerado infração grave, sujeitando o infrator às seguintes penalidades:

- advertência;
- suspensão;
- demissão.

A apuração do assédio moral deverá ser imediata, conforme o disposto no art. 5º, podendo ser provocada pela parte ofendida, ou de ofício pela autoridade que tiver conhecimento da prática de assédio moral no trabalho, mediante sindicância ou processo administrativo.

Merece ser frisado que, conforme garante o parágrafo único do aludido art. 5º, nenhum servidor ou funcionário poderá sofrer qualquer espécie de constrangimento ou ser sancionado por ter testemunhado atitudes definidas naquela lei ou por tê-las relatado.

Mesmo sendo a hierarquia e a disciplina as bases institucionais da Polícia, o princípio da dignidade da pessoa humana deverá ser observado, preservando-se os policiais, principalmente os inferiores hierárquicos, dos efeitos nocivos do assédio moral.

Dissertando sobre o assédio moral, especificamente o praticado no meio Policial Militar, Valmir Farias Martins preleciona:

> A conjuntura militar favorece o assédio mesmo com a evolução dos tempos, já que boa parte da doutrina militar permanece inalterada, consubstanciada em regulamentos retrógrados e desajustada ao momento sociocultural. Ainda há ocorrência de restrição a liberdade por motivação administrativa, como mau desempenho ou falta ao serviço, sem a observância das péssimas condições de trabalho e de vida do militar que influenciam o desempenho profissional.
>
> Normalmente o assédio ocorre a partir do superior hierárquico e se caracteriza pelo Abuso de Poder, ou seja, prática perversa e abusiva no ambiente de trabalho (Freitas, 2001). Pode se manifestar por diversas formas, sempre passíveis de acarretarem prejuízos diretos à carreira da vítima. Como exemplo, citamos:
>
> - uma diminuição ou bloqueio na nota de avaliação para promoção;
> - restrição de folgas;
> - escala de serviço em horários inadequados;
> - serviço incompatível com o posto ou graduação;
> - exclusão dos eventos oficiais e sociais;
> - perseguição;
> - humilhação.
>
> A grande questão é que o Abuso de Poder ocorre de forma cotidiana e sutil, sem que haja maior ostensividade na ação assediosa. Nunca há conflito aberto, normalmente ocorre de forma discreta, sendo observável a partir de um certo momento apenas pela vítima, depois pelos seus pares. Pode acontecer também de forma clara, através de gritos, gestos e ofensas morais, contudo, é menos comum.
>
> Apesar dos movimentos eticistas contemporâneos, bem como os dispositivos legais como da Legítima Defesa e do Contraditório, é contumaz a ação assediosa de comandantes contra subordinados. Tal realidade conduz ao nervosismo, distúrbios de sono, enxaquecas, distúrbios digestivos, dores de coluna, embriaguez etc., conduzindo a estresses prolongados que promovem o afastamento e reforma de militares por problemas psicológicos.[2]

---

[2] MARTINS, Valmir Farias. *Assédio moral*: a emergência de um mal globalizado. Disponível em: <www.portal.fbb.br/arqnew/ARQUIVOS/BACHARELADO_EM_ADMINISTRACAO_COM.../Art.%20Assédio%20Mor>. Acesso em: 10/01/2009.

Não podemos confundir hierarquia com abuso, com despotismo. Se a hierarquia é importante, também o é, em valor superior, inclusive, o respeito à dignidade da pessoa humana. O policial é merecedor de todo respeito, e aquele que não consegue pedir sem humilhar não pode ocupar o posto que lhe confiou o Estado.

Capítulo 6
Investigação policial

6.1 PRINCÍPIOS FUNDAMENTAIS DA INVESTIGAÇÃO POLICIAL

De acordo com o Alto-Comissariado das Nações Unidas para os Direitos Humanos, são os seguintes os princípios fundamentais que devem nortear a investigação policial:

> Durante as investigações, audição de testemunhas, vítimas e suspeitos, revistas pessoais, buscas de veículos e instalações, bem como interceptação de correspondência e escutas telefônicas:
> - todo indivíduo tem direito à segurança pessoal;
> - todo indivíduo tem direito a um julgamento justo;
> - todo indivíduo tem direito à presunção de inocência até que a sua culpa fique provada no decurso de um processo equitativo;
> - ninguém sofrerá intromissões arbitrárias na sua vida privada, família, domicílio ou correspondência;
> - ninguém sofrerá ataques à sua honra ou reputação;
> - não será exercida qualquer pressão, física ou mental, sobre os suspeitos, testemunhas ou vítimas, a fim de obter informação;
> - a tortura e outros tratamentos desumanos ou degradantes são absolutamente proibidos;
> - as vítimas e testemunhas deverão ser tratadas com compaixão e consideração;
> - a informação sensível deverá ser sempre tratada com cuidado e o seu caráter confidencial respeitado em todas as ocasiões;
> - ninguém será obrigado a confessar-se culpado nem a testemunhar contra si próprio;
> - as atividades de investigação deverão ser conduzidas em conformidade com a lei e apenas quando devidamente justificadas;
> - não serão permitidas atividades de investigação arbitrárias ou indevidamente intrusivas.[1]

---

[1] NAÇÕES UNIDAS. Alto-Comissariado das Nações Unidas para os Direitos Humanos. *Direitos humanos e aplicação da lei*: manual de formação em direitos humanos para as forças policiais, p. 79.

6.2 INQUÉRITO POLICIAL – CIVIL E MILITAR. CONCEITO E FINALIDADE

O inquérito policial é o instrumento por meio do qual o Estado, inicialmente, busca a apuração das infrações penais e de seus prováveis autores, ou, como preleciona Paulo Rangel, é um "procedimento de índole meramente administrativa, de caráter informativo, preparatório da ação penal"[2].

Dissemos, a princípio, porque, mediante o inquérito policial, buscam-se as primeiras provas, ou o mínimo de prova, a que chamamos de *justa causa*, a fim de o titular da ação penal de iniciativa pública, vale dizer, o Ministério Público, poder dar início à persecução penal em juízo por meio do oferecimento de denúncia.

Desde já, é muito importante frisar que o inquérito policial, civil ou militar, servirá de um importante instrumento para a propositura da futura ação penal. Por isso, quanto maior o número de provas nele colhidas, maior sucesso terá a ação penal no que diz respeito à elucidação do fato criminoso.

Conforme esclarece o Alto-Comissariado das Nações Unidas para os Direitos Humanos:

> (...) a investigação do crime constitui a primeira etapa fundamental da administração da justiça. Trata-se do meio pelo qual aqueles que são acusados de um crime podem ser levados a comparecer perante a justiça a fim de determinar a sua culpabilidade ou inocência. É também essencial para o bem-estar da sociedade, pois o crime causa sofrimento entre a população e compromete o desenvolvimento econômico e social. Por estas razões, a condução das investigações criminais de forma eficaz e em conformidade com a lei e com os princípios éticos é um aspecto extremamente importante da atividade policial.[3]

Também é importante frisar o modo como deve ser conduzida a investigação. Infelizmente, temos presenciado muitos equívocos na condução das investigações por parte das autoridades competentes. Em muitos casos, a autoridade policial elege um suspeito e tenta, a todo custo, provar a sua tese, ou seja, de que aquela pessoa por ele apontada foi, realmente, a autora da infração penal que se está apurando.

Com a devida vênia, isso é uma condução equivocada das investigações, que podem levar a erros irreparáveis no futuro. A autoridade que preside o inquérito policial deve envidar esforços no sentido de apurar o que efetivamente ocorreu, isto é, como a infração penal foi praticada, bem como seus possíveis autores.

É importante lembrar alguns fatos que aconteceram em um passado recente, para que nos sirvam de exemplo para o futuro, como ocorreu com os diretores de uma escola em São Paulo que foram acusados de terem abusado sexualmente de algumas crianças nela matriculadas.

---

[2] RANGEL, Paulo. *Direito processual penal*, p. 73.
[3] NAÇÕES UNIDAS. Alto-Comissariado das Nações Unidas para os Direitos Humanos. *Direitos humanos e aplicação da lei*: manual de formação em direitos humanos para as forças policiais, p. 80.

A polícia, induzida pela imprensa, apontou, de forma absoluta, os diretores da mencionada instituição de ensino como sendo os autores dos crimes sexuais. Toda a sociedade, consequentemente, já os havia condenado. A escola foi destruída e fechada por populares. Seus proprietários ficaram sem condições de sustentar suas famílias, não podendo, inclusive, conviver em sociedade, porque todos os rejeitavam, acusando-os de toda sorte de crimes sexuais contra as crianças.

No final, foi apurado que nada havia ocorrido, e que tudo não passava de invenção daquelas crianças que foram submetidas a vários exames médicos, inclusive psicológicos.

A autoridade que preside o inquérito policial deve, acima de tudo, agir com isenção, não se deixando influenciar, principalmente pela mídia. Todos conhecem os efeitos nefastos que a imprensa pode produzir. Hoje, mais do que o Poder Judiciário, a imprensa, formadora da opinião pública, absolve ou condena. Se o réu cair nas graças da imprensa, tudo será feito por ela para que seja absolvido; ao contrário, se a imprensa concentrar seus esforços contra ele, possivelmente será condenado.

A polícia, civil ou militar, está muito vulnerável à opinião da imprensa. Temos visto uma propaganda negativa contra essa instituição que presta serviços relevantes e indispensáveis à manutenção da sociedade.

Quando um policial, supostamente, pratica um crime, a mídia se movimenta rapidamente no sentido de condená-lo. Não se dá sequer o direito de defesa. Basta que um policial tenha atirado em alguém, por exemplo, para já acusá-lo de homicida etc.

Assim, o inquérito policial, civil ou militar, será um instrumento de grande importância para a busca da verdade, uma vez que as provas são colhidas próximas à ocorrência do delito, o que faz que os fatos estejam ainda vivos na lembrança das testemunhas, que provas periciais possam ser realizadas, que a vítima, quando puder, possa ser ouvida com a lembrança nítida do que ocorreu, enfim, mais do que a própria instrução em juízo, o inquérito policial, mesmo possuindo uma natureza inquisitória, ou seja, mesmo não permitindo, como regra, a contradição das provas nele apresentadas, ainda é um dos instrumentos mais importantes de que se vale o Estado na busca da verdade dos fatos.

Um inquérito policial bem instruído permitirá uma ação penal com menos falhas, com menores possibilidades de erros. Muitas provas produzidas na fase do inquérito policial não são repetidas em juízo. Por isso, tudo deve ser realizado com o maior cuidado possível porque o que está em "jogo" é o direito de liberdade do cidadão.

O Ministério Público, embora não necessite do inquérito policial para dar início à ação penal, se sentirá muito mais seguro se puder contar com as provas nele existentes.

O *caput* do art. 9º do CPPM dispõe, textualmente, que:

Art. 9º O inquérito policial militar é a apuração sumária de fato, que, nos termos legais, configure crime militar, e de sua autoria. Tem o caráter de instrução provisória, cuja finalidade precípua é a de ministrar elementos necessários à propositura da ação penal.

Assim, quando estivermos diante de uma infração penal de natureza militar, como regra, será instaurado o IPM (Inquérito Policial Militar). Caso contrário, ou seja, quando estivermos diante de uma infração penal que não possua essa natureza, também como regra, deverá ser inaugurado o inquérito policial pela autoridade da policial civil competente.

6.3 DISPENSABILIDADE DO INQUÉRITO POLICIAL

Como já deixamos antever, a finalidade do inquérito policial é dar suporte ao oferecimento da denúncia pelo Ministério Público, caso exista prova da materialidade da infração penal, bem como indícios de quem tenha sido seu provável autor.

Embora seja uma peça relevante para o Ministério Público, pois, por meio das investigações constantes do inquérito policial, poderá o órgão de acusação formar sua *opinio delicti*, ou seja, a sua convicção sobre o fato criminoso, ele é *dispensável*, caso a ação penal possa ser proposta tendo como fundamento outras peças de informação.

Nesse sentido, o art. 28 do CPPM aduz que *o inquérito poderá ser dispensado, sem prejuízo de diligência requisitada pelo Ministério Público, quando o fato e sua autoria já estiverem esclarecidos por documentos ou outras provas materiais.*

O Código de Processo Penal, por seu turno, em várias passagens, esclarece-nos sobre a dispensabilidade do inquérito policial, a exemplo do que ocorre com seus arts. 12, 27, 39, § 5º, e 46, § 1º. No entanto, não poderá o Ministério Público oferecer simplesmente a denúncia sem que tenha como base um mínimo de prova, que poderá ter sido trazida ao conhecimento do órgão acusador mediante peças de informação, pois, conforme o disposto no mencionado art. 27 do CPP, *qualquer pessoa do povo poderá provocar a iniciativa do Ministério Público, nos casos em que caiba a ação pública, fornecendo-lhe, por escrito, informações sobre o fato e a autoria e indicando o tempo, o lugar e os elementos de convicção.*

6.4 INSTAURAÇÃO DO INQUÉRITO POLICIAL

O inquérito policial tem a finalidade de apurar eventual prática de uma infração penal, bem como indícios de sua autoria. Ele pode ser inaugurado, de acordo com o art. 5º do CPP:

- de ofício, pela autoridade policial;
- mediante requisição do Ministério Público;
- mediante requisição da autoridade judiciária;
- em virtude de requerimento do ofendido ou de quem tenha qualidade para representá-lo.

Além das hipóteses previstas expressamente pelo mencionado art. 5º do CPP, o inquérito policial poderá ter início em virtude de prisão em flagrante, oportunidade em que é lavrado o respectivo auto de prisão, a partir do qual terão início as investigações.

O art. 10 do CPPM, por sua vez, esclarece os modos pelos quais o inquérito policial militar pode ser instaurado, dizendo:

> Art. 10. O inquérito é iniciado mediante portaria:
> a) de ofício, pela autoridade militar em cujo âmbito de jurisdição ou comando haja ocorrido a infração penal, atendida a hierarquia do infrator;
> b) por determinação ou delegação da autoridade militar superior, que, em caso de urgência, poderá ser feita por via telegráfica ou radiotelefônica e confirmada, posteriormente, por ofício;
> c) em virtude de requisição do Ministério Público;
> d) por decisão do Superior Tribunal Militar, nos termos do art. 25;
> e) a requerimento da parte ofendida ou de quem legalmente a represente, ou em virtude de representação devidamente autorizada de quem tenha conhecimento de infração penal, cuja repressão caiba à Justiça Militar;
> f) quando, de sindicância feita em âmbito de jurisdição militar, resulte indício da existência de infração penal militar.

6.4.1 Indiciamento

Diz o § 6º do art. 2º da Lei nº 12.830, de 20 de junho de 2013, que:

> § 6º O indiciamento, privativo do delegado de polícia, dar-se-á por ato fundamentado, mediante a análise técnico-jurídica do fato, que deverá indicar a autoria, materialidade e suas circunstâncias.

6.5 CARACTERÍSTICAS

Embora possam ser arroladas outras características, as principais, segundo a nossa concepção, são o *caráter inquisitorial* e a *necessidade de sigilo*, que devem envolver as investigações realizadas por meio do inquérito policial.

Podemos afirmar que o inquérito policial é de natureza inquisitória, uma vez que, nele, como regra, a autoridade que preside as investigações leva a efeito a busca das provas que entender como necessárias, sem que esteja obrigada a permitir que o indiciado as contradiga, ou seja, o indiciado não terá o direito de contestar, naquela oportunidade, as provas que estão sendo trazidas para o bojo do inquérito policial.

Como afirma Tourinho Filho, o inquérito é inquisitivo:

> (...) pois nele não existe a figura do contraditório, e a autoridade dirige as investigações como bem quiser, isto é, sem um procedimento prévio a ser obedecido. Basta frisar, por exemplo, que a Autoridade Policial pode ouvir vinte testemunhas ou apenas duas,

tudo dependendo do caso concreto. O indiciado – pretenso autor do fato típico – não é um sujeito de direitos perante a Autoridade Policial, mas, sim, objeto de investigação, apenas devendo ser respeitada sua integridade física e moral, e tanto isso é exato que pode sugerir a realização desta ou daquela diligência, que fica ao prudente arbítrio da Autoridade Policial.[4]

Ao contrário do que ocorre com a ação penal, que, em regra, possui uma natureza pública, permitindo que qualquer pessoa possa tomar conhecimento do seu conteúdo (depoimentos, provas periciais, interrogatório do acusado etc.), o inquérito policial deve ser *sigiloso*, visto que a autoridade policial ainda está levando a efeito as diligências necessárias à elucidação dos fatos.

Nesse sentido, determina o art. 20 do CPP que:

> Art. 20. A autoridade assegurará no inquérito o sigilo necessário à elucidação do fato ou exigido pelo interesse da sociedade.

O art. 16 do CPPM, ainda que mantenha o caráter sigiloso do inquérito policial, permite que seja aberta exceção ao advogado do indiciado, dispondo:

> Art. 16. O inquérito é sigiloso, mas seu encarregado pode permitir que dele tome conhecimento o advogado do indiciado.

Essa disposição constante do Código de Processo Penal Militar, embora possa ser entendida como uma faculdade daquele que preside o IPM, vai ao encontro dos anseios da Ordem dos Advogados do Brasil no que diz respeito ao acesso que o advogado deverá ter às provas existentes no inquérito policial a fim de levar a efeito, com mais consistência, a defesa de seu cliente.

O STF aprovou, em sua sessão plenária de 2 de fevereiro de 2009, a Súmula Vinculante nº 14, que aduz:

> Súmula Vinculante nº 14. É direito do defensor, no interesse do representado, ter acesso amplo aos elementos de prova que, já documentados em procedimento investigatório realizado por órgão com competência de polícia judiciária, digam respeito ao exercício do direito de defesa.

Só abrindo um pequeno parêntese, o próprio STF, autor da Súmula de natureza Vinculante nº 14, é acusado de descumpri-la quando estamos diante de inquéritos por ele próprio instaurados, a exemplo do Inquérito nº 4.781, inaugurado em março de 2019, haja vista, segundo seus considerandos, a existência de notícias fraudulentas (*fake news*), denunciações caluniosas, ameaças e infrações revestidas de *animus calumniandi*, *diffamandi* e *injuriandi*, que atingem a honorabilidade e a segurança do Supremo Tribunal Federal, de seus membros e familiares, tendo sido

---

[4] TOURINHO FILHO, Fernando da Costa. *Prática de processo penal*, p. 3-4.

diretamente designado para a condução do feito o Min. Alexandre de Moraes. Os advogados dos investigados, como noticiado amplamente pela imprensa, permaneceram sem acesso aos autos durante grande parte das investigações. Quem deveria proteger e aplicar a Constituição está se tornando seu maior algoz, infelizmente.

O art. 14-A foi inserido no CPP pela Lei nº 13.964/2019, que diz:

> Art. 14-A. Nos casos em que servidores vinculados às instituições dispostas no art. 144 da Constituição Federal figurarem como investigados em inquéritos policiais, inquéritos policiais militares e demais procedimentos extrajudiciais, cujo objeto for a investigação de fatos relacionados ao uso da força letal praticados no exercício profissional, de forma consumada ou tentada, incluindo as situações dispostas no art. 23 do Decreto-Lei nº 2.848, de 7 de dezembro de 1940 (Código Penal), o indiciado poderá constituir defensor.
> § 1º Para os casos previstos no *caput* deste artigo, o investigado deverá ser citado da instauração do procedimento investigatório, podendo constituir defensor no prazo de até 48 (quarenta e oito) horas a contar do recebimento da citação.
> § 2º Esgotado o prazo disposto no § 1º deste artigo com ausência de nomeação de defensor pelo investigado, a autoridade responsável pela investigação deverá intimar a instituição a que estava vinculado o investigado à época da ocorrência dos fatos, para que essa, no prazo de 48 (quarenta e oito) horas, indique defensor para a representação do investigado.
> § 3º Havendo necessidade de indicação de defensor nos termos do § 2º deste artigo, a defesa caberá preferencialmente à Defensoria Pública, e, nos locais em que ela não estiver instalada, a União ou a Unidade da Federação correspondente à respectiva competência territorial do procedimento instaurado deverá disponibilizar profissional para acompanhamento e realização de todos os atos relacionados à defesa administrativa do investigado.
> § 4º A indicação do profissional a que se refere o § 3º deste artigo deverá ser precedida de manifestação de que não existe defensor público lotado na área territorial onde tramita o inquérito e com atribuição para nele atuar, hipótese em que poderá ser indicado profissional que não integre os quadros próprios da Administração.
> § 5º Na hipótese de não atuação da Defensoria Pública, os custos com o patrocínio dos interesses dos investigados nos procedimentos de que trata este artigo correrão por conta do orçamento próprio da instituição a que este esteja vinculado à época da ocorrência dos fatos investigados.
> § 6º As disposições constantes deste artigo se aplicam aos servidores militares vinculados às instituições dispostas no art. 142 da Constituição Federal, desde que os fatos investigados digam respeito a missões para a Garantia da Lei e da Ordem.

Da mesma forma, foi inserido o art. 16-A no CPPM, com disposições similares às anteriormente transcritas.

6.6 ARQUIVAMENTO DO INQUÉRITO POLICIAL

Uma vez instaurado o inquérito policial, não poderá ser arquivado pela autoridade que o preside.

Caso o presidente do inquérito policial entenda, por exemplo, que o fato não se configura infração penal, sendo considerado atípico, ou mesmo que o indiciado tenha agido amparado por uma causa de exclusão da ilicitude (estado de necessidade, legítima defesa, estrito cumprimento do dever legal e exercício regular de direito), ou por uma causa de exclusão da culpabilidade, deverá informar sobre isso em seu relatório final, encaminhando o inquérito policial ao Ministério Público.

A Lei nº 13.964/2019, mudou significativamente o procedimento destinado ao arquivamento do inquérito policial. A redação original do art. 28 do CPP dizia:

> Art. 28. Se o órgão do Ministério Público, ao invés de apresentar a denúncia, requerer o arquivamento do inquérito policial ou de quaisquer peças de informação, o juiz, no caso de considerar improcedentes as razões invocadas, fará remessa do inquérito ou peças de informação ao procurador-geral, e este oferecerá a denúncia, designará outro órgão do Ministério Público para oferecê-la, ou insistirá no pedido de arquivamento, ao qual só então estará o juiz obrigado a atender.

Portanto, o passo a passo do procedimento de arquivamento do inquérito policial era o seguinte: a) o juiz recebia o auto de inquérito policial e abria vista ao Ministério Público; b) o Ministério Público, na qualidade de *dominus litis*, de titular da ação penal de iniciativa pública, podia tomar três atitudes: inicialmente, entendendo que o inquérito policial estava incompleto, necessitando da realização de outras provas, requeria fosse ele devolvido à autoridade policial, com a requisição de novas diligências; se entendesse que as provas constantes do inquérito policial já permitiam o início da ação penal, o Ministério Público oferecia a denúncia; por fim, se o Ministério Público chegasse à conclusão de que o caso era de arquivamento do inquérito policial, ou mesmo das peças de informação, fazia esse requerimento ao juiz competente.

O juiz, por seu turno, podia, ou não, concordar com o pedido de arquivamento. Caso concordasse, o inquérito policial restaria arquivado e somente poderia ser reaberto com o surgimento de novas provas. Na hipótese de o juiz não concordar com o requerimento de arquivamento, nos termos do art. 28 anteriormente transcrito, faria a remessa do inquérito ou das peças de informação ao Procurador-Geral.

O Procurador-Geral, por sua vez, poderia se posicionar de três formas diferentes: a) oferecida denúncia; b) designava outro órgão do Ministério Público para oferecê-la; c) insistia no pedido de arquivamento. Neste último caso, o juiz nada podia fazer a não ser concordar com o órgão titular da ação penal de iniciativa pública.

Sempre entendemos que, caso houvesse o oferecimento da denúncia, o juiz que não havia concordado com o pedido de arquivamento do inquérito policial deveria se afastar do caso, uma vez que já tinha, anteriormente, se manifestado com relação a ele, ficando, assim, maculada a sua imparcialidade.

Agora, tal situação foi resolvida pela nova redação dada ao art. 28 e aos seus parágrafos do CPP pela Lei nº 13.964/2019, que diz:

> Art. 28. Ordenado o arquivamento do inquérito policial ou de quaisquer elementos informativos da mesma natureza, o órgão do Ministério Público comunicará à vítima, ao investigado e à autoridade policial e encaminhará os autos para a instância de revisão ministerial para fins de homologação, na forma da lei.
> § 1º Se a vítima, ou seu representante legal, não concordar com o arquivamento do inquérito policial, poderá, no prazo de 30 (trinta) dias do recebimento da comunicação, submeter a matéria à revisão da instância competente do órgão ministerial, conforme dispuser a respectiva lei orgânica.
> § 2º Nas ações penais relativas a crimes praticados em detrimento da União, Estados e Municípios, a revisão do arquivamento do inquérito policial poderá ser provocada pela chefia do órgão a quem couber a sua representação judicial.

Atualmente, por conta da nova redação, o juiz não mais exercerá o controle nessa fase investigativa, naquilo que se convencionou chamar de sistema de freios e contrapesos. Caberá, portanto, ao próprio Ministério Público, por meio de sua instância revisora (que, normalmente, será um órgão colegiado, a exemplo do Conselho Superior do Ministério Público ou mesmo da Câmara de Procuradores), na forma da lei.

O Ministério Público não mais requererá o arquivamento do inquérito ou das peças de informação, mas, sim, o ordenará, comunicando sua decisão à vítima (se houver), ao investigado e à autoridade policial.

É importante frisar que, adotando essa postura, vale dizer, de ordenar o arquivamento do inquérito policial, não caberá a propositura, pela vítima ou por seu representante legal, de ação penal privada subsidiária da pública, tendo em vista não ter ocorrido, *in casu*, inércia do órgão do Ministério Público, mas, sim, a sua exteriorização no sentido de não iniciar a *persecutio criminis in judicio*.

No entanto, a vítima, ou seu representante legal, que não concordar com o arquivamento do inquérito policial poderá, no prazo de 30 (trinta) dias do recebimento da comunicação, submeter a matéria à revisão da instância competente do órgão ministerial, conforme dispuser a respectiva lei orgânica, de acordo com o disposto no § 1º do mencionado art. 28.

Na verdade, como o inquérito policial já será remetido, obrigatoriamente, à instância de revisão ministerial para fins de homologação, o que se está querendo permitir é que a vítima se manifeste perante essa instância revisora, apresentando as razões pelas quais entende como equivocada a decisão inicial em arquivar o inquérito, suas justificativas, ou mesmo provas no sentido contrário, que permitiriam o início da ação penal mediante o oferecimento da denúncia.

Embora o Código de Processo Penal não tenha feito menção expressa, caso a instância revisora entenda pela necessidade de oferecimento da denúncia, deverá ser designado outro representante do Ministério Público para oferecê-la, já que aquele que ordenou o arquivamento se manifestou fundamentadamente, exercendo sua independência funcional, não sendo, portanto, obrigado a dar início à ação penal.

Vale frisar, entretanto, que, em 22 de janeiro de 2020, o Ministro Luiz Fux, na qualidade de Relator, concedeu medida cautelar requerida nos autos da ADI nº 6.305, ajuizada pela Associação Nacional dos Membros do Ministério Público, e suspendeu *sine die* a eficácia, *ad referendum* do Plenário, da alteração do procedimento de arquivamento do inquérito policial (art. 28 do CPP).

Assim, embora tenha havido a referida modificação legislativa, até o momento, o procedimento anterior está mantido, ou seja, vale o que dissemos na primeira parte do presente tópico.

6.7 INTERCEPTAÇÃO DE COMUNICAÇÕES TELEFÔNICAS NO CURSO DO INQUÉRITO POLICIAL

Hoje em dia, é muito comum que grande parte das investigações seja levada a efeito por meio da chamada interceptação de comunicações telefônicas. A necessidade de se comunicar leva o criminoso a contar fatos que, de uma forma ou de outra, ajudarão nas conclusões das investigações, pois, como diz o ditado popular, o "peixe morre pela boca".

A interceptação de comunicações telefônicas encontra-se no rol das atividades de inteligência da Polícia. Por inteligência policial podemos entender, de acordo com a definição constante no material confeccionado por Alexandre de Assis Silveira para o Núcleo de Interceptação e Inteligência Policial de Minas Gerais, como o:

> (...) conjunto de ações que empregam técnicas especiais de investigação, visando a confirmar evidências, indícios e obter conhecimentos sobre a atuação criminosa dissimulada e complexa, bem como a identificação de redes de organizações que atuem no crime, de forma a proporcionar um perfeito entendimento sobre seu *modus operandi*, ramificações, tendências e alcance de suas condutas criminosas.[5]

A Polícia deve utilizar todos os meios lícitos que se encontram à sua disposição a fim de prevenir e combater, efetivamente, a criminalidade, que a cada dia se moderniza. Estamos na era da informática, em que um simples apertar de uma tecla de computador pode gerar prejuízos a milhões de pessoas em todo o mundo.

Nessa luta contra a criminalidade, a interceptação de comunicações telefônicas tem um papel fundamental. No entanto, existem regras específicas para que ela seja realizada durante as investigações policiais, bem como para que sirva como prova em juízo. Essas regras são aquelas especificadas na Lei nº 9.296, de 24 de julho de 1996, cujos arts. 1º a 10-A dizem, *in verbis*:

---

[5] SILVEIRA, Alexandre de Assis. *Núcleo de interceptação e inteligência policial*. 1º curso de interceptadores, p. 9.

Art. 1º A interceptação de comunicações telefônicas, de qualquer natureza, para prova em investigação criminal e em instrução processual penal, observará o disposto nesta Lei e dependerá de ordem do juiz competente da ação principal, sob segredo de justiça.

Parágrafo único. O disposto nesta Lei aplica-se à interceptação do fluxo de comunicações em sistemas de informática e telemática.

Art. 2º Não será admitida a interceptação de comunicações telefônicas quando ocorrer qualquer das seguintes hipóteses:

I – não houver indícios razoáveis da autoria ou participação em infração penal;

II – a prova puder ser feita por outros meios disponíveis;

III – o fato investigado constituir infração penal punida, no máximo, com pena de detenção.

Parágrafo único. Em qualquer hipótese deve ser descrita com clareza a situação objeto da investigação, inclusive com a indicação e qualificação dos investigados, salvo impossibilidade manifesta, devidamente justificada.

Art. 3º A interceptação das comunicações telefônicas poderá ser determinada pelo juiz, de ofício ou a requerimento:

I – da autoridade policial, na investigação criminal;

II – do representante do Ministério Público, na investigação criminal e na instrução processual penal.

Art. 4º O pedido de interceptação de comunicação telefônica conterá a demonstração de que a sua realização é necessária à apuração de infração penal, com indicação dos meios a serem empregados.

§ 1º Excepcionalmente, o juiz poderá admitir que o pedido seja formulado verbalmente, desde que estejam presentes os pressupostos que autorizem a interceptação, caso em que a concessão será condicionada à sua redução a termo.

§ 2º O juiz, no prazo máximo de vinte e quatro horas, decidirá sobre o pedido.

Art. 5º A decisão será fundamentada, sob pena de nulidade, indicando também a forma de execução da diligência, que não poderá exceder o prazo de quinze dias, renovável por igual tempo uma vez comprovada a indispensabilidade do meio de prova.

Art. 6º Deferido o pedido, a autoridade policial conduzirá os procedimentos de interceptação, dando ciência ao Ministério Público, que poderá acompanhar a sua realização.

§ 1º No caso de a diligência possibilitar a gravação da comunicação interceptada, será determinada a sua transcrição.

§ 2º Cumprida a diligência, a autoridade policial encaminhará o resultado da interceptação ao juiz, acompanhado de auto circunstanciado, que deverá conter o resumo das operações realizadas.

§ 3º Recebidos esses elementos, o juiz determinará a providência do art. 8º, ciente o Ministério Público.

Art. 7º Para os procedimentos de interceptação de que trata esta Lei, a autoridade policial poderá requisitar serviços e técnicos especializados às concessionárias de serviço público.

Art. 8º A interceptação de comunicação telefônica, de qualquer natureza, ocorrerá em autos apartados, apensados aos autos do inquérito policial ou do processo criminal, preservando-se o sigilo das diligências, gravações e transcrições respectivas.

Parágrafo único. A apensação somente poderá ser realizada imediatamente antes do relatório da autoridade, quando se tratar de inquérito policial (Código de Processo Penal, art. 10, § 1º) ou na conclusão do processo ao juiz para o despacho decorrente do disposto nos arts. 407, 502 ou 538 do Código de Processo Penal.

Art. 8º-A. Para investigação ou instrução criminal, poderá ser autorizada pelo juiz, a requerimento da autoridade policial ou do Ministério Público, a captação ambiental de sinais eletromagnéticos, ópticos ou acústicos, quando:

I – a prova não puder ser feita por outros meios disponíveis e igualmente eficazes; e

II – houver elementos probatórios razoáveis de autoria e participação em infrações criminais cujas penas máximas sejam superiores a 4 (quatro) anos ou em infrações penais conexas.

§ 1º O requerimento deverá descrever circunstanciadamente o local e a forma de instalação do dispositivo de captação ambiental.

§ 2º A instalação do dispositivo de captação ambiental poderá ser realizada, quando necessária, por meio de operação policial disfarçada ou no período noturno, exceto na casa, nos termos do inciso XI do *caput* do art. 5º da Constituição Federal.

§ 3º A captação ambiental não poderá exceder o prazo de 15 (quinze) dias, renovável por decisão judicial por iguais períodos, se comprovada a indispensabilidade do meio de prova e quando presente atividade criminal permanente, habitual ou continuada.

§ 4º A captação ambiental feita por um dos interlocutores sem o prévio conhecimento da autoridade policial ou do Ministério Público poderá ser utilizada, em matéria de defesa, quando demonstrada a integridade da gravação.

§ 5º Aplicam-se subsidiariamente à captação ambiental as regras previstas na legislação específica para a interceptação telefônica e telemática.

Art. 9º A gravação que não interessar à prova será inutilizada por decisão judicial, durante o inquérito, a instrução processual ou após esta, em virtude de requerimento do Ministério Público ou da parte interessada.

Parágrafo único. O incidente de inutilização será assistido pelo Ministério Público, sendo facultada a presença do acusado ou de seu representante legal.

Art. 10. Constitui crime realizar interceptação de comunicações telefônicas, de informática ou telemática, promover escuta ambiental ou quebrar segredo da Justiça, sem autorização judicial ou com objetivos não autorizados em lei:

Pena – reclusão, de 2 (dois) a 4 (quatro) anos, e multa. (Redação dada pela Lei nº 13.869. de 2019)

Parágrafo único. Incorre na mesma pena a autoridade judicial que determina a execução de conduta prevista no *caput* deste artigo com objetivo não autorizado em lei.

Art. 10-A. Realizar captação ambiental de sinais eletromagnéticos, ópticos ou acústicos para investigação ou instrução criminal sem autorização judicial, quando esta for exigida:

Pena – reclusão, de 2 (dois) a 4 (quatro) anos, e multa.

§ 1º Não há crime se a captação é realizada por um dos interlocutores.

§ 2º A pena será aplicada em dobro ao funcionário público que descumprir determinação de sigilo das investigações que envolvam a captação ambiental ou revelar o conteúdo das gravações enquanto mantido o sigilo judicial.

Embora, como regra, caiba à Polícia Civil levar a efeito, quando autorizada judicialmente, a escuta telefônica, a 2ª Turma do Supremo Tribunal Federal, no HC 96.986/MG, reconheceu a legitimidade da Polícia Militar para realizá-la, diante de indícios de prática de infração penal por policiais civis, desde que atendidos os pressupostos contidos na Lei nº 9.296/96.

6.8 REPRESENTAÇÃO SOBRE A PRISÃO TEMPORÁRIA

Nas infrações penais previstas pela Lei nº 7.960/89, poderá a autoridade policial representar, junto ao juízo competente, sobre a necessidade de ser decretada a chamada *prisão temporária*, que poderá ter a duração de 5 (cinco) dias, prorrogáveis por igual período, em caso de extrema e comprovada gravidade. Em se tratando de crimes hediondos, o prazo da prisão temporária é de 30 (trinta) dias, prorrogável por igual período, nos termos do § 4º do art. 2º da Lei nº 8.072/90.

O art. 1º do mencionado diploma legal aduz que caberá prisão temporária: I – quando imprescindível para as investigações do inquérito policial; II – quando o indicado não tiver residência fixa ou não fornecer elementos necessários ao esclarecimento de sua identidade; III – quando houver fundadas razões, de acordo com qualquer prova admitida na legislação penal, de autoria ou participação do indiciado nos seguintes crimes: a) homicídio doloso (art. 121, caput, e seu § 2º); b) sequestro ou cárcere privado (art. 148, caput, e seus §§ 1º e 2º); c) roubo (art. 157, caput, e seus §§ 1º, 2º e 3º); d) extorsão (art. 158, caput, e seus §§ 1º e 2º); e) extorsão mediante sequestro (art. 159, caput, e seus §§ 1º, 2º e 3º); f) estupro (art. 213, caput, e sua combinação com o art. 223, caput, e parágrafo único); g) atentado violento ao pudor (art. 214, caput, e sua combinação com o art. 223, caput, e parágrafo único); h) rapto violento (art. 219, e sua combinação com o art. 223 caput, e parágrafo único) – a Lei nº 12.015, de 7 de agosto de 2009, revogou os arts. 214 (atentado violento ao pudor) e 223 (formas qualificadas) do CP. Isso não impede, entretanto, que seja levado a efeito o pedido de prisão temporária nos casos de estupro (simples ou qualificado), que hoje abrange não somente o constrangimento, mediante violência ou grave ameaça, dirigido à conjunção carnal, como também a prática de atos libidinosos. No que diz respeito ao delito de rapto, que era tipificado no art. 219 do CP, houve sua revogação expressa por meio da Lei nº 11.106, de 28 de março de 2005, não mais se configurando, portanto, em infração penal – *i) epidemia com resultado de morte (art. 267, § 1º); j) envenenamento de água potável ou substância alimentícia ou medicinal qualificado pela morte (art. 270, caput, combinado com art. 285); l) quadrilha ou bando* (leia-se, atualmente, associação criminosa, conforme nova rubrica no art. 288 do CP trazida pela Lei nº 12.850, de 2 de agosto de 2013); *m) genocídio (arts. 1º, 2º e 3º da Lei nº 2.889, de 1º de outubro de 1956), em qualquer de suas formas típicas; n) tráfico de drogas (art. 33 da Lei nº 11.343/2006); o) crimes contra o sistema financeiro (Lei nº 7.492, de 16 de junho de 1986); p) crimes previstos na Lei de Terrorismo (Lei nº 13.260, de 16 de março de 2016).*

Conforme preleciona Paulo Rangel:

(...) os incisos I e III do art. 1º devem ser vistos em conjunto, pois configuram o *periculum in mora (periculum libertatis)* e o *fumus boni iuris (fumus comissi delicti)*. Portanto, não se deve dissociar os incisos I e III para se decretar a prisão temporária. O inciso II ("quando o indiciado não tiver residência fixa ou não fornecer elementos necessários ao esclarecimento de sua identidade") é, também, *periculum in mora (periculum libertatis)*, pois o fato do indiciado não ter residência fixa ou haver dúvida quanto à sua identidade, por si só, dificulta as investigações do inquérito policial. Neste caso, basta verificar se há fundadas razões de autoria ou participação do indiciado nos crimes elencados no inciso III; havendo, decreta-se a prisão.[6]

Na hipótese de representação da autoridade policial, o juiz, antes de decidir, ouvirá o Ministério Público. A decisão que decretar a prisão temporária deverá ser fundamentada e prolatada dentro do prazo de 24 (vinte e quatro) horas, contado a partir do recebimento da representação levada a efeito pela autoridade policial.

Poderá o julgador, de ofício, ou a requerimento do Ministério Público e do Advogado, determinar que o preso lhe seja apresentado, solicitar informações e esclarecimentos da autoridade policial e submetê-lo a exame de corpo de delito.

Uma vez decretada a prisão temporária, será expedido mandado de prisão, em duas vias, uma das quais será entregue ao indiciado e servirá como nota de culpa. O mandado de prisão conterá, necessariamente, o período de duração da prisão temporária estabelecido no *caput* do art. 2º, bem como o dia em que o preso deverá ser libertado. Inclui-se o dia do cumprimento do mandado de prisão no cômputo do prazo de prisão temporária.

A autoridade policial que representou sobre a necessidade da prisão temporária somente poderá privar o indiciado de sua liberdade após a expedição de mandado judicial. Efetuada a prisão, a autoridade policial informará o preso dos direitos previstos no art. 5º da CF.

Decorrido o prazo contido no mandado de prisão, a autoridade responsável pela custódia deverá, independentemente de nova ordem da autoridade judicial, pôr imediatamente o preso em liberdade, salvo se já tiver sido comunicada da prorrogação da prisão temporária ou da decretação da prisão preventiva.

Nas cadeias públicas ou em outros locais destinados aos presos provisórios, os presos temporários deverão permanecer, obrigatoriamente, separados dos demais detentos.

Em todas as comarcas e seções judiciárias, haverá um plantão permanente de 24 horas, do Poder Judiciário e do Ministério Público, para apreciação dos pedidos de prisão temporária.

6.9 REPRESENTAÇÃO SOBRE A PRISÃO PREVENTIVA

Os arts. 311 a 316 do CPP cuidam da chamada prisão preventiva.

---

[6] RANGEL, Paulo. *Direito processual penal*, p. 736.

Asseveram os arts. 311 e 312 do mencionado diploma processual, com a nova redação que lhes foi conferida pela Lei nº 13.964/2019:

> Art. 311. Em qualquer fase da investigação policial ou do processo penal, caberá a prisão preventiva decretada pelo juiz, a requerimento do Ministério Público, do querelante ou do assistente, ou por representação da autoridade policial. (NR)
>
> Art. 312. A prisão preventiva poderá ser decretada como garantia da ordem pública, da ordem econômica, por conveniência da instrução criminal ou para assegurar a aplicação da lei penal, quando houver prova da existência do crime e indício suficiente de autoria e de perigo gerado pelo estado de liberdade do imputado.

Assim, poderá a autoridade policial, presente alguma das hipóteses constantes do art. 312 da legislação processual penal, representar, junto à autoridade judiciária competente, a decretação da prisão preventiva do indiciado.

Tourinho Filho preleciona que:

> (...) ordem pública é expressão de conceito indeterminado. Normalmente, entende-se por ordem pública a paz, a tranquilidade no meio social. Assim, se o indiciado ou réu estiver cometendo novas infrações penais, sem que se consiga surpreendê-lo em estado de flagrância; se estiver fazendo apologia de crime, haverá perturbação da ordem pública. Mas, isto é que é importante: outras situações podem traduzi-la, tamanha a vaguidade da expressão.[7]

A Lei nº 8.884, de 11 de junho de 1994, fez incluir, no art. 312 do CPP, a expressão "ordem econômica". Desse modo, segundo Paulo Rangel, quis:

> (...) permitir a prisão do autor do fato-crime que perturbasse o livre exercício de qualquer atividade econômica, com abuso de poder econômico, visando à dominação dos mercados, à eliminação de concorrência e ao aumento arbitrário dos lucros. A prisão para garantir a ordem econômica somente poderá ser decretada se se tratar de crimes previstos nas Leis nºˢ 8.137/90, 8.176/91, 8.078/90 e 7.492/86 e demais normas que se referem à ordem econômica, como quer o art. 170 da Constituição Federal e seguintes c/c art. 20 da Lei nº 8.884/94.[8]

Por conveniência da instrução penal, podemos visualizar as hipóteses em que o agente, em liberdade, esteja, de alguma forma, impedindo ou dificultando a regular e necessária instrução do feito, seja ameaçando pessoas (vítimas, testemunhas, Ministério Público, juiz de Direito, peritos etc.) com a finalidade de ser beneficiado em juízo, seja destruindo ou ocultando provas etc.

A prisão preventiva poderá ser decretada para que se assegure a aplicação da lei penal, isto é, para que, se condenado, o réu venha, efetivamente, cumprir a pena que lhe foi aplicada, bem como possa reparar o dano por ele causado à vítima. Assim, como esclarece Paulo Rangel:

---

[7] TOURINHO FILHO, Fernando da Costa. *Manual de processo penal*, p. 639-640.
[8] RANGEL, Paulo. *Direito processual penal*, p. 713.

(...) a prisão preventiva deverá ser decretada quando houver provas seguras de que o acusado, em liberdade, irá se desfazer (ou está se desfazendo) de seus bens de raiz, ou seja, tentando livrar-se de seu patrimônio com escopo de evitar o ressarcimento dos prejuízos causados pela prática do crime. Ou ainda, se há comprovação de que se encontra em lugar incerto e não sabido com a intenção de se subtrair à aplicação da lei, pois, uma vez em fuga, não se submeterá ao império da Justiça.[9]

Além da necessária fundamentação com relação a uma das situações elencadas no mencionado art. 312, somente será possível a decretação da prisão preventiva, de acordo com a redação do art. 313 do CPP, *in verbis*:

I – nos crimes dolosos punidos com pena privativa de liberdade máxima superior a 4 (quatro) anos;
II – se tiver sido condenado por outro crime doloso, em sentença transitada em julgado, ressalvado o disposto no inciso I do *caput* do art. 64 do Decreto-Lei nº 2.848, de 7 de dezembro de 1940 – Código Penal;
III – se o crime envolver violência doméstica e familiar contra a mulher, criança, adolescente, idoso, enfermo ou pessoa com deficiência, para garantir a execução das medidas protetivas de urgência;
(...).

O § 1º do art. 313, com a nova redação que lhe foi conferida pela Lei nº 13.964/2019, prevê:

§ 1º Também será admitida a prisão preventiva quando houver dúvida sobre a identidade civil da pessoa ou quando esta não fornecer elementos suficientes para esclarecê-la, devendo o preso ser colocado imediatamente em liberdade após a identificação, salvo se outra hipótese recomendar a manutenção da medida.

A Lei nº 13.964/2019 acresceu o § 2º ao art. 313 do CPP para dispor:

(...)
§ 2º Não será admitida a decretação da prisão preventiva com a finalidade de antecipação de cumprimento de pena ou como decorrência imediata de investigação criminal ou da apresentação ou recebimento de denúncia.

Como percebemos, não será possível a decretação da prisão preventiva quando estivermos diante da prática de contravenção penal, uma vez que a lei processual refere-se, expressamente, a crimes.

Da mesma forma, não será admitida a prisão preventiva em crimes culposos.

A prisão preventiva em nenhum caso será decretada se o juiz verificar, pelas provas constantes dos autos, ter o agente praticado o fato amparado por uma das causas de justificação elencadas no art. 23, I, II e III, do CP.

Seja decretando, seja denegando a prisão preventiva, a decisão do julgador deverá sempre ser devidamente fundamentada.

---

[9] RANGEL, Paulo. *Direito processual penal*, p. 713-714.

O juiz poderá, de ofício ou a pedido das partes, revogar a prisão preventiva se, no correr da investigação ou do processo, verificar a falta de motivo para que ela subsista, bem como novamente decretá-la, se sobrevierem razões que a justifiquem (art. 316, *caput*, do CPP). Decretada a prisão preventiva, deverá o órgão emissor da decisão revisar a necessidade de sua manutenção a cada 90 (noventa) dias, mediante decisão fundamentada, de ofício, sob pena de tornar a prisão ilegal (parágrafo único do art. 316 do CPP).

Na Ação Direta de Inconstitucionalidade nº 6.582/DF, proposta pela Associação dos Magistrados Brasileiros (AMB), tendo como relator o Min. Edson Fachin, julgada em 10 de março de 2022, foi decidido que:

> 1. A interpretação da norma penal e processual penal exige que se leve em consideração um dos maiores desafios institucionais do Brasil na atualidade, qual seja, o de evoluir nas formas de combate à criminalidade organizada, na repressão da impunidade, na punição do crime violento e no enfrentamento da corrupção. Para tanto, é preciso estabelecer não só uma legislação eficiente, mas também uma interpretação eficiente dessa mesma legislação, de modo que se garanta a preservação da ordem e da segurança pública, como objetivos constitucionais que não colidem com a defesa dos direitos fundamentais. 2. A introdução do parágrafo único ao art. 316 do Código de Processo Penal, com a redação dada pela Lei 13.964/2019, teve como causa a superlotação em nosso sistema penitenciário, especialmente decorrente do excesso de decretos preventivos decretados. Com a exigência imposta na norma, passa a ser obrigatória uma análise frequente da necessidade de manutenção de tantas prisões provisórias. 3. A inobservância da reavaliação prevista no dispositivo impugnado, após decorrido o prazo legal de 90 (noventa) dias, não implica a revogação automática da prisão preventiva, devendo o juízo competente ser instado a reavaliar a legalidade e a atualidade de seus fundamentos. Precedente. 4. O art. 316, parágrafo único, do Código de Processo Penal aplica-se até o final dos processos de conhecimento, onde há o encerramento da cognição plena pelo Tribunal de segundo grau, não se aplicando às prisões cautelares decorrentes de sentença condenatória de segunda instância ainda não transitada em julgado.

6.10 EXAME DE CORPO DE DELITO

Quando a infração deixar vestígios, será indispensável o exame de corpo de delito, direto ou indireto, não podendo supri-lo a confissão do acusado (art. 158 do CPP).

Será dada prioridade à realização do exame de corpo de delito quando se tratar de crime que envolva violência doméstica e familiar contra mulher; violência contra criança, adolescente, idoso ou pessoa com deficiência, conforme determina o parágrafo único do art. 158 do CPP.

A Lei nº 13.964, de 24 de dezembro de 2019, regulamentou a chamada *cadeia de custódia*, dizendo, nos arts. 158-A a 158-F:

> Art. 158-A. Considera-se cadeia de custódia o conjunto de todos os procedimentos utilizados para manter e documentar a história cronológica do vestígio coletado em

locais ou em vítimas de crimes, para rastrear sua posse e manuseio a partir de seu reconhecimento até o descarte.

§ 1º O início da cadeia de custódia dá-se com a preservação do local de crime ou com procedimentos policiais ou periciais nos quais seja detectada a existência de vestígio.

§ 2º O agente público que reconhecer um elemento como de potencial interesse para a produção da prova pericial fica responsável por sua preservação.

§ 3º Vestígio é todo objeto ou material bruto, visível ou latente, constatado ou recolhido, que se relaciona à infração penal.

Art. 158-B. A cadeia de custódia compreende o rastreamento do vestígio nas seguintes etapas:

I – reconhecimento: ato de distinguir um elemento como de potencial interesse para a produção da prova pericial;

II – isolamento: ato de evitar que se altere o estado das coisas, devendo isolar e preservar o ambiente imediato, mediato e relacionado aos vestígios e local de crime;

III – fixação: descrição detalhada do vestígio conforme se encontra no local de crime ou no corpo de delito, e a sua posição na área de exames, podendo ser ilustrada por fotografias, filmagens ou croqui, sendo indispensável a sua descrição no laudo pericial produzido pelo perito responsável pelo atendimento;

IV – coleta: ato de recolher o vestígio que será submetido à análise pericial, respeitando suas características e natureza;

V – acondicionamento: procedimento por meio do qual cada vestígio coletado é embalado de forma individualizada, de acordo com suas características físicas, químicas e biológicas, para posterior análise, com anotação da data, hora e nome de quem realizou a coleta e o acondicionamento;

VI – transporte: ato de transferir o vestígio de um local para o outro, utilizando as condições adequadas (embalagens, veículos, temperatura, entre outras), de modo a garantir a manutenção de suas características originais, bem como o controle de sua posse;

VII – recebimento: ato formal de transferência da posse do vestígio, que deve ser documentado com, no mínimo, informações referentes ao número de procedimento e unidade de polícia judiciária relacionada, local de origem, nome de quem transportou o vestígio, código de rastreamento, natureza do exame, tipo do vestígio, protocolo, assinatura e identificação de quem o recebeu;

VIII – processamento: exame pericial em si, manipulação do vestígio de acordo com a metodologia adequada às suas características biológicas, físicas e químicas, a fim de se obter o resultado desejado, que deverá ser formalizado em laudo produzido por perito;

IX – armazenamento: procedimento referente à guarda, em condições adequadas, do material a ser processado, guardado para realização de contraperícia, descartado ou transportado, com vinculação ao número do laudo correspondente;

X – descarte: procedimento referente à liberação do vestígio, respeitando a legislação vigente e, quando pertinente, mediante autorização judicial.

Art. 158-C. A coleta dos vestígios deverá ser realizada preferencialmente por perito oficial, que dará o encaminhamento necessário para a central de custódia, mesmo quando for necessária a realização de exames complementares.

§ 1º Todos vestígios coletados no decurso do inquérito ou processo devem ser tratados como descrito nesta Lei, ficando órgão central de perícia oficial de natureza criminal responsável por detalhar a forma do seu cumprimento.

§ 2º É proibida a entrada em locais isolados bem como a remoção de quaisquer vestígios de locais de crime antes da liberação por parte do perito responsável, sendo tipificada como fraude processual a sua realização.

Art. 158-D. O recipiente para acondicionamento do vestígio será determinado pela natureza do material.

§ 1º Todos os recipientes deverão ser selados com lacres, com numeração individualizada, de forma a garantir a inviolabilidade e a idoneidade do vestígio durante o transporte.

§ 2º O recipiente deverá individualizar o vestígio, preservar suas características, impedir contaminação e vazamento, ter grau de resistência adequado e espaço para registro de informações sobre seu conteúdo.

§ 3º O recipiente só poderá ser aberto pelo perito que vai proceder à análise e, motivadamente, por pessoa autorizada.

§ 4º Após cada rompimento de lacre, deve se fazer constar na ficha de acompanhamento de vestígio o nome e a matrícula do responsável, a data, o local, a finalidade, bem como as informações referentes ao novo lacre utilizado.

§ 5º O lacre rompido deverá ser acondicionado no interior do novo recipiente.

Art. 158-E. Todos os Institutos de Criminalística deverão ter uma central de custódia destinada à guarda e controle dos vestígios, e sua gestão deve ser vinculada diretamente ao órgão central de perícia oficial de natureza criminal.

§ 1º Toda central de custódia deve possuir os serviços de protocolo, com local para conferência, recepção, devolução de materiais e documentos, possibilitando a seleção, a classificação e a distribuição de materiais, devendo ser um espaço seguro e apresentar condições ambientais que não interfiram nas características do vestígio.

§ 2º Na central de custódia, a entrada e a saída de vestígio deverão ser protocoladas, consignando-se informações sobre a ocorrência no inquérito que a eles se relacionam.

§ 3º Todas as pessoas que tiverem acesso ao vestígio armazenado deverão ser identificadas e deverão ser registradas a data e a hora do acesso.

§ 4º Por ocasião da tramitação do vestígio armazenado, todas as ações deverão ser registradas, consignando-se a identificação do responsável pela tramitação, a destinação, a data e horário da ação.

Art. 158-F. Após a realização da perícia, o material deverá ser devolvido à central de custódia, devendo nela permanecer.

Parágrafo único. Caso a central de custódia não possua espaço ou condições de armazenar determinado material, deverá a autoridade policial ou judiciária determinar as condições de depósito do referido material em local diverso, mediante requerimento do diretor do órgão central de perícia oficial de natureza criminal.

O exame de corpo de delito e outras perícias serão realizados por perito oficial, portador de diploma de curso superior (art. 159 do CPP).

Na falta de perito oficial, o exame será realizado por 2 (duas) pessoas idôneas, portadoras de diploma de curso superior, preferencialmente na área específica, entre as que tiverem habilitação técnica relacionada com a natureza do exame. Os peritos não oficiais prestarão o compromisso de bem e fielmente desempenhar o encargo.

Durante o curso do processo judicial, é permitido às partes, quanto à perícia:

- requerer a oitiva dos peritos para esclarecerem a prova ou para responderem a quesitos, desde que o mandado de intimação e os quesitos ou as questões a serem esclarecidas sejam encaminhados com antecedência mínima de 10 (dez) dias, podendo apresentar as respostas em laudo complementar;
- indicar assistentes técnicos, que poderão apresentar pareceres em prazo a ser fixado pelo juiz ou ser inquiridos em audiência.

Havendo requerimento das partes, o material probatório que serviu de base à perícia será disponibilizado no ambiente do órgão oficial, que manterá sempre sua guarda, e na presença de perito oficial, para exame pelos assistentes, salvo se for impossível a sua conservação.

Tratando-se de perícia complexa que abranja mais de uma área de conhecimento especializado, poder-se-á designar a atuação de mais de um perito oficial, e a parte poderá indicar mais de um assistente técnico.

Os peritos elaborarão o laudo pericial, no qual descreverão, minuciosamente, o que examinarem e responderão aos quesitos formulados (art. 160 do CPP).

O laudo pericial será elaborado no prazo máximo de dez dias, podendo este ser prorrogado, em casos excepcionais, a requerimento dos peritos.

O exame de corpo de delito poderá ser feito em qualquer dia e a qualquer hora (art. 161 do CPP).

A autópsia será feita pelo menos seis horas depois do óbito, salvo se os peritos, pela evidência dos sinais de morte, julgarem que possa ser feita antes daquele prazo, o que declararão no auto (art. 162 do CPP).

Nos casos de morte violenta, bastará o simples exame externo do cadáver, quando não houver infração penal que apurar, ou quando as lesões externas permitirem precisar a causa da morte e não houver necessidade de exame interno para a verificação de alguma circunstância relevante.

Em caso de exumação para exame cadavérico, a autoridade providenciará para que, em dia e hora previamente marcados, se realize a diligência, da qual se lavrará auto circunstanciado (art. 163 do CPP).

O administrador de cemitério público ou particular indicará o lugar da sepultura, sob pena de desobediência. No caso de recusa ou de falta de quem indique a sepultura, ou de encontrar-se o cadáver em lugar não destinado a inumações, a autoridade procederá às pesquisas necessárias, o que tudo constará do auto.

Os cadáveres serão sempre fotografados na posição em que forem encontrados, bem como, na medida do possível, todas as lesões externas e vestígios deixados no local do crime (art. 164 do CPP).

Para representar as lesões encontradas no cadáver, os peritos, quando possível, juntarão, ao laudo do exame, provas fotográficas, esquemas ou desenhos, devidamente rubricados (art. 165 do CPP).

Havendo dúvida sobre a identidade do cadáver exumado, proceder-se-á ao reconhecimento pelo Instituto de Identificação e Estatística ou repartição congênere ou pela inquirição de testemunhas, lavrando-se auto de reconhecimento e de identidade, no qual se descreverá o cadáver, com todos os sinais e indicações (art. 166 do CPP).

Em qualquer caso, serão arrecadados e autenticados todos os objetos encontrados, que possam ser úteis para a identificação do cadáver.

Não sendo possível o exame de corpo de delito, por haverem desaparecido os vestígios, a prova testemunhal poderá suprir-lhe a falta (art. 167 do CPP).

Em caso de lesões corporais, se o primeiro exame pericial tiver sido incompleto, proceder-se-á a exame complementar por determinação da autoridade policial ou judiciária, de ofício, ou a requerimento do Ministério Público, do ofendido ou do acusado, ou de seu defensor (art. 168 do CPP).

No exame complementar, os peritos terão presente o auto de corpo de delito, a fim de suprir-lhe a deficiência ou retificá-lo. Se o exame tiver por fim precisar a classificação do delito no art. 129, § 1º, I, do CP (lesão corporal grave por ter resultado em incapacidade para as ocupações habituais, por mais de 30 dias), deverá ser feito logo que decorra o prazo de 30 dias, contado da data do crime. A falta de exame complementar poderá ser suprida pela prova testemunhal.

Para o efeito de exame do local onde houver sido praticada a infração, a autoridade providenciará imediatamente para que não se altere o estado das coisas até a chegada dos peritos, que poderão instruir seus laudos com fotografias, desenhos ou esquemas elucidativos (art. 169 do CPP).

Os peritos registrarão, no laudo, as alterações do estado das coisas e discutirão, no relatório, as consequências dessas alterações na dinâmica dos fatos.

No caso do exame de corpo de delito e outras perícias, o exame será requisitado pela autoridade ao diretor da repartição, juntando-se, ao processo, o laudo assinado pelos peritos (art. 178 do CPP).

Na falta do perito oficial, o escrivão lavrará o auto respectivo, que será assinado pelos peritos não oficiais e, se presente ao exame, também pela autoridade.

Se houver divergência entre os peritos, serão consignadas, no auto do exame, as declarações e respostas de um e de outro, ou cada um redigirá, separadamente, o seu laudo, e a autoridade nomeará um terceiro; se este divergir de ambos, a autoridade poderá mandar proceder a novo exame por outros peritos (art. 180 do CPP).

Salvo o caso de exame de corpo de delito, o juiz ou a autoridade policial negará a perícia requerida pelas partes quando não for necessária ao esclarecimento da verdade (art. 184 do CPP).

6.11 DO RECONHECIMENTO DE PESSOAS E COISAS

Quando houver necessidade de fazer-se o reconhecimento de pessoa, proceder-se-á pela seguinte forma (art. 226 do CPP):

- A pessoa que tiver de fazer o reconhecimento será convidada a descrever a pessoa que deva ser reconhecida.
- A pessoa, cujo reconhecimento se pretender, será colocada, se possível, ao lado de outras que com ela tiverem qualquer semelhança, convidando-se quem tiver de fazer o reconhecimento a apontá-la.
- Se houver razão para recear que a pessoa chamada para o reconhecimento, por efeito de intimidação ou outra influência, não diga a verdade em face da pessoa que deve ser reconhecida, a autoridade providenciará para que esta não veja aquela (esta forma não terá aplicação na fase da instrução criminal ou em plenário de julgamento).
- Do ato de reconhecimento lavrar-se-á auto pormenorizado, subscrito pela autoridade, pela pessoa chamada para proceder ao reconhecimento e por duas testemunhas presenciais.

No reconhecimento de objeto, proceder-se-á com as cautelas estabelecidas no art. 226 do CPP, no que for aplicável (art. 227 do CPP).

Se várias forem as pessoas chamadas a efetuar o reconhecimento de pessoa ou de objeto, cada uma fará a prova em separado, evitando-se qualquer comunicação entre elas (art. 228 do CPP).

6.12 ACAREAÇÃO

A acareação será admitida entre acusados, entre acusado e testemunha, entre testemunhas, entre acusado ou testemunha e a pessoa ofendida, e entre as pessoas ofendidas, sempre que divergirem, em suas declarações, sobre fatos ou circunstâncias relevantes (art. 229 do CPP).

Os acareados serão reperguntados, para que expliquem os pontos de divergências, reduzindo-se a termo o ato de acareação.

Se ausente alguma testemunha, cujas declarações divirjam das de outra, que esteja presente, a esta se darão a conhecer os pontos da divergência, consignando-se, no auto, o que explicar ou observar. Se subsistir a discordância, expedir-se-á precatória à autoridade do lugar onde resida a testemunha ausente, transcrevendo-se as declarações desta e as da testemunha presente, nos pontos em que divergirem, bem como o texto do referido auto, a fim de que se complete a diligência, ouvindo-se a testemunha ausente, pela mesma forma estabelecida para a testemunha presente. Essa diligência só se realizará quando não importar demora prejudicial ao processo e o juiz entendê-la conveniente (art. 230 do CPP).

# Capítulo 7
O Ministério Público

7.1 INTRODUÇÃO

O Ministério Público, conforme dispõe o art. 127 da CF, é instituição permanente, essencial à função jurisdicional do Estado, incumbindo-lhe a defesa da ordem jurídica, do regime democrático e dos interesses sociais e individuais indisponíveis.

Sem qualquer dúvida, a Constituição Federal de 1988 foi um marco importantíssimo para o Ministério Público. Após o advento da referida Carta Magna, o Ministério Público ganhou força, transformando-se em uma das instituições de maior credibilidade no país.

O Ministério Público passou a gozar da simpatia da população, que vê a Instituição, muitas vezes, como o último recurso a ser solicitado para a resolução de determinados problemas.

Mesmo tendo uma gama de atribuições, ou seja, mesmo atuando em diversas áreas de relevo, a exemplo do que ocorre com a proteção do Patrimônio Público, com os Direitos do Consumidor e o Meio Ambiente, é, efetivamente, pela sua atuação da área criminal que é mais reconhecido.

Muitas pessoas, no entanto, infelizmente, ligam a figura do Promotor de Justiça à de um simples acusador. Ao contrário disso, a finalidade maior do Ministério Público é a busca pela Justiça, seja com a condenação do acusado, seja com a absolvição deste.

É interessante frisar, no que diz respeito ao processo penal, que o Ministério Público, no início da ação penal, atua como *parte*, ou seja, ao oferecer a denúncia, seu pedido inicial, como regra, deverá ser o de condenação, no caso dos imputáveis, ou mesmo de absolvição, com a consequente aplicação de medida de segurança, para os inimputáveis.

Para que possa dar início à persecução penal em juízo, basta que se tenha um mínimo de prova, a que chamamos de *justa causa*, pois a dúvida quanto à responsabilidade penal do acusado, nessa fase, deve prevalecer em benefício da sociedade (*in dubio pro societate*).

O que não pode ocorrer é o oferecimento de denúncia sem esse mínimo de prova. A denúncia não é uma mera folha de papel, em que o Ministério Público escreverá aquilo que lhe convier. Precisa de um suporte probatório, mesmo que mínimo, para iniciar a fase judicial.

Ao final da instrução do processo, se as provas produzidas em juízo não forem fortes o suficiente a fim de inibir qualquer dúvida com relação à prática da infração penal e à sua autoria, deverá o Ministério Público, obrigatoriamente, requerer a absolvição daquele em face de quem iniciou o processo penal.

Isso porque, ao final da instrução processual, o Ministério Público despe-se da roupagem de parte, de simples acusador, e passa a ser reconhecido como um *fiscal da lei*, ou seja, um *custos legis*, o responsável pela correta e perfeita aplicação da lei. Aqui é que, verdadeiramente, poderá se reconhecer se estamos diante de um Promotor de Justiça, por exemplo, ou de um "Promotor Público", já quase extinto em nossa instituição, mas que, como em qualquer outra, ainda possui um remanescente que não quer se amoldar ao novo perfil constitucional e democrático que lhe foi atribuído.

Assim, como já deixamos antever, a função de fiscal da lei, ao final da instrução probatória em juízo, exigirá que o Ministério Público peça a condenação ou mesmo a absolvição. Em caso de dúvida, também deverá pugnar pela absolvição, pois, como diz o ditado, "condenar-se um possível culpado, é condenar-se um possível inocente". A dúvida, portanto, deve sempre prevalecer em benefício do acusado, a fim de que seja observado o princípio do *in dubio pro reo*.

7.2 TITULARIDADE DA AÇÃO PENAL

A ação penal condenatória tem por finalidade apontar o autor da prática de infração penal, fazendo que o Poder Judiciário analise os fatos por ele cometidos, que deverão ser claramente narrados na peça inicial de acusação, para que, ao final, se for condenado, seja aplicada uma *pena justa*, isto é, proporcional ao mal por ele produzido.

Aloysio de Carvalho Filho diz que "a ação penal significa, pois, o exercício de uma *acusação*, que indica o autor de determinado crime, responsabilizando-o, e pedindo, para ele, a punição prevista em lei"[1].

O Código Penal e a legislação processual penal preveem duas espécies de ação penal, a saber: ação penal de iniciativa pública e ação penal de iniciativa privada. A regra prevista no art. 100 do CP diz que toda ação penal é pública, salvo quando a lei expressamente a declara privativa do ofendido.

Na verdade, todas as ações penais, sejam elas quais forem, têm natureza pública, pois trata-se de um direito subjetivo público que, nas lições de Afrânio Silva Jardim, é "dirigido contra o Estado, de invocar a prestação jurisdicional, prometida a nível constitucional"[2].

Contudo, na área penal, especificamente, a sua iniciativa é que se biparte em pública e privada. Assim, teremos ações penais de iniciativa pública e ações penais de iniciativa privada.

---

[1] CARVALHO FILHO, Aloysio de. *Comentários ao Código Penal*, v. IV, p. 16-17.
[2] JARDIM, Afrânio Silva. *Direito processual penal*: estudos e pareceres, p. 131.

As ações penais de iniciativa pública são promovidas pelo órgão oficial, ou seja, pelo Ministério Público, enquanto as de iniciativa privada são, *ab initio*, levadas a efeito mediante queixa pelo ofendido ou por quem tenha qualidade para representá-lo.

O inciso I do art. 129 da CF diz, *in verbis:*

> Art. 129. São funções institucionais do Ministério Público:
> I – promover, privativamente, a ação penal pública, na forma da lei;
> (...).

A ação penal de iniciativa pública pode ser:

a) incondicionada; ou
b) condicionada à representação do ofendido ou à requisição do Ministro da Justiça.

Diz-se incondicionada a ação penal de iniciativa pública quando, para que o Ministério Público possa iniciá-la ou mesmo requisitar a instauração de inquérito policial, não se exige qualquer condição. É a regra geral das infrações penais, uma vez que o art. 100 do CP assevera que *a ação penal é pública, salvo quando a lei expressamente a declara privativa do ofendido.*

Pelo fato de não existir qualquer condição que impossibilite o início das investigações pela polícia ou que impeça o Ministério Público de dar início à ação penal por meio do oferecimento de denúncia, é que o art. 27 do CPP diz que qualquer pessoa do povo poderá provocar a iniciativa do Ministério Público, nos casos em que caiba a ação pública, fornecendo-lhe, por escrito, informações sobre o fato e a autoria e indicando o tempo, o lugar e os elementos de convicção, apresentando-lhe, pois, sua *notitia criminis.*

Pode acontecer, contudo, que a legislação penal exija, em determinadas infrações penais, a conjugação da vontade da vítima ou de seu representante legal, a fim de que o Ministério Público possa aduzir em juízo a sua pretensão penal, condicionando o início das investigações policiais, bem como o oferecimento de denúncia, à apresentação de sua *representação*. Deve ser ressaltado que a representação do ofendido ou de seu representante legal não precisa conter grandes formalismos. Nela, o ofendido ou seu representante legal simplesmente declara, esclarece a sua vontade no sentido de possibilitar ao Ministério Público a apuração dos fatos narrados, a fim de formar a sua convicção pessoal para, se for o caso, dar início à ação penal pelo oferecimento de denúncia.

Além da representação do ofendido, a lei penal fala em requisição do Ministro da Justiça. Da mesma forma que a representação do ofendido, a requisição do Ministro da Justiça tem a natureza jurídica de condição de procedibilidade, permitindo ao Ministério Público iniciar a ação penal, uma vez preenchida essa condição. Em ambas as hipóteses – representação do ofendido ou requisição do Ministro da Justiça –, o Ministério Público não está obrigado a dar início à ação penal, podendo ordenar o arquivamento dos autos do inquérito policial ou quaisquer elementos informativos da mesma natureza, comunicando à vítima, ao investigado e à autoridade policial, encaminhando os autos para a instância de revisão ministerial para fins de homologação, conforme alteração levada a efeito pela Lei nº 13.964, de 24 de dezembro de 2019, no art. 28 do CPP, *in verbis*:

> Art. 28. Ordenado o arquivamento do inquérito policial ou de quaisquer elementos informativos da mesma natureza, o órgão do Ministério Público comunicará à vítima, ao investigado e à autoridade policial e encaminhará os autos para a instância de revisão ministerial para fins de homologação, na forma da lei.
> § 1º Se a vítima, ou seu representante legal, não concordar com o arquivamento do inquérito policial, poderá, no prazo de 30 (trinta) dias do recebimento da comunicação, submeter a matéria à revisão da instância competente do órgão ministerial, conforme dispuser a respectiva lei orgânica.
> § 2º Nas ações penais relativas a crimes praticados em detrimento da União, Estados e Municípios, a revisão do arquivamento do inquérito policial poderá ser provocada pela chefia do órgão a quem couber a sua representação judicial. (NR)

Vale lembrar, mais uma vez, que, em 22 de janeiro de 2020, o Ministro Luiz Fux, na qualidade de Relator, concedeu medida cautelar requerida nos autos da ADI nº 6.305, ajuizada pela Associação Nacional dos Membros do Ministério Público, e suspendeu *sine die* a eficácia, *ad referendum* do Plenário, da alteração do procedimento de arquivamento do inquérito policial (art. 28 do CPP), razão pela qual, até o momento, deverá ser aplicado o procedimento anterior, previsto no art. 28, antes da modificação introduzida pela Lei nº 13.964/2019.

A Lei nº 13.964/2019 também previu, no art. 28-A do CPP, a prerrogativa do membro do Ministério Público de propor o *acordo de não persecução penal*, nas seguintes condições:

> Art. 28-A. Não sendo caso de arquivamento e tendo o investigado confessado formal e circunstancialmente a prática de infração penal sem violência ou grave ameaça e com pena mínima inferior a 4 (quatro) anos, o Ministério Público poderá propor acordo de não persecução penal, desde que necessário e suficiente para reprovação e prevenção do crime, mediante as seguintes condições ajustadas cumulativa e alternativamente:
> I – reparar o dano ou restituir a coisa à vítima, exceto na impossibilidade de fazê-lo;
> II – renunciar voluntariamente a bens e direitos indicados pelo Ministério Público como instrumentos, produto ou proveito do crime;
> III – prestar serviço à comunidade ou a entidades públicas por período correspondente à pena mínima cominada ao delito diminuída de um a dois terços, em local a ser indicado pelo juízo da execução, na forma do art. 46 do Decreto-Lei nº 2.848, de 7 de dezembro de 1940 (Código Penal);
> IV – pagar prestação pecuniária, a ser estipulada nos termos do art. 45 do Decreto-Lei nº 2.848, de 7 de dezembro de 1940 (Código Penal), a entidade pública ou de interesse social, a ser indicada pelo juízo da execução, que tenha, preferencialmente,

como função proteger bens jurídicos iguais ou semelhantes aos aparentemente lesados pelo delito; ou

V – cumprir, por prazo determinado, outra condição indicada pelo Ministério Público, desde que proporcional e compatível com a infração penal imputada.

§ 1º Para aferição da pena mínima cominada ao delito a que se refere o *caput* deste artigo, serão consideradas as causas de aumento e diminuição aplicáveis ao caso concreto.

§ 2º O disposto no *caput* deste artigo não se aplica nas seguintes hipóteses:

I – se for cabível transação penal de competência dos Juizados Especiais Criminais, nos termos da lei;

II – se o investigado for reincidente ou se houver elementos probatórios que indiquem conduta criminal habitual, reiterada ou profissional, exceto se insignificantes as infrações penais pretéritas;

III – ter sido o agente beneficiado nos 5 (cinco) anos anteriores ao cometimento da infração, em acordo de não persecução penal, transação penal ou suspensão condicional do processo; e

IV – nos crimes praticados no âmbito de violência doméstica ou familiar, ou praticados contra a mulher por razões da condição de sexo feminino, em favor do agressor.

§ 3º O acordo de não persecução penal será formalizado por escrito e será firmado pelo membro do Ministério Público, pelo investigado e por seu defensor.

§ 4º Para a homologação do acordo de não persecução penal, será realizada audiência na qual o juiz deverá verificar a sua voluntariedade, por meio da oitiva do investigado na presença do seu defensor, e sua legalidade.

§ 5º Se o juiz considerar inadequadas, insuficientes ou abusivas as condições dispostas no acordo de não persecução penal, devolverá os autos ao Ministério Público para que seja reformulada a proposta de acordo, com concordância do investigado e seu defensor.

§ 6º Homologado judicialmente o acordo de não persecução penal, o juiz devolverá os autos ao Ministério Público para que inicie sua execução perante o juízo de execução penal.

§ 7º O juiz poderá recusar homologação à proposta que não atender aos requisitos legais ou quando não for realizada a adequação a que se refere o § 5º deste artigo.

§ 8º Recusada a homologação, o juiz devolverá os autos ao Ministério Público para a análise da necessidade de complementação das investigações ou o oferecimento da denúncia.

§ 9º A vítima será intimada da homologação do acordo de não persecução penal e de seu descumprimento.

§ 10. Descumpridas quaisquer das condições estipuladas no acordo de não persecução penal, o Ministério Público deverá comunicar ao juízo, para fins de sua rescisão e posterior oferecimento de denúncia.

§ 11. O descumprimento do acordo de não persecução penal pelo investigado também poderá ser utilizado pelo Ministério Público como justificativa para o eventual não oferecimento de suspensão condicional do processo.

§ 12. A celebração e o cumprimento do acordo de não persecução penal não constarão de certidão de antecedentes criminais, exceto para os fins previstos no inciso III do § 2º deste artigo.

§ 13. Cumprido integralmente o acordo de não persecução penal, o juízo competente decretará a extinção de punibilidade.

§ 14. No caso de recusa, por parte do Ministério Público, em propor o acordo de não persecução penal, o investigado poderá requerer a remessa dos autos a órgão superior, na forma do art. 28 deste Código.

Os princípios que envolvem a ação penal de iniciativa pública, incondicionada ou condicionada à representação do ofendido ou à requisição do Ministro da Justiça, são:

a) obrigatoriedade ou legalidade;
b) oficialidade;
c) indisponibilidade;
d) indivisibilidade; e
e) intranscendência.

A ação penal de iniciativa privada, de acordo com a definição de Frederico Marques:

> (...) é aquela em que o direito de acusar pertence, exclusiva ou subsidiariamente, ao ofendido ou a quem tenha qualidade para representá-lo. Ela se denomina *ação privada*, porque seu titular é um particular, em contraposição à ação penal pública, em que o titular do *ius actionis* é um órgão estatal: o Ministério Público.[3]

As ações penais de iniciativa privada classificam-se em:

- privada propriamente dita;
- privada subsidiária da pública; e
- privada personalíssima.

As ações de iniciativa privada propriamente dita são aquelas promovidas mediante queixa do ofendido ou de quem tenha qualidade para representá-lo.

As ações penais de iniciativa privada subsidiárias da pública encontram respaldo não somente na legislação penal (art. 100, § 3º, do CP e art. 29 do CPP) como também no texto da Constituição Federal (art. 5º, LIX), que dispõe que *será admitida ação privada nos crimes de ação pública, se esta não for intentada no prazo legal*. Com essa disposição, quis o legislador constituinte, a exemplo do que fazem o Código Penal e o Código Processual Penal, permitir ao particular, vítima de determinada infração penal, que acompanhasse as investigações, bem como o trabalho do órgão oficial encarregado da persecução penal. Em razão desses dispositivos legais, se o Ministério Público, por desídia sua, deixar de oferecer denúncia no prazo legal, abre-se ao particular a possibilidade de, substituindo-o, oferecer sua queixa-crime, dando-se, assim, início à ação penal.

---

[3] MARQUES, José Frederico. *Elementos de direito processual penal*, v. 1, p. 321.

As ações penais de iniciativa privada tidas como personalíssimas são aquelas em que somente o ofendido, e mais ninguém, pode propô-las. Em virtude da natureza da infração penal praticada, entendeu por bem a lei penal que tal infração atinge a vítima de forma tão pessoal, tão íntima, que apenas a ela caberá emitir o seu juízo de pertinência a respeito da propositura ou não dessa ação penal. Como exemplo de ação penal de iniciativa privada personalíssima, podemos citar aquela correspondente ao delito previsto no art. 236 do CP, que cuida do induzimento a erro essencial e ocultação de impedimento. O parágrafo único do mencionado artigo assevera que *a ação penal depende de queixa do contraente enganado e não pode ser intentada senão depois de transitar em julgado a sentença que, por motivo de erro ou impedimento, anule o casamento*, afastando-se, com essa redação, qualquer possibilidade de ser transferida às pessoas elencadas no art. 100, § 4º, do CP, haja vista que, em virtude de sua natureza personalíssima, como bem destacou Mirabete, "só podem ser intentadas única e exclusivamente pelo ofendido, não havendo, portanto, sucessão por morte ou ausência"[4].

Após essa rápida explicação, podemos afirmar que, como regra, o titular da ação penal de iniciativa pública é o Ministério Público, sendo reconhecido como o *dominus litis*. As provas produzidas no inquérito policial, portanto, servirão de base para que o membro do *parquet* dê início à ação penal, com o oferecimento de denúncia.

Por isso é que se diz que o inquérito policial é dirigido *ao*, e não *pelo*, Ministério Público, pois as provas, nele, contidas, obtidas pela autoridade policial que o preside servirão de sustento inicial à persecução judicial.

Aproveitando-se a oportunidade, merece ser esclarecido que, quando um particular leva ao conhecimento da autoridade policial um fato definido como infração penal, mesmo que seja ele próprio a vítima, não está apresentando qualquer *queixa*, como denomina a população leiga. Na verdade, o que apresenta perante a autoridade policial é aquilo que chamamos de *notitia criminis*, ou seja, uma notícia sobre o fato criminoso por meio da qual a autoridade policial dará início às investigações.

Queixa, tecnicamente, é a peça que inaugura a ação penal de iniciativa privada, e não a simples comunicação de um fato criminoso à autoridade policial.

7.3 RELACIONAMENTO COM A POLÍCIA

A finalidade do inquérito policial, portanto, é servir de base para que o titular da ação penal de iniciativa pública, isto é, o Ministério Público, dê início à persecução penal em juízo, com o oferecimento da denúncia em face de quem, supostamente, teria praticado a infração penal.

Nesse contexto, a Polícia Militar ocupa um papel fundamental, uma vez que, devido à sua atividade precípua de polícia ostensiva, preventiva, em regra, é

---

[4] MIRABETE, Julio Fabbrini. *Código de Processo Penal interpretado*, p. 78.

quem, primeiramente, toma conhecimento dos fatos. Sua participação, assim, na colheita das provas, ganha um papel de destaque, a exemplo do que ocorre com a apreensão das armas utilizadas pelos agentes na prática da infração penal, com a apreensão das drogas que seriam ilicitamente comercializadas, com a preservação do local do delito, quando for o caso, para que nele seja realizada perícia, a descoberta das testemunhas necessárias à elucidação dos fatos etc.

Enfim, a participação da Polícia Militar é indispensável para que seja feita Justiça no caso concreto. Por isso, seu relacionamento com o Ministério Público deve ser o melhor possível. Na verdade, a Polícia, o Ministério Público e a Magistratura buscam um objetivo comum, qual seja: a pacificação social. Cada uma dessas instituições possui, como deve ser, atividades diferentes, mas interligadas. O Ministério Público não deve tratar a Instituição Policial como sua inimiga, tampouco a Instituição Policial deve enxergar o Ministério Público, simplesmente, como um órgão que sente prazer em oferecer denúncia em face de policiais.

Já passou o momento de se acabar com a rivalidade e a desconfiança existentes entre as instituições que, juntas, têm o grande mister de fazer que a nossa sociedade seja cada dia mais justa.

Quando for necessário, poderá o Ministério Público *requisitar*, com base na alínea *a* do art. 26 da Lei Orgânica Nacional do Ministério Público (Lei nº 8.625, de 12 de fevereiro de 1993), o auxílio da Polícia Militar a fim de que conduza coercitivamente uma pessoa notificada a prestar declarações que, injustificadamente, não venha a comparecer à Promotoria de Justiça, bem como, no exercício de suas atribuições, nos procedimentos de sua competência, poderá requisitar o auxílio de força policial, conforme preconiza o inciso IX do art. 8º da Lei Complementar nº 75/93 (Lei Orgânica do Ministério Público da União).

O relacionamento com a Polícia Civil também deve ser o melhor possível. O Ministério Público deve trabalhar irmanado com a Polícia, militar ou civil, uma vez que, juntos, farão que a prova produzida no inquérito policial venha a retratar a verdade dos fatos.

7.4 CONTROLE EXTERNO DA ATIVIDADE POLICIAL

Uma das funções institucionais do Ministério Público é o exercício do controle externo da atividade policial, conforme preconiza o inciso VII do art. 129 da CF.

O art. 9º da Lei Complementar nº 75/93 esclarece que esse controle externo seria exercido por meio de medidas judiciais e extrajudiciais, podendo o Ministério Público:

I – ter livre ingresso em estabelecimentos policiais e prisionais;

II – ter acesso a quaisquer documentos relativos à atividade-fim policial;

III – representar à autoridade competente pela adoção de providências para sanar a omissão indevida, ou para prevenir ou corrigir ilegalidade ou abuso de poder;

IV – requisitar à autoridade competente para instauração de inquérito policial sobre a omissão ou fato ilícito ocorrido no exercício da atividade policial;

V – promover a ação penal por abuso de poder.

Visando explicitar, ainda mais, como seria exercido esse controle, foi editada a Resolução nº 20, de 28 de maio de 2007, do Conselho Nacional do Ministério Público, cujos arts. 1º a 5º asseveram que:

> Art. 1º Estão sujeitos ao controle externo do Ministério Público, na forma do art. 129, inciso VII, da Constituição Federal, da legislação em vigor e da presente Resolução, os organismos policiais relacionados no art. 144 da Constituição Federal, bem como as polícias legislativas ou qualquer outro órgão ou instituição, civil ou militar, à qual seja atribuída parcela de poder de polícia, relacionada com a segurança pública e persecução criminal.
>
> Art. 2º O controle externo da atividade policial pelo Ministério Público tem como objetivo manter a regularidade e a adequação dos procedimentos empregados na execução da atividade policial, bem como a integração das funções do Ministério Público e das Polícias voltada para a persecução penal e o interesse público, atentando, especialmente, para:
>
> I – o respeito aos direitos fundamentais assegurados na Constituição Federal e nas leis;
>
> II – a preservação da ordem pública, da incolumidade das pessoas e do patrimônio público;
>
> III – a prevenção da criminalidade;
>
> IV – a finalidade, a celeridade, o aperfeiçoamento e a indisponibilidade da persecução penal;
>
> V – a prevenção ou a correção de irregularidades, ilegalidades ou de abuso de poder relacionados à atividade de investigação criminal;
>
> VI – a superação de falhas na produção probatória, inclusive técnicas, para fins de investigação criminal;
>
> VII – a probidade administrativa no exercício da atividade policial.
>
> Art. 3º O controle externo da atividade policial será exercido:
>
> I – na forma de controle difuso, por todos os membros do Ministério Público com atribuição criminal, quando do exame dos procedimentos que lhes forem atribuídos;
>
> II – em sede de controle concentrado, através de membros com atribuições específicas para o controle externo da atividade policial, conforme disciplinado no âmbito de cada Ministério Público.
>
> Parágrafo único. As atribuições de controle externo concentrado da atividade policial civil ou militar estaduais poderão ser cumuladas entre um órgão ministerial central, de coordenação geral, e diversos órgãos ministeriais locais. (Incluído pela Resolução nº 113, de 4 de agosto de 2014.)
>
> Art. 4º Incumbe aos órgãos do Ministério Público, quando do exercício ou do resultado da atividade de controle externo:
>
> I – realizar visitas ordinárias nos meses de abril ou maio e outubro ou novembro e, quando necessárias, a qualquer tempo, visitas extraordinárias, em repartições policiais,

civis e militares, órgãos de perícia técnica e aquartelamentos militares existentes em sua área de atribuição; (Redação dada pela Resolução nº 121, de 10 de março de 2015.)

II – examinar, em quaisquer dos órgãos referidos no inciso anterior, autos de inquérito policial, inquérito policial militar, autos de prisão em flagrante ou qualquer outro expediente ou documento de natureza persecutória penal, ainda que conclusos à autoridade, deles podendo extrair cópia ou tomar apontamentos, fiscalizando seu andamento e regularidade;

III – fiscalizar a destinação de armas, valores, substâncias entorpecentes, veículos e objetos apreendidos;

IV – fiscalizar o cumprimento dos mandados de prisão, das requisições e demais medidas determinadas pelo Ministério Público e pelo Poder Judiciário, inclusive no que se refere aos prazos;

V – verificar as cópias dos boletins de ocorrência ou sindicâncias que não geraram instauração de Inquérito Policial e a motivação do despacho da autoridade policial, podendo requisitar a instauração do inquérito, se julgar necessário;

VI – comunicar à autoridade responsável pela repartição ou unidade militar, bem como à respectiva corregedoria ou autoridade superior, para as devidas providências, no caso de constatação de irregularidades no trato de questões relativas à atividade de investigação penal que importem em falta funcional ou disciplinar;

VII – solicitar, se necessária, a prestação de auxílio ou colaboração das corregedorias dos órgãos policiais, para fins de cumprimento do controle externo;

VIII – fiscalizar cumprimento das medidas de quebra de sigilo de comunicações, na forma da lei, inclusive através do órgão responsável pela execução da medida;

IX – expedir recomendações, visando à melhoria dos serviços policiais, bem como o respeito aos interesses, direitos e bens cuja defesa seja de responsabilidade do Ministério Público, fixando prazo razoável para a adoção das providências cabíveis.

§ 1º Incumbe, ainda, aos órgãos do Ministério Público, havendo fundada necessidade e conveniência, instaurar procedimento investigatório referente a ilícito penal ocorrido no exercício da atividade policial.

§ 2º O Ministério Público poderá instaurar procedimento administrativo visando sanar as deficiências ou irregularidades detectadas no exercício do controle externo da atividade policial, bem como apurar as responsabilidades decorrentes do descumprimento injustificado das requisições pertinentes.

§ 3º Decorrendo do exercício de controle externo repercussão do fato na área cível e, desde que não possua o órgão do Ministério Público encarregado desse controle atribuição também para a instauração de inquérito civil público ou ajuizamento de ação civil por improbidade administrativa, incumbe a este encaminhar cópias dos documentos ou peças de que dispõe ao órgão da instituição com a referida atribuição. (Alterado pela Resolução nº 65/2011.)

Art. 5º Aos órgãos do Ministério Público, no exercício das funções de controle externo da atividade policial, caberá:

I – ter livre ingresso em estabelecimentos ou unidades policiais, civis ou aquartelamentos militares, bem como casas prisionais, cadeias públicas ou quaisquer outros estabelecimentos onde se encontrem pessoas custodiadas, detidas ou presas, a qualquer título, sem prejuízo das atribuições previstas na Lei de Execução Penal que forem afetadas a outros membros do Ministério Público;

II – ter acesso a quaisquer documentos, informatizados ou não, relativos à atividade-fim policial civil e militar, incluindo as de polícia técnica desempenhadas por outros órgãos, em especial:

a) ao registro de mandados de prisão;

b) ao registro de fianças;

c) ao registro de armas, valores, substâncias entorpecentes, veículos e outros objetos apreendidos;

d) ao registro de ocorrências policiais, representações de ofendidos e *notitia criminis*;

e) ao registro de inquéritos policiais;

f) ao registro de termos circunstanciados;

g) ao registro de cartas precatórias;

h) ao registro de diligências requisitadas pelo Ministério Público ou pela autoridade judicial;

i) aos registros e guias de encaminhamento de documentos ou objetos à perícia;

j) aos registros de autorizações judiciais para quebra de sigilo fiscal, bancário e de comunicações;

l) aos relatórios e soluções de sindicâncias findas.

III – acompanhar, quando necessária ou solicitada, a condução da investigação policial civil ou militar;

IV – requisitar à autoridade competente a instauração de inquérito policial ou inquérito policial militar sobre a omissão ou fato ilícito ocorrido no exercício da atividade policial, ressalvada a hipótese em que os elementos colhidos sejam suficientes ao ajuizamento de ação penal;

V – requisitar informações, a serem prestadas pela autoridade, acerca de inquérito policial não concluído no prazo legal, bem assim requisitar sua imediata remessa ao Ministério Público ou Poder Judiciário, no estado em que se encontre;

VI – receber representação ou petição de qualquer pessoa ou entidade, por desrespeito aos direitos assegurados na Constituição Federal e nas leis, relacionados com o exercício da atividade policial;

VII – ter acesso ao preso, em qualquer momento;

VIII – ter acesso aos relatórios e laudos periciais, ainda que provisórios, incluindo documentos e objetos sujeitos à perícia, guardando, quanto ao conteúdo de documentos, o sigilo legal ou judicial que lhes sejam atribuídos, ou quando necessário à salvaguarda do procedimento investigatório.

Art. 6º Nas visitas de que trata o artigo 4º, inciso I, desta Resolução, o órgão do Ministério Público lavrará relatório respectivo, a ser enviado à validação da Corregedoria Geral da respectiva unidade do Ministério Público, mediante sistema informatizado disponível no sítio do CNMP, até o dia 5 (cinco) do mês subsequente à visita, consignando todas as constatações e ocorrências, bem como eventuais deficiências, irregularidades ou ilegalidades e as medidas requisitadas para saná-las, sem prejuízo de que, conforme estabelecido em atos normativos próprios, cópias sejam enviadas para outros órgãos com atuação no controle externo da atividade policial, para conhecimento e providências cabíveis no seu âmbito de atuação. (Redação dada pela Resolução nº 121, de 10 de março de 2015.)

§ 1º O relatório será elaborado mediante o preenchimento de formulário, a ser aprovado pela Comissão do Sistema Prisional, Controle Externo da Atividade Policial e Segurança Pública, o qual será disponibilizado no sítio eletrônico do CNMP. (Redação dada pela Resolução nº 121, de 10 de março de 2015.)

§ 2º O preenchimento do formulário deverá indicar as alterações, inclusões e exclusões procedidas após a última remessa de dados, especialmente aquelas resultantes de iniciativa implementada pelo membro do Ministério Público. (Redação dada pela Resolução nº 121, de 10 de março de 2015.)

§ 3º Visitas com objeto e finalidade específicos poderão ser realizadas conforme necessidade ou definição de cada Ministério Público ou da Comissão do Sistema Prisional, Controle Externo da Atividade Policial e Segurança Pública, e com o preenchimento, no que for cabível, do formulário referido no § 1º. (Redação dada pela Resolução nº 121, de 10 de março de 2015.)

§ 4º Caberá às Corregedorias Gerais, além do controle periódico das visitas realizadas em cada unidade, o envio dos relatórios validados à Comissão do Sistema Prisional, Controle Externo da Atividade Policial e Segurança Pública, até o dia 5 (cinco) do mês subsequente à visita, mediante acesso ao mesmo sistema informatizado. (Redação dada pela Resolução nº 121, de 10 de março de 2015.)

§ 5º Cópias dos relatórios poderão, conforme estabelecido em atos normativos próprios, ser encaminhadas para órgãos de coordenação dos ramos do Ministério Público com atuação no controle externo da atividade policial, para conhecimento e adoção das providências cabíveis no seu âmbito de atuação. (Redação dada pela Resolução nº 121, de 10 de março de 2015.)

§ 6º O formulário referido no § 1º não terá conteúdo exaustivo, cabendo ao órgão responsável pelo exercício do controle externo verificar e certificar outras informações, ocorrências e providências referentes à unidade visitada, na forma do artigo 4º desta Resolução. (Redação dada pela Resolução nº 121, de 10 de março de 2015.)

§ 7º A autoridade diretora ou chefe de repartição policial poderá ser previamente notificada da data ou período da visita, bem como dos procedimentos e ações que serão efetivadas, com vistas a disponibilizar e organizar a documentação a ser averiguada. (Redação dada pela Resolução nº 121, de 10 de março de 2015.)

§ 8º A Comissão do Sistema Prisional, Controle Externo da Atividade Policial e Segurança Pública encaminhará à Corregedoria Nacional relatório semestral acerca do atendimento desta Resolução. (Redação dada pela Resolução nº 121, de 10 de março de 2015.)

7.5 PODER INVESTIGATIVO DO MINISTÉRIO PÚBLICO

Por muitos anos, o Ministério Público, que era uma instituição incipiente, subserviente ao Poder Executivo, desprovido das garantias necessárias ao exercício de sua missão, não teve qualquer destaque perante a sociedade.

Era, podemos dizer assim, mais uma das inúmeras instituições existentes no Estado. Seu papel resumia-se, basicamente, a iniciar as ações penais em Juízo, principalmente no que dizia respeito às acusações que eram levadas perante o Tribunal do Júri.

Após o advento da Constituição Federal de 1988, o Ministério Público ganhou nova forma. Houve uma revitalização na instituição com o reconhecimento de garantias que, até então, só eram destinadas à magistratura. Assim, as alíneas *a*, *b* e *c* do inciso I do § 5º do art. 128 da CF passaram a prever as garantias da *vitaliciedade*, após dois anos de exercício, não podendo perder o cargo senão por sentença judicial transitada em julgado, da *inamovibilidade*, salvo por motivo de interesse público, mediante decisão do órgão colegiado competente do Ministério Público, pelo voto da maioria absoluta de seus membros, assegurada a ampla defesa, além da *irredutibilidade de subsídio*.

Munido, agora, dessas garantias, e devido à renovação nos seus quadros, por meio de concursos públicos, com a proibição expressa do chamado Promotor *ad hoc*, que era um bacharel especificamente designado para a prática de determinados atos, o Ministério Público ganhou força e, com o tempo, credibilidade por parte da sociedade.

Fatos graves, que envolviam pessoas "ilustres", principalmente aqueles que diziam respeito aos crimes praticados pelos "colarinhos-brancos", passaram a ser investigados, o que não era comum no passado.

Antes do advento da Constituição Federal de 1988, jamais se pensou em investigar um membro do Poder Judiciário, do Poder Legislativo, um Ministro de Estado, um Presidente da República, um grande executivo, um diretor de uma empresa multinacional, enfim, pessoas que possuíam um enorme poder político e econômico.

O Ministério Público passou, repentinamente, a ser o guardião do princípio da isonomia, buscando a justa punição de ricos e pobres, poderosos e simples desconhecidos. Seu papel foi crescendo aos poucos. Pessoas que, no passado, estavam "imunes" à Justiça, a partir das garantias atribuídas ao Ministério Público, passaram a ser investigadas e processadas.

Isso, obviamente, começou a incomodar. Enquanto os pobres e miseráveis estavam sendo processados, como ainda estão até hoje, ninguém nunca se incomodou, nunca se preocupou se o Ministério Público estava ou não à frente de alguma investigação. No entanto, a partir do momento em que pessoas tidas como "ilustres" foram começando a ser desmascaradas pelo Ministério Público, e seus nomes começaram a figurar nas páginas dos cadernos policiais dos jornais de maior circulação no País, divulgados em todos os canais de TV, pelas rádios, pelas redes sociais, enfim, quando se começou a punir, efetivamente, ricos e pobres, já não cabia mais ao Ministério Público esse poder de investigar.

Os "grandes advogados", contratados para defender esses exterminadores da sociedade, passaram a levantar a tese de que o Ministério Público não tinha legitimidade para investigar, que estava "usurpando" a função que caberia tão somente à autoridade policial.

Esqueceram-se, no entanto, de que jamais foi o pensamento do Ministério Público ocupar o lugar que cabe à autoridade policial, à frente do inquérito policial. Esqueceram-se, também, de que todas as demais instituições investigam, a exemplo do que ocorre com a magistratura, com o Poder Legislativo, por meio de suas CPIs etc.

A Lei nº 12.830, de 29 de junho de 2013, veio ratificar essa função da polícia judiciária, dizendo, no § 1º do seu art. 2º, que:

> § 1º Ao delegado de polícia, na qualidade de autoridade policial, cabe a condução da investigação criminal por meio do inquérito policial ou outro procedimento previsto em lei, que tem como objetivo a apuração das circunstâncias, da materialidade e da autoria das infrações penais.

O grande problema não foi o Ministério Público investigar, mas, sim, investigar casos de repercussão nacional, que envolviam associações criminosas formadas por pessoas que, até aquele instante, eram tidas como acima de qualquer suspeita.

Deve-se dizer, por oportuno, que o Ministério Público não investiga ou não pretende investigar toda e qualquer situação que importe na prática de uma infração penal, substituindo a autoridade policial competente para tanto. Contudo, não podemos deixar de esclarecer que, em alguns fatos graves, é de bom alvitre que o Ministério Público leve a efeito também sua investigação, uma vez que a autoridade policial, que seria a encarregada para o caso, por não estar revestida das garantias necessárias, pode não ter a liberdade suficiente para proceder a todas as investigações.

Não estamos, com isso, levantando desconfiança sobre a autoridade policial. Muito pelo contrário. Quando o Ministério Público não possuía suas garantias, também não era certo que todas as pessoas estariam sujeitas à mesma Justiça. Isso porque, com um simples telefonema, aquele Promotor de Justiça que, por exemplo, estivesse à frente de uma investigação que envolvesse determinada pessoa politicamente influente, poderia ser transferido de sua Comarca, vindo a exercer suas funções em lugar distante das investigações.

Isso, infelizmente, ainda pode ocorrer com a Polícia. Com um simples ato publicado no *Diário Oficial*, aquela autoridade policial, que estava fazendo um trabalho excepcional de investigação, pode ser retirada do caso. Dessa forma, o temor com a sua própria carreira poderá inibir que sejam realizadas, em algumas situações, diligências importantes, que pessoas influentes sejam devidamente investigadas etc.

Em vez de conceder a necessária inamovibilidade aos delegados de polícia, que teriam, a partir de então, a necessária segurança para conduzir, sem qualquer tipo de influência externa, suas investigações, a Lei nº 12.830/2013, de forma paliativa, disse, em seu art. 2º, §§ 4º e 5º, *in verbis*:

> § 4º O inquérito policial ou outro procedimento previsto em lei em curso somente poderá ser avocado ou redistribuído por superior hierárquico, mediante despacho fundamentado, por motivo de interesse público ou nas hipóteses de inobservância

dos procedimentos previstos em regulamento da corporação que prejudique a eficácia da investigação.

§ 5º A remoção do delegado de polícia dar-se-á somente por ato fundamentado.

Ora, as decisões administrativas, todas elas, não devem ser fundamentadas? No caso em exame, poderia a autoridade superior, com atribuições para remover o delegado de polícia, fundamentar seu ato na necessidade do serviço público e, mais uma vez, restaria frustrada a investigação.

Melhor seria, como já dissemos anteriormente, conceder a *inamovibilidade*, garantindo os atos praticados pelo delegado de polícia e evitando-se fundamentos dissimulados para removê-lo indevidamente.

Essa é uma das razões pelas quais se defende, como não poderia deixar de acontecer, a normalidade das investigações levadas a efeito pelo Ministério Público.

Além disso, as provas colhidas no inquérito policial são destinadas ao Ministério Público, que é o titular da ação penal. Assim, seria absurdo entender que aquele que se vale das provas constantes do inquérito, que pode requisitar a realização de diligências importantes nesse mesmo inquérito policial, não pode, ele próprio, em seu gabinete, valendo-se dos instrumentos que lhe estão legalmente disponíveis, realizar a sua investigação, paralela à que está sendo realizada pela Polícia. Ambas se completarão, contribuindo para a descoberta da realidade dos fatos.

O Superior Tribunal de Justiça, analisando a questão, com perfeição, já decidiu que:

> O Supremo Tribunal Federal, no julgamento do RE nº 593.727/MG, fixou, em sede de repercussão geral, a tese da constitucionalidade do procedimento investigatório criminal, segundo a qual o Ministério Público dispõe de atribuição para promover, por autoridade própria, e por prazo razoável, investigações de natureza penal. Os poderes investigatórios do Ministério Público são implícitos, corolário da própria titularidade privativa do *Parquet* em promover a ação penal pública (Constituição da República, art. 129, I). Entretanto, a Constituição, em seu art. 129, VIII, confere expressamente ao Ministério Público a atribuição de requisitar diligências investigatórias e a instauração de inquérito à autoridade policial, independentemente de sindicabilidade ou supervisão judicial.[5]
>
> Pacificou-se o entendimento de que não há vedação legal para a realização de diligências investigatórias pelo Ministério Público, sendo-lhe vedada, apenas, a condução do inquérito policial (precedentes do STJ e do STF).[6]
>
> O Ministério Público possui a prerrogativa de instaurar procedimento administrativo de investigação e conduzir diligências investigatórias cíveis e criminais. Precedentes.[7]

---

[5] STJ, HC 430.386/SP, Rel. Min. Ribeiro Dantas, 5ª T., *DJe* 02/05/2019.
[6] STJ, HC 314.091/SP, Rel. Min. Sebastião Reis Junior, 6ª T., *DJe* 17/06/2016.
[7] STJ, HC 351.763/AP, Rel. Min. Reynaldo Soares da Fonseca, 5ª T., *DJe* 01/06/2016.

De qualquer modo, não podemos confundir investigação criminal com atos investigatório-inquisitoriais complementares de que trata o art. 47 do CPP.

Também já decidiu o STJ que:

> O Ministério Público dispõe de atribuição para promover, por autoridade própria, e por prazo razoável, investigações de natureza penal, o que não acarreta, por si só, seu impedimento ou suspeição. Precedentes STF e STJ. Consoante a Súmula nº 234/STJ, a participação de membro do *Parquet*, na fase investigatória criminal, não acarreta o seu impedimento ou a sua suspeição para o oferecimento da denúncia. É consolidado nos Tribunais Superiores o entendimento de que a atuação de promotores auxiliares ou de grupos especializados (GAECO) não ofende o princípio do promotor natural, uma vez que, nessa hipótese, amplia-se a capacidade de investigação, de modo a otimizar os procedimentos necessários à formação da *opinio delicti* do *Parquet*. No caso, o oferecimento da denúncia por promotores do GAECO não ofende o princípio do promotor natural, tampouco nulifica a ação penal em curso.[8]
>
> Não se acolhe a preliminar de nulidade da ação penal sob a alegação de que o membro do Ministério Público signatário da denúncia participou da investigação criminal, porque, conforme a Súmula 234 do STJ, tal participação não acarreta seu impedimento ou suspeição para o oferecimento da peça acusatória. Não se acolhe a preliminar de nulidade da ação penal sob a alegação de que o membro do Ministério Público signatário da denúncia participou da investigação criminal, porque, conforme entendimento firmado no STJ, os artigos 129, VIII, da Constituição Federal, e 26 da Lei 8.625/1993 conferem ao Ministério Público tal poder investigatório.[9]

Infelizmente e, com a devida *venia*, de forma completamente equivocada, entendeu o Ministro Cezar Peluso: "Não há previsão constitucional para o Ministério Público (MP) exercer investigações criminais, em substituição à Polícia Judiciária, a não ser em casos excepcionais".

Com esse argumento, o Ministro Cezar Peluso votou pelo provimento do Recurso Extraordinário (RE) 593.727, com repercussão geral reconhecida, em que o ex-prefeito de Ipanema (MG), Jairo de Souza Coelho, questionava decisão do Tribunal de Justiça de Minas Gerais (TJMG) que recebeu denúncia contra ele por crime de responsabilidade, proposta pelo Ministério Público daquele Estado (MP-MG), subsidiada unicamente por procedimento administrativo investigatório realizado pelo próprio MP, sem participação da polícia.

Diante desse fato e por entender que não estão presentes, no caso em julgamento, as circunstâncias excepcionais que justificassem a investigação do MP, o Ministro Cezar Peluso, em seu voto, decretou a nulidade, desde o início, do processo-crime em curso contra o ex-prefeito no TJMG, proposto pelo Ministério Público estadual.

---

[8] STJ, RHC 77.422/RJ, Rel. Min. Reynaldo Soares da Fonseca, 5ª T., *DJe* 26/10/2018.
[9] STJ, REsp 1.443.593/RS, Rel. Min. Nefi Cordeiro, 6ª T., *DJe* 12/06/2015.

Segundo o Ministro-Relator, o MP apenas pode realizar investigações criminais quando a investigação tiver por objeto fatos teoricamente criminosos praticados por membros ou servidores do próprio MP, por autoridades ou agentes policiais e, ainda, por terceiros, quando a autoridade policial, notificada sobre o caso, não tiver instaurado o devido inquérito policial. Esse procedimento investigatório deverá obedecer, por analogia, às normas que regem o inquérito policial, o qual deve ser, em regra, público e sempre supervisionado pelo Poder Judiciário.

O ex-prefeito foi denunciado pelo crime de responsabilidade previsto no art. 1º, XIV, do Decreto-Lei nº 201/67, que consiste em "negar execução a lei federal, estadual ou municipal, ou deixar de cumprir ordem judicial, sem dar o motivo da recusa ou da impossibilidade, por escrito, à autoridade competente".

"Tratando-se de crime de desobediência praticado pelo prefeito, o Ministério Público não tem, a meu sentir, legitimidade para conduzir procedimento investigatório autônomo", disse o Ministro Cezar Peluso.[10]

Tal como ocorreu com o Ministério Público, devemos nos mobilizar no sentido de fazer que a autoridade policial tenha as mesmas garantias, impedindo, dessa forma, que venha a sofrer qualquer ingerência externa que possa dificultar a correta condução do inquérito policial.

Tanto a Polícia quanto o Ministério Público e a Magistratura devem estar resguardados dos "violadores de consciência", ou seja, de pessoas inescrupulosas, que se valem de suas posições políticas a fim de evitar que Justiça seja feita no caso concreto.

No momento, enquanto essas garantias não lhe forem concedidas, será de bom alvitre que o Ministério Público, em algumas situações excepcionais, leve a efeito também suas investigações, que serão conjugadas com aquelas realizadas pela autoridade legitimada a presidir o inquérito policial.

---

[10] Cf. SUPREMO TRIBUNAL FEDERAL. *Boletim Eletrônico*, 21/06/2012. Disponível em: <https://www.jusbrasil.com.br/noticias/relator-so-admite-investigacao-criminal-pelo-mp-em-casos-excepcionais/188575144>. Acesso em: 02/10/2012.

Capítulo 8
O papel do policial como testemunha no processo judicial

8.1 INTRODUÇÃO

Todas as provas produzidas durante a fase pré-processual poderão ser objeto de questionamento em juízo, principalmente pelo fato de não terem sido colhidas com a observação do princípio do contraditório.

No entanto, em juízo, muitas provas podem ser reproduzidas, a exemplo do que ocorre com a oitiva de testemunhas, da vítima, bem como o interrogatório do acusado, que, embora sendo considerado uma faculdade, pois ninguém é obrigado a produzir provas contra si mesmo, pode ser entendido como um meio de defesa, haja vista que o interrogado poderá alegar o que quiser em seu favor, e até mesmo mentir, e, como regra, não será responsabilizado penalmente por isso.

O papel do policial na produção da prova dos fatos é de suma importância. Ninguém melhor do que as primeiras pessoas que estiveram no local do crime, ou mesmo que participaram da prisão em flagrante do acusado, para poder tentar traduzir para o processo aquilo que efetivamente ocorreu.

É claro que um fato nunca poderá ser totalmente transportado para os autos de um processo. Isso porque cada uma das pessoas que dele tomou conhecimento ou mesmo dele participou terá uma visão diferente do ocorrido. As pequenas divergências, portanto, sempre irão existir, sem que tenham o condão de macular a prova produzida ou fazer que o julgador entenda pela prática de um crime de falso testemunho.

Contudo, a busca da verdade deve ser uma constante no processo, principalmente porque está em "jogo" o direito de liberdade de alguém. O policial não deverá estar preocupado com a condenação, ou mesmo com a absolvição do acusado, mas, sim, em transmitir para o processo aquilo que seja do seu conhecimento, bem como que seja relevante para a elucidação dos fatos.

8.2 REQUISIÇÃO DO POLICIAL MILITAR

Ao contrário do que ocorre, como regra, com as demais testemunhas que são intimadas a comparecer à audiência designada para sua oitiva, os militares, nos termos do § 2º do art. 221 do CPP, deverão ser requisitados à autoridade superior, no batalhão ou no local onde exerçam suas funções.

8.3 DEVER DE DIZER A VERDADE

Conforme esclarece o art. 203 do CPP, a testemunha fará, sob palavra de honra, a promessa de dizer a verdade do que souber e lhe for perguntado, devendo declarar seu nome, sua idade, seu estado e sua residência, sua profissão, lugar onde exerce sua atividade, se é parente, e em que grau, de alguma das partes, ou quais suas relações com qualquer delas, e relatar o que souber, explicando sempre as razões de sua ciência ou as circunstâncias pelas quais possa avaliar-se de sua credibilidade.

O depoimento do policial em juízo não é o lugar apropriado para manifestação de suas apreciações pessoais, a não ser, como diz o art. 213 do CPP, quando inseparáveis da narrativa do fato.

Se, em seu depoimento, vier a fazer afirmação falsa, ou negar ou calar a verdade, poderá ser processado e condenado pela prática do crime de falso testemunho, com uma pena de reclusão, de 1 (um) a 3 (três) anos, e multa.

O fato, no entanto, deixa de ser punível, nos termos do § 2º do art. 342 do CP, se, antes da sentença no processo em que ocorreu o ilícito, o agente se retrata ou declara a verdade.

Se o depoimento tiver sido prestado em inquérito policial, processo administrativo ou judicial militar, a pena, nos termos do preceito secundário do art. 346 do CPP, é de reclusão, de dois a seis anos. O fato deixa de ser punível se, antes da sentença, o agente se retrata ou declara a verdade, conforme preconiza o § 2º do mesmo artigo.

8.4 TRANSGRESSÃO MILITAR E CRIME PROPRIAMENTE MILITAR

Existe diferença entre transgressão militar e crime militar.

O art. 11 da Lei estadual nº 14.310, de 19 de junho de 2002, que dispõe sobre o Código de Ética e Disciplina dos Militares do Estado de Minas Gerais, por exemplo, explicita o conceito de transgressão disciplinar, dizendo:

> Art. 11. Transgressão disciplinar é toda ofensa concreta aos princípios da ética e aos deveres inerentes às atividades das IMEs em sua manifestação elementar e simples, objetivamente especificada neste Código, distinguindo-se da infração penal, considerada violação dos bens juridicamente tutelados pelo Código Penal Militar ou comum.

O art. 12 do referido diploma estadual esclarece, ainda, que a transgressão poderá ser considerada leve, média ou grave, conforme classificação definida nos arts. 13 a 15, que dizem:

> Art. 13. São transgressões disciplinares de natureza grave:

I – praticar ato atentatório à dignidade da pessoa ou que ofenda os princípios da cidadania e dos direitos humanos, devidamente comprovado em procedimento apuratório;

II – concorrer para o desprestígio da respectiva IME, por meio da prática de crime doloso devidamente comprovado em procedimento apuratório, que, por sua natureza, amplitude e repercussão, afete gravemente a credibilidade e a imagem dos militares;

III – faltar, publicamente, com o decoro pessoal, dando causa a grave escândalo que comprometa a honra pessoal e o decoro da classe;

IV – exercer coação ou assediar pessoas com as quais mantenha relações funcionais;

V – ofender ou dispensar tratamento desrespeitoso, vexatório ou humilhante a qualquer pessoa;

VI – apresentar-se com sinais de embriaguez alcoólica ou sob efeito de outra substância entorpecente, estando em serviço, fardado, ou em situação que cause escândalo ou que ponha em perigo a segurança própria ou alheia;

VII – praticar ato violento, em situação que não caracterize infração penal;

VIII – divulgar ou contribuir para a divulgação de assunto de caráter sigiloso de que tenha conhecimento em razão do cargo ou função;

IX – utilizar-se de recursos humanos ou logísticos do Estado ou sob sua responsabilidade para satisfazer a interesses pessoais ou de terceiros;

X – exercer, em caráter privado, quando no serviço ativo, diretamente ou por interposta pessoa, atividade ou serviço cuja fiscalização caiba à Polícia Militar ou ao Corpo de Bombeiros Militar ou que se desenvolva em local sujeito à sua atuação;

XI – maltratar ou permitir que se maltrate o preso ou a pessoa apreendida sob sua custódia ou deixar de tomar providências para garantir sua integridade física;

XII – referir-se de modo depreciativo a outro militar, a autoridade e a ato da administração pública;

XIII – autorizar, promover ou tomar parte em manifestação ilícita contra ato de superior hierárquico ou contrária à disciplina militar;

XIV – agir de maneira parcial ou injusta quando da apreciação e avaliação de atos, no exercício de sua competência, causando prejuízo ou restringindo direito de qualquer pessoa;

XV – dormir em serviço;

XVI – retardar ou deixar de praticar, indevidamente, ato de ofício;

XVII – negar publicidade a ato oficial;

XVIII – induzir ou instigar alguém a prestar declaração falsa em procedimento penal, civil ou administrativo ou ameaçá-lo para que o faça;

XIX – fazer uso do posto ou da graduação para obter ou permitir que terceiros obtenham vantagem pecuniária indevida;

XX – faltar ao serviço.

Art. 14. São transgressões disciplinares de natureza média:

I – executar atividades particulares durante o serviço;

II – demonstrar desídia no desempenho das funções, caracterizada por fato que revele desempenho insuficiente, desconhecimento da missão, afastamento injustificado do local ou procedimento contrário às normas legais, regulamentares e a documentos normativos, administrativos ou operacionais;

III – deixar de cumprir ordem legal ou atribuir a outrem, fora dos casos previstos em lei, o desempenho de atividade que lhe competir;

IV – assumir compromisso em nome da IME ou representá-la indevidamente;

V – usar indevidamente prerrogativa inerente a integrante das IMEs;

VI – descumprir norma técnica de utilização e manuseio de armamento ou equipamento;

VII – faltar com a verdade, na condição de testemunha, ou omitir fato do qual tenha conhecimento, assegurado o exercício constitucional da ampla defesa;

VIII – deixar de providenciar medida contra irregularidade de que venha a tomar conhecimento ou esquivar-se de tomar providências a respeito de ocorrência no âmbito de suas atribuições;

IX – utilizar-se do anonimato ou envolver indevidamente o nome de outrem para esquivar-se de responsabilidade;

X – danificar ou inutilizar, por uso indevido, negligência, imprudência ou imperícia, bem da administração pública de que tenha posse ou seja detentor;

XI – deixar de observar preceito legal referente a tratamento, sinais de respeito e honras militares, definidos em normas específicas;

XII – contribuir para a desarmonia entre os integrantes das respectivas IMEs, por meio da divulgação de notícia, comentário ou comunicação infundados;

XIII – manter indevidamente em seu poder bem de terceiro ou da Fazenda Pública;

XIV – maltratar ou não ter o devido cuidado com os bens semoventes das IMEs;

XV – deixar de observar prazos regulamentares;

XVI – comparecer fardado a manifestação ou reunião de caráter político-partidário, exceto a serviço;

XVII – recusar-se a identificar-se quando justificadamente solicitado;

XVIII – não portar etiqueta de identificação quando em serviço, salvo se previamente autorizado, em operações policiais específicas;

XIX – participar, o militar da ativa, de firma comercial ou de empresa industrial de qualquer natureza, ou nelas exercer função ou emprego remunerado.

Art. 15. São transgressões disciplinares de natureza leve:

I – chegar injustificadamente atrasado para qualquer ato de serviço de que deva participar;

II – deixar de observar norma específica de apresentação pessoal definida em regulamentação própria;

III – deixar de observar princípios de boa educação e correção de atitudes;

IV – entrar ou tentar entrar em repartição ou acessar ou tentar acessar qualquer sistema informatizado, de dados ou de proteção, para o qual não esteja autorizado;

V – retardar injustificadamente o cumprimento de ordem ou o exercício de atribuição;

VI – fumar em local onde esta prática seja legalmente vedada;

VII – permutar serviço sem permissão da autoridade competente.

Os arts. 9º e 10 do CPM, por seu turno, definem os crimes militares, respectivamente, em tempo de paz e em tempo de guerra, dizendo, *in verbis*:

Art. 9º Consideram-se crimes militares, em tempo de paz:

I – os crimes de que trata este Código, quando definidos de modo diverso na lei penal comum, ou nela não previstos, qualquer que seja o agente, salvo disposição especial;

II – os crimes previstos neste Código e os previstos na legislação penal, quando praticados:

a) por militar em situação de atividade ou assemelhado, contra militar na mesma situação ou assemelhado;

b) por militar em situação de atividade ou assemelhado, em lugar sujeito à administração militar, contra militar da reserva, ou reformado, ou assemelhado, ou civil;

c) por militar em serviço ou atuando em razão da função, em comissão de natureza militar, ou em formatura, ainda que fora do lugar sujeito à administração militar contra militar da reserva, ou reformado, ou civil;

d) por militar durante o período de manobras ou exercício, contra militar da reserva, ou reformado, ou assemelhado, ou civil;

e) por militar em situação de atividade, ou assemelhado, contra o patrimônio sob a administração militar, ou a ordem administrativa militar;

f) (revogada).

III – os crimes praticados por militar da reserva, ou reformado, ou por civil, contra as instituições militares, considerando-se como tais não só os compreendidos no inciso I, como os do inciso II, nos seguintes casos:

a) contra o patrimônio sob a administração militar, ou contra a ordem administrativa militar;

b) em lugar sujeito à administração militar contra militar em situação de atividade ou assemelhado, ou contra funcionário de Ministério militar ou da Justiça Militar, no exercício de função inerente ao seu cargo;

c) contra militar em formatura, ou durante o período de prontidão, vigilância, observação, exploração, exercício, acampamento, acantonamento ou manobras;

d) ainda que fora do lugar sujeito à administração militar, contra militar em função de natureza militar, ou no desempenho de serviço de vigilância, garantia e preservação da ordem pública, administrativa ou judiciária, quando legalmente requisitado para aquele fim, ou em obediência a determinação legal superior.

§ 1º Os crimes de que trata este artigo, quando dolosos contra a vida e cometidos por militares contra civil, serão da competência do Tribunal do Júri.

§ 2º Os crimes de que trata este artigo, quando dolosos contra a vida e cometidos por militares das Forças Armadas contra civil, serão da competência da Justiça Militar da União, se praticados no contexto:

I – do cumprimento de atribuições que lhes forem estabelecidas pelo Presidente da República ou pelo Ministro de Estado da Defesa;

II – de ação que envolva a segurança de instituição militar ou de missão militar, mesmo que não beligerante; ou

III – de atividade de natureza militar, de operação de paz, de garantia da lei e da ordem ou de atribuição subsidiária, realizadas em conformidade com o disposto no art. 142 da Constituição Federal e na forma dos seguintes diplomas legais:

a) Lei nº 7.565, de 19 de dezembro de 1986 – Código Brasileiro de Aeronáutica;

b) Lei Complementar nº 97, de 9 de junho de 1999;

c) Decreto-Lei nº 1.002, de 21 de outubro de 1969 – Código de Processo Penal Militar; e

d) Lei nº 4.737, de 15 de julho de 1965 – Código Eleitoral.

Art. 10. Consideram-se crimes militares, em tempo de guerra:

I – os especialmente previstos neste Código para o tempo de guerra;

II – os crimes militares previstos para o tempo de paz;

III – os crimes previstos neste Código, embora também o sejam com igual definição na lei penal comum ou especial, quando praticados, qualquer que seja o agente:

a) em território nacional, ou estrangeiro, militarmente ocupado;

b) em qualquer lugar, se comprometem ou podem comprometer a preparação, a eficiência ou as operações militares ou, de qualquer outra forma, atentam contra a segurança externa do País ou podem expô-la a perigo;

IV – os crimes definidos na lei penal comum ou especial, embora não previstos neste Código, quando praticados em zona de efetivas operações militares ou em território estrangeiro, militarmente ocupado.

Embora não exista consenso doutrinário, os crimes militares podem ser divididos em: a) propriamente militares; b) tipicamente militares; e c) impropriamente militares.

De acordo com as lições de Ione de Souza Cruz e Claudio Amin Miguel:

> (...) crime propriamente militar é aquele que só pode ser praticado pelo militar. Exemplos: deserção (art. 187), recusa de obediência (art. 163) e abandono de posto (art. 195).
> Crime tipicamente militar – é aquele que só está previsto no Código Penal Militar. Exemplos: insubmissão (art. 183) é praticado por civil, porém só está previsto no CPM; deserção (art. 187), além de ser propriamente militar, também é tipicamente militar.
> Crime impropriamente militar – encontra-se previsto tanto no CPM como no CP, com igual definição. Exemplos: homicídio, roubo e apropriação indébita.

O art. 9º é dividido em três incisos:

I – crimes tipicamente e propriamente militares;

II – crimes impropriamente militares, sendo que o sujeito ativo será sempre o militar da ativa;

III – crimes impropriamente militares, sendo que o sujeito ativo será sempre o militar da reserva, reformado ou civil.[1]

---

[1] CRUZ, Ione de Souza; MIGUEL, Claudio Amin. *Elementos de direito penal militar*: parte geral, p. 23-24.

Capítulo 9
Concurso de pessoas

9.1 INTRODUÇÃO

Quando duas ou mais pessoas concorrem para a prática de uma mesma infração penal, temos o que o Código Penal denomina de *concurso de pessoas*, e o Código Penal Militar denomina de *concurso de agentes*, ambos significando exatamente a mesma coisa.

Diz o art. 29 do CP, *in verbis*:

> Art. 29. Quem, de qualquer modo, concorre para o crime incide nas penas a este cominadas, na medida de sua culpabilidade.

Essa redação pouco difere daquela constante do art. 53 do CPM. A diferença reside no fato de que, após a reforma do Código Penal, ocorrida em 1984, foi acrescentada a expressão *na medida de sua culpabilidade*, o que não ocorreu com o Código Penal Militar, que manteve sua redação original.

De qualquer forma, mesmo que não conste expressamente a referida expressão no Código Penal Militar, devemos compreendê-la implicitamente na redação do art. 53 da legislação castrense.

Isso porque a expressão *na medida de sua culpabilidade* quer significar que cada um dos agentes que concorreu para a infração penal será responsabilizado de acordo com um juízo pessoal de censura, ou seja, o julgador deverá apurar a censurabilidade individual do comportamento de cada um.

O tema será discutido com mais profundidade em tópico próprio.

9.2 REQUISITOS NECESSÁRIOS AO RECONHECIMENTO DO CONCURSO DE PESSOAS

A regra trazida pelo art. 29 do CP aplica-se, mormente, aos chamados *crimes de concurso eventual (unissubjetivos)*, que são aqueles que podem ser cometidos por um único agente, mas que, eventualmente, são praticados por duas ou mais pessoas. Quando duas ou mais pessoas se reúnem a fim de cometer tais infrações penais (homicídio, violação de domicílio, concussão, corrupção passiva etc.), ou, na expressão do Código, se concorrerem para o crime, incidirão nas penas a este cominadas, na medida de sua culpabilidade.

Para que se possa concluir pelo concurso de pessoas, será preciso verificar a presença dos seguintes requisitos:

- pluralidade de agentes e de condutas;
- relevância causal de cada conduta;
- liame subjetivo entre os agentes;
- identidade de infração penal.

A pluralidade de agentes (e de condutas) é requisito indispensável à caracterização do concurso de pessoas. O próprio nome induz à necessidade de, no mínimo, duas pessoas que, envidando esforços conjuntos, almejam praticar determinada infração penal.

O segundo requisito diz respeito à relevância causal das condutas praticadas por aqueles que, de alguma forma, concorreram para o crime. Se a conduta levada a efeito por um dos agentes não possuir relevância para o cometimento da infração penal, devemos desconsiderá-la e concluir que o agente não concorreu para a sua prática. Imaginemos o seguinte: Araújo, durante uma incursão policial, encontra seu antigo desafeto numa das vielas de determinada comunidade carente. Naquele instante, por hipótese, percebeu que se encontrava desarmado. Querendo causar a morte daquela pessoa, e não tendo nenhum armamento disponível no momento, vai à procura de outro policial, pertencente à sua equipe, e, após narrar-lhe sobre os fatos, pede emprestada sua pistola, no que é prontamente atendido. Antes de procurar a sua vítima, ingressa rapidamente no veículo blindado e percebe que sua arma havia ficado em seu assento. Ato contínuo, deixa de lado a arma que havia solicitado de seu companheiro de equipe, vai à procura do seu desafeto e efetua o disparo mortal.

A pergunta que devemos nos fazer é a seguinte: será que a conduta do policial que emprestou a arma foi relevante a ponto de podermos atribuir-lhe o delito de homicídio praticado por Araújo, ou, em razão de não ter o agente utilizado a arma tomada de empréstimo, a conduta do policial que a emprestou deixou de ser relevante na cadeia causal? Como Araújo já estava decidido a cometer o crime, entendemos que, pelo fato de não ter utilizado a arma emprestada, a conduta de seu companheiro de equipe passou a ser irrelevante, uma vez que não estimulou ou, de qualquer modo, influenciou o agente no cometimento de sua infração penal. Dessa forma, embora tenha querido contribuir, a ausência de relevância de sua conduta fará que não seja responsabilizado penalmente pelo resultado.

O liame subjetivo talvez seja o requisito que mais identifica o tema concurso de pessoas. Esse liame diz respeito ao vínculo que liga os agentes na prática de uma mesma infração penal. Significa que um tem o conhecimento de que colabora, coopera, auxilia o outro no cometimento da mesma infração penal. Sem a comprovação do liame subjetivo entre os agentes, cada um deverá responder pelos seus atos, isoladamente.

Assim, a título de exemplo, raciocinemos o seguinte: imagine que, durante uma patrulha, uma equipe, composta de 5 policiais do Bope, resolva incursionar por determinada favela, em busca de armas e drogas que supostamente estavam sendo comercializadas. Ao se deparar com o grupo de traficantes, a equipe, de comum acordo, ou seja, unida pelo mesmo vínculo psicológico, resolve exterminar os três criminosos que se encontravam naquele local, antes mesmo de tentar efetuar a prisão em flagrante. Destarte, três atiradores, devidamente posicionados, efetuam os disparos, causando a morte instantânea dos traficantes. Dessa forma, pergunta-se: o comportamento inicial foi correto, ou seja, havia necessidade dos disparos antes mesmo de se tentar a prisão em flagrante dos criminosos? Sendo negativa a resposta, a segunda pergunta será a seguinte: mesmo que dois dos policiais não tenham efetuado os disparos, todos deverão responder pelos três homicídios, ou seja, os cinco policiais que integravam a equipe, conjuntamente, deverão ser responsabilizados criminalmente pelas três mortes? Nesse caso, a resposta positiva se impõe, uma vez que haviam acordado previamente o destino dos traficantes, ou seja, todos se dirigiram para aquele local com a finalidade específica de causar a morte do grupo criminoso.

Agora, imagine-se a hipótese em que um dos integrantes da equipe, por sua conta, mesmo contrariando as determinações expressas do comandante da operação, ao avistar um dos traficantes de drogas e armas, sem qualquer tentativa prévia de prendê-lo em flagrante, efetue o disparo mortal. Nesse caso, os demais membros da equipe deverão também responder pelo homicídio? A resposta, agora, só pode ser negativa, pois não havia, no que diz respeito à infração penal, qualquer vínculo psicológico entre os policiais.

Exemplo bastante ilustrativo sobre a importância do liame subjetivo ao reconhecimento do concurso de pessoas encontra-se na invasão, pela Polícia Militar do Estado de São Paulo, no prédio da então Penitenciária do Carandiru, hoje já demolida. Naquela oportunidade, um grupo de policiais militares entrou no estabelecimento carcerário com o fim de acabar com uma rebelião de presos. As equipes foram formadas e, ao ingressarem na Penitenciária, um grupo de policiais foi recebido a tiros, com estoques (chuchos) fabricados pelos próprios presos, com seringas cheias de sangue contaminado com o vírus HIV, com paus, barras de ferro, pedras etc. Nesse momento, os policiais reagiram ao ataque e, consequentemente, se defenderam, matando alguns presos. Nessa hipótese, os policiais que reagiram ao ataque dos presos atuaram em legítima defesa.

No entanto, ao que parece, durante o tumulto, vários presos foram mortos quando corriam dos policiais, sendo alguns mortos, inclusive, ainda em suas celas, que se encontravam trancadas.

O que estamos querendo afirmar é o seguinte: se, durante a preleção feita pelo comando da Polícia Militar, foi dito para a tropa que poderia atirar, indiscriminadamente, a fim de debelar a rebelião, independentemente da situação em que se encontrassem os policiais, se todos acordaram anteriormente, todos deverão ser responsabilizados pelo total de mortos, que, na época, ao que parece, chegou aos cento e onze.

Agora, se a ordem emanada do comando era a de debelar, simplesmente, a rebelião, e não a de atirar, arbitrária e criminosamente, nos presos, não havendo o liame subjetivo entre os agentes do Estado, teremos que comprovar a situação de cada um deles, isoladamente, sob pena de cometermos injustiça contra quem não fez absolutamente nada e que não se colocou à disposição para qualquer ato arbitrário, ilegal e criminoso.

Logo, competirá ao Ministério Público, por exemplo, comprovar que o policial A atirou e matou o preso B; que o policial C atirou e matou os presos D, E e F, e assim sucessivamente.

Como se percebe sem muito esforço, o liame subjetivo é o núcleo fundamental do raciocínio relativo ao tema concurso de pessoas.

O quarto e último requisito necessário à caracterização do concurso de pessoas é a identidade de infração penal. Isso quer dizer que os agentes, unidos pelo liame subjetivo, devem querer praticar a mesma infração penal. Seus esforços devem convergir ao cometimento de determinada e escolhida infração penal.

Em síntese, somente quando duas ou mais pessoas, unidas pelo liame subjetivo, levarem a efeito condutas relevantes dirigidas ao cometimento de uma mesma infração penal é que poderemos falar em concurso de pessoas, ou concurso de agentes, conforme expressão adotada pelo Código Penal Militar.

9.3 ESPÉCIES DE CONCURSO DE PESSOAS

O concurso de pessoas é o gênero do qual são espécies:

a) coautoria; e
b) participação.

Como o próprio nome sugere, quando estamos diante de uma *coautoria*, queremos dizer que existe uma reunião de autores, que atuam unidos pelo liame subjetivo, ou seja, pelo vínculo psicológico, para a prática do mesmo fato criminoso.

Na lapidar lição de Welzel:

> (...) a coautoria é autoria; sua particularidade consiste em que o domínio do fato unitário é comum a várias pessoas. Coautor é quem possuindo as qualidades pessoais de autor é portador da decisão comum a respeito do fato e em virtude disso toma parte na execução do delito.[1]

Se autor é aquele que possui o domínio do fato, é o senhor de suas decisões, coautores serão aqueles que tem o domínio funcional dos fatos, ou seja, dentro do

---

[1] WELZEL, Hans. *Derecho penal alemán*, p. 129.

conceito de divisão de tarefas, serão coautores todos os que tiverem uma participação importante e necessária ao cometimento da infração, não se exigindo que todos sejam executores, isto é, que todos pratiquem a conduta descrita no núcleo do tipo.

Com o brilhantismo que lhe é peculiar, Nilo Batista assevera:

> A ideia de divisão de trabalho, que alguns autores, como Antolisei, situam como reitora geral de qualquer forma de concurso de agentes, encontra na coautoria sua adequação máxima. Aqui, com clareza, se percebe a fragmentação operacional de uma atividade comum, com vistas a mais seguro e satisfatório desempenho de tal atividade. Por isso os autores afirmam que a coautoria se baseia no princípio da divisão de trabalho.[2]

Essa divisão de trabalho reforça a ideia de *domínio funcional do fato*. Isso porque cada agente terá o domínio no que diz respeito à função que lhe fora confiada pelo grupo. Com relação a essa função, que deverá ter importância na realização da infração penal, o agente é o senhor de suas decisões, e a parte que lhe toca terá relevância no todo.

Nas precisas palavras de Juarez Cirino dos Santos:

> (...) a divisão funcional do trabalho na coautoria, como em qualquer empreendimento coletivo, implica contribuição mais ou menos diferenciada para a obra comum, a nível de planejamento ou de execução da ação típica, o que coloca o problema da distribuição da *responsabilidade penal* entre os coautores.[3]

Veja-se, a título de exemplo, o que ocorre com o tráfico de drogas. Nessa "divisão de trabalho", dirigida ao comércio ilícito, as tarefas, desde a compra, a manutenção em depósito, até o fornecimento ao consumidor final, são as mais variadas possíveis.

Pode, muitas vezes, o comprador da partida de drogas sequer morar na comunidade carente onde ela é vendida. Muitas vezes, e não raro isso acontece, aquele que "banca" o tráfico ilícito mora em prédios luxuosos, localizados nas zonas mais valorizadas da cidade. Tanto ele quanto aquele que cuida da "endolação", da venda, ou serve de "olheiro", ou mesmo o "fogueteiro", que avisa aos demais membros do grupo sobre a presença da polícia naquele local, todos, cada qual com a sua função, são considerados coautores do delito de tráfico de drogas, tipificado no art. 33 da Lei nº 11.343/2006.

Note-se que, embora diversas, todas as tarefas são importantes para o sucesso final da infração penal. Assim, a presença do fogueteiro permite que os demais traficantes efetuem as vendas, ou mesmo pratiquem os demais atos que antecedem a entrega do produto ao consumidor final, dando a tranquilidade necessária

---

[2] BATISTA, Nilo. *Concurso de agentes*, p. 76.
[3] SANTOS, Juarez Cirino dos. *A moderna teoria do fato punível*, p. 286-287.

ao grupo criminoso, que será avisado a tempo para que não seja preso em flagrante delito pela polícia.

Em última palavra, podemos falar em coautoria quando há a reunião de vários autores, cada qual com o domínio das funções que lhe foram atribuídas para a consecução final do fato, de acordo com o critério de divisão de tarefas.

Dessa forma, podemos afirmar que o autor é o protagonista da infração penal. É ele quem exerce o papel principal. Contudo, não raras vezes, o protagonista pode receber o auxílio daqueles que, embora não desenvolvam atividades principais, exercem papéis secundários, mas que influenciam a prática da infração penal. Estes, que atuam como coadjuvantes na história do crime, são conhecidos como *partícipes*.

Conforme destaca Beatriz Vargas Ramos:

(...) o vocábulo partícipe pode ser empregado no sentido amplo, para significar, indistintamente, todos aqueles que participam da realização do crime: é o conceito extensivo de partícipe. Neste sentido, o termo engloba tanto os autores quanto os partícipes propriamente ditos. Todos são participantes. (...).

Nesse sentido genérico pode-se dizer que participação e concurso são noções equivalentes. Para o efeito de distinguir entre os diversos agentes do crime, no entanto, a palavra partícipe é usada para destacar, dentre todos os agentes, somente aqueles que, embora concorrendo para a prática da infração penal, desempenham atividade diversa da do autor.[4]

Se a autoria é sempre atividade principal, participação será sempre uma atividade acessória, dependente da principal. Nesse sentido são as lições de Paul Bockelmann, quando aduz que "a participação é, necessariamente, acessória, quer dizer, dependente da existência de um fato principal. Essa acessoriedade não é 'produto da lei', mas está na natureza das coisas"[5].

Assim, para que se possa falar em partícipe, é preciso, necessariamente, que exista um autor do fato. Sem este, não há possibilidade daquele, pois, conforme determina o art. 31 do CP, *o ajuste, a determinação ou instigação e o auxílio, salvo disposição expressa em contrário, não são puníveis se o crime não chega, pelo menos, a ser tentado*, e, como sabemos, somente o autor pode chegar à fase do *conatus* (tentativa) de determinada infração penal. E, se isso não acontece, a conduta do partícipe não poderá ser punida pelo Direito Penal.

Como atividade acessória, a participação pode ser *moral* ou *material*.

Diz-se moral a participação nos casos de induzimento (que é tratado pelo Código Penal como determinação) e instigação. Material seria a participação por cumplicidade (prestação de auxílios materiais).

Induzir ou determinar é criar, incutir, colocar, fazer brotar a ideia criminosa da cabeça do agente/autor. Nessa modalidade de participação, o autor não ti-

---

[4] RAMOS, Beatriz Vargas. *Do concurso de pessoas*, p. 61.
[5] BOCKELMANN, Paul. *Relaciones entre autoria y participación*, p. 7.

nha a ideia criminosa, cuja semente lhe é lançada pelo partícipe. A participação por instigação limita-se a reforçar, estimular uma ideia criminosa já existente na mente do autor. A função do partícipe, com a sua instigação, é fazer que o agente fortaleça a sua intenção delitiva. A atuação do instigador, nas lições de Pierangeli:

> (...) deve ser decisiva no sentido de orientar e de determinar a execução, pelo autor, de uma conduta típica e antijurídica. Todavia, a punição da instigação decorre de ter levado o autor a decidir pela prática do crime, não pelo fato de ter-lhe dado a ideia, que até poderia ter sido dada por outrem.[6]

Na cumplicidade ou prestação de auxílios materiais, o partícipe facilita materialmente a prática da infração penal, a exemplo daquele que empresta seu fuzil para que outro agente pratique, por sua conta, um roubo a banco, ou mesmo aquele que empresta dinheiro para que um traficante possa comprar uma partida de drogas.

Em toda prestação de auxílios materiais, existe embutida uma dose de instigação. Aquele que empresta o fuzil para o autor do roubo a banco está estimulando-o, mesmo que indiretamente, a praticar a infração penal, reforçando, portanto, a sua ideia criminosa.

9.4 RESPONSABILIDADE PENAL DOS COAUTORES E DOS PARTÍCIPES

Embora, tecnicamente, seja possível distinguir coautores de partícipes, na prática existe pouca repercussão no que diz respeito à responsabilidade penal.

Isso porque nosso Código Penal adotou uma teoria denominada de *monista* ou *unitária*, dizendo, no *caput* do seu art. 29, que *quem, de qualquer modo, concorre para o crime incide nas penas a este cominadas, na medida de sua culpabilidade.*

Na verdade, a única distinção feita pelo Código Penal diz respeito à chamada *participação de menor importância*, que, de acordo com o § 1º do art. 29 do CP, faz que a pena aplicada seja reduzida de um sexto a um terço.

Esse parágrafo, contudo, somente terá aplicação nos casos de participação (instigação e cumplicidade), não se aplicando às hipóteses de coautoria. Não se poderá falar, portanto, em coautoria de menor importância, a fim de atribuir a redução de pena a um dos coautores. Isso porque, segundo posição adotada pela teoria do domínio funcional do fato, observando-se o critério de distribuição de tarefas, coautor é aquele que tem o domínio funcional do fato que lhe fora atribuído pelo grupo, sendo sua atuação, assim, relevante para o sucesso da empreitada criminosa. Dessa forma, toda atuação daquele que é considerado coautor é importante para a prática da infração penal, não se podendo, portanto, falar em "participação de menor importância".

---

[6] PIERANGELI, José Henrique. *Escritos jurídico-penais*, p. 73.

9.5 ESPÉCIES DE AUTORIA

Doutrinariamente, são reconhecidas várias denominações no que diz respeito às espécies de autores. Podemos citar as mais utilizadas, a saber:

- autoria intelectual;
- autoria direta;
- autoria mediata;
- autoria colateral;
- autoria incerta;
- autoria ignorada;
- autoria de escritório;
- autoria por convicção.

A) Falamos em autoria intelectual quando queremos nos referir ao "homem inteligente" do grupo, aquele que traça o plano criminoso, com todos os seus detalhes. Segundo as lições de Damásio de Jesus, "na autoria intelectual o sujeito planeja a ação delituosa, constituindo o crime produto de sua criatividade"[7].

Pode acontecer até mesmo que ao autor intelectual não seja atribuída qualquer função executiva do plano criminoso por ele pensado, o que não afasta, contudo, o seu *status* de autor. Pelo contrário. Pela teoria do domínio do fato, percebe-se, com clareza, a sua importância para o sucesso da infração penal.

O art. 62, I, do CP prevê que a pena será ainda agravada em relação ao agente que *promove, ou organiza a cooperação no crime ou dirige a atividade dos demais agentes*.

O Código Penal Militar, da mesma forma, no inciso I do § 2º do art. 53, dispõe que *a pena é agravada em relação ao agente que promove ou organiza a cooperação no crime ou dirige a atividade dos demais*, e, nos §§ 4º e 5º do mesmo artigo, aduz que, *na prática de crime de autoria coletiva necessária, reputam-se cabeças os que dirigem, provocam, instigam ou excitam a ação. Quando o crime é cometido por inferiores e um ou mais oficiais, são estes considerados cabeças, assim como os inferiores que exercem função de oficial.*

B) Não resta dúvida de que o que executa a conduta narrada pelo tipo penal deve, por excelência, ser considerado autor daquele fato. É a forma mais clara e precisa de autoria (autor direto, autor executor). Assevera Nilo Batista:

> Autor direto é aquele que tem o domínio do fato (*Tatherrschaft*), na forma do domínio da ação (*Handlungsherrschaft*), pela pessoal e dolosa realização da conduta típica. Por realização pessoal se deve entender a execução de própria mão da ação típica; por realização dolosa se exprimem consciência e vontade a respeito dos elementos objetivos do tipo.[8]

---

[7] JESUS, Damásio E. de. *Teoria do domínio do fato no concurso de pessoas*, p. 19.
[8] BATISTA, Nilo. *Concurso de agentes*, p. 77.

C) Autor mediato é o que se vale de interposta pessoa, que lhe serve como instrumento para o cometimento da infração penal. Na precisa lição de Wessels:

> (...) autor mediato é quem comete o fato punível "por meio de outra pessoa", ou seja, realiza o tipo legal de um delito comissivo doloso de modo tal que, ao levar a cabo a ação típica, faz com que atue para ele um 'intermediário' na forma de um instrumento.[9]

Nesse caso, para que se possa falar em autoria indireta ou mediata, será preciso que o agente detenha o controle da situação, isto é, que tenha o domínio do fato. Nosso Código Penal prevê, expressamente, quatro casos de autoria mediata, a saber:

- *erro determinado por terceiro* (art. 20, § 2º, do CP);
- *coação moral irresistível* (art. 22, primeira parte, do CP);
- *obediência hierárquica* (art. 22, segunda parte, do CP); e
- *caso de instrumento impunível em virtude de condição ou qualidade pessoal* (art. 62, III, segunda parte, do CP).

Além dessas hipóteses, pode ocorrer a autoria mediata quando o autor se vale de interposta pessoa que não pratica qualquer comportamento – doloso ou culposo – em virtude da presença de uma causa de exclusão da ação, como ocorre nas situações de força irresistível do homem e no estado de inconsciência.

D) Fala-se em autoria colateral quando dois agentes, embora convergindo as suas condutas para a prática de determinado fato criminoso, não atuam unidos pelo liame subjetivo. Vimos, anteriormente, que um dos elementos essenciais à caracterização do concurso de pessoas é, justamente, o vínculo psicológico entre os agentes. Se não atuam atrelados por esse vínculo subjetivo, não se pode falar em concurso de pessoas, em qualquer das suas duas modalidades, vale dizer, coautoria ou participação.

No exemplo clássico, suponhamos que A e B queiram a morte de C. Por mera coincidência, os dois se colocam de emboscada, aguardando a vítima passar. Quando avistam a presença de C, os dois atiram, no mesmo instante, sem que um soubesse da presença do outro naquele local.

Em casos como esse, pelo fato de os agentes não atuarem unidos por qualquer vínculo psicológico é que se diz que existe uma autoria colateral. Não são, portanto, coautores, mas, sim, autores colaterais.

E) Chama-se autoria incerta a hipótese originária da situação de autoria colateral, em que sabemos, por exemplo, quem efetuou os disparos contra a vítima, mas não temos condições de afirmar, com a certeza que o caso requer, quem, efetivamente, produziu o resultado morte. Assim, no exemplo fornecido como hipótese de autoria colateral, se A e B atiram em direção a C, sem estarem unidos pelo

---

[9] WESSELS, Johannes. *Derecho penal*: parte general, p. 159.

liame subjetivo, e fica demonstrado que somente um deles acertou mortalmente a vítima, a solução é a condenação de ambos pela tentativa de homicídio, e não pelo homicídio consumado, visto que, se assim o fizéssemos, estaríamos condenando alguém por um fato que não cometeu, ou seja, estaríamos imputando o resultado morte a alguém quando ele não conseguiu causar a morte da vítima. No entanto, a condenação de ambos pela tentativa de homicídio é a solução adequada ao caso, uma vez que, no mínimo, ambos tiveram esse comportamento.

F) Chama-se autoria ignorada ou desconhecida a hipótese na qual a autoridade policial não consegue identificar o autor da infração penal, ou seja, não se tem ideia de quem tenha sido o seu autor. Trata-se de hipótese muito comum na cidade do Rio de Janeiro, principalmente no que diz respeito aos homicídios ligados diretamente ao tráfico e ao consumo de drogas. Com muita frequência, pessoas são encontradas amarradas e jogadas mortas em valões, e a polícia não consegue, mesmo ao final das investigações, descobrir quem foi o autor das mortes.

G) Zaffaroni e Pierangeli dissertam sobre outra modalidade de autoria, chamada *autoria de escritório*.

Essa nova modalidade de autoria, tida como mediata pelos renomados autores:

(...) pressupõe uma "máquina de poder", que pode ocorrer tanto num Estado em que se rompeu com a toda legalidade, como numa organização paraestatal (um Estado dentro do Estado), ou como uma máquina de poder autônoma "mafiosa", por exemplo.[10]

Embora tratada como autoria mediata, o fato de alguém cumprir as ordens de um grupo criminoso extremamente organizado não o reduz à condição de mero instrumento, tal como acontece nos casos em que se pode falar em autoria mediata. Aqui, como em qualquer outro grupo organizado, como o "Comando Vermelho", existente nas favelas e nos morros da cidade do Rio de Janeiro, aquele que executa as ordens emanadas pelo "cabeça da organização" o faz tendo o domínio funcional do fato que lhe fora atribuído. Não pode ser considerado simples instrumento, mas, na concepção de Zaffaroni e Pierangeli, seria uma hipótese de *autoria mediata especial*.

H) Autoria por convicção ocorre naquelas hipóteses em que o agente conhece efetivamente a norma, mas a descumpre por razões de consciência, que pode ser política, religiosa, filosófica etc. Reinhart Maurach e Heinz Zipf esclarecem, no que diz respeito ao delinquente por convicção, que o autor não desconhece o:

(...) desvalor de sua ação para o direito vigente e as concepções ético-sociais, mas que devido às suas convicções morais, religiosas ou políticas se sente obrigado ao fato (...). Esse autor atuou corretamente segundo as leis de sua ética individual, da norma obrigacional reclamada para si.[11]

---

[10] ZAFFARONI, Eugenio Raúl; PIERANGELI, José Henrique. *Manual de direito penal brasileiro*: parte geral, p. 672.
[11] MAURACH, Reinhart; ZIPF, Heinz. *Derecho penal*: parte general, v. 1, p. 584.

Veja-se o exemplo do médico que, por motivos de convicções religiosas, não pratica o aborto na gestante cuja vida corre risco, agravando-lhe a situação.

9.6 CRIMES MULTITUDINÁRIOS (MULTIDÃO DELINQUENTE)

Embora a doutrina se volte para um direito penal mínimo, mais liberal e menos repressor, surgindo, a cada dia, medidas despenalizadoras, esse não é, verdadeiramente, o sentimento do corpo social.

A sociedade enxerga no Direito Penal a salvação de todos os seus problemas. Acredita que, se as penas forem mais severamente aplicadas, todas as mazelas que a afligem poderão ser afastadas. Quando, segundo a sociedade, a justiça penal não funciona, abre-se-lhe a oportunidade de ela mesma fazer a sua própria justiça.

A todo instante, os aparelhos de comunicação nos mostram linchamentos de pessoas que foram flagradas durante a prática de algum crime. A sociedade, quando se encontra diante de um criminoso, enfurecida, resolve fazer justiça pelas próprias mãos, punindo-o imediatamente, sem qualquer processo legal, com uma pena que pode chegar até mesmo à morte.

Outras vezes, a sociedade não busca por justiça, mas tão somente se aproveita de uma situação de desastre ou calamidade para obter alguma vantagem. É o caso, por exemplo, de saques a supermercados, a caminhões que tombam em plena via pública, contendo cargas de alimentos, bebidas, eletrodomésticos etc.

As pessoas, nessas situações, muitas vezes, não atuam querendo cooperar umas com as outras. Agem por conta própria e estimuladas pela atuação do grupo. Não atuam, em última palavra, em concurso.

Vale o registro da magistral passagem de Aníbal Bruno, quando descreve a multidão criminosa. Diz o mestre pernambucano:

> As multidões são agregados humanos, informes, inorgânicos, que se criam espontaneamente e espontaneamente se dissolvem, construídos e animados sempre segundo uma psicologia particular, que torna inaplicáveis aos seus feitos criminosos as regras comuns da participação. Quando uma multidão se toma de um desses movimentos paroxísticos, inflamada pelo ódio, pela cólera, pelo desespero, forma-se, por assim dizer, uma alma nova, que não é a simples soma das almas que a constituem, mas sobretudo do que nelas existe de subterrâneo e primário, e esse novo espírito é que entra a influir as manifestações de tão inaudita violência e crueldade, que espantarão mais tarde aqueles mesmos que dele faziam parte. Nesses momentos decisivos do destino das multidões, surgem inesperadamente seres que se podem dizer mais próximos da animalidade primitiva e tomam a dianteira, fazendo-se os arautos e inspiradores da multidão em tumulto. O homem subterrâneo, que se esconde no mais profundo do psiquismo, desperta a esse apelo, para inspirar as façanhas mais imprevistas de força e ferocidade. É uma arrancada de animais enfurecidos, levados pelos *meneurs*, mas esses mesmos, arrastados por esse espírito da multidão amotinada, já então difícil de dominar. Cria-se uma moral de agressão, que sufoca a habitual hierarquia de valores

e subverte a vigilância da consciência ético-jurídica comum e que contamina por sugestão todos os que se encontram em presença do tumulto.[12]

A sugestão do grupo, por inibir temporariamente a capacidade do agente de refletir sobre aquilo que faz, bem como a respeito das consequências de seu ato, fez que o legislador, no art. 65, III, *e*, do CP, atenuasse a pena do agente quando este viesse a praticar o crime *sob a influência de multidão em tumulto, se não o provocou*.

Cezar Roberto Bitencourt, advogando a tese da possibilidade de se falar em concurso de pessoas nas infrações cometidas por multidão, assevera:

> Essa forma *sui generis* de concurso de pessoas pode assumir proporções consideravelmente graves, pela facilidade de manipulação de massa que, em momentos de grandes excitações, anulam ou reduzem consideravelmente a capacidade de orientar-se segundo padrões éticos, morais e sociais. A prática coletiva de delito, nessas circunstâncias, apesar de ocorrer em situação normalmente traumática, não afasta a existência de *vínculos psicológicos* entre os integrantes da multidão, caracterizadores do concurso de pessoas.[13]

Entre as situações enfrentadas especificamente pelas equipes de operações policiais especiais, podemos citar aquela em que traficantes determinam a um grupo considerável de pessoas, que reside numa comunidade carente, a fazer barricadas, ateando fogo em pneus, impedindo o trânsito de veículos, depredando lojas e residências, enfim, praticando uma série de infrações penais motivadas pelo interesse de agradar ao comando criminoso. Nessas hipóteses, como deverá ser tratada a "multidão delinquente", levando-se em consideração que nem todos serão presos, bem como o fato de que os que possivelmente serão não terão executado todas as infrações penais que ocorreram naquele local?

A partir dessa pergunta, verifica-se a importância do tema concurso de pessoas. Como vimos anteriormente, ao iniciarmos o estudo do concurso de pessoas, se entendermos que todas as pessoas que faziam parte dessa multidão delinquente agiam unidas pelo liame subjetivo, ou seja, pelo vínculo psicológico, não importará saber, exatamente, quem fez, uma vez que todas as infrações penais praticadas convergiam para a vontade comum do grupo.

Assim, se foi A ou B quem depredou um imóvel, praticando o crime de dano, ou mesmo se foram C, D e E, isso não tem relevo, pois o liame subjetivo identificado entre eles fará que todos respondam pela mesma infração penal.

Agora, se for "quebrado" esse vínculo psicológico, teremos que demonstrar, exatamente, quem fez o que, ou seja, quem foi o autor executor do crime de dano, quem ateou fogo aos pneus, praticando um crime de perigo etc.

---

[12] BRUNO, Aníbal. *Direito penal*: parte geral, t. II, p. 285-286.
[13] BITENCOURT, Cezar Roberto. *Manual de direito penal*: parte geral, p. 447.

Pelo que se percebe desses movimentos, idealizados, normalmente, pelos traficantes de drogas, a regra é que o tumulto, os danos, a criação do perigo etc. já estejam previstos antecipadamente por eles. Ou seja, quando atuam, já conheciam, de antemão, o que seria feito pelo grupo, razão pela qual aqueles que, eventualmente, foram surpreendidos poderão ser presos pelos policiais em virtude das infrações penais praticadas pelo grupo.

Nesse caso, a única necessidade será demonstrar que aquela pessoa fazia parte da multidão criminosa, e não o seu comportamento em si, ou seja, basta demonstrar que aquela pessoa estava inserida subjetivamente com o grupo criminoso, não se fazendo necessário individualizar o seu comportamento.

Capítulo 10
Ilicitude

10.1 CONCEITO

Ilicitude, ou antijuridicidade, é a relação de antagonismo, de contrariedade, entre a conduta do agente e o ordenamento jurídico, que cause lesão ou exponha a perigo de lesão um bem juridicamente protegido. Quando nos referimos ao ordenamento jurídico de forma ampla, estamos querendo dizer que a ilicitude não se resume à matéria penal, mas, sim, que pode ter natureza civil, administrativa, tributária etc. Se a conduta típica do agente colidir com o ordenamento jurídico penal, diremos ser ela penalmente ilícita.

10.2 CAUSAS DE EXCLUSÃO DA ILICITUDE

Podemos dizer que, quando o agente pratica uma conduta típica, ou seja, aquela prevista em determinado tipo penal, a exemplo do que ocorre quando mata alguém, a regra será que essa conduta também seja antijurídica. Contudo, há ações típicas que, na precisa lição de Aníbal Bruno:

> (...) pela posição particular em que se encontra o agente ao praticá-las, se apresentam em face do Direito como lícitas. Essas condições especiais em que o agente atua impedem que elas venham a ser antijurídicas. São situações de excepcional licitude que constituem as chamadas causas de exclusão da antijuridicidade, justificativas ou descriminantes.[1]

O Código Penal, em seu art. 23, e o Código Penal Militar, em seu art. 42, previram, expressamente, quatro causas que afastam a ilicitude da conduta praticada pelo agente, fazendo, assim, que o fato por ele cometido seja considerado lícito, a saber:

a. estado de necessidade;
b. legítima defesa;
c. estrito cumprimento de dever legal; e
d. exercício regular de direito.

Tanto o Código Penal quanto o Código Penal Militar cuidaram tão somente de explicitar os conceitos de estado de necessidade e de legítima defesa, ficando

---
[1] BRUNO, Aníbal. *Direito penal*: parte geral, p. 365.

as demais definições a cargo de nossa doutrina. Portanto, por opção legislativa, os conceitos de estrito cumprimento de dever legal e de exercício regular de direito não foram fornecidos por nosso legislador.

Além dessas causas que encontram amparo em nossa lei penal, outras ainda podem existir que, mesmo não tendo sido expressamente previstas pela lei, afastam a ilicitude da conduta levada a efeito pelo agente. São as chamadas *causas supralegais de exclusão da ilicitude*, merecendo destaque, entre nós, o *consentimento do ofendido*.

Em virtude dessas variações é que Fragoso classifica as causas de exclusão da ilicitude em três grandes grupos, a saber:

a. causas que defluem de situação de necessidade (legítima defesa e estado de necessidade);
b. causas que defluem da atuação do direito (exercício regular de direito, estrito cumprimento de dever legal);
c. causa que deflui de situação de ausência de interesse (consentimento do ofendido).[2]

10.2.1 Estado de necessidade

Diferentemente da legítima defesa, em que o agente atua defendendo-se de uma agressão injusta, no estado de necessidade a regra é que ambos os bens em conflito estejam amparados pelo ordenamento jurídico. Esse conflito de bens é que levará, em virtude da situação em que se encontravam, à prevalência de um sobre o outro.

Figurativamente, seria como se o ordenamento jurídico colocasse os bens em conflito, cada qual em um dos pratos de uma balança. Ambos estão por ele protegidos. Contudo, em determinadas situações, somente um deles prevalecerá em detrimento do outro.

Quando os bens estão acondicionados nos pratos dessa "balança", inicia-se a verificação da prevalência de um sobre o outro. Surge, como norteador do estado de necessidade, o *princípio da ponderação dos bens*. Vários bens em confronto são colocados nessa balança, a exemplo da vida e do patrimônio. A partir daí, começaremos a avaliá-los, a fim de determinar a sua preponderância, ou mesmo a sua igualdade de tratamento, quando tiverem o mesmo valor jurídico.

Em razão da diversidade de valores entre os bens em conflito, "colocados nos pratos dessa balança", surge a distinção entre estado de necessidade justificante (que tem por finalidade eliminar a antijuridicidade do comportamento) e estado de necessidade exculpante (que afasta a culpabilidade do agente), realizada expressamente pelos arts. 39 e 43 do CPM, que será analisada mais detidamente em tópico próprio.

---

[2] FRAGOSO, Heleno Cláudio. *Lições de direito penal*: parte geral, p. 184-185.

Em suma, deve ser frisado que a regra do estado de necessidade é a colisão de bens juridicamente protegidos, ao contrário da legítima defesa, em que um dos agentes atua de forma contrária ao ordenamento jurídico, sendo autor de uma agressão injusta, enquanto o outro atua amparado por uma causa de exclusão de ilicitude, sendo, pois, permitida a sua conduta.

Para que se caracterize o estado de necessidade, é preciso a presença de todos os elementos objetivos, previstos nos tipos dos arts. 24 do CP e 43 do CPM, bem como o elemento de natureza subjetiva, que se configura no fato de saber ou pelo menos acreditar que atua nessa condição.

A seguir, iniciaremos nosso estudo com a distinção entre estado de necessidade justificante e estado de necessidade exculpante.

10.2.1.1 Estado de necessidade exculpante e estado de necessidade justificante

Ao contrário do que ocorre com o Código Penal, o Código Penal Militar prevê dois tipos de estado de necessidade, adotando uma teoria reconhecida como diferenciadora. Assim, por meio dos seus arts. 39 e 43, podemos afirmar que o primeiro é reconhecido como um estado de necessidade exculpante, que tem por finalidade eliminar a culpabilidade, sendo o outro um estado de necessidade justificante, que afasta a ilicitude do comportamento praticado pelo agente, conforme podemos observar pelas seguintes redações:

Estado de necessidade, como excludente de culpabilidade:

Art. 39. Não é igualmente culpado quem, para proteger direito próprio ou de pessoa a quem está ligado por estreitas relações de parentesco ou afeição, contra perigo certo e atual, que não provocou, nem podia de outro modo evitar, sacrifica direito alheio, ainda quando superior ao direito protegido, desde que não lhe era razoavelmente exigível conduta diversa.

Estado de necessidade, como excludente do crime:

Art. 43. Considera-se em estado de necessidade quem pratica o fato para preservar direito seu ou alheio, de perigo certo e atual, que não provocou, nem podia de outro modo evitar, desde que o mal causado, por sua natureza e importância, é consideravelmente inferior ao mal evitado, e o agente não era legalmente obrigado a arrostar o perigo.

O art. 24 do CP, por seu turno, para a maioria dos doutrinadores, adotou a chamada teoria unitária, uma vez que, não importando os bens em conflitos, afirmada sua existência, sempre conduzirá ao afastamento da ilicitude, dispondo:

Art. 24. Considera-se em estado de necessidade quem pratica o fato para salvar de perigo atual, que não provocou por sua vontade, nem podia de outro modo evitar, direito próprio ou alheio, cujo sacrifício, nas circunstâncias, não era razoável exigir-se.

10.2.1.2 Policiais que se abrigam no interior de uma residência a fim de se protegerem durante uma troca de tiros

Situação extremamente comum diz respeito à hipótese em que policiais, durante uma troca de tiros, são obrigados a entrar, forçosamente, em alguma residência, a fim de se protegerem. Nesses casos, poderiam ser responsabilizados criminalmente por isso? A resposta só pode ser negativa, pois estariam agindo amparados pela causa de justificação do estado de necessidade.

Seria estado de necessidade, e não estrito cumprimento do dever legal, uma vez que os policiais estariam violando, em tese, um bem juridicamente protegido (a tranquilidade doméstica) a fim de protegerem outro de valor maior (a vida). Não havia, com relação àquela residência, nenhum dever legal a ser cumprido.

Caso algum dano venha a ser produzido nessa propriedade particular, caberá ao Estado, como veremos mais adiante, o dever de indenizar, não sendo possível qualquer ação regressiva contra os policiais, que agiram licitamente. Somente se poderá cogitar ação regressiva contra a equipe que invadiu a residência na hipótese de excesso, pois todo excesso se configura em uma agressão injusta, ilícita, portanto.

10.2.1.3 Policiais que, à noite, encurralados em escadaria de uma favela, se veem obrigados a atirar nas lâmpadas, a fim de evitar que sejam alvejados facilmente

Pode ocorrer que, à noite, durante uma incursão onde haja troca de tiros, policiais se vejam encurralados por traficantes locais. Para evitar que se transformem em alvos fáceis, os policiais, muitas vezes, são obrigados a atirar nas lâmpadas existentes nos postes públicos, dificultando, assim, a sua visualização por parte do grupo criminoso.

Nesses casos, deveriam os policiais responder pelo dano causado ao patrimônio público? A resposta só pode ser negativa, uma vez que estariam agindo numa situação evidente de estado de necessidade, pois, de um lado, teríamos o patrimônio público como um bem a ser preservado e, do outro, a vida dos policiais que correria risco caso não tomassem essa atitude.

A vida dos policiais, como se percebe, é um bem de valor superior ao patrimônio público, razão pela qual estaríamos diante de uma situação do chamado estado de necessidade justificante, previsto pelo art. 43 do CPM.

Embora estivessem claramente diante de um estado de necessidade justificante, deveriam os policiais ser responsabilizados civilmente pelo dano ao patrimônio público? Respondendo a essa indagação, o inciso II do art. 188 do CC (Código Civil) aduz que *não constituem atos ilícitos a deterioração ou destruição da coisa alheia, ou a lesão a pessoa a fim de remover perigo iminente.*

Como o patrimônio atingido era público, e os policiais estavam ali na qualidade de representantes do Estado, pelo fato de terem atuado licitamente (em estado de necessidade), não deverão ser responsabilizados pelo dano por eles causado, pois estaríamos diante de um absurdo jurídico.

Ademais, se os policiais destroem alguma propriedade privada, como a porta de uma residência, para não serem atingidos pelos tiros dos traficantes, ainda assim teríamos uma situação de estado de necessidade, uma vez que, de um lado, teríamos o patrimônio particular como um bem a ser legitimamente protegido e, do outro, a vida dos policiais. Contudo, como o patrimônio era privado, e o dono da coisa, como diz o art. 929 do CC, não foi o culpado do perigo, haveria, por parte do Estado, a obrigação de indenizá-lo.

Também nesse caso entendemos que não seria possível a ação regressiva contra os policiais que produziram o dano ao patrimônio particular, visto que seu comportamento era lícito.

No entanto, será possível a ação regressiva contra os policiais se houver o chamado excesso, pois todo excesso se configura em agressão injusta, sendo considerado ilícito tal comportamento.

Tecnicamente, como diz o art. 930 do CC, os traficantes, que deram origem à situação de perigo, é que deveriam ser responsabilizados pelos danos ao patrimônio particular, via ação regressiva do Estado, a fim de reaver aquilo que foi obrigado a indenizar o particular lesado, situação que, na prática, dificilmente acontecerá.

10.2.2 Legítima defesa

10.2.2.1 Conceito e finalidade

Como é do conhecimento de todos, o Estado, por meio de seus representantes, não pode estar em todos os lugares ao mesmo tempo, razão pela qual permite aos cidadãos a possibilidade de, em determinadas situações, agirem em sua própria defesa.

Contudo, tal permissão não é ilimitada, pois encontra suas regras na própria lei penal. Para que se possa falar em legítima defesa, que não pode jamais ser confundida com vingança privada, é preciso que o agente se veja diante de uma situação de total impossibilidade de recorrer ao Estado, responsável constitucionalmente por nossa segurança pública, e, só assim, uma vez presentes os requisitos legais de ordem objetiva e subjetiva, agir em sua defesa ou na defesa de terceiros. Esse é também o pensamento de Grosso, citado por Miguel Reale Júnior, quando aduz que:

> (...) a natureza do instituto da legítima defesa é constituída pela possibilidade de reação direta do agredido em defesa de um interesse, dada a impossibilidade da intervenção tempestiva do Estado, o qual tem igualmente por fim que interesses dignos de tutela não sejam lesados.[3]

Em sentido contrário, José Cerezo Mir aduz:

> A impossibilidade de atuação dos órgãos do Estado não é sequer um pressuposto ou requisito da legítima defesa. Se a agressão coloca em perigo o bem jurídico atacado, a defesa é necessária com independência de que os órgãos do Estado possam atuar

---

[3] REALE JÚNIOR, Miguel. *Teoria do delito*, p. 76.

ou não nesse momento de um modo eficaz. Se o particular, ao impedir ou repelir a agressão, não vai mais além do estritamente necessário e concorrem os demais requisitos da eximente, estará amparado pela mesma, ainda que um agente da autoridade houvesse podido atuar nesse mesmo momento, do mesmo modo.[4]

Tanto o Código Penal quanto o Código Penal Militar preocuparam-se em nos fornecer o conceito de legítima defesa trazendo, respectivamente, nos tipos permissivos dos arts. 25 e 44, todos os seus elementos caracterizadores.

O legislador, portanto, nos arts. 25 do CP e 44 do CPM, emprestou o seguinte conceito à legítima defesa:

> Entende-se em legítima defesa quem, usando moderadamente dos meios necessários, repele injusta agressão, atual ou iminente, a direito seu ou de outrem.

10.2.2.2 Espécies de legítima defesa

Podemos apontar duas espécies de legítima defesa, a saber:

a) legítima defesa autêntica (real);
b) legítima defesa putativa (imaginária).

Diz-se autêntica ou real a legítima defesa quando a situação de agressão injusta está efetivamente ocorrendo no mundo concreto. Existe, realmente, uma agressão injusta que pode ser repelida pela vítima, atendendo-se aos limites legais.

Imagine-se a hipótese em que os policiais estejam incursionando por uma comunidade carente à procura de armas e drogas. Durante a subida do morro, são recebidos a tiros por um grupo de traficantes fortemente armados. Ato contínuo, os policiais reagem ao ataque e atiram em direção aos traficantes, causando a morte de dois membros integrantes do grupo criminoso.

Nesse caso, estariam os policiais agindo em legítima defesa, ou estariam atuando no estrito cumprimento do dever legal? Mesmo antes de termos analisado os elementos que integram o estrito cumprimento do dever legal, podemos afirmar que, nesse caso, os policiais estariam agindo sob o manto da legítima defesa real, uma vez que a agressão praticada pelos traficantes era injusta, o que permitia aos policiais agirem em sua própria defesa.

Afirmamos que a legítima defesa era real porque a situação de agressão injusta efetivamente existia no mundo real, ou seja, os policiais estavam, efetivamente, sendo vítimas de uma agressão injusta por parte do grupo criminoso.

Fala-se em legítima defesa putativa quando a situação de agressão é imaginária, ou seja, só existe na mente do agente. Só o agente acredita, por erro, que está sendo ou virá a ser agredido injustamente.

---

[4] CEREZO MIR, José. *Curso de Derecho Penal Español*: parte general, p. 210-211.

A legítima defesa imaginária é um caso clássico das chamadas descriminantes putativas, previstas no § 1º do art. 20 do CP, que aduz:

§ 1º É isento de pena quem, por erro plenamente justificado pelas circunstâncias, supõe situação de fato que, se existisse, tornaria a ação legítima. Não há isenção de pena quando o erro deriva de culpa e o fato é punível como crime culposo.

Dessa forma, podemos raciocinar com a hipótese em que um policial, ao se deparar com um conhecido traficante de drogas, é por ele ameaçado com uma pistola. Em fração de segundos, o policial reage e atira, vindo a causar-lhe a morte. No entanto, após efetuar o disparo, percebendo que o agente havia morrido, o policial se aproxima do corpo e apreende a arma pertencente ao traficante, oportunidade em que constata ser uma arma de brinquedo, sem qualquer potencialidade ofensiva.

Quer isso significar que sua vida ou mesmo sua integridade física não corria risco. Contudo, devemos nos perguntar o seguinte: na situação em que o policial se encontrava, poderia ele imaginar que aquele traficante portava uma arma de brinquedo, réplica perfeita de uma arma verdadeira? A resposta só pode ser negativa. Assim, o erro que o policial incorreu era plenamente justificável pelas circunstâncias? Sim, razão pela qual, nos termos do § 1º do art. 20 do CP, deverá ser considerado isento de pena.

Nesse caso, estamos diante de uma situação de legítima defesa putativa, imaginária, uma vez que, no caso concreto, efetivamente, não existia qualquer situação de agressão injusta acontecendo ou prestes a acontecer.

Merece destaque, ainda, como exemplo concreto de legítima defesa putativa, o fato que ocorreu com o Cabo Albarello, do Batalhão de Operações Policiais Especiais do Rio de Janeiro, quando, na manhã de 19 de maio de 2010, ao incursionar, fazendo parte de uma patrulha, por uma comunidade carente do Rio de Janeiro, localizada no bairro do Andaraí, se deparou com uma pessoa que parecia empunhar uma submetralhadora, mas, na verdade, tratava-se de uma furadeira. Naquele momento de tensão, acostumado aos confrontos que, constantemente, eram travados com traficantes locais, o policial militar não hesitou e disparou em direção ao suposto agressor, matando-o.

O cabo Albarello, embora denunciado pelo Ministério Público, veio a ser absolvido sumariamente, uma vez ter ficado constatado o erro plenamente justificável pelas circunstâncias que, de acordo com a primeira parte do § 1º do art. 20 do CP, conduz à isenção de pena e, consequentemente, de acordo com o art. 415, IV, do CPP, à sua absolvição.[5]

10.2.2.3 Elementos que integram a legítima defesa

Para que se possa reconhecer a legítima defesa, todos os elementos constantes dos arts. 25 do CP e 44 do CPM devem estar presentes. A ausência de um deles

---

[5] Cf. Processo nº 0290939-54.2011.8.19.0001. Disponível em: <http://www.ibccrim.org.br/upload/noticias/pdf/180112.pdf>. Acesso em: 02/10/2012.

descaracteriza essa causa de exclusão da ilicitude, abrindo-se a possibilidade de punição do agente.

De acordo com os textos legais referidos, podemos apontar os seguintes elementos indispensáveis ao reconhecimento da legítima defesa:

a) agressão injusta;
b) utilização dos meios necessários;
c) moderação no uso dos meios necessários;
d) atualidade ou iminência da agressão; e
e) defesa própria ou de terceiros.

O que podemos entender por *injusta agressão*, de modo que legitime a situação de defesa? Ou, simplificando, o que vem a ser injusta agressão? Respondendo a essas indagações, esclarece Maurach que, "por agressão deve entender-se a ameaça humana de lesão de um interesse juridicamente protegido"[6]; ou, ainda, na lição de Welzel, "por agressão deve entender-se a ameaça de lesão de interesses vitais juridicamente protegidos (bens jurídicos), proveniente de uma conduta humana"[7].

Como percebemos pelos conceitos dos tratadistas alemães, devemos observar que a legítima defesa é um instituto destinado à proteção de bens que estejam sendo lesados ou ameaçados de lesão por uma conduta proveniente do homem. Agressão, aqui, é entendida como um ato do homem. Daí ser impossível cogitar-se em legítima defesa contra o ataque de animais. Somente o homem pode praticar uma agressão. Além do fato de apenas o homem poder cometer essa agressão, ela deve ser reputada como injusta, ou seja, não pode, de qualquer modo, estar amparada pelo nosso ordenamento jurídico.

Meios necessários são todos aqueles eficazes e suficientes à repulsa da agressão que está sendo praticada ou que está prestes a acontecer. Costuma-se falar, ainda, que meio necessário é "aquele que o agente dispõe no momento em que rechaça a agressão, podendo ser até mesmo desproporcional com o utilizado no ataque, desde que seja o único à sua disposição no momento"[8]. Com a devida *venia* daqueles que adotam este último posicionamento, entendemos que, para que se possa falar em meio necessário, é preciso que haja *proporcionalidade* entre o bem que se quer proteger e a repulsa contra o agressor.

Além de o agente selecionar o meio adequado à repulsa, é preciso que, ao agir, o faça com *moderação*, sob pena de incorrer no chamado excesso. Quer a lei impedir que ele, agindo, inicialmente, numa situação amparada pelo Direito, utilizando os meios necessários, atue de forma imoderada, ultrapassando aquilo

---

[6] MAURACH, Reinhart. *Derecho penal*: parte general, p. 440.
[7] WELZEL, Hans. *Derecho penal alemán*. p. 101.
[8] MIRABETE, Julio Fabbrini. *Manual de direito penal*: parte geral, p. 177.

que, efetivamente, seria necessário para fazer cessar a agressão que estava sendo praticada.

Costuma-se dizer que *atual* é a agressão que está acontecendo; *iminente* é aquela que está prestes a acontecer. Tais conceitos simplistas não resolvem, em determinadas situações, casos de ordem prática que podem ocorrer no dia a dia daqueles que militam perante a Justiça Criminal. Dissemos que agressão iminente é aquela que está prestes a acontecer. Mas quando?

Imaginemos o seguinte exemplo: durante uma rebelião carcerária, certo grupo de detentos reivindica algumas melhorias no sistema. Existe superlotação, a alimentação é ruim, as visitas não são regulares, as revistas aos parentes dos presos são realizadas de forma vexatória etc. Para que as exigências sejam atendidas, o grupo resolve optar por aquilo que se convencionou denominar "ciranda da morte". À medida que o tempo passa e o Estado relega a segundo plano as mencionadas solicitações, os detentos mais fortes começam a causar a morte dos mais fracos, de acordo com um "código ético" existente entre eles. Estupradores encabeçam a lista na ordem de preferência a serem mortos. Nesse clima, o preso que comanda a rebelião, durante o período da manhã, dirige-se àquele outro condenado por estupro e decreta a sua sentença: "Se nossas reivindicações não forem atendidas, você será o próximo a morrer!". Feito isso, naquela cela superlotada, durante a madrugada, sem que pudesse obter o auxílio da autoridade policial, o estuprador, temendo por sua vida, percebe que o preso que o ameaçou está dormindo e, valendo-se de um pedaço de corda, vai em sua direção e o enforca. A pergunta que devemos nos fazer é a seguinte: será que o preso condenado por estupro causou a morte do chefe da rebelião que o havia ameaçado agindo em legítima defesa? Acreditamos que não.

Respondemos negativamente à essa indagação pelo fato de entendermos como agressão iminente a que, embora não esteja acontecendo, irá acontecer quase que imediatamente. Para que possa ser considerada iminente a agressão, deve haver uma relação de proximidade. Se a agressão é remota, futura, não se pode falar em legítima defesa.

No exemplo fornecido, embora o agente não atue amparado pela causa excludente de ilicitude, poderá arguir em seu favor uma causa dirimente de culpabilidade, qual seja, a *inexigibilidade de conduta diversa*. Isso quer dizer que, no caso em estudo, por se tratar de uma agressão futura, não poderá ser arguida a legítima defesa. O caso não será resolvido com a exclusão da ilicitude, mas, sim, com o afastamento da culpabilidade, devido ao fato de que, ao agente, não cabia outra conduta que não aquela por ele escolhida.

Há possibilidades, ainda, de o agente não só defender a si mesmo mas também de intervir na defesa de terceira pessoa, mesmo que esta última não lhe seja próxima, como nos casos de amizade e parentesco. Fala-se, assim, em *legítima defesa própria* e *legítima defesa de terceiros*.

10.2.2.4 Legítima defesa para repelir agressão ou risco de agressão a vítima mantida refém durante a prática de crimes

A Lei nº 13.964/2019 acrescentou o parágrafo único ao art. 25 do CP, dizendo:

> Parágrafo único. Observados os requisitos previstos no *caput* deste artigo, considera-se também em legítima defesa o agente de segurança pública que repele agressão ou risco de agressão a vítima mantida refém durante a prática de crimes.

Inicialmente, vale dizer que tal parágrafo não se fazia necessário. Isso porque, como se percebe sem muito esforço, narra uma situação de agressão atual, em que a vítima é mantida refém durante a prática de crimes levados a efeito pelo agente. Nos dias de hoje, as novas tecnologias nos permitem assistir à prática de crimes em tempo real. Infelizmente, são comuns as imagens em que pessoas são mantidas reféns, a exemplo do que ocorre quando um crime de roubo é frustrado, e o agente priva alguém de sua liberdade, fazendo-o de escudo, a fim de evitar a ação da polícia; ou mesmo quando é a própria vítima o objeto da ação criminosa, como no caso em que alguém, inconformado com o rompimento do relacionamento amoroso, faz a vítima de refém, colocando uma faca em seu pescoço, ou mesmo uma arma de fogo direcionada à sua cabeça, ameaçando-a de morte o tempo todo; mais recentemente, foi noticiado, de forma ampla, pela mídia, e também pelas redes sociais, cenas de um agente que fez várias pessoas reféns dentro de um ônibus na Ponte Rio-Niterói, na cidade do Rio de Janeiro, sendo, afinal, abatido pelos *snipers* do Bope-RJ.

Nesses casos, se o agente de segurança pública atua visando à libertação da vítima, obviamente estaria amparado pela legítima defesa. Seu comportamento se amoldaria, perfeitamente, ao conceito previsto no *caput* do art. 25 do CP. Contudo, mesmo diante de situações tão evidentes, parte de nossa classe política, principalmente aquela ligada aos partidos de esquerda, sempre questiona os comportamentos praticados pelos agentes de segurança pública, deslegitimando-os. Assim, na verdade, o parágrafo único do art. 25 do estatuto repressivo resolve eliminar de vez esse tipo de questionamento, fazendo uma verdadeira interpretação autêntica do conceito de legítima defesa.

Portanto, se o agente de segurança pública vier a repelir agressão ou risco de agressão a vítima mantida refém durante a prática de crimes, esse comportamento, sem discussão, se amoldará ao conceito de legítima defesa, ficando em aberto, contudo, a discussão correspondente ao excesso.

Por *agentes de segurança pública* podemos entender todos aqueles que fazem parte do rol do art. 144 da CF, com a nova redação que lhe foi conferida pela Emenda Constitucional nº 104, de 4 de dezembro de 2019, que diz:

> Art. 144. A segurança pública, dever do Estado, direito e responsabilidade de todos, é exercida para a preservação da ordem pública e da incolumidade das pessoas e do patrimônio, através dos seguintes órgãos:
> I – polícia federal;

II – polícia rodoviária federal;
III – polícia ferroviária federal;
IV – polícias civis;
V – polícias militares e corpos de bombeiros militares;
VI – polícias penais federal, estaduais e distrital.
(...)
§ 8º Os Municípios poderão constituir guardas municipais destinadas à proteção de seus bens, serviços e instalações, conforme dispuser a lei.

Não podemos descartar, ainda, o emprego das Forças Armadas na chamada garantia da lei e da ordem, em que, efetivamente, atuam como força de segurança pública em situações excepcionais, conforme se verifica pelo art. 15 e parágrafos da Lei Complementar nº 97, de 9 de junho de 1999, que dizem:

> Art. 15. O emprego das Forças Armadas na defesa da Pátria e na garantia dos poderes constitucionais, da lei e da ordem, e na participação em operações de paz, é de responsabilidade do Presidente da República, que determinará ao Ministro de Estado da Defesa a ativação de órgãos operacionais, observada a seguinte forma de subordinação:
> (...)
> § 1º Compete ao Presidente da República a decisão do emprego das Forças Armadas, por iniciativa própria ou em atendimento a pedido manifestado por quaisquer dos poderes constitucionais, por intermédio dos Presidentes do Supremo Tribunal Federal, do Senado Federal ou da Câmara dos Deputados.
> § 2º A atuação das Forças Armadas, na garantia da lei e da ordem, por iniciativa de quaisquer dos poderes constitucionais, ocorrerá de acordo com as diretrizes baixadas em ato do Presidente da República, após esgotados os instrumentos destinados à preservação da ordem pública e da incolumidade das pessoas e do patrimônio, relacionados no art. 144 da Constituição Federal.
> § 3º Consideram-se esgotados os instrumentos relacionados no art. 144 da Constituição Federal quando, em determinado momento, forem eles formalmente reconhecidos pelo respectivo Chefe do Poder Executivo Federal ou Estadual como indisponíveis, inexistentes ou insuficientes ao desempenho regular de sua missão constitucional. (Incluído pela Lei Complementar nº 117, de 2004.)
> § 4º Na hipótese de emprego nas condições previstas no § 3º deste artigo, após mensagem do Presidente da República, serão ativados os órgãos operacionais das Forças Armadas, que desenvolverão, de forma episódica, em área previamente estabelecida e por tempo limitado, as ações de caráter preventivo e repressivo necessárias para assegurar o resultado das operações na garantia da lei e da ordem. (Incluído pela Lei Complementar nº 117, de 2004.)
> § 5º Determinado o emprego das Forças Armadas na garantia da lei e da ordem, caberá à autoridade competente, mediante ato formal, transferir o controle operacional dos órgãos de segurança pública necessários ao desenvolvimento das ações para a autoridade encarregada das operações, a qual deverá constituir um centro de coordenação de operações, composto por representantes dos órgãos públicos sob seu controle operacional ou com interesses afins. (Incluído pela Lei Complementar nº 117, de 2004.)

§ 6º Considera-se controle operacional, para fins de aplicação desta Lei Complementar, o poder conferido à autoridade encarregada das operações, para atribuir e coordenar missões ou tarefas específicas a serem desempenhadas por efetivos dos órgãos de segurança pública, obedecidas as suas competências constitucionais ou legais. (Incluído pela Lei Complementar nº 117, de 2004.)

§ 7º A atuação do militar nos casos previstos nos arts. 13, 14, 15, 16-A, nos incisos IV e V do art. 17, no inciso III do art. 17-A, nos incisos VI e VII do art. 18, nas atividades de defesa civil a que se refere o art. 16 desta Lei Complementar e no inciso XIV do art. 23 da Lei nº 4.737, de 15 de julho de 1965 (Código Eleitoral), é considerada atividade militar para os fins do art. 124 da Constituição Federal.

O parágrafo único do art. 25 do CP menciona, expressamente, para efeitos de reconhecimento da legítima defesa, que a conduta do agente de segurança pública seja dirigida no sentido de repelir *agressão* ou *risco de agressão*. Aqui, quando menciona *agressão*, quer dizer que esta já está efetivamente acontecendo, a exemplo de quando a vítima está sendo espancada pelo agente, quando já sofreu um disparo de arma de fogo etc.; *risco de agressão* significa que a agressão em si ainda não aconteceu, mas está na iminência de acontecer.

Em todas essas hipóteses, a vítima é mantida refém durante a prática de crimes pelo agente, ou seja, encontra-se privada do seu direito ambulatorial de ir, vir ou permanecer onde bem entender.

10.2.2.5 *Legítima defesa e agressão de inimputáveis*

Levando-se em consideração que os inimputáveis podem praticar agressões injustas, seria possível a arguição da legítima defesa?

Embora exista uma pequena controvérsia doutrinária, pois parte de nossa doutrina, a exemplo de Nelson Hungria, entende que o fato se amolda melhor à situação de estado de necessidade, a maioria dos autores concorda com essa possibilidade.

Assim, imagine-se a hipótese, comum nos grandes centros urbanos, onde os traficantes aliciam crianças e adolescentes para auxiliarem na venda ilegal de drogas. Suponha-se, ainda, que um desses jovens tenha recebido a missão de aproximar-se da viatura blindada, a fim de arremessar uma granada embaixo do veículo, com o fim de explodi-lo. Ao se aproximar, sua presença é percebida por um dos policiais que se encontravam dentro do blindado e, ao tentar retirar o pino da granada, o policial, atento aos seus movimentos, efetua um disparo, impedindo o arremesso. Nesse caso, estaria o policial acobertado pela legítima defesa? Entendemos que sim, mesmo em se tratando de um adolescente ou até mesmo de uma criança.

10.2.2.6 *Legítima defesa e aberratio ictus (erro na execução)*

Perfeitamente viável é a hipótese de legítima defesa com erro na execução. Dispõe o art. 73 do CP:

Art. 73. Quando, por acidente ou erro no uso dos meios de execução, o agente, ao invés de atingir a pessoa que pretendia ofender, atinge pessoa diversa, responde como se tivesse praticado o crime contra aquela, atendendo-se ao disposto no § 3º do art. 20 deste Código.

O art. 37 do CPM, por seu turno, assevera:

Art. 37. Quando o agente, por erro de percepção ou no uso dos meios de execução, ou outro acidente, atinge uma pessoa em vez de outra, responde como se tivesse praticado o crime contra aquela que realmente pretendia atingir. Devem ter-se em conta não as condições e qualidades da vítima, mas as da outra pessoa, para configuração, qualificação ou exclusão do crime, e agravação ou atenuação da pena.

Pode ocorrer que determinado agente, almejando repelir agressão injusta, agindo com *animus defendendi*, acabe ferindo outra pessoa que não o seu agressor, ou mesmo ambos (agressor e terceira pessoa). Nesse caso, embora tenha sido ferida ou mesmo morta outra pessoa que não o seu agressor, o resultado advindo da aberração no ataque (*aberratio ictus*) estará também amparado pela causa de justificação da legítima defesa, não podendo, outrossim, por ele responder criminalmente.

Veja-se o que ocorre, por exemplo, com aquilo que se convencionou chamar de "bala perdida". Pode acontecer que um policial, durante uma troca de tiros com marginais, atinja um transeunte que passava pelo local. Todos os detalhes da incursão deverão ser analisados, a fim de que se possa concluir pela legítima defesa com *aberratio ictus*, a exemplo da necessidade que se tinha, naquele lugar especificamente falando, de efetuar os disparos, o armamento que era utilizado, enfim, tudo deverá ser considerado para que se possa concluir pelo erro na execução, fazendo o policial ser absolvido pelo argumento da legítima defesa.

A mídia divulgou um fato acontecido em São Paulo, onde atiradores de elite da Polícia Militar estavam posicionados em frente a uma residência na qual algumas vítimas encontravam-se sequestradas. Em determinado momento, ao que parece, a ordem de tiro foi dada aos policiais de elite. O policial que se sentiu apto a fazer o disparo, na primeira oportunidade que encontrou, puxou o gatilho, atingindo o sequestrador. No entanto, devido ao armamento utilizado, e ao calibre da munição, o projétil atravessou o corpo do sequestrador, vindo também a atingir mortalmente a vítima. Pelo fato de ter calculado equivocadamente o tiro, não considerando a potencialidade da munição utilizada, o referido policial veio a ser condenado pelo delito de homicídio culposo, com relação à vítima que se encontrava sequestrada.

Tivesse ele agido de acordo com os padrões técnicos exigidos, se, porventura, tivesse errado o disparo e acertado na própria vítima, deveria ser absolvido em razão da arguição da legítima defesa, com o argumento do erro na execução. Contudo, como não foi observado o padrão técnico exigido, o resultado danoso, efetivamente, deveria ser a ele atribuído.

Deve ser frisado ainda que, com relação ao terceiro inocente, permanece a responsabilidade civil do agente, conforme preleciona Assis Toledo, quando afirma:

Não se aplica, pois, ao terceiro inocente a norma do art. 65 do Código de Processo Penal, já que, quanto a ele, a lesão, apesar da absolvição do agente, não pode ser considerada um ilícito civil. Trata-se, portanto, de uma hipótese em que a exclusão da responsabilidade penal não impede a afirmação da responsabilidade civil, restrita é claro ao terceiro inocente.[9]

10.2.2.7 Legítima defesa e disparo de arma de fogo pela polícia

Os policiais somente estão autorizados a efetuar disparos com arma de fogo quando estiverem agindo numa situação de legítima defesa, própria ou mesmo de terceiros. No entanto, nem toda situação de legítima defesa permitirá o uso de arma de fogo.

Nesse sentido, a Portaria Interministerial nº 4.226, de 31 de dezembro de 2010, determina, no tópico 3 do Anexo I, *in verbis*:

> (...)
> 3. Os agentes de segurança pública não deverão disparar armas de fogo contra pessoas, exceto em casos de legítima defesa própria ou de terceiro contra perigo iminente de morte ou lesão grave.

Assim, por exemplo, se alguém estiver praticando um crime de furto e for surpreendido por um policial, não poderá este último, com a finalidade de evitar a consumação da mencionada infração penal, efetuar disparo em direção ao agente, mesmo que com a finalidade de tão somente intimidá-lo.

O uso da arma de fogo, de acordo com a determinação interministerial, apenas será permitido nas hipóteses relativas à legítima defesa e, ressalte-se, desde que essa ação de defesa seja necessária para *preservar a vida ou a integridade física* do policial ou de terceira pessoa. Nas demais hipóteses, em que também seria legítimo o raciocínio correspondente à legítima defesa, como no caso anteriormente referido, está proibido o uso de arma de fogo.

Ao contrário, quando a vida ou a integridade física do policial, ou de terceira pessoa, estiver em perigo, legitimada estará a utilização da arma de fogo, como no exemplo daquele que surpreende os agentes durante uma ação criminosa de roubo a banco e efetua disparos em direção à guarnição policial. Nesse caso, o uso da arma de fogo pela polícia está legitimado, devendo, no entanto, atender a todos os requisitos objetivos e subjetivos já analisados.

10.2.2.8 Legítima defesa sucessiva

Como visto, para que se possa alegar a defesa legítima, é preciso que o agente atue nos exatos termos previstos pela lei, sem qualquer excesso. Se houver excesso, doloso ou culposo, o agente por ele terá de responder, uma vez que a legítima

---

[9] TOLEDO, Francisco de Assis. *Princípios básicos de direito penal*, p. 199.

defesa estava permitida até o momento em que se fazia necessária a fim de cessar a agressão injusta que ali estava sendo praticada.

Tendo o agente alcançado o objetivo da lei, qual seja, fazer cessar a agressão injusta, já não poderá ir além disso. Caso contrário, quer dizer, caso venha a agir além daquilo que lhe era permitido, começa-se a falar em excesso.

A agressão praticada pelo agente, embora, inicialmente, legítima, transformou-se em agressão injusta quando incidiu no excesso. Nessa hipótese, quando a agressão praticada pelo agente deixa de ser permitida e passa a ser injusta, é que podemos falar em legítima defesa sucessiva, no que diz respeito ao agressor inicial. Aquele que viu repelida a sua agressão, pois injusta inicialmente, pode agora alegar a excludente a seu favor, porque o agredido passou a ser considerado agressor, em virtude de seu excesso.

Até mesmo um traficante de drogas que, inicialmente, havia praticado uma injusta agressão contra um policial pode agir em legítima defesa contra esse mesmo policial, desde que este último atue em excesso. O excesso do policial, como diz respeito a uma agressão injusta, o transforma de vítima em agressor, permitindo ao agressor inicial agir em legítima defesa.

Imagine-se a hipótese em que um policial, após ter repelido a agressão injusta que era praticada contra sua pessoa, depois de ter percebido que o seu agressor já estava caído, vai ao encontro dele e se prepara para efetuar um segundo e desnecessário disparo. Nesse momento, o agressor, mesmo caído, percebendo que o policial continuaria com o ataque, consegue segurar uma enorme pedra e a arremessa em direção à cabeça do policial, causando-lhe uma lesão que culminou, posteriormente, com a sua morte.

Nesse caso, o agressor inicial deverá responder pela morte do policial? Não, pois estava agindo sob o manto da legítima defesa. Será responsabilizado, no entanto, pela tentativa inicial de homicídio, quando efetuou o disparo contra a pessoa do policial, ensejando a reação deste último em legítima defesa.

Isso porque o excesso do policial transformou sua repulsa em injusta, permitindo ao agressor inicial agir em legítima defesa, o que não afasta, por outro lado, o comportamento criminoso inicial que desencadeou a reação em legítima defesa.

10.2.3 Estrito cumprimento do dever legal

Diz a primeira parte do inciso III do art. 23 do CP, bem como o inciso III do CPM, que não há crime quando o agente pratica o fato em *estrito cumprimento de um dever legal*.

Como de costume, o Código não se preocupou em definir o conceito de estrito cumprimento de dever legal, tal como procedeu com o estado de necessidade e a legítima defesa. Contudo, seus elementos caracterizadores podem ser visualizados só pela expressão "estrito cumprimento de dever legal".

Aqui, da mesma forma que as demais causas de justificação, exige-se a presença de seus elementos objetivos e subjetivos.

Primeiramente, é preciso que haja um *dever legal* imposto ao agente, dever esse que, em geral, é dirigido àqueles que fazem parte da Administração Pública, tais como os policiais e os oficiais de justiça, pois, conforme preleciona Juarez Cirino dos Santos:

> (...) o estrito cumprimento de dever legal compreende os deveres de intervenção do funcionário na esfera privada para assegurar o cumprimento da lei ou de ordens de superiores da administração pública, que podem determinar a realização justificada de tipos legais, como a coação, privação de liberdade, violação de domicílio, lesão corporal etc.[10]

Em segundo lugar, é necessário que o cumprimento a esse dever se dê nos exatos termos impostos pela lei, não podendo em nada ultrapassá-los.

Muito se discute com relação à atitude de policiais que, por exemplo, visando evitar a fuga de detentos em um presídio, ou mesmo durante uma *blitz* onde alguém tenta fugir do bloqueio, atiram em direção aos fugitivos com a finalidade de matá-los. Conforme a redação do inciso XLVII do art. 5º da CF, *não haverá pena de morte, salvo em caso de guerra declarada, nos termos do art. 84, XIX.*

Dessa forma, não poderá o policial, sob o falso argumento de estar cumprindo o seu mister de evitar a fuga dos presos, ou cumprir com sua missão de revistar veículos ou pessoas, atirar com a finalidade de matá-los. Eles não foram sentenciados à morte. Assim, aquele que, mesmo tendo a finalidade de evitar a fuga, pratica tal conduta não poderá alegar, em seu benefício, a excludente do estrito cumprimento de um dever legal porque, como vimos, o cumprimento desse dever não se deu nos limites estritos impostos pela lei.

A finalidade do policial, no primeiro caso, é trazer de volta para as grades o prisioneiro fugitivo, a fim de que este possa cumprir a pena que lhe fora aplicada pelo Estado; no segundo exemplo, embora possa haver perseguição e até mesmo a prisão daquele que desobedeceu à ordem emanada da autoridade competente, também não se admite o disparo mortal, sendo altamente discutível, ainda, mesmo o disparo em parte não letal do corpo humano, a fim de interromper a fuga.

Em determinadas situações, em que não esteja o policial atuando na defesa da sua pessoa ou na de terceiros, por exemplo, será preferível a fuga do preso do que a sua morte, sob pena de ser maculado o princípio da dignidade da pessoa humana.

Não estamos com isso querendo afirmar, como entende parte de nossos Tribunais, que o preso tem direito à fuga, o que seria um absurdo. Ele não tem direito à fuga, mas, sim, o dever de cumprir a pena que lhe foi imposta pelo Estado, atendido o devido processo legal.

No entanto, não podemos infligir-lhe pena maior do que a que lhe foi oficialmente aplicada pelo Estado. Não pode ser condenado à morte quando tentava fugir,

---

[10] SANTOS, Juarez Cirino dos. *A moderna teoria do fato punível*, p. 187.

a fim de ganhar sua liberdade. A fuga será levada em consideração quando for capturado e quiser solicitar algum benefício legal, a exemplo da progressão de regime, do livramento condicional, de saídas temporárias etc., sendo sopesada em seu prejuízo.

10.2.4 Exercício regular de direito

A causa de justificação do *exercício regular de direito*, prevista na segunda parte do inciso III do art. 23 do CP, também não foi objeto de conceituação pelo legislador. Sua definição, portanto, ficou a cargo de nossa doutrina, bem como dos tribunais.

Os seus elementos, entretanto, podem ser extraídos quando da interpretação da expressão "exercício regular de direito". Esse "direito" pode surgir de situações expressas nas regulamentações legais em sentido amplo, ou até mesmo dos costumes, ou, na precisa lição de Paulo José da Costa Júnior:

> (...) o conceito de direito, empregado pelo inciso III do art. 23, compreende todos os tipos de direito subjetivo, pertençam eles a este ou àquele ramo do ordenamento jurídico – de direito penal, de outro ramo do direito público ou privado – podendo ainda tratar-se de norma codificada ou consuetudinária.[11]

A correção aplicada pelos pais a seus filhos menores encontra amparo nessa causa de exclusão da ilicitude, bem como as práticas esportivas violentas, desde que os atletas permaneçam nas regras previstas para aquela determinada modalidade; o direito que tem o proprietário, nos termos do art. 1.283 do CC, de cortar as raízes e os ramos de árvores do vizinho que invadam o seu terreno etc.

O limite do lícito, como assevera Cezar Roberto Bitencourt, "termina necessariamente onde começa o abuso, posto que aí o direito deixa de ser exercido regularmente, para mostrar-se abusivo, caracterizando sua ilicitude"[12].

10.2.5 Ofendículos

Ofendículos, na definição de Mirabete:

> (...) são aparelhos predispostos para a defesa da propriedade (arame farpado, cacos de vidro em muros etc.) visíveis e a que estão equiparados os "meios mecânicos" ocultos (eletrificação de fios, de maçanetas de portas, a instalação de armas prontas para disparar à entrada de intrusos etc.).[13]

Apesar da definição do renomado autor, entendemos que os ofendículos não se prestam somente à defesa do patrimônio mas também à proteção da vida, da integridade física etc. daqueles que os utilizam como artefato de defesa.

---

[11] COSTA JÚNIOR, Paulo José da. *Direito penal objetivo*, p. 62.
[12] BITENCOURT, Cezar Roberto. *Manual de direito penal*: parte geral, p. 279-280.
[13] MIRABETE, Julio Fabbrini. *Manual de direito penal*: parte geral, p. 190.

A discussão maior a respeito dos ofendículos cinge-se à apuração de sua natureza jurídica. Hungria os considerava uma situação de *legítima defesa preordenada*. Isso porque os instrumentos somente agiriam quando os bens estivessem sendo agredidos e, dessa forma, já haveria uma situação de defesa legítima. Outros, ao contrário, a exemplo de Aníbal Bruno, entendem que aqueles que utilizam os ofendículos atuam no *exercício regular de um direito*. Afirmava o mestre pernambucano que "a essa mesma categoria de exercício de um direito pertence o ato do indivíduo que, para defender a sua propriedade, cerca-a de vários meios de proteção, as chamadas defesas predispostas ou *offendicula*"[14].

Além dos aparelhos e instrumentos destinados à proteção dos bens, considera-se como ofendículo a utilização de cães ou outros animais de guarda.

Independentemente de sua natureza jurídica, isto é, se tratados como espécie de legítima defesa (preordenada) ou se analisados como exercício regular de direito, o fato é que os ofendículos são aceitos pelo nosso ordenamento jurídico. Contudo, embora aceitos, deverá o agente tomar certas precauções na utilização desses instrumentos, sob pena de responder pelos resultados dela advindos. Na precisa lição de Aníbal Bruno:

> (...) a zona do lícito termina necessariamente onde começa o abuso. É preciso que o valor do bem justifique o dano possível a ser sofrido pelo agressor, e que os meios de proteção sejam dispostos de modo que só este possa vir a sofrer o dano, como réplica do Direito ao seu ato injusto e não possam constituir perigo para qualquer outro, inocente.[15]

10.3 EXCESSO

10.3.1 Introdução

Muito embora seja possível a alegação de qualquer uma das quatro causas legais de justificação, o agente deverá atuar dentro dos limites impostos pela lei, pois, caso contrário, poderá ocorrer o que tanto o Código Penal quanto o Código Penal Militar denominam de excesso.

O Código Penal somente dedicou um parágrafo, constante do seu art. 23, ao excesso, dizendo:

> Excesso punível
> Parágrafo único. O agente, em qualquer das hipóteses deste artigo, responderá pelo excesso doloso ou culposo.

Por sua vez, o Código Penal Militar, dissertando sobre o excesso, assevera, em seus arts. 45 e 46, *in verbis*:

---

[14] BRUNO, Aníbal. *Direito penal*: parte geral, t. II, p. 9.
[15] BRUNO, Aníbal. *Direito penal*: parte geral, t. II, p. 9.

Excesso culposo
Art. 45. O agente que, em qualquer dos casos de exclusão de crime, excede culposamente os limites da necessidade, responde pelo fato, se este é punível, a título de culpa.
Excesso escusável
Parágrafo único. Não é punível o excesso quando resulta de escusável surpresa ou perturbação de ânimo, em face da situação.
Excesso doloso
Art. 46. O juiz pode atenuar a pena ainda quando punível o fato por excesso doloso.

Depois da reforma da Parte Geral, em 1984, o Código Penal passou a estender as hipóteses de excesso, que originalmente só eram cabíveis em caso de legítima defesa, a todas as causas excludentes da ilicitude enumeradas no art. 23.

Quando falamos em excesso, o primeiro raciocínio que devemos ter, uma vez que lógico, é de que o agente, inicialmente, agia amparado por uma causa de justificação, ultrapassando, contudo, o limite permitido pela lei.

Na precisa lição de Hermes Vilchez Guerrero:

> (...) pode-se afirmar que, no Direito Penal, o excesso é um instituto sem vida autônoma, pois é ele funcionalmente vinculado à configuração de uma situação na qual se identifique uma causa de justificação. Assim, surge o excesso quando o agente, ao versar numa causa de exclusão da ilicitude, viola os requisitos exigidos em lei, ultrapassando as fronteiras do permitido.[16]

Raciocinemos com a legítima defesa: se alguém está sendo agredido por outrem, a lei penal faculta que atue em sua própria defesa. Para tanto, isto é, para que o agente possa afastar a ilicitude da sua conduta e ter ao seu lado a causa excludente, é preciso que atenda, rigorosamente, aos requisitos de ordem objetiva e subjetiva previstos no art. 25 do CP.

Se, mesmo depois de ter feito cessar a agressão que estava sendo praticada contra a sua pessoa, o agente não interrompe seus atos e continua com a repulsa, a partir desse momento já incorre em excesso.

No entanto, podemos também raciocinar com o instituto do excesso logo no início da conduta, sendo denominado, assim, de *excesso na causa*, como veremos com mais detalhes em tópico próprio.

10.3.2 Ilicitude do excesso

Geralmente, o excesso tem início depois de um marco fundamental, qual seja, o momento em que o agente, com a sua repulsa, fez cessar a agressão que contra ele era praticada. Toda conduta praticada em excesso é ilícita, devendo o agente responder pelos resultados dela advindos. Os resultados que dizem

---
[16] VILCHEZ GUERRERO, Hermes. *Do excesso em legítima defesa*, p. 53.

respeito às condutas praticadas nos limites permitidos pela legítima defesa estão amparados por essa causa de justificação; os outros resultados que surgiram em virtude do excesso, por serem ilícitos, serão atribuídos ao agente, que por eles terá que ser responsabilizado. Como preleciona Cavaleiro de Ferreira, "a legítima defesa constitui uma causa de justificação. O excesso de legítima defesa é um excesso ilegítimo de defesa. Subsiste, portanto, o crime que a legítima defesa não justifica"[17].

Assim, imagine-se a hipótese em que o policial tenha sido recebido a tiros por um traficante de drogas. Agindo em legítima defesa, efetua um disparo que acerta o agressor, fazendo-o cair longe de sua arma. O policial, ao perceber que havia acertado o tiro, corre em direção ao traficante e, verificando que já estava caído, efetua mais um disparo. Nesse caso, o segundo disparo, desnecessário para fazer estancar a agressão que estava sendo praticada contra a sua pessoa, se configura em excesso, devendo por ele ser responsabilizado.

10.3.3 Excesso doloso e excesso culposo

O excesso, segundo o parágrafo único do art. 23 do CP, pode ser considerado doloso ou culposo.

Considera-se doloso o excesso quando o agente, mesmo tendo conhecimento de que havia cessado a agressão injusta que era praticada contra a sua pessoa (ou mesmo de terceiros), continua com a repulsa, causando lesões ou a morte do seu agressor inicial.

Da mesma forma que o excesso doloso, no excesso culposo o agente responderá por aquilo que ocasionar depois de ter feito cessar a agressão que estava sendo praticada contra sua pessoa.

Na precisa lição de Mirabete, "é culposo o excesso quando o agente queria um resultado necessário, proporcional, autorizado e não o excessivo, que é proveniente de sua indesculpável precipitação".[18]

Imagine-se, por exemplo, a hipótese em que um policial, após ter sido recebido a tiros durante o cumprimento de um mandado de prisão, agindo em defesa de sua pessoa, atire no seu injusto agressor, acertando-o no tórax. Embora já gravemente ferido, e não podendo mais esboçar qualquer atitude agressiva, o agressor cai, segurando seu fuzil. Ao verificar que o traficante ainda portava o fuzil, sem saber que já se encontrava desmaiado, impossibilitado de continuar com o ataque, o policial dá prosseguimento à repulsa e efetua o segundo disparo, causando a morte do traficante de drogas. Nesse caso, somente prosseguiu com a sua repulsa porque imaginava que ainda pudesse ser agredido injustamente, razão pela qual podemos entender como culposo o seu excesso.

---

[17] FERREIRA, Manuel Cavaleiro de. *Lições de direito penal*: parte geral, p. 196.
[18] MIRABETE, Julio Fabbrini. *Manual de direito penal*: parte geral, p. 182.

Na verdade, embora o Código fale, expressamente, em excesso doloso e culposo, a conduta daquele que atua em excesso é sempre dolosa.[19]

Conforme esclarece Aramis Nassif:

> (...) não se consagra o excesso pelo comportamento tecnicamente culposo, pois a culpa, no sistema penal brasileiro, diz com comportamento imprudente, negligente ou imperito. Como identificar na ação de alguém que, sofrendo agressão injusta atual ou iminente, para defender-se adote conduta meramente imprudente, negligente ou imperita?[20]

Não importa se o agente queria prosseguir desnecessariamente com a repulsa depois de ter feito estancar a agressão que era praticada contra a sua pessoa, ou se avaliou mal a situação de fato. Em quaisquer dessas situações, o agente atua com dolo na sua conduta, mesmo que tenha sido negligente na aferição das circunstâncias que o envolviam. Assim, o excesso dito culposo é uma conduta dolosa que, por questões de política criminal, é punida com as penas correspondentes às de um crime culposo.

Quem imputará como culposa a conduta daquele que, supondo que ainda poderá ser agredido, mesmo depois de ter feito cessar a agressão, por erro, efetua mais um disparo e causa a morte do seu agressor inicial? Quando o agente aciona o gatilho, acreditando que ainda precisa se defender, o faz com vontade e consciência. Atua, outrossim, com dolo, e não com culpa. Como diz Mirabete:

> (...) na realidade, há uma conduta dolosa, mas, por medida de política criminal, a lei determina que seja fixada a pena do crime culposo, se previsto em lei, já que o sujeito atuou por um erro vencível na sua ação ou reação, diante do temor, aturdimento ou emoção que o levou ao excesso.[21]

10.3.4 Excesso intensivo e excesso extensivo

Como consequência das distinções feitas anteriormente, surgem os chamados *excesso intensivo* e *excesso extensivo*.

Ocorre o excesso intensivo quando o autor, "por consternação, medo ou susto excede a medida requerida para a defesa"[22]; ou, na definição de Fragoso, é o excesso "que se refere à *espécie* dos meios empregados ou ao grau de sua utilização"[23].

---

[19] Nesse sentido, afirma Gustavo Garcia Araújo que "quem age em legítima defesa, seja excedendo ou não aos seus limites, age sempre com dolo, até porque nunca se ouviu dizer em legítima defesa de crime culposo" (ARAÚJO, Gustavo Garcia. Excesso culposo da legítima defesa no júri *Boletim do Instituto de Ciências Penais*, p. 6).
[20] NASSIF, Aramis. *O novo júri brasileiro*, p. 151.
[21] MIRABETE, Julio Fabbrini. *Manual de direito penal*: parte geral, p. 185.
[22] MIRABETE, Julio Fabbrini. *Manual de direito penal*: parte geral, p. 182.
[23] FRAGOSO, Heleno Cláudio. *Lições de direito penal*: parte geral, p. 188.

Já o excesso extensivo ocorre quando o agente, inicialmente, fazendo cessar a agressão injusta que era praticada contra a sua pessoa, dá continuidade ao ataque sem necessidade.

Fazendo a distinção entre ambos os excessos, preconiza Santiago Mir Puig:

> O excesso extensivo se dá quando a defesa se prolonga durante mais tempo do que dura a atualidade da agressão. O excesso intensivo pressupõe, ao contrário, que a agressão seja atual mas que a defesa poderia e deveria adotar uma intensidade lesiva menor. O excesso extensivo é, pois, um excesso na duração da defesa, enquanto que o excesso intensivo é um excesso em sua virtualidade lesiva.[24]

Em outras palavras, poderíamos diferenciar as duas modalidades de excesso da seguinte forma: há excesso intensivo se o agente, durante a repulsa à agressão injusta, a intensifica imoderadamente, quando, na verdade, para fazer cessar aquela agressão, poderia ter atuado de forma menos lesiva; o excesso extensivo, por sua vez, ocorre quando o agente, tendo atuado nos limites impostos pela legítima defesa, depois de ter feito cessar a agressão, dá continuidade à repulsa, praticando, assim, nesse segundo momento, uma conduta ilícita.

Exemplificando: alguém, ao ser atacado por outrem, em razão do nervosismo em que se viu envolvido, espanca o seu ofensor até a morte, pois não consegue parar de agredi-lo. Como o fato ocorreu numa relação de contexto, ou seja, não foi cessada a agressão para, posteriormente, decidir- se por continuar a repulsa, o excesso, aqui, será considerado intensivo. Agora, se alguém, após ter sido agredido injustamente por outrem, repele essa agressão e, mesmo depois de perceber que o agressor havia cessado o ataque porque a sua defesa fora eficaz, resolve prosseguir com os golpes, pelo fato de não mais existir agressão que permita qualquer repulsa, o excesso será denominado de extensivo.

10.3.5 Excesso na causa

Fala-se em excesso na causa quando há "inferioridade do valor do bem ou interesse defendido, em confronto com o atingido pela repulsa"[25].

Como regra, todos os bens são passíveis de defesa quando atacados por outrem. Contudo, essa afirmação não pode nos levar a situações absurdas. Imaginemos que alguém, querendo evitar que seu maço de cigarros seja furtado, cause a morte daquele que tentava subtraí-lo. A primeira indagação que se faz é a seguinte: o bem (maço de cigarros) podia ser, legitimamente, defendido pelo agente? Em seguida, e de forma obrigatória, teríamos de nos perguntar: o bem que se quer proteger é, em muito, inferior ao atingido com a repulsa? Com relação à primeira indagação, não temos dúvida em afirmar que o maço de cigarros, embora de pequeno valor, também era passível de proteção. Entretanto, o bem

---

[24] MIR PUIG, Santiago. *Derecho penal*: parte general, p. 434.
[25] HUNGRIA, Nélson. *Comentários ao Código Penal*, v. 1, t. II, p. 305.

ofendido com a repulsa do agente era infinitamente maior do que aquele que visava proteger.

Em situações como essas, ocorrerá o excesso na causa, fazendo que o agente responda pelo resultado, tendo em vista a gritante desproporção entre o bem ou interesse que se quer proteger em confronto e aquele atingido pela repulsa.

10.3.6 Excesso exculpante

Na precisa lição de Alberto Silva Franco:

> (...) a locução "excesso exculpante" define bem a matéria que se abriga sob sua área de abrangência. Trata-se da ocorrência de um excesso, na reação defensiva, que não é, por suas peculiaridades, reprovável, ou melhor, merecedor de apenação. Não se cuida de excesso culposo porque, neste, o excesso deriva da falta do dever objetivo de cuidado enquanto que, naquele, há um excesso resultante de medo, surpresa ou de perturbação de ânimo. É evidente que o excesso exculpante pressupõe uma agressão real, atual ou iminente, e injusta, isto é, com todas as características de uma ação ofensiva. A resposta deve, no entanto, ser havida como excessiva e tal excesso não é devido a uma postura dolosa ou culposa mas a uma atitude emocional do agredido.[26]

Com o chamado excesso exculpante, busca-se eliminar a culpabilidade do agente, ou seja, o fato é típico e antijurídico, deixando, contudo, de ser culpável, em virtude de, no caso concreto, não poder ser exigida do agente outra conduta que não aquela por ele adotada.

O Código Penal Militar previu, expressamente, o excesso exculpante no parágrafo único do art. 45, denominando-o de *excesso escusável*, com a seguinte redação:

> Parágrafo único. Não é punível o excesso quando resulta de escusável surpresa ou perturbação de ânimo, em face da situação.

Durante uma troca de tiros com marginais, não é incomum que os ânimos fiquem exaltados, os nervos abalados, principalmente quando se encontra numa situação em que os policiais estejam cercados. Mesmo um policial de operações especiais, altamente preparado para esse tipo de situação, também tem sentimentos que podem aflorar nesses casos. A título de exemplo, imagine-se a hipótese em que um policial estava isolado e cercado por dois marginais. Como o policial encontrava-se altamente treinado, consegue efetuar os disparos que acertam os dois transgressores. Embora seus primeiros disparos tenham sido certeiros, atingindo e neutralizando seus agressores, em poucos segundos, descarrega sua pistola, alvejando por mais de seis vezes cada um dos seus ofensores iniciais.

---

[26] FRANCO, Alberto Silva. *Código Penal e sua interpretação jurisprudencial*: parte geral, p. 348.

Nesse caso, se descobríssemos que, com o primeiro disparo em cada um dos criminosos, já teria o policial estancado a agressão injusta que era praticada contra a sua pessoa, os demais deveriam ser considerados excesso, razão pela qual o policial seria responsabilizado pelos resultados por eles produzidos. Contudo, a pergunta que devemos nos fazer é a seguinte: na situação em que o policial se encontrava, poderia ele raciocinar friamente, ou, devido a sua perturbação de ânimo, como diz, expressamente, o parágrafo único do art. 45 do CPM, seria escusável o seu comportamento excessivo? Obviamente, o policial poderia ser beneficiado com o raciocínio correspondente ao excesso exculpante (ou excesso escusável), afastando-se, consequentemente, a sua culpabilidade.

Capítulo 11
Negociação e gerenciamento de crise

11.1 INTRODUÇÃO, CONCEITO E CARACTERÍSTICAS

Em uma penitenciária superlotada, os presos se amotinaram. Fizeram reféns três policiais penais e, depois de espancá-los violentamente, ameaçavam matá-los, caso suas reivindicações não fossem atendidas. Foram identificadas muitas armas brancas (que, em alguns lugares, recebem o nome de "chucho"), feitas pelos próprios detentos, além de drogas. O líder da rebelião se mostra exaltado e disposto a levar adiante seu plano criminoso, no que é reverenciado pelos demais companheiros de cela. Os familiares dos presos começam a chegar ao estabelecimento prisional, assustados, em busca de notícias de seus parentes. Os canais de televisão estão ali, ao vivo, divulgando todos os fatos.

Do outro lado da cidade, um marido, inconformado com a separação proposta pela esposa, depois de permanecer alguns dias fora de casa, volta disposto a conquistá-la. No entanto, seus argumentos não a convencem, e a mulher se mantém firme no propósito de separação. Depois de ouvir a recusa, em um ataque de fúria, começa a agredi-la. Seus vizinhos percebem que algo estranho está acontecendo e chamam a polícia. O marido, transtornado, começa a gritar que não se importa com a sua vida e que irá cometer suicídio após matar a sua esposa, que o rejeitou.

No centro da cidade, um roubo frustrado acaba se transformando em sequestro. A ação criminosa, prevista, detalhadamente, para durar cinco minutos, fugiu ao controle. Algo de errado aconteceu. No exato instante em que anunciavam o roubo, coincidentemente, por aquele local, passava uma viatura policial, que, percebendo uma movimentação anormal, resolveu conferir, e, agora, os agentes, encapuzados, fizeram vários reféns.

Em um bairro da periferia, um homem resolve cometer suicídio. Está no alto de uma torre de energia elétrica e afirma que vai pular. Chora muito, está descontrolado. Diz que não tem amigos, família, emprego, enfim, que a vida, para ele, perdeu o sentido. A tensão é grande. Já existe um número considerável de pessoas assistindo à cena. A expectativa é enorme. Todos acreditam que aquela pessoa dará cabo da própria vida.

Esses exemplos fazem parte do dia a dia policial. Quando menos se espera, a crise está instaurada. Vidas passam a correr risco. *Crise* (situação ou evento crítico), de acordo com a definição proposta pela Academia Nacional do FBI, é um "evento ou situação crucial, que exige uma resposta especial da polícia, a fim de assegurar uma solução aceitável" (esse conceito de crise e muitas outras definições que serão utilizadas neste capítulo foram dados pelo querido amigo e professor, Tenente Coronel Onivan Elias de Oliveira, instrutor do curso de Negociação e Gerenciamento de Crise, ministrado pela Polícia Militar do Estado da Paraíba, do qual tive a grata satisfação de participar, como aluno, em fevereiro de 2011).

Como se percebe, as crises surgem, na maioria das vezes, de forma inesperada, sendo, portanto, imprevisíveis. É claro que, em algumas situações, as autoridades competentes podiam prevê-las. Assim, imagine-se a hipótese em que, em determinado sistema prisional, os detentos sejam privados de seus direitos básicos (alimentação, banho de sol, decisões a respeito de seus pedidos na fase da execução de suas penas etc.), seus parentes humilhados durante as visitas, enfim, existem fatos que prenunciam uma crise. No entanto, na maioria das vezes, ela acontece inesperadamente.

Quando a crise tem início, o tempo também é fator fundamental. *Vidas estão correndo risco*, são ameaçadas, mesmo que pelo próprio perpetrador da crise, como ocorre nas hipóteses de tentativa de autoextermínio. As autoridades encarregadas de debelar a crise devem agir da forma mais rápida possível, impondo, portanto, agilidade e urgência nas suas decisões. A isso, doutrinariamente, chama-se *compressão de tempo* na crise.

Assim, podem ser consideradas como características da crise: a) imprevisibilidade; b) compressão de tempo; c) ameaça à vida ou à integridade física das pessoas.

11.2 PROVIDÊNCIAS IMEDIATAS APÓS A OCORRÊNCIA DA CRISE

Vamos trabalhar com a hipótese mencionada em que alguns policiais, ao fazerem uma patrulha no centro da cidade, impediram a prática de um crime de roubo. No entanto, os integrantes do grupo criminoso fizeram cinco reféns, dando origem à crise. O que fazer a partir desse momento?

Doutrinariamente, tem-se entendido que, em situações de crise, três posturas devem ser adotadas: 1) conter; 2) isolar a área; 3) negociar.

Conter a crise tem o significado de evitar que ela se espalhe para outros lugares, trazendo riscos a mais pessoas, bem como evitando a fuga dos causadores da situação crítica, a invasão de "curiosos" no local, o que é muito comum nesses casos. Com essa contenção, os agentes ficam impossibilitados ou, pelo menos, encontram mais dificuldades em ampliar o número de reféns, de fugir do local, de conquistar posições mais seguras, de ter acesso a recursos que facilitem ou ampliem seu potencial ofensivo etc.

Isolar tem o sentido de ilhar, isto é, fazer que os agentes, chamados também de perpetradores da crise, ou mesmo os reféns, tenham qualquer contato com o mundo exterior ao local do isolamento. É claro que, hoje em dia, com o uso de telefones celulares, esse isolamento ficou complicado. Embora, por exemplo, possa ser cortada a energia elétrica, impedindo que haja recarga nas baterias dos telefones celulares que se encontram no ponto crítico, ou seja, no local onde a crise foi instalada, dependendo do tempo de duração da crise, será quase que impossível o total isolamento. De qualquer forma, é um padrão a ser adotado, a fim de que os agentes tenham somente a polícia como o único contato externo, pelo menos inicialmente.

Com o isolamento, outras providências também são adotadas, a exemplo de acionar os apoios necessários (bombeiros, ambulância, grupos de ações táticas etc.); estabelecimento do posto de comando; eleição do porta-voz da polícia; entrevista com pessoas que, possivelmente, escaparam à ação criminosa, a fim de obter informações necessárias para futuras negociações, delimitação dos perímetros táticos – interno e externo; enfim, são tomadas providências para cortar o contato dos agentes perpetradores da crise com o "mundo exterior" ao ponto crítico, bem como providências necessárias para iniciar as negociações.

Por *perímetro tático* devemos entender aquela área às quais somente determinadas pessoas terão acesso. Esse perímetro, como citado, pode ser considerado: interno e externo. O *perímetro interno* é a área onde somente permanecem os causadores da crise, os reféns, os negociadores e o grupo tático. No *perímetro externo*, ficam localizados o posto de comando e o apoio operacional (bombeiros, ambulâncias etc.). A delimitação do perímetro, dependendo do local onde ocorreu a crise, pode ser um dos maiores problemas enfrentados pela polícia, a exemplo do que ocorre quando uma avenida, localizada no centro de uma grande cidade, deve ser interditada. No entanto, é fundamental que os perímetros sejam devidamente delimitados, evitando-se, dessa forma, que mais pessoas corram risco com a ação criminosa, cujas reações, durante o processo de negociação, são imprevisíveis.

Os meios de comunicação, principalmente a televisão, têm mostrado que, em inúmeras situações de crise, quando não há obediência à doutrina que exige a determinação dos perímetros, muitas pessoas acabam sendo vítimas do confronto armado entre a polícia e os agentes perpetradores. Não é incomum assistirmos a cenas na televisão em que o negociador conversa, cara a cara, com o perpetrador da crise, tendo ao lado, ou, pelo menos, muito próximo a ele, um grande número de "curiosos", que estão ali somente para presenciar o desfecho da ação policial. O risco para essas pessoas, como se percebe, é enorme e atrapalha a ação policial.

A *negociação* é o ponto fundamental da crise, razão pela qual será analisada em tópico próprio. Por enquanto, basta dizer que, necessariamente, todos os policiais, independentemente de sua patente, devem estar habilitados a iniciar as negociações, sendo imprescindível a ministração desse tema em todas as academias de polícia. Um policial despreparado para negociar, sem o mínimo de conhecimento teórico sobre o tema, pode colocar tudo a perder. Sua falta de habilidade, consequência de sua falta de conhecimento teórico, pode colocar em risco a vida dos reféns e das vítimas.

Por essa razão, esta última postura tem sido substituída pela chamada *estabilização*. Assim, os policiais que não tiverem condições de dar início à negociação com os perpetradores da crise deverão adotar tão somente os procedimentos anteriores (conter e isolar), com sua imediata comunicação àqueles capazes de levar a efeito a negociação, com a instalação de um posto de comando, que será dirigido pelo chamado *gerente da crise*, o qual, em virtude também da sua importância, será analisado em tópico próprio.

11.3 PERPETRADOR DA CRISE, REFÉNS E ELEMENTOS OPERACIONAIS

Perpetrador da crise, causador ou tomador de reféns são alguns dos nomes utilizados para apontar aquele que deu origem à situação crítica. Pode ser aquele que ameaça acabar com a própria vida, como é a o caso do agente que atua com finalidade de autoextermínio, em que somente sua vida ou integridade física correm perigo, ou aquele que faz outras pessoas reféns ou vítimas.

Dissemos reféns ou vítimas porque, doutrinariamente, tem-se entendido que, mesmo privados de sua liberdade pelo perpetrador, suas situações são analisadas de maneira diferenciada.

Assim, entende-se como refém a pessoa que foi privada de sua liberdade pelo perpetrador da crise, mas que com ele não possui nenhuma relação de natureza pessoal. É um estranho que, infelizmente, foi surpreendido pela atitude do perpetrador da crise.

Ao contrário, para alguns doutrinadores, a exemplo do Ten.-Cel. Onivan Elias de Oliveira, referência nacional quando o assunto é negociação e gerenciamento de crise, vítima seria aquela que teria alguma relação de proximidade ou parentesco com o perpetrado, a exemplo do que ocorre com a esposa, namorada, pai, mãe, irmãos, amigos íntimos etc. Nesses casos, segundo se tem entendido, o risco para a vida ou a integridade física dessas pessoas é maior, pois existe a probabilidade de que o comportamento do perpetrador da crise seja dirigido contra elas mesmas. Veja-se, por exemplo, o que ocorre quando um homem, abandonado por sua mulher, com quem vivia há mais de dez anos, deseja reatar o relacionamento conjugal, sendo continuamente recusado. A violência do agente, basicamente, será concentrada na pessoa da vítima, caso seu pedido seja, mais uma vez, recusado.

Agora, situação diversa seria a do perpetrador da crise que, durante um roubo frustrado, tomasse um refém. Nesse caso, a utilização do refém seria para que pudesse, normalmente, negociar com a polícia sua fuga ou mesmo sua rendição. Entende-se que, nesses casos, o risco para a vida ou a integridade física do refém é menor do que na hipótese em que é considerado como vítima. Daí a diferença conceitual, embora, na prática, todos sejam vítima de um crime contra a sua liberdade ambulatorial e reféns no sentido popular da palavra.

Os *elementos operacionais* da crise, ou seja, aqueles que atuam no sentido de fazer com que seja debelada, são: 1) negociador; 2) gerente da crise; e 3) grupo tático.

11.3.1 O negociador

O *negociador* exerce a função de ligação entre o causador da situação crítica e o gerente da crise. Sua figura nunca poderá se confundir ou mesmo se misturar com a do gerenciador ou gerente. Sua função, como o próprio nome induz, é negociar, negociar e negociar. A negociação de todas as alternativas existentes para solução da crise (a exemplo do tiro de comprometimento e da ação do grupo tático), com toda certeza, é a que melhor atende aos interesses de todos (perpetrador, tomador ou causador da crise, reféns, vítima, policiais envolvidos etc.), uma vez que sua finalidade principal é preservar vidas, inclusive a do próprio causador do evento crítico.

O negociador deve ter profundo conhecimento da doutrina de negociação, ser paciente, agir sempre de forma respeitável, ter autoconfiança e autocontrole, saber agir em equipe, ser perspicaz e, o que é muito importante, ter o dom da comunicação. Sua arma principal são as palavras. Por isso, deve saber bem utilizá-las, evitando a utilização de termos que tragam desconforto ou mesmo sentimentos de ira à negociação. Deve ser o mais paciente de todos, visto que, no início da crise, em muitos casos, será ofendido, humilhado, ridicularizado por aquele que se encontra acuado no ponto crítico.

Existem dois tipos de negociação. O primeiro deles, chamado *negociação técnica*, tem por finalidade resolver a crise de forma pacífica, conversada, com a entrega dos reféns e das vítimas, bem como a prisão do causador, assegurando-lhe a vida e a integridade física, com respeito aos direitos humanos. A segunda modalidade de negociação é conhecida como *tática*. Aqui, ao contrário da primeira, o negociador auxilia o atirador de precisão para que leve a efeito o tiro de comprometimento, ou mesmo o grupo tático, fazendo que a entrada no local seja a mais segura para os reféns ou vítimas, inclusive para os policiais que farão a incursão no local no qual foi instalada a crise.

É fundamental frisar que somente haverá a negociação tática quando todos os recursos relativos à negociação técnica tiverem se esgotado, ou seja, quando o negociador, de acordo com sua avaliação e suas experiências, concluir que a negociação técnica não está evoluindo e que essa falta de evolução colocará em risco as pessoas tomadas como reféns pelo perpetrador da crise.

Infelizmente, há situações em que outra opção não haverá a não ser a morte do causador da crise, por meio de um tiro de comprometimento feito pelos atiradores de precisão, ou a entrada do grupo tático, que, de alguma forma, poderá provocar danos não somente ao causador da crise mas também, em algumas situações, aos próprios reféns ou vítimas. Por isso, essa decisão deve ser tomada na hora certa. Um erro de cálculo, de conclusão, poderá ceifar vidas inocentes, uma vez que, por mais habilitados e treinados que sejam os policiais pertencentes aos grupos de operações policiais especiais, o risco de algo não sair como o esperado sempre existe.

Para que as negociações sejam bem-sucedidas, os negociadores devem obter o máximo de informações possível sobre o evento crítico, apurando dados que digam respeito ao agente, aos seus relacionamentos, à sua vida pregressa, à sua personalidade, enfim, os negociadores devem estar munidos de todas as informações indispensáveis ao bom andamento dos trabalhos.

O ideal é que a negociação seja feita por um negociador principal, o que não afasta a possibilidade, ou mesmo a necessidade, de existência de um negociador secundário, que ficará encarregado de levar ao conhecimento do negociador principal todas as informações que obtiver da central de comando.

Além disso, pode ocorrer de não existir empatia entre o negociador principal e o causador da crise, dificultando, sobremaneira, o processo de negociação. Quando o negociador sentir que as negociações não estão fluindo, é de bom alvitre substituí-lo. O ideal é que se tenha sempre outro negociador, no ponto crítico, que conheça todos os fatos negociados até aquele momento, bem como as características do tomador de reféns, para que não haja irritação por parte deste último com a substituição de um policial por outro que não tinha conhecimento da ocorrência.

O negociador sempre deverá ser um policial, civil ou militar. Sendo militar, não há necessidade de ser aquele com a maior patente, mas, sim, o mais hábil em matéria de negociação, possuidor dos conhecimentos técnicos exigidos. Da mesma forma, sendo um policial civil, não há necessidade de que seja o próprio delegado de polícia, mas, sim, outro policial (escrivão, agente etc.) cujas habilidades e conhecimento técnico lhe permitam assumir essa importante função.

Nada impede, contudo, que membros do Ministério Público, da magistratura e de outras instituições atuem como negociadores secundários, ou mesmo no grupo de inteligência, que ficará reunido no posto de comando. Também não podem ocupar essa função líderes religiosos (pastores, padres etc.), parentes do causador da crise, amigos, políticos, enfim, pessoas que não estão devidamente habilitadas e instruídas doutrinariamente a resolver a crise. Além disso, estas últimas pessoas se deixarão levar pelas suas emoções, ao contrário do negociador policial, que agirá de forma puramente profissional. Sua meta é acabar com a crise, seja de forma pacífica, seja colaborando com a equipe tática. Esta última alternativa jamais seria adotada se os negociadores fossem, por exemplo, promotores de Justiça, juízes de Direito, sacerdotes, políticos, parentes ou amigos do tomador de reféns.

11.3.2 O gerente da crise

O gerente da crise é o encarregado de comandar todas as operações necessárias ao desfecho do evento crítico. Sua função é de extrema importância, pois é ele quem detém o poder de decisão. Todas as ordens deverão partir do gerente da crise. Uma decisão equivocada poderá até mesmo fazer que seja responsabilizado administrativa, civil e penalmente.

Ele deve determinar as providências necessárias, pensando em todas as possíveis consequências da crise. Assim, por exemplo, uma vez formada a equipe de gerenciamento, instalada no posto de comando, o gerente da crise, além de munir os negociadores de todas as informações indispensáveis para que tenha um contato mais efetivo e produtivo com o causador do evento crítico, deverá se preocupar em: manter os perímetros interno e externo, evitando a presença de curiosos no local; fornecer dados para a imprensa, que não prejudiquem o andamento das negociações; manter contato com a família dos reféns, vítimas e do próprio causador da crise; acionar as equipes de resgate (ambulância, bombeiros etc.); traçar os planos para uma possível rendição do produtor da crise (ritual de rendição) ou, que seria a mais drástica das posições, elaborar o plano de ação do grupo tático, incluído, aqui, o tiro de comprometimento.

Enfim, deve levar a efeito todos os procedimentos necessários à solução da crise, procurando sempre as melhores alternativas, que são aquelas que buscam preservar a vida e a integridade física de todas as pessoas envolvidas no evento crítico.

Gilmar Luciano Santos resume e organiza tudo o que foi dito, prelecionando que o comandante do teatro das operações, ou seja, o gerente da crise, deve cumprir quatro papéis fundamentais:

> *Planejar*: todo o planejamento da operação, desde a instalação do posto de comando até a montagem da sala da imprensa deve ser planejado pelo comando da operação.
> *Coordenar*: a visão "holística" do comando da operação é, sem dúvida, a peça primordial para o sucesso da operação.
> *Organizar*: muitas ocorrências a que assistimos pela TV ou lemos nos jornais transparecem uma nítida falta de preparo do organismo responsável pela gerência, pois percebemos "bolos", "amontoados", grupos de policiais que não sabem o que fazer, atrapalhando os organismos especializados e permitindo a presença de terceiros no teatro de operações.
> *Gerenciar*: como gerente responsável pela crise, o comandante não deve executar (ser o *sniper*/ser negociador/ser o chefe do time tático etc.), sob pena de perder a gerência da crise.[1]

Essa última advertência é de extrema importância, ou seja, as funções durante a crise devem ser bem delimitadas e nunca podem ser confundidas na figura de uma só pessoa. Assim, o gerente não negocia com o tomador de reféns. Quem exerce esse papel é o negociador. Se o negociador não estiver obtendo sucesso com a forma de negociação, caberá ao gerente orientá-lo para que mude de estratégia. Se, ainda assim, as negociações não evoluírem, o gerente determinará a troca do negociador por outro, mas nunca assumirá essa posição.

---

[1] SANTOS, Gilmar Luciano. *Como vejo a crise*: gerenciamento de ocorrências policiais de alta complexidade, p. 40-41.

11.3.3 O grupo tático

O grupo tático é formado por policiais especializados e altamente treinados para as funções que lhes são inerentes. Não são policiais convencionais, que atuam em toda e qualquer infração penal, mas somente nos casos extremos, nos quais o emprego de técnicas especiais será, basicamente, a única solução.

Nesses grupos táticos, encontramos especialistas com funções distintas, a exemplo dos atiradores de precisão (*snipers*), explosivistas, grupos de assalto etc. Normalmente, são unidades de pequeno porte, fundamentadas na hierarquia, na disciplina e na lealdade, as quais, quando não estão sendo utilizadas em situações de crises, dedicam seu tempo a treinamentos constantes e realísticos.

O Brasil tem se destacado internacionalmente por seus grupos táticos, que atuam em operações policiais especiais, a exemplo do que ocorre com o Batalhão de Operações Policiais Especiais (Bope), o Grupo de Ações Táticas Especiais (Gate), das Polícias Militares; o Comando de Operações Táticas (COT), da Polícia Federal; a Divisão de Operações Especiais (DOE), de Brasília; entre outros, a Coordenadoria de Recursos Especiais (Core), da Polícia Civil etc.

Os fundamentos éticos do grupo tático, segundo o Ten.-Cel. Rodolfo Pacheco, da Brigada Militar do Rio Grande do Sul, são: 1) a responsabilidade coletiva; 2) a fidelidade aos objetivos doutrinários; 3) o voluntariado; 4) o dever de silêncio.

Responsabilidade coletiva tem o sentido de que todos serão responsáveis por tudo que alguém do grupo tático fizer. Todos os integrantes do grupo, de acordo com as lições do Ten.-Cel. Pacheco, "são responsáveis solidariamente pelos atos praticados durante uma ação tática"[2]. Por essa razão, existe até mesmo um simbolismo nos uniformes táticos e no uso da chamada "balaclava" (um capuz que envolve toda a cabeça do policial, com uma abertura para os olhos), pois todos se parecem com uma única figura.

Por *fidelidade aos princípios doutrinários* deve-se entender que o grupo tático somente poderá ser empregado, ainda de acordo com o Ten.-Cel. Pacheco, "dentro da mais estrita e rigorosa observância dos princípios doutrinários do gerenciamento de crises"[3].

Voluntariado, por seu turno, significa que nenhum policial poderá ser obrigado a pertencer a um grupo tático. Essa deve ser uma opção de livre escolha. Por outro lado, se ingressou no grupo voluntariamente, mas, tempos depois, buscou seu desligamento, da mesma forma não será obrigado a nele permanecer.

Por fim, o *dever de silêncio* pode ser concebido como uma consequência da responsabilidade do grupo pelo comportamento de um de seus integrantes. Por mais que tenha sido grosseiro o erro praticado pelo policial do grupo tático, segundo esse fundamento, não deve ser revelado, para que um indivíduo, isoladamente, venha a ser responsabilizado por ele. Todos são, na verdade, um só.

---

[2] PACHECO, Rodolfo. *Gerenciando crises*, p. 63-64.
[3] PACHECO, Rodolfo. *Gerenciando crises*, p. 64.

11.3.3.1 Sniper *(atirador de precisão)*

A origem do nome *sniper* se deve ao fato de que, no período entre as duas grandes guerras mundiais, as tropas americanas faziam seus treinamentos militares em grandes campos abertos e, ao efetuarem os disparos, percebiam que uma ave, chamada *snipe*, era afugentada pelo barulho, fazendo voos rápidos e irregulares. No entanto, devido ao fato de ali encontrar seu alimento preferido, sempre voltava à linha de tiro. Alguns militares, então, passaram a tentar acertar o pássaro, ainda em pleno voo, surgindo, então, o apelido *sniper*.

Conforme preleciona o Ten. da PMDF Ricardo Ferreira Napoleão:

> (...) não é suficiente que o indivíduo seja um exímio atirador para ser um *Sniper*. As habilidades necessárias à qualificação do *Sniper*, principalmente o "*Sniper* Policial", envolvem, obrigatoriamente, altíssimas doses de paciência e disciplina, inteligência, vontade, confiança do grupo, não beber, fumar ou usar narcóticos, possuir equilíbrio mental e emocional, ser calmo e ponderado, não ser susceptível a ansiedade e remorsos, e tudo isso, aliado a um alto grau de discernimento, capacidade de julgamento, e, finalmente, sujeitar-se hierárquica e disciplinadamente ao seu Comandante de maneira inconteste.
>
> Complementam todos estes requisitos um árduo e constante treinamento e o aprimoramento do equipamento.
>
> Outra qualidade, cuja citação se faz necessária, é o compromisso com a função a ser exercida e a capacidade de assimilar o resultado de uma eventual interferência na ação.
>
> Geralmente o atirador da equipe posiciona-se de maneira a ter ampla visão do cenário onde se desenrola a ação, em contato com o comandante da operação através do observador, enquanto os outros policiais da equipe de assalto (grupo de invasão), aguardam o momento exato de agir, que tanto pode ser o êxito das negociações ou a atuação do *Sniper*, desencadeando a tomada do recinto, com a liberação dos reféns e neutralização dos alvos.
>
> Sua atividade é constante, pois, no decorrer das negociações, deverá manter sob a mira o seu objetivo e estar atento a qualquer fato novo que implique uma rápida intervenção.
>
> Nem sempre o *Sniper* atua sozinho. Existem condições em que há necessidade de um segundo ou até um terceiro atirador, conforme a quantidade de alvos, ou ainda quando há necessidade de manter mais de um ângulo de tiro.[4]

A atividade do *sniper*, hoje em dia, tornou-se indispensável, principalmente dado o elevado número de casos que envolvem reféns em grave situação de risco de morte. Assim, o treinamento de um policial apto a um tiro de precisão, com certeza, se tornou fundamental. Não é qualquer policial que pode fazer as vezes do *sniper*, ou atirador de elite, pois o que se está em jogo, como regra, é a vida do refém, daquele que está sob a mira da arma de um delinquente, que, em muitas ocasiões, não está preocupado com sua própria sobrevivência, muito menos com a da vítima que está ao seu alcance.

---

[4] NAPOLEÃO, Ricardo Ferreira. Disponível em: <www.operacoesespeciais.com.br>.

Contudo, embora de suma importância, o que justificaria a ação do *sniper*? Ou, melhor dizendo, qual seria a natureza jurídica do seu comportamento? O atirador de elite teria o poder de vida e morte em suas mãos? Seria uma decisão exclusivamente sua matar ou ferir aquele que, por exemplo, tem sua arma apontada para a vítima?

Inicialmente, precisamos dizer que o *sniper*, na condição em que, normalmente, é utilizado, atua em legítima defesa de terceiros. Como não temos um conceito preciso do que seja efetivamente o estrito cumprimento do dever legal, a situação do *sniper* melhor se amolda ao conceito de legítima defesa de terceiros, sobretudo pelo fato de que, em determinadas situações, poderá até mesmo sentenciar o agressor à morte.

A conduta do *sniper*, portanto, se encaixa, com precisão no parágrafo único do art. 25 do CP, que diz:

> Parágrafo único. Observados os requisitos previstos no *caput* deste artigo, considera-se também em legítima defesa o agente de segurança pública que repele agressão ou risco de agressão a vítima mantida refém durante a prática de crimes.

O *sniper*, em quase todas as situações, decidirá o destino do agressor, dependendo, obviamente, da necessidade dessa decisão. No entanto, não fica ao seu puro arbítrio matar ou ferir aquele que está, por exemplo, prestes a tirar a vida de um cidadão. Sua capacidade como atirador de elite, aliada à sua experiência profissional, fará que, no caso concreto, decida o que fazer.

Assim, por exemplo, se esgotadas as possibilidades de negociação, se for dado pelo comandante da operação o sinal verde para a atuação do *sniper*, ele terá sempre em foco duas alternativas, que conduzirão, certamente, à neutralização do agressor: seu tiro poderá ser efetuado em direção a uma zona mortal do corpo humano, eliminando-o instantaneamente e, com isso, impedindo sua ação criminosa dirigida à vítima; ou poderá efetuar um disparo com a intenção de tão somente ferir o agressor, desde que isso possibilite o resgate seguro da vítima.

Embora ele seja o "senhor" da decisão no caso concreto, sua opção estará, na verdade, vinculada ao resultado menos gravoso para o agressor. Com isso, estamos querendo dizer que, se, no caso concreto, fosse possível um tiro, por exemplo, que pudesse ferir e desarmar o agressor, esse deveria ser o comportamento do atirador de elite; por outro lado, se o *sniper*, de acordo com a cena que estava diante de si, perceber que qualquer outro tiro que não seja dado em uma zona vital do agressor colocará a vida da vítima em risco, esse será o tiro necessário.

O importante é que não vislumbremos excesso na conduta do atirador, pois, como vimos, todo excesso se configura também uma agressão injusta, e o *sniper* não está imune de ser responsabilizado criminalmente por isso.

Contudo, frise-se, o caso concreto é que terá forças para ditar o comportamento do atirador de elite.

Merece ser ressaltado, ainda, que o atirador de elite somente poderá atuar após ser dada a ordem pelo seu superior. Casos emblemáticos marcaram a inação dos atiradores de elite, em virtude de não terem sido autorizadas as ordens de disparo, a exemplo do que ocorreu, no Rio de Janeiro, com o sequestro dos passageiros no ônibus 174, bem como, na cidade de São Paulo, com o caso Eloá, que foi morta após ser atingida a tiros por seu ex-namorado, quando da invasão de sua residência pela Polícia Militar.

Por outro lado, na cidade do Rio de Janeiro, em 25 de setembro de 2009, após ser devidamente autorizado, o Major Busnello, da PMERJ, efetuou um tiro de comprometimento em um sequestrador que, agarrado a uma refém, ameaçava explodir uma granada. Concluindo os negociadores que a situação era crítica, visto que o agente já havia, por mais de uma vez, retirado o pino de segurança, o *sniper* foi autorizado a levar a efeito o tiro incapacitante, impedindo o agente de deflagrar o explosivo. Nesse caso, como se percebe, outra opção não tinha o atirador de elite, ou seja, não se vislumbrava a possibilidade de outro tiro não letal, com a consequente preservação da vida do agente, que coloca em risco a vida não somente da vítima como também das demais pessoas que se encontravam ao redor.

11.3.3.2 Denominações ligadas à atividade do sniper

De acordo com as lições do Ten. da PMDF Ricardo Ferreira Napoleão, são estas as denominações ligadas à atividade do *sniper*:

- Atirador de Escol (ou Elite): exímio atirador.
- Franco-atirador: atirador que dispara em alvos aleatórios, de forma independente.
- Caçador: atirador militar, conhecedor de técnicas individuais de combate, que atua de forma independente, atrás de alvos inimigos específicos ou de oportunidade.
- *Sniper*: atirador, conhecedor de técnicas individuais de combate, que tem a missão de executar o tiro de comprometimento ou apoiar grupos de assalto e cobertura de fogo, executando disparos em alvos específicos e mediante ordem.
- Tiro de comprometimento: tiro efetuado pelo *Sniper*, a partir do qual deve ser desencadeado o assalto.[5]

11.4 O RITUAL DE RENDIÇÃO

A rendição do causador da crise, com a entrega dos reféns (na hipótese de não terem sido libertados anteriormente), é um dos momentos mais importantes,

---

[5] NAPOLEÃO, Ricardo Ferreira. Disponível em: <www.operacoesespeciais.com.br>.

em que todas as providências devem ter sido levadas a efeito pelo gerente da crise, até mesmo com a preparação do grupo tático ou dos atiradores de precisão, caso o tomador resolva mudar de ideia e continuar com a agressão.

O negociador, que será a pessoa mais próxima do causador da crise, deverá também tomar todas as cautelas necessárias para a preservação de sua vida ou integridade física, posicionando-se de modo que não corra riscos.

É fundamental que o tomador de reféns seja acompanhado em todos seus movimentos, evitando-se, assim, qualquer surpresa. Dessa forma, a arma por ele utilizada deverá estar à vista, ou seja, ele próprio deverá colocá-la no local indicado pelo negociador, que não lhe permitirá, caso se arrependa da sua rendição, utilizá-la novamente.

Após sua efetiva entrega, deverá ser revistado pelos policiais pertencentes ao grupo tático ou por outros designados pelo gerente da crise. Em seguida, deverá ser devidamente algemado e conduzido à delegacia de polícia, onde será lavrado o auto de prisão em flagrante, com seu necessário indiciamento pelas infrações penais por ele cometidas.

11.5 *SUICIDE BY COP*

Pode ocorrer, e não é incomum, que, durante a situação de crise, ou até durante o ritual de rendição, o tomador de refém pratique aquilo que se convencionou chamar da expressão inglesa *suicide by cop*; ou seja, é possível que ele mesmo, querendo pôr fim à própria vida, mas sem coragem, por exemplo, para puxar o gatilho de sua arma em direção a uma região letal do seu corpo, induza a polícia a uma atitude agressiva, com a finalidade de ser morto por ela.

Assim, por exemplo, imagine-se a hipótese em que o agente, querendo a própria morte, ao sair do local onde estava acuado, saque sua arma, que se encontrava sem munição, e a aponte para os integrantes do grupo tático, fazendo menção que efetuaria um disparo. Nesse momento, os policiais, que viam no agente uma ameaça, ou seja, ao imaginarem que seriam agredidos injustamente, efetuam o disparo mortal. Casos como esse traduzem o chamado *suicide by cop*.

Vale lembrar que o policial (ou os policiais) que efetuou/efetuaram os disparos, acreditando que seria(m) injustamente agredido(s) pelo causador da crise, age(m) de acordo com a chamada legítima defesa putativa ou imaginária, prevista pelo art. 20, § 1º, do CP.

11.6 SÍNDROME DE ESTOCOLMO

Nas infrações penais em que ocorre a privação da liberdade das pessoas, a exemplo do sequestro ou cárcere privado, da extorsão mediante sequestro etc., é comum estabelecer entre os agentes e as vítimas aquilo que se convencionou chamar de *síndrome de Estocolmo*, dada a situação de crise que aconteceu na Suécia, durante um roubo no Banco de Créditos de Estocolmo.

Naquele episódio, após uma tentativa de roubo, que fora frustrada com a chegada da polícia à agência bancária, um agente tomou como reféns três mulheres e um homem. Ato contínuo, com a finalidade de se proteger das investidas policiais, fez que todos entrassem na caixa-forte do Banco e exigiu, durante as negociações com a polícia, que fosse libertado e levado àquele local outro agente, antigo parceiro de crime, que se encontrava na prisão.

Essa exigência foi atendida, e os dois agentes (Jan-Erik Olsson e Clark Olofsson), além dos quatro reféns, ficaram no interior da caixa-forte da agência bancária por alguns dias. Ao final desse período (de 23 a 28 de agosto de 1973), quando, finalmente, iriam se entregar, os reféns utilizaram o próprio corpo como escudo contra a polícia a fim de proteger os dois sequestradores.

Pouco tempo depois, durante uma entrevista, uma das jovens reféns declarou, expressamente, sua simpatia por um dos sequestradores e disse que esperaria que ele cumprisse sua pena para que pudessem se casar. Esse fato causou espanto à população que assistia à entrevista, fazendo que todos acreditassem que, naquele local, os dois tinham mantido algum tipo de relação sexual.

Conforme relatado por Rodolfo Pacheco, ao contrário do que a população pensava:

> (...) por várias vezes, durante a crise, o suspeito exibira a referida moça, com uma arma sob o queixo, aos policiais. Soube-se também que, a certa altura, ao desconfiarem que a polícia pretendia jogar gás lacrimogêneo no interior da caixa-forte, os suspeitos amarraram os pescoços dos reféns aos puxadores das gavetas de aço ali existentes. Com isso pretendiam eles responsabilizar a polícia de algum eventual enforcamento dos reféns, causado pelo pânico que adviria com o lançamento de gás no interior da caixa-forte.[6]

Além disso, os reféns recusaram-se a testemunhar contra os agentes, falavam em favor deles perante o público e deram início a uma campanha para angariar fundos para a defesa deles em juízo.

A expressão *síndrome de Estocolmo* foi criada pelo psicólogo clínico Harvey Schlossberg, com base nesse evento ocorrido em Estocolmo, na Suécia, e tem sido definida, conforme preleciona Rodolfo Pacheco, como:

> (...) uma perturbação de ordem psicológica, paralela à chamada "transferência", que é o termo que a psicologia usa para se referir ao relacionamento que se desenvolve entre um paciente e o psiquiatra, e que permite que a terapia tenha sucesso. O paciente precisa acreditar que o médico pode ajudá-lo a fim de que o tratamento tenha bom êxito, e com resultado desse esforço, o paciente desenvolve o fenômeno da transferência. As pessoas, quando estão vivendo momentos cruciais, costumam se apegar a qualquer coisa que lhes indique a saída, e é exatamente isso que ocorre com os reféns e suspeitos.

---

[6] PACHECO, Rodolfo. *Gerenciando crises*, p. 53.

Por ocasião de um evento crítico, tanto uns como outros estão sob forte tensão emocional.

Por essa razão, os reféns passam conscientemente a desejar que tudo dê certo para os suspeitos, isto é, que eles consigam o dinheiro do resgate, que lhes sejam satisfeitas todas as exigências e que, ao final, possam fugir em paz, deixando os reféns com vida.

Nesse processo mental, os reféns passam a considerar como totalmente indesejável toda e qualquer intervenção policial e, frequentemente, os próprios valores sedimentados ao longo da vida costumam ser questionados e até mudados por essas pessoas.

Dessa ânsia desesperada pelo bom sucesso dos suspeitos para a simpatia, a admiração, e até mesmo o amor ou o bem-querer, é um passo.[7]

Os especialistas no assunto informam que a *síndrome de Estocolmo* leva de 15 a 45 minutos para começar a se manifestar, e sua probabilidade cresce à medida que vai se prolongando o tempo de convivência entre os agentes causadores da crise e os reféns.

Embora a existência dessa síndrome, por um lado, possa ser benéfica aos reféns, por outro, no que diz respeito à polícia, pode dificultar a posição do negociador, bem como atrapalhar a ação do grupo tático, preparado para intervir caso seja necessário.

O Ten.-Cel. Onivan Elias de Oliveira, no curso de Negociação e Gerenciamento de Crise, ministrado na Polícia Militar do Estado da Paraíba, aponta alguns aspectos negativos da síndrome em estudo, a saber:

- As informações transmitidas pelos reféns tornam-se não confiáveis.
- Os reféns, consciente ou inconscientemente, fornecem à polícia falsas informações sobre o armamento e o potencial dos sequestradores.
- Os reféns passam a assumir uma posição de defesa dos sequestradores.
- A síndrome pode causar interferência nos planos de resgate dos reféns, que poderão agir contrariamente aos comandos dos policiais, tornando mais difícil o trabalho do grupo tático que, eventualmente, poderá ser utilizado.

11.7 SÍNDROME DE LONDRES

Ao contrário do que ocorre com a chamada *síndrome de Estocolmo*, em que os reféns passam a ter uma relação de afinidade com seus algozes, na *síndrome de Londres*, o fenômeno é justamente o oposto, ou seja, o refém passa a discutir, discordar do comportamento dos sequestradores, gerando uma antipatia que, muitas vezes, lhe poderá ser fatal.

A denominação *síndrome de Londres* surgiu após o evento ocorrido na Embaixada Iraniana, localizada na cidade de Londres, onde seis terroristas árabes

---

[7] PACHECO, Rodolfo. *Gerenciando crises*, p. 53-54.

iranianos tomaram como reféns 16 diplomatas e funcionários iranianos, 3 cidadãos britânicos e 1 libanês, durante o período de 30 de abril a 5 de maio de 1980.

No grupo de reféns, havia um funcionário iraniano chamado Abbas Lavasani, que discutia, com frequência, com os terroristas, dizendo que jamais se dedicaria ao Aiatolá e que seu compromisso era com a justiça da revolução islâmica. O clima entre Lavasani e os terroristas era o pior possível, até que, em determinado momento do sequestro, quando decidiram que um dos reféns deveria ser morto para que acreditassem nas suas ameaças, os sequestradores escolheram Lavasini e o executaram.

Capítulo 12
Policial como garantidor. O dever e o poder de agir para evitar o resultado

12.1 CRIMES OMISSIVOS PRÓPRIOS E CRIMES OMISSIVOS IMPRÓPRIOS

A conduta do agente pode consistir num fazer ou deixar de fazer alguma coisa. Quando o agente faz alguma coisa proibida, fala-se em crime comissivo; quando deixa de fazer alguma coisa a que estava obrigado, temos um crime omissivo. Os crimes omissivos podem ser: omissivos próprios, puros ou simples e omissivos impróprios, comissivos por omissão ou omissivos qualificados, de acordo com a definição de Jescheck.

Crimes omissivos próprios, puros ou simples, segundo Mirabete:

> (...) são os que objetivamente são descritos com uma conduta negativa, de não fazer o que a lei determina, consistindo a omissão na transgressão da norma jurídica e não sendo necessário qualquer resultado naturalístico. Para a existência do crime basta que o autor se omita quando deve agir.[1]

Crimes omissivos impróprios, comissivos por omissão ou omissivos qualificados são aqueles em que, para sua configuração, é preciso que o agente possua um dever de agir para evitar o resultado.

Há crimes omissivos próprios ou puros que só podem ser cometidos por determinadas pessoas, sendo, portanto, classificados, doutrinariamente, como delitos próprios, como é o caso do art. 269 do CP, que prevê a omissão de notificação de doença, em que somente o médico pode ser o sujeito ativo. Esse dever de agir não é atribuído a qualquer pessoa, como acontece em alguns crimes omissivos próprios, a exemplo do art. 135 do CP, que prevê o delito de omissão de socorro, mas tão somente àquelas que gozem do *status* de garantidoras da não ocorrência do resultado.

Segundo a lição de Juarez Tavares:

---

[1] MIRABETE, Julio Fabbrini. *Manual de direito penal*: parte geral, p. 124.

(...) diz-se, na verdade, que os crimes omissivos impróprios são crimes de omissão qualificada porque os sujeitos devem possuir uma qualidade específica, que não é inerente e nem existe nas pessoas em geral. O sujeito deve ter com a vítima uma vinculação de tal ordem, para a proteção de seus bens jurídicos, que o situe na qualidade de garantidor desses bens jurídicos.[2]

Apenas assumem a posição de garantidor aquelas pessoas que se amoldem às situações elencadas pelo § 2º do art. 13 do CP, assim redigido:

(...)
§ 2º A omissão é penalmente relevante quando o omitente devia e podia agir para evitar o resultado. O dever de agir incumbe a quem:
a) tenha por lei obrigação de cuidado, proteção ou vigilância;
b) de outra forma, assumiu a responsabilidade de impedir o resultado;
c) com seu comportamento anterior, criou o risco da ocorrência do resultado.

Isso porque o Código Penal adotou o critério das *fontes formais* do dever de garantidor, deixando de lado a *teoria das funções*, preconizada por Armin Kaufmann, que defendia a tese de que seria garantidor o agente que tivesse uma relação estreita com a vítima, mesmo que não existisse qualquer obrigação legal entre eles.

A diferença básica entre o crime omissivo próprio e o impróprio é que, no primeiro, o legislador faz, expressamente, a previsão típica da conduta que deve ser imposta ao agente. Caso o agente se abstenha de praticá-la, incorrerá nas sanções cominadas a tais tipos penais. Como exemplos dessa espécie de crime omissivo, podemos citar a omissão de socorro (art. 135), o abandono material (art. 244), o abandono intelectual (art. 246), a omissão de notificação de doença (art. 269) e a prevaricação (art. 319). Nesses delitos, basta que o agente deixe de praticar as condutas que previamente lhe são impostas nos tipos penais para que cometa o crime omissivo próprio.

Já, nos crimes omissivos impróprios, considerados tipos abertos, não há essa predefinição típica. É preciso que o julgador elabore um trabalho de adequação, situando a posição de garantidor do agente aos fatos ocorridos, considerando, ainda, a sua real possibilidade de agir. Não há, portanto, predefinição alguma de condutas que se quer impor ao agente.

Enquanto, nos crimes omissivos próprios, a conduta prevista no tipo é negativa, ou seja, o tipo prevê uma inação, nos crimes omissivos impróprios ou comissivos por omissão, a conduta é positiva, isto é, comissiva, só que praticada via omissão do agente que, no caso concreto, tinha o dever de agir para evitar o resultado. Por essa razão é que se diz que o crime é comissivo por omissão, porque a conduta comissiva prevista no tipo é praticada de forma omissiva pelo agente.

---

[2] TAVARES, Juarez. *As controvérsias em torno dos crimes omissivos*, p. 65.

Dissertando sobre os crimes omissivos impróprios, preleciona Alberto Silva Franco:

> Não há, nesta categoria de delitos, uma referência expressa, na descrição típica, ao comportamento omissivo. O tipo descreve e veda uma determinada conduta positiva, e o resultado proibido deve ser debitado ao omitente como se o tivesse produzido, através de um fazer. Tanto pode a mãe matar o próprio filho de tenra idade, através de um fazer positivo, como por meio de uma omissão, no caso, por exemplo, de negar-lhe alimento.[3]

Os resultados, nos crimes omissivos impróprios, podem ser alcançados em razão das condutas dolosa ou culposa do agente, querendo-se dizer, com isso, que essa espécie de crime omissivo admite tanto a inação dolosa quanto a inação culposa como meio para se atribuir o resultado ao agente. Tanto pode agir com dolo o salva-vidas que, ao avistar o seu desafeto se afogando, volitivamente, não lhe presta a devida ajuda e permite que este venha a falecer, como pode dar causa ao resultado morte não por ter agido dolosamente, mas, sim, por ter sido negligente no tardio atendimento.

12.2 RELEVÂNCIA DA OMISSÃO

Nos termos do § 2º do art. 13 do CP, *a omissão é penalmente relevante quando o omitente devia e podia agir para evitar o resultado.*

Logo, pela redação inicial do artigo, podemos observar que a lei penal exige a conjugação de duas situações: o *dever de agir* (elencado nas alíneas *a*, *b* e *c*) com o *poder agir*.

O dever de agir, apontado nas alíneas do § 2º do art. 13 do CP, é considerado, na definição de Sheila de Albuquerque Bierrenbach, um dever especial de proteção:

> Dever específico, imposto apenas ao garante. Diverso daquele outro dever nascido, de forma imediata, da norma preceptiva, contida na Parte Especial do Código, que obriga a todos indistintamente. Deste modo, à luz do art. 135 do estatuto penal, que tipifica a "omissão de socorro", cabe a todos cumprir o mandamento legal, agindo para evitar ou tentar evitar que o perigo que ronda o bem jurídico protegido pela norma efetive-se, transformando-se em dano. Trata-se, pois, de dever genérico de proteção.[4]

Frisamos que a lei, quando elenca as situações nas quais surge o dever de agir, fazendo nascer daí a posição de garantidor, não exige que o garante evite, a qualquer custo, o resultado. O que a lei faz é despertar o agente para a sua obrigação, e, se ele realiza tudo o que estava ao seu alcance, a fim de evitar o resultado

---

[3] FRANCO, Alberto Silva. *Código Penal e sua interpretação jurisprudencial*: parte geral, p. 156.
[4] BIERRENBACH, Sheila de Albuquerque. *Crimes omissivos impróprios*, p. 91

lesivo, mas, mesmo com seus esforços, este vem a se produzir, não podemos a ele imputá-lo. Assim, por exemplo, se um salva-vidas, percebendo que alguém está se afogando, prontamente lhe presta socorro, valendo-se de todos os recursos que tinha à sua disposição, mas, ainda assim, o resultado morte vem a ocorrer, não poderemos atribuí-lo ao agente garantidor, visto que, no caso concreto, ele tentou, dentro dos seus limites, evitar a sua produção. Concluindo, a lei exige que o garantidor atue a fim de tentar evitar o resultado. Se não conseguir, mesmo depois de ter realizado tudo o que estava ao seu alcance, não poderá ser responsabilizado.

Todavia, o dever de agir não é suficiente para que se possa imputar o resultado lesivo ao garante. Era preciso, inclusive, que, nas condições em que se encontrava, pudesse atuar fisicamente, uma vez que o mencionado § 2º do art. 13 obriga a conjugação do dever de agir com o poder agir. Ainda na lição de Sheila de Albuquerque Bierrenbach:

> (...) o dever de agir, que deflui das posições de garantia elencadas nas alíneas do art. 13, § 2º, não prescinde da possibilidade real, física, de atuar do garante. Vale dizer, sua presença física, quando o perigo se instala ou está na iminência de instalar-se sobre o bem jurídico, bem como a possibilidade de salvá-lo, convenientemente.[5]

A impossibilidade física afasta a responsabilidade penal do garantidor por não ter atuado no caso concreto quando, em tese, tinha o dever de agir.

Conforme assevera Juarez Tavares:

> (...) integra também o tipo dos delitos omissivos a real possibilidade de atuar, que é, por sua vez, condição da posição de garantidor. Não se pode obrigar ninguém a agir sem que tenha a possibilidade pessoal de fazê-lo. A norma não pode simplesmente obrigar a todos, incondicionalmente, traçando, por exemplo, a seguinte sentença: "Jogue-se na água para salvar quem está se afogando". Bem, se a pessoa não sabe nadar, como irá se atirar na água para salvar quem está se afogando? Essa exigência incondicional é totalmente absurda e deve ser considerada como inexistente ou incompatível com os fundamentos da ordem jurídica.[6]

12.3 A POSIÇÃO DE GARANTIDOR

Nas alíneas do § 2º do art. 13 do CP, encontramos as situações que impõem ao agente a posição de garantidor da evitabilidade do resultado.

O que a lei deseja, nessas situações por ela elencadas, é que o agente atue visando, pelo menos, tentar impedir o resultado. É como se ela lhe dissesse: "Faça alguma coisa, porque você está obrigado a isso; caso contrário, o resultado lesivo será a você atribuído".

---

[5] BIERRENBACH, Sheila de Albuquerque. *Crimes omissivos impróprios*, p. 92-93.
[6] TAVARES, Juarez. *As controvérsias em torno dos crimes omissivos*, p. 75.

Isso quer dizer que, em muitas situações, se o garantidor fizer aquilo que dele se esperava a fim de evitar o resultado, e se este, ainda assim, vier a acontecer, não lhe poderá ser atribuído. Imaginemos o seguinte: durante a madrugada, determinada pessoa é baleada e, logo em seguida, conduzida a um pronto-socorro, vindo a ser recebida pelo médico de plantão. O médico, na condição de garantidor, faz tudo o que estava a seu alcance a fim de salvar a vida da vítima, que, em virtude da gravidade dos ferimentos por ela sofridos, não resiste e vem a falecer. Nessa situação, não podemos atribuir o resultado morte ao médico que prestou o necessário atendimento, uma vez que ele não se omitiu, mas, sim, agiu de acordo com as imposições legais.

Agora, no mesmo exemplo, suponhamos que o médico, apesar de saber da gravidade do fato, seja negligente no atendimento, vindo a fazê-lo somente poucos segundos antes de a vítima morrer. O resultado morte poderá ser imputado ao profissional que negligenciou no atendimento, pois a sua posição de garantidor impunha que atuasse em tempo hábil. Como não agiu, mesmo devendo e podendo fazê-lo, deverá ser responsabilizado pelo resultado, a título de culpa.

Imagine-se outra hipótese, em que, ao incursionar por determinada localidade, tentando pacificar um confronto que ocorria entre duas facções rivais, a exemplo do Comando Vermelho e do Terceiro Comando, os policiais se deparam com um dos traficantes já caído, alvejado no tórax. Se os policiais, dolosamente, não quiserem prestar o socorro, por se tratar de um conhecido traficante, que, inclusive, dias atrás, havia trocado tiros com a tropa, o resultado morte poderá ser atribuído à equipe, que, conjuntamente, decidiu em não prestar o necessário socorro.

Agora, se, mesmo sabendo que se tratava de um traficante perigoso, procurado pela Justiça, os policiais efetuarem o socorro, levando-o até o hospital mais próximo e, ainda assim, o sujeito vier a falecer, o resultado morte não lhes poderá ser imputado.

Esse dever de agir, no entanto, deve ser conjugado com o poder agir. Assim, se, embora percebendo a equipe que um traficante estava caído, com um sangramento muito intenso, necessitando de socorro, mas, pelas condições em que se encontravam, ou seja, devido ao local em que o corpo foi encontrado, e em virtude da intensa troca de tiros que estava sendo realizada naquele local, era impossível o socorro, se a vítima vier a falecer por falta de atendimento, os policiais não poderão ser responsabilizados, pois, ainda que tivessem o dever de agir, como diz a lei penal, não podiam fazê-lo fisicamente.

O garante, portanto, nas situações elencadas pelo Código Penal, tem o dever de agir para tentar impedir o resultado. Estas são as situações que impõem ao agente a posição de garantidor:

- Tenha por lei obrigação de cuidado, proteção ou vigilância.
- Assumiu, de outra forma, a responsabilidade de impedir o resultado.
- Criou, com seu comportamento anterior, o risco da ocorrência do resultado.

A primeira delas é a chamada *obrigação legal*. Conforme o próprio nome sugere, é aquela obrigação derivada da lei, como a obrigação dos pais para com seus filhos, isto é, a relação de poder familiar, derivada do art. 1.634 do CC; a obrigação concernente aos salva-vidas, que deriva da Constituição Federal (art. 144, V), em virtude de pertencerem aos quadros das polícias militares estaduais etc.

Dessa forma, o policial, em regra, encontra-se na situação de garantidor em virtude de uma imposição legal.

Assim, como exemplificamos *supra*, se o policial, dolosamente, deixa de prestar socorro à vítima que havia sido atingida por um disparo de arma de fogo, por reconhecê-la como um perigoso traficante, se esta vier a falecer, não será responsabilizado pelo crime de omissão de socorro (art. 135, parágrafo único, do CP), mas, sim, pelo homicídio doloso por omissão.

Situação completamente contrária seria aquela na qual um vizinho, que não se encontrava na posição de garantidor, tendo também avistado seu desafeto, podendo efetuar o socorro, vira as costas e vai embora, permitindo que ele morra. Neste último caso, deverá responder pelo crime de omissão de socorro, com a pena especialmente agravada pelo seu parágrafo único.

A alínea *b* do § 2º do art. 13 do CP traz-nos outra situação em que surge o dever de agir: quando o agente, de outra forma, assume a responsabilidade de impedir o resultado. Aqui residia, tempos atrás, a chamada responsabilidade contratual. Quando alguém estivesse vinculado por um contrato, a exemplo da babá que se obrigara a cuidar de uma criança – essa relação contratual faria que ela assumisse a posição de garantidora. Hoje em dia, não mais se exige a existência ou mesmo a vigência de um contrato, bastando que o agente tenha assumido, por conta própria e mesmo sem qualquer retribuição, esse encargo, como é o caso do guia turístico que, mesmo depois de ter chegado ao local para o qual fora contratado a guiar o grupo, resolve, por sua conta, conduzi-lo a outro não previamente contratado (como ocorre nos passeios realizados na comunidade da Rocinha, no Rio de Janeiro), ou do pai que, no exemplo de Juarez Tavares, querendo mergulhar no mar, solicita a alguém que olhe o seu filho por alguns minutos. Se essa pessoa anui ao pedido, naquele instante se coloca na posição de garantidora e, se, em virtude de sua negligência, deixar de olhar a criança e esta vier a se afogar, responderá pelo delito de homicídio culposo.

Finalmente, de acordo com a alínea *c* do § 2º do art. 13 do CP, coloca-se na posição de garantidor aquele que, *com seu comportamento anterior, criou o risco da ocorrência do resultado*. Conforme preconiza Sheila de Albuquerque Bierrenbach:

> (...) trata a alínea *c* do atuar precedente ou da ingerência, segundo a qual aquele que, com sua conduta anterior, cria a situação de risco para bem jurídico de terceiro está obrigado a agir, evitando que o perigo se converta em dano, sob pena de, omitindo-se, responder pelo resultado típico, como se o tivesse causado por via comissiva.[7]

---

[7] BIERRENBACH, Sheila de Albuquerque. *Crimes omissivos impróprios*, p. 80.

Podemos citar como exemplo aquele que, num acampamento, localizado numa floresta, depois de acender o fogo para fazer sua comida, não o apaga posteriormente, permitindo que se inicie um incêndio.

12.4 O RESULTADO QUE SERÁ IMPUTADO AO GARANTIDOR

Como vimos, toda vez que for atribuída a alguém a posição de garantidor, isso importará em um dever para o agente de evitar a produção do resultado. Na verdade, melhor dizendo, importará em um dever de fazer algo para que seja evitado o resultado previsto em determinado tipo penal.

Esse raciocínio é extremamente importante porque diferenciará a responsabilidade do garantidor da daquele que não possui esse dever de garantia.

Com relação aos policiais, podemos trabalhar com os exemplos a seguir para que o raciocínio da posição de garante seja melhor entendido.

Inicialmente, raciocinemos com a hipótese em que a equipe policial tenha sido convocada a fim de debelar uma rebelião que estava ocorrendo no interior de um estabelecimento prisional. Após fazer que os presos retornassem para suas celas, um policial penal percebe que, no interior de uma delas, um dos detentos estava prestes a ser vítima de um delito de estupro, pois já estava dominado pelos outros presos, com suas calças arriadas. Nesse momento, o policial penal, que a tudo assistia, dirige-se até a cela e, ao se aproximar, percebe que aquele preso era o mesmo que, há alguns dias, havia tentado matar outro policial penal durante uma revista na sua cela. Nesse instante, o policial interrompe a sua investida no sentido de evitar o delito, pois diz para si mesmo: "esse preso quase causou a morte de um de nossos colegas; portanto, merece sofrer e ser violentado pelos demais colegas de cela", o que, efetivamente, vem a ocorrer.

A pergunta que nos fazemos com base nesse exemplo é a seguinte: qual seria o delito praticado pelo policial penal que se omitiu a fim de evitar que o preso fosse violentado por seus companheiros de cela? Estupro por omissão. Isso porque ele deverá responder sempre pelo resultado previsto no tipo penal que previa a infração penal que estava prestes a acontecer e, no final, acabou sendo praticada devido à sua inércia.

Suponhamos, agora, que uma equipe, ao incursionar por determinada localidade, buscando apreender armas e drogas, perceba que alguns colegas de farda, pertencentes a outro batalhão, estão, ilicitamente, fazendo a entrega de drogas a um grupo de traficantes daquele local e, mesmo presenciando tal fato, podendo evitar a prática do crime, nada fazem. Nesse caso, deverão ser responsabilizados pelo delito tipificado no art. 33 da Lei nº 11.343/2006, vale dizer, o tráfico de drogas, por omissão.

Assim, concluindo, sempre o garantidor responderá pelo resultado previsto no tipo penal que, no caso concreto, devia e podia evitar.

Capítulo 13
Transporte de presos

No que diz respeito ao transporte de presos, deverá ser observado o art. 1º da Lei nº 8.653, de 10 de maio de 1993, que dispõe, *in verbis*:

> Art. 1º É proibido o transporte de presos em compartimento de proporções reduzidas, com ventilação deficiente ou ausência de luminosidade.

Caso essa determinação legal seja descumprida, vindo a ocasionar lesões ou mesmo a morte dos presos, os policiais responsáveis pelo seu transporte poderão ser responsabilizados administrativa, civil e penalmente.

Assim, imagine-se a hipótese em que dois policiais penais tenham sido encarregados de fazer o transporte de um preso até a penitenciária onde cumpria sua pena. Durante o trajeto, em um dia de verão, quando a temperatura girava em torno de 40 graus positivos, com sensação térmica de 45 graus positivos, por volta do meio-dia, resolvem almoçar, estacionando a viatura em frente a um restaurante. Ao saírem do veículo, trancam as portas e as janelas, com a finalidade de impedir a fuga daquele quem estavam transportando. Como o sol estava a pino, a temperatura dentro do veículo subiu a níveis insuportáveis, devido à falta de ventilação, vindo o preso a falecer. Nesse caso, os policiais seriam responsabilizados pelo delito de homicídio culposo, independentemente das sanções administrativas a que estariam sujeitos, além da possibilidade de responderem também na seara cível, caso o Estado viesse a ser condenado pela morte do preso que estava sob sua custódia.

Capítulo 14
Tópicos de execução penal

14.1 MONITORAMENTO ELETRÔNICO

Entre as novas tecnologias utilizadas como alternativas ao cumprimento de uma pena de privação de liberdade, podemos destacar o chamado *monitoramento eletrônico*.

O monitoramento eletrônico foi criado com a finalidade de fazer que o condenado não fosse retirado, abruptamente, do seu meio social. Muitos dos seus direitos, como acontece com nossos filhos durante sua correção, passam a ser limitados. No entanto, o convívio em sociedade ainda permanece. Não é dessocializado, mas, sim, educado a não praticar o ato que o levou a ter suspensos alguns desses direitos.

O sistema de monitoramento eletrônico é feito por meio de um sinalizador GPS. Entretanto, o que vem a ser um GPS? GPS é um acrônimo, significando, em inglês, *Global Positioning System* e, em português, Sistema de Posicionamento Global. Por meio dele, é possível saber nossa localização exata no planeta. Esse projeto foi iniciado há cerca de 30 anos, pelo governo dos Estados Unidos da América, mais precisamente pelo Departamento de Defesa. Foram lançados para a órbita vários satélites com o objetivo de ultrapassar as limitações dos sistemas de localização utilizados até aquele momento. O sistema foi sendo, constantemente, melhorado e, atualmente, conta com 24 satélites em órbita, sendo 12 localizados em cada hemisfério e 6 estações de controle em terra. Os satélites de GPS são equipados com relógios atômicos que têm precisão de bilionésimo de segundos e transmitem, continuamente, para os satélites receptores na Terra, sinais digitais de rádio com informações sobre a localização e a hora exata.

Atualmente, existem quatro opções técnicas de monitoramento eletrônico, que podem ser adaptadas à pessoa em forma de: a) pulseira; b) tornozeleira; c) cinto; e d) *microchip* (implantado no corpo humano). Nas quatro hipóteses apontadas, a utilização pode ocorrer de maneira discreta, permitindo que o condenado cumpra sua pena sem sofrer as influências nefastas do cárcere.

O sistema de monitoramento possibilita que os encarregados da fiscalização do cumprimento da pena do condenado monitorado conheçam, exatamente, os seus passos, uma vez que o sistema permite saber, com precisão, se a área delimitada está sendo obedecida.

O *microchip* subcutâneo já é uma realidade e impede qualquer visualização por parte de terceiros, podendo até mesmo conter todas as informações necessárias relativas ao cumprimento da pena do condenado que o utiliza.

Enfim, chegamos à era tecnológica e temos de utilizá-la em benefício do homem, que, em um futuro próximo, verá implodir os muros das penitenciárias que, durante séculos, o aprisionaram. Esse "novo homem" do futuro olhará para trás e não acreditará que seus semelhantes, há poucos séculos, eram enjaulados como animais ferozes, tratados de forma indigna e cruel.

No Brasil, depois de intensos debates, foi publicada a Lei nº 12.258, de 15 de junho de 2010, que previu a possibilidade de fiscalização do condenado, por meio da monitoração eletrônica, somente em duas situações, em sede de execução penal, vale dizer, quando for autorizada a *saída temporária* para aquele que estiver sob o *regime semiaberto*, ou quando a pena estiver sendo cumprida em *prisão domiciliar*, conforme disposto nos incisos II e IV do art. 146-B da Lei de Execução Penal.

Foram objeto de veto presidencial os incisos I, III e V, que, respectivamente, permitiam ao juiz aplicar a monitoração eletrônica quando viesse:

> I – aplicar pena restritiva de liberdade a ser cumprida nos regimes aberto ou semiaberto, ou conceder progressão para tais regimes;
> (...)
> III – aplicar pena restritiva de direitos que estabeleça limitação de horários ou de frequência a determinados lugares;
> (...)
> V – conceder o livramento condicional ou a suspensão condicional da pena.

Justificando o parecer que pugnava pelo veto presidencial aos mencionados incisos, o Ministério da Justiça arrazoou:

> A adoção do monitoramento eletrônico no regime aberto, nas penas restritivas de direito, no livramento condicional e na suspensão condicional da pena contraria a sistemática de cumprimento de pena prevista no ordenamento jurídico brasileiro e, com isso, a necessária individualização, proporcionalidade e suficiência da execução penal. Ademais, o projeto aumenta os custos com a execução penal sem auxiliar no reajuste da população dos presídios, uma vez que não retira do cárcere quem lá não deveria estar e não impede o ingresso de quem não deva ser preso.

O inciso IX do art. 319 do CPP também previu a monitoração eletrônica como uma das medidas cautelares diversas da prisão.

Na Lei Maria da Penha, o § 5º do art. 9º diz que:

> (...)
> § 5º Os dispositivos de segurança destinados ao uso em caso de perigo iminente e disponibilizados para o monitoramento das vítimas de violência doméstica ou familiar amparadas por medidas protetivas terão seus custos ressarcidos pelo agressor.

O art. 146-C, acrescentado à Lei de Execução Penal pela Lei nº 12.258/2010, assevera que o condenado será instruído acerca dos cuidados que deverá adotar com o equipamento eletrônico e dos seguintes deveres:

I – receber visitas do servidor responsável pela monitoração eletrônica, responder aos seus contatos e cumprir suas orientações;
II – abster-se de remover, de violar, de modificar, de danificar de qualquer forma o dispositivo de monitoração eletrônica ou de permitir que outrem o faça.

Conforme o disposto no parágrafo único do mencionado art. 146-C, a violação comprovada de qualquer um desses deveres poderá acarretar, a critério do juiz da execução, ouvidos o Ministério Público e a defesa: a) regressão do regime; b) revogação da autorização de saída temporária; c) revogação da prisão domiciliar; d) advertência, por escrito, para todos os casos em que o juiz da execução decida não aplicar alguma das medidas anteriores.

O art. 146-D da Lei de Execução Penal, igualmente introduzido pela Lei nº 12.258/2010, determina, ainda, que a monitoração eletrônica poderá ser revogada:

I – quando se tornar desnecessária ou inadequada;
II – se o acusado ou condenado violar os deveres a que estiver sujeito durante a sua vigência ou cometer falta grave.

Para que ocorra a revogação da monitoração eletrônica, deverá o julgador determinar, antes de sua decisão, a realização de uma *audiência de justificação*, na qual serão ouvidos o acusado, devidamente assistido pelo seu defensor, e o Ministério Público, a exemplo do que ocorre com as hipóteses previstas pelo parágrafo único do art. 146-C da Lei de Execução Penal.

Em 25 de novembro de 2011, foi publicado o Decreto nº 7.627, que dispõe sobre a regulamentação do monitoramento eletrônico. De acordo com o referido Decreto, considera-se monitoração eletrônica a vigilância telemática posicional à distância de pessoas presas sob medida cautelar ou condenadas por sentença transitada em julgado, executada por meios técnicos que permitam indicar a sua localização (art. 2º).

A pessoa monitorada deverá receber documento no qual constem, de forma clara e expressa, seus direitos e os deveres a que estará sujeita, o período de vigilância e os procedimentos a serem observados durante a monitoração (art. 3º).

A responsabilidade pela administração, pela execução e pelo controle da monitoração eletrônica caberá aos órgãos de gestão penitenciária, cabendo-lhes ainda (art. 4º):

I – verificar o cumprimento dos deveres legais e das condições especificadas na decisão judicial que autorizar a monitoração eletrônica;
II – encaminhar relatório circunstanciado sobre a pessoa monitorada ao juiz competente na periodicidade estabelecida ou, a qualquer momento, quando por este determinado ou quando as circunstâncias assim o exigirem;

III – adequar e manter programas e equipes multiprofissionais de acompanhamento e apoio à pessoa monitorada condenada;

IV– orientar a pessoa monitorada no cumprimento de suas obrigações e auxiliá-la na reintegração social, se for o caso; e

V – comunicar, imediatamente, ao juiz competente sobre fato que possa dar causa à revogação da medida ou modificação de suas condições.

A elaboração e o envio de relatório circunstanciado poderão ser feitos por meio eletrônico certificado digitalmente pelo órgão competente (parágrafo único do art. 4º).

O equipamento de monitoração eletrônica deverá ser utilizado de modo que respeite a integridade física, moral e social da pessoa monitorada (art. 5º).

O sistema de monitoramento será estruturado de maneira que preserve o sigilo dos dados e das informações da pessoa monitorada (art. 6º).

O acesso aos dados e às informações da pessoa monitorada ficará restrito aos servidores expressamente autorizados que tenham necessidade de conhecê--los em virtude de suas atribuições (art. 7º).

14.2 TRABALHO DO PRESO E REMIÇÃO DA PENA

A experiência demonstra que, nas penitenciárias onde os presos não exercem qualquer atividade laborativa, o índice de tentativas de fuga é muito superior ao daquelas em que os detentos atuam de forma produtiva, aprendendo e trabalhando em determinado ofício.

O trabalho do preso, sem dúvida alguma, é uma das formas mais visíveis de levar a efeito a ressocialização. Mais do que um direito, a Lei de Execução Penal afirma que o condenado à pena privativa de liberdade está obrigado ao trabalho interno na medida de suas aptidões e capacidade (art. 31). Apenas os presos provisórios (art. 31, parágrafo único, da LEP) e o condenado por crime político (art. 200 da LEP) não estão obrigados ao trabalho. O trabalho do preso será remunerado, mediante prévia tabela, não podendo ser inferior a três quartos do salário mínimo (art. 29, *caput*, da LEP).

Além da importância psicológico-social que o trabalho traz ao preso, o condenado que cumpre a pena em regime fechado ou semiaberto poderá remir, pelo trabalho, parte do tempo de execução da pena, nos termos do art. 126, *caput*, da LEP. Não caberá a aplicação do instituto da remição pelo trabalho aos condenados que cumprem sua pena em regime aberto.

Em 29 de junho de 2011, foi promulgada a Lei nº 12.433, que alterou o art. 126 da LEP para possibilitar a remição pelo estudo. O condenado que cumpre pena em regime aberto ou semiaberto e o que usufrui liberdade condicional poderão remir, pela frequência a curso de ensino regular ou de educação profissional, parte do tempo de execução da pena ou do período de prova, observado o disposto no inciso I do § 1º do art. 126 da LEP. Tal disposição aplica-se, ainda, às hipóteses de prisão cautelar (art. 126, §§ 6º e 7º, da LEP).

Por intermédio do instituto da remição pelo trabalho, a contagem do tempo para esse fim será feita à razão de um dia de pena por três de trabalho, e o preso que estiver impossibilitado de prosseguir no trabalho em virtude de acidente continuará a beneficiar-se com a remição (art. 126, § 4º, da LEP).

Em caso de falta grave, o juiz poderá revogar até 1/3 (um terço) do tempo remido, observado o disposto no art. 57 da LEP, recomeçando a contagem a partir da data da infração disciplinar (art. 127 da LEP).

O Supremo Tribunal Federal, na Sessão Plenária de 12 de junho de 2008, editou a Súmula Vinculante nº 9, com o seguinte teor:

> Súmula vinculante nº 9 – O disposto no art. 127 da Lei nº 7.210/1984 (Lei de Execução Penal) foi recebido pela ordem constitucional vigente, e não se lhe aplica o limite temporal previsto no *caput* do art. 58.

O tempo remido será computado como pena cumprida, para todos os efeitos (art. 128 da LEP), ou seja, o cômputo incidirá para a concessão de livramento condicional, indulto e progressão de regime, além da comutação.

O trabalho é, ao mesmo tempo, uma obrigação (art. 31 da LEP) e um direito do preso (art. 41, II, da LEP). Caso o Estado, por intermédio de sua administração carcerária, não o viabilize para que sejam cumpridas as determinações contidas na Lei de Execução Penal, poderá o juiz da execução, diante da inércia ou da incapacidade do Estado de administrar a coisa pública, conceder a remição aos condenados que não puderam trabalhar.

Contudo, existe a outra face da moeda. Suponhamos, agora, que haja possibilidade de trabalho no estabelecimento no qual o condenado esteja cumprindo sua pena e este, terminantemente, por sua própria vontade, se recuse a se submeter a ele. Entendemos que a recusa ao trabalho caracteriza negação do requisito de natureza subjetiva, indispensável à obtenção dos demais benefícios que lhe são ofertados durante a execução da pena, a exemplo da progressão de regime (art. 112 da LEP) e do livramento condicional (art. 83, III, do CP). A recusa em trabalhar demonstra sua inaptidão para com o sistema, bem como o seu desejo de não se ressocializar.

Diz a Súmula nº 562 do STJ:

> Súmula nº 562 – É possível a remição de parte do tempo de execução da pena quando o condenado, em regime fechado ou semiaberto, desempenha atividade laborativa, ainda que extramuros.

O Superior Tribunal de Justiça, na edição nº 12 da sua *Jurisprudência em Teses*, conclui pelo seguinte, no que diz respeito à remição da pena:

1) Há remição da pena quando o trabalho é prestado fora ou dentro do estabelecimento prisional, uma vez que o art. 126 da Lei de Execução

Penal não faz distinção quanto à natureza do trabalho ou quanto ao local de seu exercício.

2) O tempo remido pelo apenado por estudo ou por trabalho deve ser considerado como pena efetivamente cumprida para fins de obtenção dos benefícios da execução, e não simplesmente como tempo a ser descontado do total da pena.

3) Não há remição da pena na hipótese em que o condenado deixa de trabalhar ou estudar em virtude da omissão do Estado em fornecer tais atividades.

4) Nos regimes fechado e semiaberto, a remição é conferida tanto pelo trabalho quanto pelo estudo, nos termos do art. 126 da Lei de Execução Penal.

5) No regime aberto, a remição somente é conferida se há frequência em curso de ensino regular ou de educação profissional, sendo inviável o benefício pelo trabalho.

6) A remição pelo estudo pressupõe a frequência a curso de ensino regular ou de educação profissional, independentemente da sua conclusão ou do aproveitamento satisfatório.

7) A decisão que reconhece a remição da pena, em virtude de dias trabalhados, não faz coisa julgada nem constitui direito adquirido.

8) Cabe ao juízo da execução fixar a fração aplicável de perda dos dias remidos na hipótese de cometimento de falta grave, observando o limite máximo de 1/3 (um terço) do total e a necessidade de fundamentar a decisão em elementos concretos, conforme o art. 57 da Lei de Execução Penal.

9) A nova redação do art. 127 da Lei de Execução Penal, que prevê a limitação da perda dos dias remidos a 1/3 (um terço) do total no caso da prática de falta grave, deve ser aplicada retroativamente por se tratar de norma penal mais benéfica.

O reeducando tem direito à remição de sua pena pela atividade musical realizada em coral.[1]

14.3 REMIÇÃO PELO ESTUDO

O STJ, por meio da Súmula nº 341, publicada no *DJ* de 13 de agosto de 2007, consolidou seu posicionamento no sentido de permitir a remição de pena do condenado que, durante a execução da pena, se dedica aos estudos, dizendo:

> Súmula nº 341 – A frequência de curso de ensino formal é causa de remição de parte do tempo de execução de pena sob regime fechado ou semiaberto.

---

[1] REsp 1.666.637-ES, Rel. Min. Sebastião Reis Júnior, por unanimidade, j. 26/09/2017, *DJe* 09/10/2017.

Em 29 de junho de 2011 foi publicada a Lei nº 12.433, que previu, expressamente, a remição pelo estudo, ao alterar os arts. 126 a 129 da LEP, nos seguintes termos:

- O condenado que cumpre a pena em regime fechado ou semiaberto poderá remir, por trabalho ou por estudo, parte do tempo de execução da pena. A contagem de tempo será feita à razão de 1 (um) dia de pena a cada 12 (doze) horas de frequência escolar (atividade de ensino fundamental, médio, inclusive profissionalizante, ou superior, ou ainda de requalificação profissional) divididas, no mínimo, em 3 (três) dias.
- As atividades de estudo poderão ser desenvolvidas de forma presencial ou por metodologia de ensino a distância e deverão ser certificadas pelas autoridades educacionais competentes dos cursos frequentados. Para fins de cumulação dos casos de remição, as horas diárias de trabalho e de estudo serão definidas de forma que se compatibilizem. O preso impossibilitado, por acidente, de prosseguir no trabalho ou nos estudos continuará a beneficiar-se com a remição.
- O tempo a remir em função das horas de estudo será acrescido de 1/3 (um terço) no caso de conclusão do ensino fundamental, médio ou superior durante o cumprimento da pena, desde que certificada pelo órgão competente do sistema de educação.
- O condenado que cumpre pena em regime aberto ou semiaberto e o que usufrui liberdade condicional poderão remir, pela frequência a curso de ensino regular ou de educação profissional, parte do tempo de execução da pena ou do período de prova, aplicando-se também essas disposições às hipóteses de prisão cautelar.
- A autoridade administrativa encaminhará mensalmente ao juízo da execução cópia do registro de todos os condenados que estejam trabalhando ou estudando, com informação dos dias de trabalho ou das horas de frequência escolar ou de atividades de ensino de cada um deles.
- O condenado autorizado a estudar fora do estabelecimento penal deverá comprovar mensalmente, por meio de declaração da respectiva unidade de ensino, a frequência e o aproveitamento escolar.

Vale ressaltar, ainda, que, visando proporcionar e estimular o estudo do condenado que cumpre sua pena no estabelecimento prisional, preparando-o para o seu regresso ao convívio em sociedade, a Lei nº 12.245, de 24 de maio de 2010, inseriu o § 4º do art. 83 da LEP, em que consta a seguinte determinação, *in verbis*:

(...)
§ 4º Serão instaladas salas de aula destinadas a cursos do ensino básico e profissionalizante.

Assim, em todos os estabelecimentos penais, deverão não somente ser criadas fisicamente essas salas de aula como também implementadas suas destinações, com a contratação de profissionais habilitados, a fim de fazer que o preso possa obter a instrução básica necessária ou mesmo capacitar-se mediante algum curso profissionalizante.

14.4 ASSISTÊNCIA RELIGIOSA AOS PRESOS

A Resolução nº 8, de 9 de novembro de 2011, do Conselho Nacional de Política Criminal e Penitenciária (CNPCP), dispôs sobre a assistência religiosa nos estabelecimentos prisionais.

Os direitos constitucionais de liberdade de consciência, de crença e de expressão serão garantidos à pessoa presa, observados os seguintes princípios (art. 1º):

- será garantido o direito de profecia de todas as religiões, e o de consciência aos agnósticos e adeptos de filosofias não religiosas;
- será assegurada a atuação de diferentes confissões religiosas em igualdades de condições, majoritárias ou minoritárias, vedado o proselitismo religioso e qualquer forma de discriminação ou estigmatização;
- a assistência religiosa não será instrumentalizada para fins de disciplina, correcionais ou para estabelecer qualquer tipo de regalia, benefício ou privilégio, e será garantida mesmo à pessoa presa submetida a sanção disciplinar;
- à pessoa presa será assegurado o direito à expressão de sua consciência, filosofia ou prática de sua religião de forma individual ou coletiva, devendo ser respeitada a sua vontade de participação, ou de abster-se de participar de atividades de cunho religioso;
- será garantido à pessoa presa o direito de mudar de religião, consciência ou filosofia, a qualquer tempo, sem prejuízo da sua situação prisional;
- o conteúdo da prática religiosa deverá ser definido pelo grupo religioso e pelas pessoas presas.

Os espaços próprios de assistência religiosa deverão ser isentos de objetos, arquitetura, desenhos ou outros tipos de meios de identificação de religião específica (art. 2º).

Será permitido o uso de símbolos e objetos religiosos durante a atividade de cada segmento religioso, salvo itens que comprovadamente oferecem risco à segurança. A definição dos itens que oferecem risco à segurança será feita pela secretaria estadual ou pelo departamento do sistema penitenciário, que deverá demonstrar a absoluta necessidade da medida e a inexistência de meio alternativo para atingir o mesmo fim. Caso o estabelecimento prisional não tenha local adequado para a prática religiosa, as atividades deverão se realizar no pátio ou nas celas, em horários específicos (§§ 1º a 3º do art. 2º).

Será assegurado o ingresso dos representantes religiosos a todos os espaços de permanência das pessoas presas do estabelecimento prisional (art. 3º).

O número de representantes religiosos deverá ser proporcional ao número de pessoas presas. Será vedada a revista íntima aos representantes religiosos. A suspensão do ingresso de representantes religiosos por decisão da administração penitenciária deverá ser comunicada com antecedência de 24 horas e só pode ocorrer por motivo justificado e registrada por escrito, dando-se ciência aos interessados (§§ 1º a 3º do art. 3º).

A administração prisional deverá garantir meios para que se realize a entrevista pessoal privada da pessoa presa com um representante religioso. Será garantido o sigilo do atendimento religioso pessoal (art. 4º).

Será vedada a comercialização de itens religiosos ou pagamento de contribuições religiosas das pessoas presas às organizações religiosas nos estabelecimentos prisionais (art. 5º).

Será permitida a doação de itens às pessoas presas por parte das organizações religiosas, desde que respeitadas as regras do estabelecimento prisional quanto ao procedimento de entrega e de itens autorizados (art. 6º).

São deveres das organizações que prestam assistência religiosa, bem como de seus representantes (art. 7º):

- agir de forma cooperativa com as demais denominações religiosas;
- informar-se e cumprir os procedimentos normativos editados pelo estabelecimento prisional;
- comunicar a administração do estabelecimento prisional sobre eventual impossibilidade de realização de atividade religiosa prevista;
- comunicar a administração do estabelecimento prisional sobre propostas de ampliação dos trabalhos de assistência humanitária, como oficinas de trabalho, escolarização e atividades culturais, bem como atuar de maneira cooperativa com os programas já existentes.

O cadastro das organizações será mantido pela Secretaria de Estado ou pelo Departamento do sistema penitenciário e deve ser anualmente atualizado. As organizações religiosas e/ou não governamentais que desejem prestar assistência religiosa e humana às pessoas presas deverão ser legalmente constituídas há mais de um ano (art. 8º e parágrafos).

A prática religiosa deverá ser feita por representantes religiosos qualificados, maiores de 18 anos e residentes no País, devidamente credenciados pelas organizações cadastradas (art. 9º).

A administração penitenciária deverá oferecer informação e formação aos profissionais do sistema prisional sobre as necessidades específicas relacionadas a religiões, consciência e filosofia, bem como suas respectivas práticas, incluindo rituais, objetos, datas sagradas e comemorativas, períodos de oração, higiene e alimentação. As escolas penitenciárias ou entidades similares deverão adaptar a matriz curricular dos cursos de formação quanto aos temas dessa resolução, no prazo de um ano (art. 10).

A administração penitenciária considerará as necessidades religiosas na organização do cotidiano dos estabelecimentos prisionais, buscando adaptar aspectos alimentares, de higiene, de horários, de corte de cabelo e de barba, entre outros (art. 11).

Contra as decisões administrativas decorrentes dessa resolução, observa-se-á o procedimento judicial previsto nos arts. 194 e seguintes da LEP (art. 12).

Capítulo 15
Disque-denúncia

15.1 INTRODUÇÃO

Em 1995, no Estado do Rio de Janeiro, após um aumento exagerado da prática do crime de extorsão mediante sequestro, foi criada, por um grupo de empresários e líderes comunitários, uma Organização Não Governamental (ONG), que recebeu a denominação de "Disque-Denúncia", cuja finalidade era receber informações sobre o cometimento de infrações penais, de modo que não fosse necessária a identificação daquele que as fornecia.

Essas informações eram, ato contínuo, repassadas às autoridades competentes e não apenas ajudavam na elucidação dos casos mas também serviam como base para estudos, relatórios e análises de prevenção da criminalidade.[1]

A facilidade com que essas informações eram repassadas e a certeza do anonimato fizeram que o número de "denúncias" fosse aumentando cada vez mais.

Se, por um lado, a denúncia anônima ajudava a elucidar casos em que a polícia teria dificuldades para descobrir pelos métodos formais de investigação, por outro, existia também um percentual considerável de informações inverídicas, apresentadas em razão das mais diversas finalidades, vale dizer, desde um simples trote, uma brincadeira inconsequente, até a intenção criminosa de prejudicar outra pessoa, fazendo que, sobre ela, recaísse a suspeita de ter praticado algum tipo de infração penal.

O caso concreto, na verdade, é que dará o relevo necessário à informação recebida anonimamente. Imagine-se a hipótese em que uma pessoa tenha sido sequestrada. Tal fato já foi comunicado pela família do sequestrado às autoridades policiais encarregadas da sua investigação. No entanto, não se tem ideia de quem possa ter sido o seu autor nem do porquê da privação da liberdade, já que nenhum contato, até então, tinha sido feito pelos sequestradores. Qualquer informação, nesse caso, poderá ser útil à elucidação do sequestro. O papel do disque-denúncia, aqui, poderá ser fundamental para que a vítima alcance a sua liberdade.

Contudo, imaginemos outra hipótese, em que um policial é acusado do crime de corrupção. Suponhamos, ainda, que alguém, insatisfeito com o trabalho honesto que era por ele levado a efeito, querendo prejudicá-lo, faça um comunicado anônimo ao disque-denúncia.

---

[1] Informações poderão ser obtidas no *site* <www.disquedenuncia.org.br>.

Nesse caso, instaurar um inquérito policial para a apuração dos fatos narrados anonimamente seria uma atitude precipitada por parte da autoridade encarregada da sua presidência. Não fosse assim, todos nós estaríamos sujeitos a esse tipo de situação constrangedora.

O que estamos querendo afirmar, com isso, é que o disque-denúncia não pode ser considerado, em determinadas situações, como o mínimo de prova necessário para a instauração de um inquérito policial. Deverá a autoridade competente, nessa hipótese, como diz o § 3º do art. 5º do CPP, verificar a procedência das informações para, havendo um mínimo de prova dos fatos narrados anonimamente, determinar a abertura do inquérito policial, a fim de dar início às investigações necessárias à descoberta da verdade.

O mencionado § 3º diz, textualmente:

(...)
§ 3º Qualquer pessoa do povo que tiver conhecimento da existência de infração penal em que caiba ação pública poderá, verbalmente ou por escrito, comunicá-la à autoridade policial, e esta, verificada a procedência das informações, mandará instaurar inquérito.

Esse parágrafo não se aplica ao disque-denúncia no que diz respeito à instauração do inquérito policial, já que a lei, aqui, exige uma comunicação verbal (que será tomada por termo perante a autoridade policial) ou escrita (ou seja, já devidamente confeccionada e assinada por aquele que está levando o fato ao conhecimento da autoridade). Na situação prevista pelo mencionado parágrafo, deverá haver identificação da pessoa que leva a *notitia criminis* ao conhecimento da autoridade policial, pois, caso sua informação seja sabidamente falsa, poderá ser processada pelo delito de denunciação caluniosa (art. 339 do CP), ou mesmo pelo crime de comunicação falsa de crime ou de contravenção (art. 340), o que não ocorre nos casos de disque-denúncia, em virtude do fato de não se conhecer o autor das informações inverídicas.

Assim, não entendemos como possível a instauração de um inquérito policial baseada tão somente nas informações trazidas por aquele que as levou a efeito mediante o disque-denúncia. Poderá, sim, a autoridade policial, iniciar uma investigação preliminar sem o formalismo exigido pelo inquérito policial para, somente após, verificada a procedência das informações, determinar sua abertura.

Devemos ter em conta que o indiciamento de alguém que não praticou qualquer infração penal, simplesmente pelo fato de ter sido denunciado anonimamente, ofende, frontalmente, sua dignidade. Um inquérito policial, ou mesmo uma ação penal proposta em face de um homem de bem, causa sequelas terríveis.

Por isso, não podemos brincar com a Justiça Penal. Não se iniciam investigações por puro capricho, por curiosidade, por leviandade, mas, sim, quando se tem um mínimo necessário de provas que possa conduzir a investigação à descoberta de um fato criminoso e seu provável autor.

15.2 IMPOSSIBILIDADE DE SOLICITAÇÃO DE MANDADO DE BUSCA DOMICILIAR SOMENTE COM AS INFORMAÇÕES FORNECIDAS ANONIMAMENTE PELO DISQUE-DENÚNCIA

Entendemos que, por se tratar de uma medida extrema, a busca domiciliar somente poderá ser levada a efeito, como determina o § 1º do art. 240 do CPP, quando houver *fundadas razões* que a autorizem, não se amoldando a esse conceito a simples notícia de uma infração penal, ou mesmo da autoria de um delito, fornecida anonimamente por meio do disque-denúncia, pois, conforme assevera a primeira parte do inciso XI do art. 5º da CF, *a casa é o asilo inviolável do homem*.

As informações colhidas mediante o disque-denúncia poderão ser consideradas um início de prova, necessitando muito mais do que isso para que se possa quebrar a tranquilidade do lar de alguém, conforme preconizado em nossa Carta Magna.

Assim, somente após o início das investigações levadas a efeito nos autos de um inquérito policial é que se poderá solicitar da autoridade judiciária competente o mandado de busca domiciliar, pois, além de ser o asilo inviolável do homem, como diz o já referido inciso XI do art. 5º da CF, ninguém nela poderá penetrar sem o consentimento do morador, salvo em caso de flagrante delito ou desastre, ou para prestar socorro, ou, durante o dia, por determinação judicial.

15.3 INÍCIO DE INVESTIGAÇÃO CONTRA POLICIAL MILITAR COM BASE EM INFORMAÇÕES FORNECIDAS PELO DISQUE-DENÚNCIA

Se uma suposta notícia de crime, levada a efeito por meio do disque-denúncia, não tem o condão de fazer que um inquérito policial seja instaurado, da mesma forma não será possível a instauração de um inquérito policial militar se, também por intermédio do disque-denúncia, for relatada a prática de uma infração penal de natureza militar.

Nesse caso, deverá ser inaugurada sindicância com a finalidade de colher o mínimo de prova que possibilite a abertura do inquérito policial, conforme assevera a alínea *f* do art. 10 do CPPM, quando aduz que o *inquérito é iniciado mediante portaria quando, de sindicância feita em âmbito de jurisdição militar, resulte indício de existência de infração penal militar*.

Jorge César de Assis, dissertando sobre o tema, preleciona que:

> A sindicância é o meio sumário de elucidação de irregularidades no serviço. É ato administrativo. Apesar de a doutrina e a jurisprudência serem pacíficas quanto à inexigibilidade de um procedimento formal para a sindicância, ao nível das Forças Armadas e das polícias militares e corpos de bombeiros militares, ela está devidamente regulamentada e com procedimento próprio a ser obedecido pelos encarregados.[2]

---

[2] ASSIS, Jorge César de. *Código de Processo Penal Militar anotado*, p. 41.

E continua o raciocínio, dizendo que haverá casos:

(...) em que, somente no decorrer dos trabalhos da sindicância, aparecerão indícios do cometimento de crime militar, que inicialmente não existiam. Essa sindicância então, dará azo à instauração do IPM, conforme previsto na letra "f", deste artigo.[3]

Assim, concluindo, a notícia de um crime militar, levada ao conhecimento da Polícia Judiciária Militar por meio do disque-denúncia, somente possibilitará a abertura de sindicância com a finalidade de ser apurada a veracidade dos fatos. Caso sejam comprovados, realmente, indícios da prática de infração penal militar, aí, sim, poderá ser inaugurado o inquérito policial, da mesma natureza.

15.4 DO ACESSO ÀS INFORMAÇÕES PREVISTO NA CONSTITUIÇÃO FEDERAL

O acesso às informações previsto na Constituição Federal foi regulado pela Lei nº 12.527, de 18 de novembro de 2011.

Os procedimentos previstos na citada lei destinam-se a assegurar o direito fundamental de acesso à informação e devem ser executados em conformidade com os princípios básicos da Administração Pública e com as seguintes diretrizes:

- observância da publicidade como preceito geral e do sigilo como exceção;
- divulgação de informações de interesse público, independentemente de solicitações;
- utilização de meios de comunicação viabilizados pela tecnologia da informação;
- fomento ao desenvolvimento da cultura de transparência na Administração Pública;
- desenvolvimento do controle social da Administração Pública.

É dever do Estado garantir o direito de acesso à informação, que será franqueada, mediante procedimentos objetivos e ágeis, de forma transparente, clara e em linguagem de fácil compreensão.

O acesso à informação de que trata essa lei compreende, entre outros, os direitos de obter:

- orientação sobre os procedimentos para a consecução de acesso, bem como sobre o local onde poderá ser encontrada ou obtida a informação almejada;
- informação contida em registros ou documentos, produzidos ou acumulados por seus órgãos ou entidades, recolhidos ou não a arquivos públicos;

---

[3] ASSIS, Jorge César de. *Código de Processo Penal Militar anotado*, p. 41-42.

- informação produzida ou custodiada por pessoa física ou entidade privada decorrente de qualquer vínculo com seus órgãos ou entidades, mesmo que esse vínculo já tenha cessado;
- informação primária, íntegra, autêntica e atualizada;
- informação sobre atividades exercidas pelos órgãos e entidades, inclusive as relativas à sua política, organização e serviços;
- informação pertinente à administração do patrimônio público, utilização de recursos públicos, licitação, contratos administrativos; e
- informação relativa a:
    a) implementação, acompanhamento e resultados de programas, projetos e ações dos órgãos e entidades públicas, bem como metas e indicadores propostos;
    b) resultado de inspeções, auditorias, prestações e tomadas de contas realizadas pelos órgãos de controle interno e externo, incluindo prestações de contas relativas a exercícios anteriores.

Quando não for autorizado acesso integral à informação por ser ela parcialmente sigilosa, é assegurado o acesso à parte não sigilosa por meio de certidão, extrato ou cópia com ocultação da parte sob sigilo.

O órgão ou a entidade pública deverá autorizar ou conceder o acesso imediato à informação disponível.

Constituem condutas ilícitas que ensejam responsabilidade do agente público ou militar:

- recusar-se a fornecer informação requerida nos termos dessa lei (Lei nº 12.527/2011), retardar deliberadamente o seu fornecimento ou fornecê-la intencionalmente de forma incorreta, incompleta ou imprecisa;
- utilizar indevidamente, bem como subtrair, destruir, inutilizar, desfigurar, alterar ou ocultar, total ou parcialmente, informação que se encontre sob sua guarda ou a que tenha acesso ou conhecimento em razão do exercício das atribuições de cargo, emprego ou função pública;
- agir com dolo ou má-fé na análise das solicitações de acesso à informação;
- divulgar ou permitir a divulgação ou acessar ou permitir acesso indevido à informação sigilosa ou informação pessoal;
- impor sigilo à informação para obter proveito pessoal ou de terceiro, ou para fins de ocultação de ato ilegal cometido por si ou por outrem;
- ocultar da revisão de autoridade superior competente informação sigilosa para beneficiar a si ou a outrem, ou em prejuízo de terceiros; e
- destruir ou subtrair, por qualquer meio, documentos concernentes a possíveis violações de direitos humanos por parte de agentes do Estado.

Atendido o princípio do contraditório, da ampla defesa e do devido processo legal, as condutas descritas como ilícitas serão consideradas:

- para fins dos regulamentos disciplinares das Forças Armadas, transgressões militares médias ou graves, segundo os critérios neles estabelecidos, desde que não tipificadas em lei como crime ou contravenção penal; ou
- para fins do disposto na Lei nº 8.112, de 11 de dezembro de 1990, e suas alterações, infrações administrativas, que deverão ser apenadas, no mínimo, com suspensão, segundo os critérios nela estabelecidos.

Por tais condutas ilícitas, poderá o agente público responder também por improbidade administrativa, conforme o disposto nas Leis nºs 1.079, de 10 de abril de 1950, e 8.429, de 2 de junho de 1992.

Por outro lado, a Lei nº 13.853, de 8 de julho de 2019, alterou a Lei nº 13.709, de 14 de agosto de 2018, para dispor sobre a proteção de dados pessoais e para criar a Autoridade Nacional de Proteção de Daddos (ANPD), dizendo, em seus arts. 1º e 2º, *in verbis*:

> Art. 1º Esta Lei dispõe sobre o tratamento de dados pessoais, inclusive nos meios digitais, por pessoa natural ou por pessoa jurídica de direito público ou privado, com o objetivo de proteger os direitos fundamentais de liberdade e de privacidade e o livre desenvolvimento da personalidade da pessoa natural.
>
> Parágrafo único. As normas gerais contidas nesta Lei são de interesse nacional e devem ser observadas pela União, Estados, Distrito Federal e Municípios.
>
> Art. 2º A disciplina da proteção de dados pessoais tem como fundamentos:
>
> I – o respeito à privacidade;
>
> II – a autodeterminação informativa;
>
> III – a liberdade de expressão, de informação, de comunicação e de opinião;
>
> IV – a inviolabilidade da intimidade, da honra e da imagem;
>
> V – o desenvolvimento econômico e tecnológico e a inovação;
>
> VI – a livre iniciativa, a livre concorrência e a defesa do consumidor; e
>
> VII – os direitos humanos, o livre desenvolvimento da personalidade, a dignidade e o exercício da cidadania pelas pessoas naturais.

Capítulo 16
Camuflagem

Os nossos grupamentos policiais especializados em confrontos urbanos, principalmente ocorridos em lugares onde nenhuma outra polícia no mundo ousaria entrar, precisam estar equipados com tudo aquilo que seja necessário para a segurança de seus policiais.

Não somente o armamento utilizado deve ser o melhor possível como também, devido à natureza dos lugares onde é feita a maioria das incursões, suas roupas devem estar adequadas aos terrenos, de modo que o policial fique o menos visível possível, sobretudo nas áreas de confronto.

Em regra, o Bope e a Core, por exemplo, incursionam pelas comunidades carentes, existentes nos morros cariocas, tal como ocorre com outras unidades policiais especiais, espalhadas pelo País, cada qual com sua particularidade. Como a silhueta dos morros facilita a ação dos criminosos, uma vez que seu campo visual é quase perfeito, pois, de cima, conseguem enxergar toda a movimentação que ocorre na parte de baixo, quanto menos visíveis forem os policiais de operações especiais, melhor será para sua segurança.

Por isso, podemos afirmar não apenas pela possibilidade mas também pela necessidade de camuflagem por parte dos policiais integrantes das equipes de operações especiais, a qual produz o chamado efeito "camaleão", devido ao fato de eles, camuflados, se misturarem ao terreno, ficando quase imperceptíveis.

Fabrizzio Bonela Dal Piero e Marcus Vinicius fizeram um estudo exaustivo no artigo intitulado *Camuflagem e o padrão ideal para as Forças Policiais Brasileiras*, dizendo que:

> Em todo mundo várias são as cores, estampas e camuflagens usadas pelas Forças de Segurança, policiais e militares. No Brasil muito tem se discutido a respeito disto devido o uso negro de fardas e viaturas como é o caso do BOPE no Rio de Janeiro e outras Unidades Especiais da Polícia Brasileira.
>
> (...) todos os países fazem uso de meios científicos e tecnológicos para melhorar a camuflagem de seus soldados em todo o mundo. Isto porque atualmente a camuflagem individual é considerada mais importante que a blindagem, pois se leva em consideração que não se pode atingir o que não pode ser visto.
>
> Tudo isto porque o olho humano é um sensor fantástico e é o meio mais usado para detectar o inimigo. Desta forma, poder esconder do olho humano algo ou alguém é muito importante para a estratégia de ações policiais e militares em qualquer parte do mundo. Reduzir a assinatura visual pode definir o sucesso ou o fracasso de uma operação.

Para alcançar este sucesso tudo é contabilizado. A pele, por exemplo, exposta reflete a luz e ainda pode chamar a atenção do inimigo. Até mesmo a pele muito escura, por causa de seu óleo natural, reflete a luz. A camuflagem de face também é usada para camuflar a pele, usando uma combinação de cores que é aplicada em um padrão irregular. Áreas brilhantes (testa, maçãs do rosto, nariz, orelhas e queixo) são pintadas com uma cor escura e áreas de sombra (ao redor dos olhos, debaixo do nariz e debaixo do queixo) são pintadas com uma cor clara.

Além da face, pele exposta na parte de trás do pescoço, braços e mãos também são pintados. Não são camufladas as palmas das mãos porque normalmente se usam sinais de mãos para comunicação, e estas devem ser visíveis. As camuflagens padrão são: verde escuro e verde claro para áreas com vegetação verde; areia e verde claro para áreas de vegetação seca; diferentes cores claras para neve (o mais usado é um gorro branco que protege do frio). A cor negra está sendo evitada por facilitar a detecção de intensificadores de imagem (óculos de visão noturna).[1]

Os autores continuam com suas lições, afirmando:

Desta forma, militarmente, um soldado deve evitar ser detectado pelo inimigo, se não conseguir deve evitar ser acompanhado, também deve evitar ser identificado e se não der certo deve sobreviver. Dentro de um conceito de polícia mais humana poderíamos dizer que seria realizar uma missão de maneira rápida e furtiva sem desprendimento de força letal e danos aos direitos humanos.
(...)
Até mesmo nas favelas do Rio de Janeiro já foi apreendido óculos de visão noturna com traficantes e bandidos. Um risco a mais para a Polícia carioca e brasileira se preocupar. Por causa disto, estar camuflado apenas não basta; quem faz o uso precisa levar em consideração algumas questões relevantes como, por exemplo:

1. Fundos. Fundos são importantes, e o combatente deve se misturar com eles o máximo possível. As árvores, arbustos, grama, terra, lama e estruturas artificiais que formam o fundo variam em cor e textura. Isto torna possível para o soldado se misturar com eles. Deve-se selecionar árvores ou arbustos ou outros fundos para se misturar com a camuflagem e absorver a sua figura. O soldado deve sempre considerar que o inimigo pode conseguir observá-lo.

2. Sombras. Um soldado é facilmente visto ao ar livre em um dia claro, mas nas sombras é difícil de ser visto. As sombras existem na maioria das condições, dia e noite e em vários ambientes. Sempre que possível a movimentação deve ser feita nas sombras.

3. Silhuetas. Uma silhueta baixa é mais difícil de ser vista pelo inimigo. Então, o soldado deve se manter abaixado, agachado ou deitado a maior parte do tempo.

4. Reflexos brilhantes. Refletir a luz é quase que suicídio. Uma superfície brilhante chama a atenção imediatamente e pode ser vista a grandes distâncias. Por isso todas as superfícies brilhantes devem ser camufladas de forma criteriosa. Deve-se ter muito cuidado com óculos e lentes de binóculos.

---

[1] DAL PIERO, Fabrizzio Bonela; VINICIUS, Marcus. *Camuflagem e o padrão ideal para a Forças Policiais Brasileiras*. Disponível em: <http://ceante.org/noticia5.htm>.

5. Linhas do horizonte. Podem ser facilmente vistas figuras na linha do horizonte de uma grande distância, mesmo à noite, porque um esboço escuro se salienta contra o céu mais claro. Uma patrulha deve usar a cobertura do terreno e só cruzar áreas abertas apenas nos pontos mais estreitos.

6. Alteração de esboços familiares. Equipamentos militares e o corpo humano são esboços familiares ao olho humano. O soldado deve propositadamente alterar essas silhuetas ou disfarçá-las usando, por exemplo, capas de camuflagem *(ghillie suit)*. Deve-se também sempre que possível alterar os seus esboços da cabeça às solas das botas.

7. Disciplina de ruídos. De nada adianta a mais perfeita camuflagem se os soldados não guardam silêncio. Um simples ruído ou barulho da voz humana pode ser detectado pelo inimigo. O soldado deve manter o silêncio o máximo possível, comunicando por sinais ou toques, e só falando quando extremamente necessário em tom baixíssimo e com a absoluta certeza de que o inimigo não poderá escutar nada.

Hoje a camuflagem não é apenas destinada às necessidades militares do terreno, tempo e condições de luminosidade, ela também simboliza a identidade nacional das Nações, das Forças Armadas e de Polícias em todo o mundo. São muitos os projetos exclusivos que esboçam padrões próprios de cada Unidade policial e militar".[2]

Merece ser frisado, por oportuno, que a camuflagem deve ser utilizada para que a vida e a integridade física do policial sejam protegidas durante os confrontos travados com criminosos. Isso não significa o mesmo que ocultar a identidade daquele que participou da operação policial. São situações completamente distintas. Mesmo camuflados, terminada a operação, por exemplo, com a prisão de alguns criminosos, aqueles que efetuaram a prisão deverão ser identificados, conforme determina o inciso LXIV do art. 5º da CF, "o preso tem direito à identificação dos responsáveis por sua prisão ou por seu interrogatório policial".

---

[2] DAL PIERO, Fabrizzio Bonela; VINICIUS, Marcus. *Camuflagem e o padrão ideal para a Forças Policiais Brasileiras*. Disponível em: <http://ceante.org/noticia5.htm>.

Capítulo 17
Criação da Força-Tarefa de Inteligência para o enfrentamento ao crime organizado no Brasil

O Brasil tem sido palco de organizações criminosas que se infiltraram no Poder. Políticos inescrupulosos e empresários gananciosos têm causado mais estragos à nossa nação do que os já conhecidos criminosos que lidam com tráfico de drogas e de armas. São, na verdade, genocidas. São a escória da sociedade. São aquilo que de pior existe na espécie humana. São vermes que começaram a comer a carne putrefata de um Estado em decomposição.

Nosso país não suporta mais essa espécie de organização criminosa que, durante anos a fio, determinou os rumos da nação. Esses criminosos, que beiram à psicopatia, conseguiram destruir todos os planos sociais destinados ao povo brasileiro. Seu egoísmo irracional provocou diversos danos à sociedade, por exemplo: milhares de pessoas que padeceram nas filas de hospitais em razão da precariedade ou mesmo da falta de atendimento médico; doentes que deixaram de receber seus remédios; motoristas e pedestres que perderam suas vidas nas estradas, esburacadas e mal asfaltadas, palco de incontáveis acidentes; servidores públicos que deixaram de receber corretamente seus vencimentos, principalmente aqueles ligados à segurança pública, como é o caso dos policiais, que se viram constrangidos por não terem o que comer, ante a inadimplência desse Estado marginal; enfim, poderíamos preencher páginas a fio apontando os estragos levados a efeito por essa doentia organização criminosa, especializada em corrupção.

Com a finalidade de auxiliar o enfrentamento do crime organizado no Brasil, foi editado o Decreto nº 9.527,[1] de 15 de outubro de 2018, criando uma força-tarefa de inteligência, atualizado pelo Decreto nº 9.843, de 19 de junho de 2019, que diz, *in verbis*:

> O Presidente da República, no uso da atribuição que lhe confere o art. 84, *caput*, inciso VI, alínea "a", da Constituição,
> *Decreta*:

---

[1] O Decreto nº 9.527/2018 foi revogado pelo Decreto nº 11.252/2022.

Art. 1º Fica criada a Força-Tarefa de Inteligência para o enfrentamento ao crime organizado no Brasil com as competências de analisar e compartilhar dados e de produzir relatórios de inteligência com vistas a subsidiar a elaboração de políticas públicas e a ação governamental no enfrentamento a organizações criminosas que afrontam o Estado brasileiro e as suas instituições.

Art. 2º A Força-Tarefa de Inteligência para o enfrentamento ao crime organizado no Brasil será composto por um representante, titular e suplente, dos seguintes órgãos:

I – Gabinete de Segurança Institucional da Presidência da República, que o coordenará;

II – Agência Brasileira de Inteligência;

III – Centro de Inteligência da Marinha do Comando da Marinha do Ministério da Defesa;

IV – Centro de Inteligência do Exército do Comando do Exército do Ministério da Defesa;

V – Centro de Inteligência da Aeronáutica do Comando da Aeronáutica do Ministério da Defesa;

VI – Conselho de Controle de Atividades Financeiras do Ministério da Economia; (Redação dada pelo Decreto nº 9.843, de 2019.)

VII – Secretaria Especial da Receita Federal do Brasil do Ministério da Economia; (Redação dada pelo Decreto nº 9.843, de 2019.)

VIII – Polícia Federal do Ministério da Justiça e Segurança Pública; (Redação dada pelo Decreto nº 9.843, de 2019.)

IX – Polícia Rodoviária Federal do Ministério da Justiça e Segurança Pública; (Redação dada pelo Decreto nº 9.843, de 2019.)

X – Departamento Penitenciário Nacional do Ministério da Justiça e Segurança Pública; e (Redação dada pelo Decreto nº 9.843, de 2019.)

XI – Secretaria de Operações Integradas do Ministério da Justiça e Segurança Pública; (Redação dada pelo Decreto nº 9.843, de 2019.)

§ 1º Os representantes de que trata este artigo serão indicados pelos titulares dos órgãos referidos nos incisos I a XI do *caput*, no prazo de dez dias, contado da data de publicação deste Decreto, e designados em ato do Ministro de Estado Chefe do Gabinete de Segurança Institucional da Presidência da República.

§ 2º A Força-Tarefa de Inteligência para o enfrentamento ao crime organizado no Brasil poderá convidar representantes de outros órgãos e entidades da administração pública federal cujas participações sejam consideradas indispensáveis ao cumprimento do disposto neste Decreto.

§ 3º Cada membro do colegiado terá um suplente, que o substituirá em suas ausências e impedimentos. (Incluído pelo Decreto nº 9.843, de 2019.)

Art. 3º O Coordenador da Força-Tarefa de Inteligência para o enfrentamento ao crime organizado no Brasil elaborará Norma Geral de Ação que regulará o desenvolvimento de ações e de rotinas de trabalho, em consonância com a Política Nacional de Inteligência – PNI, com a Estratégia Nacional de Inteligência – ENINT e com a legislação em vigor.

§ 1º A Norma Geral de Ação definirá a forma de articulação e de intercâmbio de informações entre a Força-Tarefa de Inteligência para o enfrentamento ao crime organizado no Brasil e o Conselho Nacional de Segurança Pública e Defesa Social.

§ 2º A Norma Geral de Ação será submetida à deliberação dos integrantes da Força-Tarefa de Inteligência para o enfrentamento ao crime organizado no Brasil e, na hipótese de ser aprovada, por maioria absoluta, será publicada no Diário Oficial da União por meio de Portaria do Ministro de Estado Chefe do Gabinete de Segurança Institucional da Presidência da República.

Art. 4º A Secretaria-Executiva da Força Tarefa de Inteligência será exercida pela Agência Brasileira de Inteligência. (Redação dada pelo Decreto nº 9.843, de 2019.)

Art. 5º A Força-Tarefa de Inteligência para o enfrentamento ao crime organizado no Brasil realizará reuniões de trabalho, em caráter ordinário, semanalmente, ou em caráter extraordinário, por convocação do coordenador, sempre que necessário.

Parágrafo único. As reuniões de trabalho da Força-Tarefa de Inteligência para o enfrentamento ao crime organizado no Brasil independerão de quórum mínimo para serem realizadas.

Art. 6º A participação na Força-Tarefa de Inteligência para o enfrentamento ao crime organizado no Brasil será considerada prestação de serviço público relevante, não remunerada.

Art. 7º Este Decreto entra em vigor na data de sua publicação.

Brasília, 15 de outubro de 2018; 197º da Independência e 130º da República.

Michel Temer
DOU de 16/10/2018.

Parte 2
Tópicos da Parte Especial do Código Penal e da Legislação Penal Especial

INTRODUÇÃO

Nesta segunda parte da obra, faremos a análise de tópicos específicos de algumas infrações penais, não sendo nossa finalidade esgotar as discussões, que poderão ser visualizadas com mais profundidade em nosso *Curso de Direito Penal*, bem como no *Código Penal comentado*, ambos publicados pelo GEN | Atlas.

HOMICÍDIO E EXAME DE CORPO DE DELITO

Tratando-se de crime material, infração penal que deixa vestígios, o homicídio, para que possa ser atribuído a alguém, exige a confecção do indispensável exame de corpo de delito, direto ou indireto, conforme determinam os arts. 158 a 158-F e 167 do CPP, com as alterações trazidas pela Lei nº 13.964, de 24 de dezembro de 2019.

HOMICÍDIO E EXAME DO LOCAL

Para o efeito de exame do local onde houver sido praticada a infração penal, a autoridade providenciará imediatamente para que não se altere o estado das coisas até a chegada dos peritos, que poderão instruir seus laudos com fotografias, desenhos ou esquemas elucidativos. O art. 158-A e seu § 1º, conceituando a cadeia de custódia, esclarecem que:

> Art. 158-A. Considera-se cadeia de custódia o conjunto de todos os procedimentos utilizados para manter e documentar a história cronológica do vestígio coletado em locais ou em vítimas de crimes, para rastrear sua posse e manuseio a partir de seu reconhecimento até o descarte.
> § 1º O início da cadeia de custódia dá-se com a preservação do local de crime ou com procedimentos policiais ou periciais nos quais seja detectada a existência de vestígio.

HOMICÍDIO. DIFERENÇA ENTRE TIRO NAS COSTAS E TIRO PELAS COSTAS

Durante uma agressão, alguém pode receber um tiro nas costas, ou seja, pode ter sido alvejado sem que, com isso, tenha havido traição por parte do agressor ou daquele que efetuou o disparo, não se configurando, nesse caso, a qualificadora.

Ao contrário, se for apurado que o tiro foi efetuado pelas costas, isto é, surpreendendo a vítima, restará configurada a qualificadora da traição no crime de homicídio (art. 121, § 2º, IV, do CP).

FEMINICÍDIO

Em 9 de março de 2015, foi publicada a Lei nº 13.104, que criou, como modalidade de homicídio qualificado, o chamado *feminicídio*, inserindo o inciso VI ao § 2º do art. 121 do CP. Segundo esse dispositivo, tal crime ocorre quando uma mulher vem a ser vítima de homicídio simplesmente por razões de sua condição de sexo feminino.

Devemos observar, entretanto, que não é pelo fato de uma mulher figurar como sujeito passivo do delito tipificado no art. 121 do CP que já estará caracterizado o delito qualificado, ou seja, o feminicídio. Para que reste configurada a qualificadora, nos termos do § 2º-A do art. 121 do diploma repressivo, o crime deverá ser praticado por *razões de condição de sexo feminino*, que, efetivamente, ocorrerá quando envolver:

> I – violência doméstica e familiar;
> II – menosprezo ou discriminação à condição de mulher.

O art. 12-C, com a nova redação que lhe foi conferida pela Lei nº 14.188, de 28 de julho de 2021, e o art. 38-A, parágrafo único, com a redação que lhe foi dada pela Lei nº 14.310, de 8 de março de 2022, ambos da Lei nº 11.340/2006 (Lei Maria da Penha), preveem o seguinte:

> Art. 12-C. Verificada a existência de risco atual ou iminente à vida ou à integridade física ou psicológica da mulher em situação de violência doméstica e familiar, ou de seus dependentes, o agressor será imediatamente afastado do lar, domicílio ou local de convivência com a ofendida:
> I – pela autoridade judicial;
> II – pelo delegado de polícia, quando o Município não for sede de comarca; ou
> III – pelo policial, quando o Município não for sede de comarca e não houver delegado disponível no momento da denúncia.
> § 1º Nas hipóteses dos incisos II e III do *caput* deste artigo, o juiz será comunicado no prazo máximo de 24 (vinte e quatro) horas e decidirá, em igual prazo, sobre a manutenção ou a revogação da medida aplicada, devendo dar ciência ao Ministério Público concomitantemente.
> § 2º Nos casos de risco à integridade física da ofendida ou à efetividade da medida protetiva de urgência, não será concedida liberdade provisória ao preso.
> (...)
> Art. 38-A. O juiz competente providenciará o registro da medida protetiva de urgência.
> Parágrafo único. As medidas protetivas de urgência serão, após sua concessão, imediatamente registradas em banco de dados mantido e regulamentado pelo Conselho Nacional de Justiça, garantido o acesso instantâneo do Ministério Público, da Defensoria Pública e dos órgãos de segurança pública e de assistência social, com vistas à fiscalização e à efetividade das medidas protetivas.

FEMINICÍDIO – QUALIFICADORA DE NATUREZA HÍBRIDA

Existe controvérsia doutrinária e jurisprudencial no que diz respeito à natureza da qualificadora correspondente ao feminicídio. Isso porque o inciso VI do §

2º do art. 121 do CP exige, para a sua configuração, que o homicídio seja praticado contra *mulher por razões da condição de sexo feminino*.

Entendendo pela natureza subjetiva da mencionada qualificadora, Cleber Masson assevera:

> O feminicídio constitui-se em circunstância pessoal ou subjetiva, pois diz respeito à motivação do agente. O homicídio é cometido por razões de condição de sexo feminino. Não há nenhuma ligação com os meios ou modos de execução do delito. Consequentemente, essa qualificadora é incompatível com o privilégio que a exclui, afastando o homicídio híbrido (privilegiado-qualificado).[1]

Em sentido contrário, entendendo pela natureza objetiva da qualificadora do feminicídio, Guilherme de Souza Nucci aduz:

> Trata-se de uma qualificadora *objetiva*, pois se liga ao gênero da vítima: ser mulher. Historicamente, sempre predominou o androcentrismo, colocando o homem no centro de tudo, em oposição à misoginia, justificando um ódio às mulheres, mais fracas fisicamente e sem condições de ascensão social.
> Não aquiescemos à ideia de ser uma qualificadora *subjetiva* (como o motivo torpe ou fútil) somente porque se inseriu a expressão "por razões de condição de sexo feminino". Não é essa a motivação do homicídio.[2]

Em que pesem as lições dos renomados autores, entendemos que estamos diante de uma qualificadora de natureza híbrida. Isso porque o inciso VI do § 2º do art. 121 do CP diz qualificar o homicídio quando este for praticado *contra mulher por razões da condição de sexo feminino*, e o § 2º-A do mesmo artigo aponta essas hipóteses quando o crime envolve: I – violência doméstica e familiar e II – menosprezo ou discriminação à condição de mulher. Assim, no que diz respeito ao mencionado inciso I, temos uma qualificadora de natureza objetiva, uma vez que tais hipóteses são aquelas objetivamente elencadas no art. 5º da Lei nº 11.340, de 7 de agosto de 2006. Por outro lado, temos também uma qualificadora de natureza subjetiva, quando o feminicídio é praticado por menosprezo ou discriminação à condição de mulher.

Portanto, nada impede que tenhamos um homicídio qualificado-privilegiado (feminicídio privilegiado) quando estivermos diante da hipótese constante do inciso I do § 2º-A do art. 121 do CP, ficando vedada essa possibilidade quando o feminicídio for praticado com a motivação prevista no inciso II do citado parágrafo, vale dizer, quando for levado a efeito por menosprezo ou discriminação à condição de mulher.

HOMICÍDIO FUNCIONAL

A Lei nº 13.142, de 6 de julho de 2015, inseriu o inciso VII ao § 2º do art. 121 do CP, criando mais uma modalidade qualificada, na hipótese em que o agente

---

[1] MASSON, Cleber. *Direito penal*: parte especial, v. 2, p. 46.
[2] NUCCI, Guilherme de Souza. *Curso de Direito Penal*: parte especial, v. 2, p. 49.

praticar o crime de homicídio contra autoridade ou agente descrito nos arts. 142 e 144 da CF, integrantes do sistema prisional e da Força Nacional de Segurança Pública, no exercício da função ou em decorrência dela, ou contra seu cônjuge, companheiro ou parente consanguíneo até terceiro grau, em virtude dessa condição.

De acordo com a redação constante do inciso VII do § 2º do art. 121 do CP, são considerados sujeitos passivos os integrantes:

- das Forças Armadas – Exército, Marinha ou Aeronáutica (art. 142 da CF);
- da Polícia Federal (art. 144, I, da CF);
- da Polícia Rodoviária Federal (art. 144, II, da CF);
- da Polícia Ferroviária Federal (art. 144, III, da CF);
- das Polícias Civis (art. 144, IV, da CF);
- das Polícias Militares e corpos de Bombeiros Militares (art. 144, V, da CF);
- das Guardas Municipais (art. 144, § 8º, da CF);
- das polícias penais federal, estaduais e distrital (art. 144, VI, da CF);
- da Força Nacional de Segurança Pública (Lei nº 11.473/2007).

Da mesma forma, serão considerados sujeitos passivos o cônjuge, companheiro ou parente consanguíneo até o terceiro grau, em virtude dessa condição, ou seja, considerando seu vínculo familiar com qualquer uma das autoridades ou dos agentes previstos pelos arts. 142 e 144 da CF, conforme elenco anteriormente indicado.

HOMICÍDIO. CRIMINOSO QUE CORRE, DURANTE PERSEGUIÇÃO POLICIAL, ATIRANDO PARA TRÁS

Se, por exemplo, um criminoso, que era perseguido pela polícia, foge atirando para trás, visando acertar os policiais que se encontravam no seu encalço, caso venha a ser atingido nas costas, esse fato, ainda assim, deverá ser considerado hipótese de legítima defesa por parte dos policiais, que atiraram com a finalidade de fazer estancar a agressão injusta que era praticada contra sua pessoa.

COMPETÊNCIA PARA JULGAMENTO DO HOMICÍDIO DOLOSO

O Tribunal do Júri é o competente para julgar os crimes dolosos contra a vida, destacando-se entre eles o homicídio, em todas as suas modalidades – simples, privilegiada e qualificada, conforme se verifica pela alínea *d* do inciso XXXVIII do art. 5º da CF.

HOMICÍDIO PRATICADO POR POLICIAL MILITAR – COMPETÊNCIA PARA JULGAMENTO

A partir das modificações trazidas pela Lei nº 9.299/96, se um militar vier a causar a morte de um civil, a competência para o processo e julgamento será do Tribunal do Júri.

A Emenda nº 45, de 8 de dezembro de 2004, dando nova redação ao § 4º do art. 125 da CF, ratificando o posicionamento anterior, asseverou:

(...)
§ 4º Compete à Justiça Militar estadual processar e julgar os militares dos Estados, nos crimes militares definidos em lei e as ações judiciais contra atos disciplinares militares, ressalvada a competência do júri quando a vítima for civil, cabendo ao tribunal competente decidir sobre a perda do posto e da patente dos oficiais e da graduação das praças.

Da mesma forma, a Lei nº 13.491, de 13 de outubro de 2017, que alterou o art. 9º do CPM, fez inserir o § 1º, dizendo, *in verbis*:

§ 1º Os crimes de que trata este artigo, quando dolosos contra a vida e cometidos por militares contra civil, serão da competência do Tribunal do Júri.

JULGAMENTO PELO JÚRI SEM A PRESENÇA DO RÉU

Devido às alterações levadas a efeito no Código de Processo Penal, não mais se exige a presença do réu em plenário do Júri para que possa ser realizado o seu julgamento. O art. 457 e parágrafos, com a redação determinada pela Lei nº 11.689, de 9 de junho de 2008, dispõem, *in verbis*:

Art. 457. O julgamento não será adiado pelo não comparecimento do acusado solto, do assistente ou do advogado do querelante, que tiver sido regularmente intimado.
§ 1º Os pedidos de adiamento e as justificações de não comparecimento deverão ser, salvo comprovado motivo de força maior, previamente submetidos à apreciação do juiz presidente do Tribunal do Júri.
§ 2º Se o acusado preso não for conduzido, o julgamento será adiado para o primeiro dia desimpedido da mesma reunião, salvo se houver pedido de dispensa de comparecimento subscrito por ele e seu defensor.

Andrey Borges de Mendonça esclarece, com precisão, que:

Embora seja facultado ao acusado, em princípio, ausentar-se da sessão de julgamento, tal disposição não deve ser considerada absoluta. Em determinadas situações, será necessária a presença do réu em plenário, mesmo contra a sua vontade. Caso o juiz entenda, por exemplo, que há necessidade de reconhecimento pessoal do acusado, especialmente nas situações em que há dúvida sobre a autoria delitiva, poderá determinar a condução coercitiva do acusado, se não comparecer à sessão. Do contrário, os jurados seriam impossibilitados de conhecer a verdade dos fatos, especialmente no tocante à autoria delitiva.
No caso de réu preso, a regra é a do comparecimento, devendo a autoridade providenciar a sua apresentação. Se não tiver sido conduzido, por qualquer motivo, deve haver adiamento para o primeiro dia desimpedido. No entanto, é possível a

dispensa da presença do acusado preso em plenário, se houver pedido de dispensa de comparecimento subscrito pelo acusado e por seu defensor (não basta, portanto, a assinatura de um deles).[3]

LESÃO CORPORAL CULPOSA PRATICADA NA DIREÇÃO DE VEÍCULO AUTOMOTOR

Se a lesão corporal culposa for praticada na direção de veículo automotor, em virtude do princípio da especialidade, será aplicado o art. 303 do CTB (Código de Trânsito Brasileiro) (Lei nº 9.503/97), afastando-se, outrossim, a aplicação do art. 129, § 6º, do CP.

VIOLÊNCIA DOMÉSTICA

A Lei nº 10.886, de 17 de junho de 2004, acrescentou os §§ 9º e 10 ao art. 129 do CP, criando, por intermédio do primeiro, o delito de *violência doméstica*. Vale ressaltar que quase todas as situações previstas no mencionado parágrafo já figuravam em nosso Código Penal como circunstâncias agravantes, previstas nas alíneas *e* e *f* do inciso II do seu art. 61. Agora, especificamente no crime de lesão corporal, terão o condão de qualificá-lo, uma vez que a Lei nº 11.340/2006, que criou mecanismos para coibir a violência doméstica e familiar contra a mulher, embora mantendo a redação original do § 9º do art. 129 do CP, modificou a pena anteriormente cominada, passando a prever uma pena de detenção, de 3 (três) meses a 3 (três) anos.

Merece ser esclarecido, nesta oportunidade, que o § 9º do art. 129 do CP deverá ser aplicado não somente aos casos em que a *mulher* for vítima de violência doméstica ou familiar, mas a todas as pessoas, do sexo masculino ou feminino, que se amoldarem às situações narradas pelo tipo.

No entanto, quando a mulher for vítima de violência doméstica ou familiar, figurando como sujeito passivo do delito de lesões corporais, tal fato importará em tratamento mais severo ao autor da infração penal, haja vista que o art. 41 da Lei nº 11.340/2006 proíbe a aplicação da Lei nº 9.099/95, impedindo, assim, a proposta de suspensão condicional do processo, mesmo que a pena mínima cominada ao delito seja de 1 (um) ano.

Além disso, deve ser lembrado que a hipótese de violência doméstica, prevista no § 9º do art. 129 do CP, configura-se como lesão corporal leve, embora qualificada. Por isso, de acordo com a posição majoritária da doutrina, seria possível a aplicação das penas substitutivas previstas no art. 44 do CP.

Todavia, se o sujeito passivo for *mulher*, tal substituição não poderá importar na aplicação de cesta básica ou outras de prestação pecuniária, bem como no pagamento isolado de multa, nos termos preconizados pelo art. 17 da Lei nº 11.340/2006.

---

[3] MENDONÇA, Andrey Borges de. *Nova reforma do Código de Processo Penal*, p. 76.

No que diz respeito à ação penal, o Superior Tribunal de Justiça, consolidando sua posição, editou a Súmula nº 542, publicada no *DJe* de 31 de agosto de 2015, que diz:

> Súmula nº 542 – A ação penal relativa ao crime de lesão corporal resultante de violência doméstica contra a mulher é pública incondicionada.

O art. 12 da Lei nº 11.340/2006 assevera que:

> Art. 12. Em todos os casos de violência doméstica e familiar contra a mulher, feito o registro da ocorrência, deverá a autoridade policial adotar, de imediato, os seguintes procedimentos, sem prejuízo daqueles previstos no Código de Processo Penal:
> I – ouvir a ofendida, lavrar o boletim de ocorrência e tomar a representação a termo, se apresentada;
> II – colher todas as provas que servirem para o esclarecimento do fato e de suas circunstâncias;
> III – remeter, no prazo de 48 (quarenta e oito) horas, expediente apartado ao juiz com o pedido da ofendida, para a concessão de medidas protetivas de urgência;
> IV – determinar que se proceda ao exame de corpo de delito da ofendida e requisitar outros exames periciais necessários;
> V – ouvir o agressor e as testemunhas;
> VI – ordenar a identificação do agressor e fazer juntar aos autos sua folha de antecedentes criminais, indicando a existência de mandado de prisão ou registro de outras ocorrências policiais contra ele;
> VI-A – verificar se o agressor possui registro de porte ou posse de arma de fogo e, na hipótese de existência, juntar aos autos essa informação, bem como notificar a ocorrência à instituição responsável pela concessão do registro ou da emissão do porte, nos termos da Lei nº 10.826, de 22 de dezembro de 2003 (Estatuto do Desarmamento); (Incluído pela Lei nº 13.880, de 2019.)
> VII – remeter, no prazo legal, os autos do inquérito policial ao juiz e ao Ministério Público.

DISPARO DE ARMA DE FOGO EM VIA PÚBLICA

Somente se configurará o delito do art. 132 do CP mediante disparo de arma de fogo quando: a) o disparo for efetuado em lugar não habitado; b) não for em via pública ou em direção a ela; c) o dolo não for de dano, vale dizer, quando o agente não tinha a intenção de ferir ou causar a morte da vítima.

Caso contrário, poderá ocorrer o delito tipificado no art. 15 do Estatuto do Desarmamento (Lei nº 10.826/2003), que diz:

> Art. 15. Disparar arma de fogo ou acionar munição em lugar habitado ou em suas adjacências, em via pública ou em direção a ela, desde que essa conduta não tenha como finalidade a prática de outro crime:
> Pena – reclusão, de 2 (dois) a 4 (quatro) anos, e multa.
> Parágrafo único. O crime previsto neste artigo é inafiançável.

OMISSÃO DE SOCORRO

O núcleo *deixar* está colocado no texto do art. 135 do CP no sentido de *não fazer algo*, ou seja, não prestar assistência, não assistir, não ajudar, quando possível fazê-lo, *sem risco pessoal*, à criança abandonada ou extraviada, ou à pessoa inválida ou ferida, ao desamparo ou em grave e iminente perigo; ou não pedir, nesses casos, o socorro da autoridade pública.

Por *criança abandonada ou extraviada* devemos entender aquela que, de acordo com o art. 2º do ECA (Lei nº 8.069/90) não tenha, ainda, completado 12 anos de idade e que tenha, por algum motivo, sido abandonada à própria sorte por aqueles que eram seus responsáveis ou, no caso da criança extraviada, que tenha com eles perdido o contato ou a vigilância, não sabendo retornar ao seu encontro.

Já *pessoa inválida*, segundo a concepção de Hungria, "é toda aquela que, entregue a si mesma, não pode prover a própria segurança, seja isto por suas próprias condições normais ou por acidente (velhos, enfermos, aleijados, paralíticos, cegos etc.)"[4].

Pessoa ferida, por sua vez, é aquela que teve ofendida a sua integridade corporal ou saúde, por ação de terceiros, caso fortuito ou até mesmo por vontade própria, como no caso daquele que tentou contra a própria vida e conseguiu sobreviver, sendo incapaz de, por si mesmo, buscar auxílio a fim de evitar a produção de um dano maior à sua pessoa.

Nestas duas últimas hipóteses, ou seja, pessoa inválida ou ferida, a vítima deve encontrar-se ao desamparo, isto é, abandonada, sem os cuidados exigidos à manutenção da sua integridade corporal ou saúde, bem como da sua vida.

Hungria assevera ser "grave e iminente o perigo que ameaça atualmente a vida da pessoa ou, de modo notável, a sua incolumidade física ou fisiológica"[5].

A segunda parte do *caput* do art. 135 do CP traduz um comportamento alternativo, assim redigido: *ou não pedir, nesses casos, o socorro da autoridade pública*.

Somente responderá pelo delito de omissão de socorro o agente que podia prestar a assistência sem *risco pessoal*. Havendo risco para o agente, o fato será atípico no que diz respeito à sua assistência direta, mas não o eximirá de responsabilidade se também, podendo, não procurar socorro com a autoridade pública.

Não havendo possibilidade de assunção de qualquer dos comportamentos, vale dizer, prestar diretamente a assistência, ou buscar socorro com a autoridade pública competente, o fato será atípico.

Questão que deve ser esclarecida diz respeito a quem se amolda ao conceito de autoridade pública. Juízes, promotores de justiça, por exemplo, gozam do *status* de autoridade pública. Entretanto, será essa autoridade a que se refere a lei

---

[4] HUNGRIA, Nélson. *Comentários ao Código Penal*, v. V, p. 431.
[5] HUNGRIA, Nélson. *Comentários ao Código Penal*, v. V, p. 431.

penal? Obviamente que não, mas, sim, aquelas que, por definição legal, tenham o dever de afastar o perigo, como acontece com os bombeiros e os policiais.

Nesse sentido, Guilherme de Souza Nucci preleciona que autoridade pública:

> (...) não é qualquer "autoridade pública", ou seja, funcionário do Estado que tem a obrigação de atender aos pedidos de socorro. Por outro lado é dever de quem aciona a autoridade buscar quem realmente pode prestar assistência. Muito fácil seria, para alguém se desvincular do dever de buscar ajuda concreta, ligar, por exemplo, para a casa de um Promotor de Justiça – que não tem essa função pública – dizendo que há um ferido no meio da rua, aguardando socorro. É curial que o indivíduo acione os órgãos competentes, como a polícia ou os bombeiros.[6]

VÍTIMA SUBMETIDA A TORTURA A FIM DE PRATICAR UM FATO DEFINIDO COMO CRIME

A alínea *b* do inciso I do art. 1º da Lei nº 9.455, de 7 de abril de 1997, que definiu os crimes de tortura, diz o seguinte:

> Art. 1º Constitui crime de tortura:
> I – constranger alguém com emprego de violência ou grave ameaça, causando-lhe sofrimento físico ou mental:
> a) (...);
> b) para provocar ação ou omissão de natureza criminosa;
> (...).

Existe, na mencionada lei, um constrangimento ilegal específico, destinado a causar um sofrimento físico ou mental, a fim de que a vítima pratique uma ação ou omissão de natureza criminosa.

Nesse caso, pergunta-se: caso aquele que foi torturado vier, efetivamente, a praticar uma ação ou omissão de natureza criminosa, o agente torturador deverá responder pelas duas infrações penais, ou seja, pelo delito de tortura, além do fato definido como crime praticado pelo torturado?

Da mesma forma que no delito de constrangimento ilegal, entende-se pelo concurso material de crimes, devendo responder por ambas as infrações penais.

Vale o registro, entretanto, do alerta levado a efeito por Fernando Capez, quando diz:

> Compartilhamos também desse posicionamento, contudo, levando em conta que nem toda violência ou grave ameaça é apta a causar intenso sofrimento físico ou mental, importa distinguir as seguintes situações: *a)* se o emprego de violência ou grave ameaça causar intenso sofrimento físico ou mental, o coator responderá pelo crime de tortura em concurso material com a ação ou omissão criminosa realizada

---

[6] NUCCI, Guilherme de Souza. *Código Penal comentado*, p. 436.

pela vítima (autoria mediata); o coagido não responderá por crime algum; *b)* se o emprego de violência ou grave ameaça não causar intenso sofrimento físico ou mental, restando à vítima liberdade de escolha, responderá o coator pelo crime de constrangimento ilegal em concurso material com o crime praticado pelo coagido. É que, ausente o intenso sofrimento físico ou mental, o crime de tortura não se configura, restando a aplicação subsidiária do crime de constrangimento ilegal. O coagido também responderá pelo crime praticado, com incidência da atenuante prevista no art. 65, III, *c*, do Código Penal.[7]

AMEAÇA PROFERIDA EM ESTADO DE IRA OU CÓLERA

Não é incomum que, durante discussões acaloradas, um dos contendores ameace o outro, prometendo causar-lhe um mal injusto e grave. Nesse caso, poderíamos identificar o delito de ameaça ou, ao contrário, para sua configuração, a ameaça exigiria ânimo calmo e refletido?

A questão não é pacífica. Parte da doutrina assume posição no sentido de que o estado de ira ou cólera afasta o elemento subjetivo do crime de ameaça. Nessa perspectiva, afirma Carrara: "As ameaças proferidas no ímpeto da cólera não são politicamente imputáveis, e devem ser consideradas como meras expressões jactanciosas"[8].

Também assevera Fragoso que não há crime "se a ameaça constituir apenas uma explosão de cólera, não revelando o propósito de intimidar"[9].

Apesar da autoridade dos renomados autores, acreditamos, *permissa venia*, não ser essa a melhor posição. Isso porque grande parte das ameaças é proferida enquanto o agente se encontra em estado colérico. Entretanto, isso não significa afirmar que, em decorrência desse fato, o mal prometido não tenha possibilidades de infundir temor à vítima.

Para que se caracterize a ameaça, não há necessidade que o agente, efetivamente, ao prenunciar a prática do mal injusto e grave, tenha intenção real de cometê-lo, bastando que seja capaz de infundir temor em um homem normal.

Na verdade, quando proferida em estado de ira ou cólera, a ameaça se torna mais amedrontadora, pois o agente enfatiza sua intenção em praticar o mal injusto e grave, fazendo que a vítima, em geral, se veja abalada em sua tranquilidade psíquica.

AMEAÇA PROFERIDA EM ESTADO DE EMBRIAGUEZ

Outra hipótese controvertida diz respeito à ameaça proferida pelo agente que se encontra em estado de embriaguez.

---

[7] CAPEZ, Fernando. *Curso de Direito Penal*, v. 2, p. 283.
[8] CARRARA, Francesco. *Programa de Derecho Criminal*, v. 6, p. 373.
[9] FRAGOSO, Heleno Cláudio. *Lições de direito penal*: parte especial (arts. 121 a 160 do CP), p. 223.

Parte da doutrina afirma que, nesse caso, a embriaguez afastaria o dolo do agente, a exemplo de Luiz Regis Prado, que esclarece não poder "ser havida como séria a ameaça realizada em estado de embriaguez do agente"[10].

Na verdade, a questão não pode ser cuidada em termos absolutos. É claro que, se o agente estiver embriagado a ponto de não saber o que diz, não teremos condições de identificar o dolo em seu comportamento. Entretanto, se a embriaguez foi um fator que teve o poder de soltar os freios inibidores do agente, permitindo que proferisse a promessa de um mal injusto e grave, pois pretendia infundir temor à vítima, não podemos descartar a caracterização do delito.

Assim, somente aquele estado de embriaguez que torne ridícula a ameaça feita pelo agente é que poderá afastar a infração penal, em razão da evidente ausência de dolo; ao contrário, se o agente, mesmo sob os efeitos do álcool ou de substâncias análogas, tiver consciência do seu comportamento, deverá responder pelas ameaças proferidas.

PERSEGUIÇÃO (*STALKING*)

O crime de *perseguição*, conhecido internacionalmente como *stalking*, foi inserido no Código Penal (art. 147-A) por meio da Lei nº 14.132, de 31 de março de 2021. Não se cuida de um comportamento novo, mas, sim, de uma conduta que se perde no tempo, embora seu estudo tenha começado, com mais profundidade, na década de 1990, principalmente nos EUA.

O núcleo *perseguir* nos dá a ideia de uma conduta praticada pelo agente que denota insistência, obsessão, comportamento repetitivo no que diz respeito à pessoa da vítima. Está muito ligado à área psicológica do perseguidor, muitas vezes entendido como um caçador à espreita da sua vítima.

Exige a lei, para efeitos de configuração dessa *perseguição*, que ela ocorra de forma reiterada, ou seja, constante, habitual. Isso quer dizer que uma única abordagem, mesmo que inconveniente, não configurará o delito em estudo.

Há, portanto, uma necessidade de reiteração do comportamento do agente, criando situação de incômodo, desconforto e até mesmo medo para a vítima. No entanto, o que significa, realmente, um comportamento reiterado, vale dizer, habitual? Duas condutas já seriam o suficiente para se configurar a *perseguição*? Essa é uma questão em que somente o caso concreto poderá demonstrar, como exemplificado anteriormente, se os comportamentos levados a efeito pelo agente poderão ou não se configurar *stalking*. Contudo, entendemos que, se os fatos forem praticados, por exemplo, por somente duas vezes, ou seja, se houver uma primeira abordagem por parte do agente, que insistiu em uma segunda, não poderemos falar no delito em estudo, visto que isso não importa na reiteração exigida pelo tipo penal que prevê o delito de *perseguição*. Fosse assim, haveria um sem-núme-

---

[10] PRADO, Luiz Regis. *Curso de Direito Penal Brasileiro*, v. 2, p. 284.

ro de pessoas processadas por terem insistido, por poucas vezes, em iniciar um relacionamento amoroso não correspondido. O que se quer, na verdade, é evitar a situação de incômodo, perturbação constante sofrida pela vítima, que perdeu a sua paz em virtude dos reiterados comportamentos praticados pelo perseguidor.

Sendo considerado um crime de forma livre, a *perseguição* pode se dar de diversas maneiras, com a utilização de qualquer meio. Conforme preleciona Luciana Gerbovic, trata-se:

> De comportamento humano heterogêneo consistente com um tipo particular de assédio, cometido por homens ou mulheres, que pode se configurar por meio de diversas condutas, tais como comunicação direta, física ou virtual, perseguição física e/ou psicológica, contato indireto por meio de amigos, parentes e colegas de trabalho ou qualquer outra forma de intromissão contínua e indesejada na vida privada e/ou íntima de uma pessoa.[11]

Em continuidade a suas lições, a autora diz:

> *Stalker* é o perseguidor, aquele que escolhe uma vítima, pelas mais diversas razões, e a molesta insistentemente, por meio de atos persecutórios – diretos ou indiretos, presenciais ou virtuais – sempre contra a vontade da vítima. Em outras palavras, *stalker* é quem promove uma "caçada" física ou psicológica contra alguém.[12]

A internet, de forma geral, e as redes sociais, mais especificamente, fizeram que essas perseguições se potencializassem, dado à facilidade de acesso às vítimas, tal como ocorre com o envio de *e-mails*, mensagens pelas mais diversas formas (SMS, *Messenger*, *WhatsApp*, *Directs* etc.). Em muitas situações, a exposição contínua das vítimas traz a sensação de que as pessoas as conhecem e que lhes são íntimas. Hoje, esse fenômeno ocorre não somente com as pessoas consideradas públicas, tal como acontece com os artistas, mas também com todas as demais que estejam expostas nas redes sociais.

Podem se configurar como *meios* para a prática do *stalking* telefonar e permanecer em silêncio, ligar continuamente e desligar tão logo a vítima atenda, fazer ligações o tempo todo, tentando conversar com a vítima, enviar presentes, mensagens por todos os modos possíveis (a exemplo do SMS, *Directs*, *e-mails*, *WhatsApp*, bilhetes, cartas etc.) – amorosas ou mesmo agressivas –, acompanhar a vítima a distância, aparecer em lugares frequentados comumente pela vítima ou pessoas que lhe são próximas, estacionar o automóvel sempre ao lado do carro da vítima, a fim de que ela saiba que o agente está por ali, à espreita, enviar fotos, músicas, flores, instrumentos eróticos, roupas íntimas, animais mortos, enfim, existe uma infinidade de meios que podem ser utilizados pelo agente na prática da infração penal *sub examen*.

---

[11] GERBOVIC, Luciana. *Stalking*, p. 20.
[12] GERBOVIC, Luciana. *Stalking*, p. 21.

Embora a criminalização da *perseguição* seja necessária, temos que tomar o máximo cuidado para que não sejam confundidos comportamentos perfeitamente lícitos e aceitos em nossa sociedade. Uma insistência amorosa, por exemplo, mesmo que indesejada, não pode se configurar, automaticamente, crime. Por isso, somente a hipótese concreta nos trará elementos para que possamos fazer essa distinção, tênue, por sinal, entre um comportamento natural do ser humano, em não aceitar, imediatamente, uma negativa ao seu pedido, e uma conduta considerada perseguidora, criminosa, que pode causar na vítima danos à sua integridade física ou psicológica.

TRÁFICO DE PESSOAS

De acordo com a figura típica constante do art. 149-A, inserida no Código Penal por meio da Lei nº 13.344, de 6 de outubro de 2016, comete o crime de tráfico de pessoa aquele que vier a: agenciar, aliciar, recrutar, transportar, transferir, comprar, alojar ou acolher pessoa, mediante grave ameaça, violência, coação, fraude ou abuso, com a finalidade de:

I – remover-lhe órgãos, tecidos ou partes do corpo;
II – submetê-la a trabalho em condições análogas à de escravo;
III – submetê-la a qualquer tipo de servidão;
IV – adoção ilegal; ou
V – exploração sexual.

Previu a lei, portanto, um *tipo misto alternativo*, com os verbos que compõem a figura típica, toda a cadeia que diz respeito ao tráfico de pessoas, desde o seu começo, com o aliciamento da vítima, passando pelo seu transporte, até o acolhimento no local de destino.

Dessa forma, o art. 149-A do CP atendeu às normativas internacionais, principalmente ao art. 3º do Protocolo Adicional à Convenção das Nações Unidas contra o Crime Organizado Transnacional Relativo à Prevenção, Repressão e Punição do Tráfico de Pessoas, em Especial Mulheres e Crianças, transcrito anteriormente, que, para efeitos de configuração do crime de tráfico de pessoas, exige três características indispensáveis, devidamente apontadas no *Manual sobre la lucha contra la trata de personas para profesionales de la justicia penal*, da Oficina de las Naciones Unidas contra la Droga y el Delito (UNODC)[13], a saber:

1) um ato (o que se faz);
2) os meios (como se faz);
3) a finalidade de exploração (por que se faz).

---

[13] NACIONES UNIDAS. OFICINA DE LAS NACIONES UNIDAS CONTRA LA DROGA Y EL DELITO (UNODC). *Manual sobre la lucha contra la trata de personas para profesionales de la justicia penal*, p. 2.

SEQUESTRO E ROUBO COM PENA ESPECIALMENTE AGRAVADA PELA RESTRIÇÃO DA LIBERDADE DA VÍTIMA

Se, durante a prática de um crime de roubo, a vítima for privada de sua liberdade por um período relativamente curto, teremos tão somente o crime de roubo com a pena especialmente aumentada em razão da aplicação do inciso V do § 2º do art. 157 do CP.

Se for por um período longo de privação de liberdade, poderemos raciocinar em termos de concurso material entre o delito de roubo e o de sequestro ou cárcere privado, afastando-se, nesse caso, a causa especial de aumento de pena prevista no inciso V do § 2º do art. 157 do CP, pois, caso contrário, aplicaríamos o chamado *bis in idem*.

VIOLAÇÃO DE DOMICÍLIO E EXCLUSÃO DO CRIME

O § 3º do art. 150 do CP prevê, textualmente:

> § 3º Não constitui crime a entrada ou permanência em casa alheia ou em suas dependências:
> I – durante o dia, com observância das formalidades legais, para efetuar prisão ou outra diligência;
> II – a qualquer hora do dia ou da noite, quando algum crime está sendo ali praticado ou na iminência de o ser.

A Constituição Federal ampliou as hipóteses previstas no transcrito § 3º do art. 150 do CP, dispondo, no inciso XI do seu art. 5º:

> (...)
> XI – a casa é o asilo inviolável do indivíduo, ninguém nela podendo penetrar sem consentimento do morador, salvo em caso de flagrante delito ou desastre, ou para prestar socorro, ou durante o dia, por determinação judicial;
> (...).

A primeira hipótese diz respeito ao cumprimento de *determinação judicial*, seja para efetuar a *prisão* de alguém, seja para realizar outra diligência, a exemplo do cumprimento de mandado de busca e apreensão. Nesses casos, somente poderá ser cumprida a ordem judicial durante o dia. Assim, por exemplo, tendo sido expedido mandado de prisão, o oficial de justiça ou outra autoridade encarregada de cumpri-lo apenas poderá fazê-lo durante o dia, entendendo-se, aqui, por *dia* o período normal no qual são realizados os atos processuais, nos termos preconizados pelo art. 212 do CPC (Código de Processo Civil), que diz:

> Art. 212. Os atos processuais serão realizados em dias úteis, das 6 (seis) às 20 (vinte) horas.

A Constituição Federal menciona também as hipóteses de flagrante delito, desastre ou prestação de socorro, não havendo, nesses casos, qualquer limite temporal, ou seja, pode alguém ingressar em casa alheia, mesmo contra a vontade de quem de direito, de dia ou mesmo à noite.

Entretanto, comparando o dispositivo constitucional com a norma penal constante do § 3º do art. 150, são necessárias algumas observações.

Primeiramente, a Constituição Federal menciona a situação de flagrante delito, enquanto o Código Penal aduz o fato de que algum crime esteja sendo praticado em casa alheia ou na iminência de o ser. A fim de compatibilizar as duas regras, com proeminência para aquela de natureza constitucional, que exige a ocorrência de flagrante, deve-se concluir que a expressão *na iminência de o ser*, contida na lei penal, deve, obrigatoriamente, ser entendida no sentido de que o agente, embora não houvesse ainda consumado o crime, já havia dado início à sua execução, oportunidade em que poderia ser interrompido com o ingresso de terceira pessoa em sua casa, fazendo, com isso, que a infração penal permanecesse na fase da tentativa.

Merece destaque, ainda, o fato de que a lei penal menciona, a fim de permitir o ingresso forçado em casa alheia, a prática de crime, não se referindo, outrossim, à contravenção. Nesse caso, entendemos que a Constituição Federal aumentou as hipóteses de ingresso em casa alheia contra a vontade de quem de direito, pois mencionou tão somente a situação de flagrante delito, que poderá ocorrer tanto nas hipóteses de cometimento de crimes quanto na prática de contravenções penais.

Em caso de desastre, ou mesmo para prestar socorro, o particular que invade casa alheia com uma dessas finalidades atua em estado de necessidade, afastando-se, portanto, a ilicitude de seu comportamento. Sendo um funcionário público que possua tal obrigação de prestar socorro, a exemplo do que ocorre com os bombeiros, atua acobertado pelo estrito cumprimento de dever legal.

Nas hipóteses de cumprimento de determinação judicial, seja para efetuar prisão, seja outra diligência, inclusive nos casos de flagrante delito, se tais atos forem praticados por funcionário público, estaremos diante da causa de justificação relativa ao estrito cumprimento de dever legal.

Sendo a prisão em flagrante realizada por um particular, nos termos da primeira parte do art. 301 do CPP, estaremos diante da causa de exclusão da ilicitude correspondente ao exercício regular de um direito.

Assim, concluindo, todas as situações elencadas tanto pela Constituição Federal quanto pelo próprio Código Penal dizem respeito a causas de justificação, que têm por finalidade excluir a ilicitude do comportamento realizado pelo agente.

No que diz respeito à exclusão do abuso de autoridade, o § 2º do art. 22 da Lei nº 13.869, de 5 de setembro de 2019, assevera, ainda, que:

§ 2º Não haverá crime se o ingresso for para prestar socorro, ou quando houver fundados indícios que indiquem a necessidade do ingresso em razão de situação de flagrante delito ou de desastre.

VIOLAÇÃO DE DOMICÍLIO E POSSE DE DROGAS

Como o fato de guardar, ou ter em depósito, drogas para consumo pessoal, nos termos do § 2º do art. 48 da Lei nº 11.343/2006, não comporta a prisão em flagrante, não poderá a autoridade policial, com esse fundamento, ingressar em casa alheia, sob pena de praticar o delito de abuso de autoridade, na modalidade de violação de domicílio.

POLICIAL QUE INGRESSA EM RESIDÊNCIA SEM MANDADO, POR SUSPEITA DE PRÁTICA DE CRIME

Tanto o inciso II do § 3º do art. 150 do CP quanto o inciso XI do art. 5º da CF permitem o ingresso na casa, independentemente do horário, quando algum crime esteja sendo cometido, ou seja, quando exista a situação em que o agente pode ser preso em flagrante delito.

No entanto, imagine-se a hipótese em que um policial suspeitava tão somente que um crime estivesse sendo cometido. Por conta dessa suspeita, invade aquela residência e vem a descobrir que nenhuma infração penal estava sendo praticada. Nesse caso, deveria responder o policial pelo delito de abuso de autoridade, na modalidade de violação de domicílio (art. 22 da Lei nº 13.869/2019), ou estaria ele amparado por uma causa de justificação?

Na verdade, o problema diz respeito ao erro em que incorreu o policial. Estivesse, realmente, sendo praticada alguma infração penal, o policial agiria acobertado pelo estrito cumprimento do dever legal, pois tinha, efetivamente, que evitar a prática da infração penal em andamento, com a consequente prisão do seu autor.

Todavia, ele se encontrava diante de uma situação imaginária, pois, na verdade, não havia qualquer infração penal sendo praticada. Nesse caso, o problema deverá ser tratado à luz das descriminantes putativas, desde que o erro em que incorreu o policial não seja grosseiro, vale dizer, inaceitável, ou seja, qualquer pessoa saberia, na situação em que o policial se encontrava, que a sua suspeita era completamente infundada, seu erro poderá ser considerado como grosseiro, fazendo que responda pela violação de domicílio.

Do contrário, se seu erro não for grosseiro, mas, sim, escusável, inevitável, será aplicada a regra constante do art. 20, § 1º, do CP, que aduz ser isento de pena quem, por erro plenamente justificado pelas circunstâncias, supõe situação de fato que, se existisse, tornaria a ação legítima. Nessa hipótese, o policial seria considerado isento de pena, alegando-se, em seu favor, o estrito cumprimento do dever legal putativo.

Assim, imagine-se a hipótese em que policiais tenham sido informados, por fontes seguras, durante uma incursão numa comunidade carente, que, em determinado barraco, se encontravam escondidas armas e munições usadas pela associação criminosa que praticava o tráfico ilícito de drogas naquele local. Com base nessas informações, com as cautelas necessárias que esse tipo de operação exige, invadem o mencionado barraco, mas nada encontram. Como se percebe, não se tinha tempo, aqui, para buscar um mandado junto à autoridade competente nem haveria, na verdade, necessidade, uma vez que um crime estava sendo cometido, vale dizer, o de ter em depósito, ilegalmente, armas e munições. No entanto, nada foi encontrado. Mesmo assim, podemos dizer que o erro em que incorreu a equipe era escusável, razão pela qual todos seriam beneficiados com o raciocínio correspondente ao estrito cumprimento do dever legal putativo.

Se, embora agindo em erro, for ele considerado evitável, vencível, deverá ser aplicada a segunda parte do § 1º do art. 20 do CP, que dispõe que não há isenção de pena quando o erro deriva de culpa e o fato é punível como crime culposo. Visto que, no caso do delito de violação de domicílio, não existe previsão para a modalidade culposa, podemos concluir que o policial que incorreu em erro, seja escusável ou inescusável, seja vencível ou invencível, não poderá ser responsabilizado criminalmente, a não ser que, como afirmamos anteriormente, estejamos diante de uma hipótese de erro grosseiro, que elimina o raciocínio que fizemos.

No que diz respeito à exclusão do abuso de autoridade, o § 2º do art. 22 da Lei nº 13.869/2019 assevera, ainda, que:

(...)
§ 2º Não haverá crime se o ingresso for para prestar socorro, ou quando houver fundados indícios que indiquem a necessidade do ingresso em razão de situação de flagrante delito ou de desastre.

A LAJE DE UMA CASA LOCALIZADA EM UMA FAVELA PODE SER CONSIDERADA COMO PARTE DA CASA, PARA EFEITOS DE RECONHECIMENTO DO DELITO DE ABUSO DE AUTORIDADE?

A laje de uma casa, por exemplo, localizada numa favela, pode ser considerada objeto material do crime de abuso de autoridade previsto no art. 22 da Lei nº 13.869/2019?

Sim, a laje, da mesma forma que o terraço de uma casa na zona nobre da cidade, ou o seu quintal, é considerada como parte do imóvel e, portanto, não pode ser violada, sob pena de cometer o agente o delito tipificado no *caput* do art. 22 da Lei de Abuso de Autoridade. Lembramos que a laje pode ter, ainda, matrícula própria, desatrelada do registro da propriedade. A reforçar nossa conclusão, *vide* arts. 55 e seguintes da Lei 13.465/2017, que dispõe sobre a regularização fundiária rural e urbana e dá outras providências, bem como o art. 176, § 9º, da Lei nº 6.015/73 e o art. 1.510-A, § 3º, do CC, ambos com redação dada pela Lei nº 13.465/2017.

Sobre o tema, veja o que ensinam Cristiano Chaves de Farias, Martha El Debs e Wagner Inácio Dias:

> Em defesa da natureza de direito real sobre coisa própria, poder-se-ia centralizar a compreensão do tema no fato de que o direito de laje é autônomo e independente em relação à propriedade do imóvel originariamente construído, inclusive gerando uma matrícula própria em cartório, desatrelada do registro da propriedade. Mais ainda: a laje tem funcionalidade própria, inclusive com acesso autônomo distinto daqueloutro da construção-base. Perlustrando esse caminho, então, vem se vislumbrando uma autonomia do direito de laje, não se enfeixando no conceito de direito real sobre a coisa alheia. Sustentando esse posicionamento, encontram-se os primitivos escritos de Carlos Eduardo Elias de Oliveira, assessor jurídico do Senado Federal, que diretamente colaborou na elaboração do texto legal: "a natureza jurídica é esclarecida pela leitura dos arts. 1.510-A e seguintes do Código Civil e do novo § 9º que foi acrescido ao art. 176 da Lei de Registros Públicos (conforme art. 56 da nova Lei). Na forma como foi redigido o Código Civil nesse ponto, o Direito Real de Laje é uma espécie de direito real de propriedade sobre um espaço tridimensional que se expande a partir da laje de uma construção-base em direção ascendente ou a partir do solo dessa construção em direção subterrânea. Esse espaço tridimensional formará um poliedro, geralmente um paralelepípedo ou um cubo. A figura geométrica dependerá da formatação da sua base de partida e também dos limites impostos no ato de instituição desse direito real e das regras urbanísticas. Teoricamente, esse espaço poderá corresponder a um poliedro em forma de pirâmide ou de cone". Os defensores da segunda tese se apoiam em um relevante fato: a norma legal determina, expressamente, a abertura de uma matrícula autônoma e independente do imóvel-lajeado, desatrelada da construção-base (CC, art. 1.510-A, § 3º e Lei de Registros Públicos, art. 176, § 9º).[14]

FURTO DE SINAL DE TV EM CANAL FECHADO ("GATONET")

Cezar Roberto Bitencourt, com precisão, esclarece:

> O art. 155, § 3º, equipara à coisa móvel "a energia elétrica ou qualquer outra que tenha valor econômico". Certamente, "sinal de TV a cabo" não é *energia elétrica*; deve-se examinar, por conseguinte, seu enquadramento na expressão genérica "qualquer outra" contida no dispositivo em exame. A locução "qualquer outra" refere-se, por certo, a "energia" que, apenas por razões linguísticas, ficou implícita na redação do texto legal; mas, apesar de sua multiplicidade, energia solar, térmica, luminosa, sonora, mecânica, atômica, genética, entre outras, inegavelmente "sinal de TV" não é, nem se equipara, a "energia", seja de que natureza for. Na verdade, energia se consome, se esgota, diminui, e pode, inclusive, terminar, ao passo que "sinal de televisão" não se gasta, não diminui; mesmo que metade do País acesse o *sinal* ao mesmo tempo, ele não diminui, ao passo que, se fosse a energia elétrica, entraria em colapso.[15]

---

[14] FARIAS, Cristiano Chaves de; EL DEBS, Martha; DIAS, Wagner Inácio. *Direito de laje*: do puxadinho à digna moradia.

[15] BITENCOURT, Cezar Roberto. *Tratado de direito penal*, v. 3, p. 66-67.

Nesse sentido, a 2ª Turma do STF "concedeu *habeas corpus* para declarar a atipicidade da conduta de condenado pela prática do crime descrito no art. 155, § 3º, do CP[16], por efetuar ligação clandestina de sinal de TV a cabo. Reputou-se que o objeto do aludido crime não seria 'energia' e ressaltou-se a inadmissibilidade da analogia *in malam partem* em Direito Penal, razão pela qual a conduta não poderia ser considerada penalmente típica"[17].

O Superior Tribunal de Justiça, que até então entendia pela configuração do delito em estudo, mudou seu posicionamento, passando a decidir de acordo com o entendimento do Supremo Tribunal Federal, conforme julgado transcrito a seguir:

> 1. A jurisprudência do Superior Tribunal de Justiça se inclinava no sentido de que o furto de sinal de televisão por assinatura se enquadraria na figura típica do art. 155, § 3º, do Código Penal. 2. O Supremo Tribunal Federal, no julgamento do HC nº 97.261/RS, entendeu que o sinal de televisão não se equipararia à energia elétrica, bem assim que não haveria subtração na hipótese de captação indevida de sinal, motivo pelo qual a conduta não se amoldaria ao crime do art. 155, § 3º, do Código Penal. Asseverou também que a ausência de previsão de sanção no art. 35 da Lei nº 8.977/1995, que definiu a captação clandestina de sinal como ilícito penal, somente poderia ser suprida por outra lei, não podendo ser utilizado o preceito secundário de outro tipo penal, sob pena de haver indevida analogia *in malam partem*. Precedente da Sexta Turma desta Corte Superior.[18]

ANTEFATO E PÓS-FATO IMPUNÍVEIS NO FURTO

Antefato impunível seria, em tese, a infração penal antecedente praticada pelo agente a fim de conseguir levar a efeito o crime por ele pretendido, vale dizer, *in casu*, o furto. Assim, por exemplo, para que o agente conseguisse subtrair o aparelho de som pertencente à vítima, seria necessário que, primeiramente, violasse o seu domicílio (art. 150 do CP).

O pós-fato impunível, por seu turno, pode ser considerado uma extensão da infração penal principal praticada pelo agente. No caso em exame, podemos raciocinar no sentido de que o agente praticou o delito de furto (crime-fim) subtraindo o aparelho de som não porque pretendia tê-lo para si, mas, sim, em razão do valor que ele representava e que poderia ser conseguido com a sua venda posterior. Dessa forma, fazendo-se passar pelo proprietário do bem, ele o vende a

---

[16] "Art. 155. Subtrair, para si ou para outrem, coisa alheia móvel:
(...)
§ 3º Equipara-se à coisa móvel a energia elétrica ou qualquer outra que tenha valor econômico."

[17] HC 97.261/RS, Rel. Min. Joaquim Barbosa, 2ª T., j. 12/04/2011, *Informativo* nº 623.

[18] STJ, REsp 1.838.056/RJ, Recurso Especial 2019/0275603-4, Rel.ª Min.ª Laurita Vaz, 6ª T., j. 09/06/2020, *DJe* 25/06/2020.

terceiros por um preço justo, real de mercado. Aquele que adquiriu o mencionado aparelho de som, pagando o preço correto, em tese, foi vítima de um crime de estelionato (art. 171 do CP), uma vez que, descoberto o autor do furto, a *res* foi recuperada pela polícia e entregue ao seu verdadeiro dono.

Desse modo, temos duas situações: uma anterior ao crime-fim, isto é, a violação de domicílio, que foi um crime-meio para a prática do furto; em seguida à subtração, o agente induziu a vítima a erro, a fim de obter vantagem ilícita, praticando, portanto, um delito de estelionato.

Nesses casos, deveria ele responder por essas três infrações penais? A resposta só pode ser negativa, aplicando-se, aqui, o raciocínio correspondente ao antefato e ao pós-fato impuníveis. Assim, no que diz respeito à violação de domicílio (antefato), seria aplicada a regra da consunção; quanto ao pós-fato, Fragoso, analisando o tema, entende que:

> (...) os fatos posteriores que significam um aproveitamento e por isso ocorrem regularmente depois do fato anterior são por este consumidos. É o que ocorre nos crimes de intenção, em que aparece especial fim de agir. A venda pelo ladrão da coisa furtada como própria não constitui estelionato.[19]

FURTO DE AUTOMÓVEIS E QUALIFICADORA DO ROMPIMENTO DE OBSTÁCULO

Tem-se entendido que os vidros do automóvel lhe são inerentes, razão pela qual, se forem quebrados para que o próprio veículo seja subtraído, não se poderá aplicar a qualificadora em estudo.

Por outro lado, se a destruição do vidro do automóvel for levada a efeito para que o agente realize a subtração de bens que se encontravam no seu interior, a exemplo do aparelho de som, bolsas etc., deverá ter incidência a qualificadora do rompimento de obstáculo, conforme orientação doutrinária e jurisprudencial dominante:

> A quebra do vidro de automóvel para a subtração de objetos do seu interior caracteriza o delito previsto no art. 155, § 4º, inciso I do Código Penal, não havendo reparos a serem feitos nesse aspecto, não obstante o esforço argumentativo da defesa.[20]

FURTO PRATICADO POR POLICIAL MILITAR E PRINCÍPIO DA INSIGNIFICÂNCIA

De acordo com o *Informativo* 651, no HC 108.373/MG, tendo como Rel. orig. o Min. Joaquim Barbosa, Rel. p/ o acórdão Min. Gilmar Mendes, em 06/12/2011,

---

[19] FRAGOSO, Heleno Cláudio. *Lições de direito penal:* parte geral, p. 360.
[20] STJ, HC 509.589/SP, Rel. Reynaldo Soares da Fonseca, 5ª T., j. 11/02/2020.

no que diz respeito ao furto praticado por militar e à possibilidade de aplicação do princípio da insignificância, ante o empate na votação:

> (...) a 2ª Turma do STF deferiu *habeas corpus* para aplicar o princípio da insignificância em favor de policial militar acusado pela suposta prática do crime de furto (CPM, art. 240, *caput*, c/c o art. 9º, I). Na espécie, extraiu-se da denúncia que o paciente, fardado e no seu horário de serviço, subtraíra uma caixa de bombons de estabelecimento comercial e a colocara dentro do seu colete. O Min. Gilmar Mendes, redator para o acórdão, tendo em vista o valor do bem em comento, consignou possível a incidência do referido postulado. Aludiu que o próprio conceito de insignificância seria, na verdade, a concretização da ideia de proporcionalidade, a qual, no caso, teria se materializado de forma radical. O Min. Ayres Britto acrescentou que o modo da consumação do fato não evidenciaria o propósito de desfalcar o patrimônio alheio. Em divergência, os Ministros Joaquim Barbosa, relator, e Ricardo Lewandowski denegavam a ordem, por entenderem que a reprovabilidade da ação não permitiria o reconhecimento do princípio da bagatela. Isso porque abstraíam o valor da mercadoria furtada e concentravam sua análise na conduta do agente, a qual colocaria em xeque a credibilidade da instituição a que pertenceria, porquanto, em virtude de seu cargo – incumbido da manutenção da ordem –, possuiria os deveres de moralidade e de probidade.

EMPREGO DE EXPLOSIVO OU DE ARTEFATO ANÁLOGO QUE CAUSE PERIGO COMUM

As modernas tecnologias fizeram que a criminalidade optasse por novas práticas ilícitas lucrativas. Os roubos a bancos deixaram de ser comuns, pois envolvem riscos maiores para o grupo criminoso, tendo em vista a possibilidade real de confronto com a polícia, captura de seus membros, dificuldade de fuga etc.

Os caixas eletrônicos passaram, portanto, a ser o alvo principal desses grupos, uma vez que são instalados em inúmeros e diversos lugares (postos de gasolina, faixada dos bancos, em casas lotéricas, supermercados etc.) e, normalmente, permitem o armazenamento de uma quantidade considerável de dinheiro.

Geralmente, os criminosos, a fim de subtraírem os valores depositados nesses caixas eletrônicos, utilizavam-se de explosivos, durante a madrugada, na calada da noite, sem a presença de qualquer pessoa por perto. Por não existir violência ou ameaça contra qualquer pessoa, essas explosões em caixas eletrônicos eram tipificadas tão somente como delitos de furto, normalmente considerados como qualificados em virtude, muitas vezes, da destruição ou do rompimento de obstáculo, ou do concurso eventual de pessoas, conforme previsto nos incisos I e IV do § 4º do art. 155 do CP, cuja pena cominada varia entre 2 (dois) e 8 (oito) anos de reclusão, além de multa.

Como se percebe sem muito esforço, a pena era pequena para fatos de tamanha gravidade, e já se pugnava pelo seu aumento, o que foi levado a efeito pela Lei nº 13.654, de 23 de abril de 2018, que inseriu o § 4º-A ao art. 155 do CP, criando uma qualificadora específica quando houver o emprego de explosivo ou de artefato análogo que cause perigo comum, cominando uma pena de reclusão de 4 (quatro) a 10 (dez) anos e multa.

Agora, em razão da especialidade, mesmo se houver um concurso eventual de pessoas, ou ainda um rompimento ou uma destruição de obstáculo com a utilização de explosivo ou artefato análogo para fins de subtração dos valores depositados em um caixa eletrônico, por exemplo, ou mesmo para a subtração de bens depositados em outro lugar, como ocorre com os próprios bancos (sem que haja violência ou grave ameaça a qualquer pessoa), locais destinados à guarda de bens, residências, enfim, se houver a utilização de explosivo ou de artefato análogo, o delito será, agora, aquele previsto pelo § 4º-A do art. 155 do CP.

Para que a qualificadora em estudo possa ser efetivamente aplicada, o explosivo utilizado deve causar uma situação de perigo comum, ou seja, atingir um número indeterminado de pessoas.

A Lei nº 13.964/2019 incluiu, no rol dos crimes hediondos, o furto qualificado pelo emprego de explosivo ou de artefato análogo que cause perigo comum (art. 155, § 4º-A).

SEQUESTRO RELÂMPAGO NO ROUBO (SE O AGENTE MANTÉM A VÍTIMA EM SEU PODER, RESTRINGINDO SUA LIBERDADE)

Inserido no § 2º do art. 157 do CP pela Lei nº 9.426, de 24 de dezembro de 1996, o inciso V permite o aumento de um terço até metade se, durante a prática do roubo, o agente mantém a vítima em seu poder, restringindo sua liberdade. Antes da edição da mencionada lei, a solução era pelo concurso de crimes entre o roubo e o sequestro, caso houvesse, além da subtração patrimonial violenta, a privação da liberdade da vítima.

Tal majorante, entretanto, merece atenção especial, dadas suas peculiaridades.

Primeiramente, faz-se mister registrar o fato de que essa causa especial de aumento de pena foi inserida no Código Penal, basicamente, em virtude do chamado sequestro relâmpago, no qual, durante, por exemplo, a prática do crime de roubo, a vítima é colocada no porta-malas do seu próprio veículo e ali permanece por tempo não prolongado, até os agentes completarem, com sucesso, a empreitada criminosa, sendo libertada logo em seguida.

Não podemos, entretanto, entender que toda privação de liberdade levada a efeito durante a prática do roubo se consubstanciará na majorante em estudo. Pode ser, até mesmo, que se configure em infração penal mais grave.

A doutrina tem visualizado duas situações que permitiriam a incidência da causa de aumento de pena em questão, a saber: a) quando a privação da liberdade da vítima for um *meio* de execução do roubo; b) quando essa mesma privação de liberdade for uma garantia, em benefício do agente, contra a ação policial.

Devemos concluir, ainda, que a vítima mencionada pela majorante é a do próprio roubo, pois, caso contrário, o crime poderá se constituir em extorsão mediante sequestro, previsto pelo art. 159 do CP.

Vale o alerta feito por Cezar Roberto Bitencourt, quando afirma:

> Quando o "sequestro" (manutenção da vítima em poder do agente) for praticado *concomitantemente* com o roubo de veículo automotor ou, pelo menos, como *meio de execução* do roubo ou como *garantia contra ação policial*, estará configurada a *majorante* aqui prevista. Agora, quando eventual "sequestro" for praticado *depois da consumação do roubo* de veículo automotor, sem nenhuma conexão com sua execução ou garantia de fuga, não se estará diante da *majorante especial*, mas se tratará de concurso de crimes, podendo, inclusive, tipificar-se, como já referimos, a extorsão mediante sequestro: o extorquido é o próprio "sequestrado".[21]

Além disso, para que seja aplicada a causa especial de aumento de pena, a privação da liberdade não poderá ser prolongada, devendo-se, aqui, trabalhar com o princípio da razoabilidade para efeitos de reconhecimento do *tempo* que, em tese, seria suficiente para ser entendido como majorante, e não como figura autônoma de sequestro, ou mesmo extorsão mediante sequestro.

ROUBO QUALIFICADO PELA LESÃO CORPORAL GRAVE E PELA MORTE (LATROCÍNIO)

Inicialmente, vale ressaltar que a lei penal exige que os resultados previstos no § 3º do art. 157 do CP sejam provenientes da *violência* praticada pelo agente, entendida, no sentido do texto, como a *vis corporalis*, ou seja, a violência física empregada contra a pessoa. Se, por exemplo, durante a execução de um crime de roubo, cometido com o emprego de *grave ameaça*, a vítima vier a sofrer um colapso cardíaco, falecendo no decorrer da ação criminosa, o agente não poderá responder pelo fato a título de latrocínio, porque o resultado morte da vítima não foi decorrente da violência por ele empreendida, mas, sim, de sua grave ameaça. Poderá, se for o caso, ser responsabilizado pelo roubo (sem a qualificadora do resultado morte), além do homicídio (doloso ou culposo, se o agente conhecia o problema cardíaco da vítima, variando de acordo com o seu elemento subjetivo).

Os resultados qualificadores especificados pelos incisos I e II do § 3º do art. 157 do CP, com a nova redação dada pela Lei nº 13.654, de 23 de abril de 2018, são: a) lesão corporal de natureza grave (aqui compreendidos os §§ 1º e 2º do art. 129 do CP); b) morte (latrocínio). Esses resultados podem ser imputados a título de dolo ou culpa, isto é, durante a prática do roubo, o agente pode ter querido causar, efetivamente, lesões graves na vítima, ou mesmo a sua morte, para fins de subtração de seus bens, ou tais resultados podem ter ocorrido durante a empresa criminosa sem que fosse intenção do agente produzi-los, mas causados culposa-

---

[21] BITENCOURT, Cezar Roberto. *Tratado de direito penal*, v. 3, p. 102.

mente. Assim, segundo a posição majoritária da doutrina, os incisos I e II do § 3º do art. 157 do CP cuidam de crimes qualificados pelo resultado (lesão corporal grave ou morte) que poderão ser imputados ao agente a título de dolo ou da culpa.

Importante frisar, inclusive, que em hipótese alguma o agente poderá ser responsabilizado pela ocorrência de um resultado que não lhe era previsível, não se aceitando, pois, o raciocínio da chamada responsabilidade penal objetiva, conhecida, ainda, por responsabilidade penal sem culpa ou pelo resultado, uma vez que o art. 19 do estatuto repressivo determina, expressamente, que: "Pelo resultado que agrava especialmente a pena, só responde o agente que o houver causado ao menos culposamente".

As qualificadoras anteriormente mencionadas – lesão corporal grave e morte – são aplicadas em ambas as espécies de roubo, vale dizer, no roubo próprio e no roubo impróprio. O importante, como já registramos, é que tenha sido consequência da violência utilizada.

A morte, que qualifica o roubo, faz surgir aquilo que, doutrinariamente, é reconhecido por *latrocínio*, embora o Código Penal não utilize essa rubrica. Assim, se, durante a prática do roubo, em virtude da violência empreendida pelo agente, advier a morte – dolosa ou mesmo culposa – da vítima, poderemos iniciar o raciocínio correspondente ao crime de latrocínio, consumado ou tentado, conforme veremos mais adiante.

Ao latrocínio e ao roubo qualificado pelas lesões corporais de natureza grave não se aplicam as causas de aumento de pena previstas no § 2º do art. 157 do CP, em virtude de sua localização topográfica. Imagine-se, por exemplo, que a vítima esteja a serviço de transporte de valores (inciso III), quando é interceptada por dois agentes (inciso II) que, munidos com armas de fogo (inciso I do § 2º-A) ou munidos com arma de fogo de uso restrito ou proibido (§ 2º-B – introduzido ao art. 157 pela Lei nº 13.964/2019, aplicando-se em dobro a pena do *caput*), contra ela atiram querendo a sua morte, para que possam realizar a subtração. Por intermédio desse exemplo, podemos perceber a ocorrência de três causas de aumento de pena. No entanto, nenhuma delas poderá ser aplicada ao latrocínio, a título de majorantes, uma vez que, se fosse intenção da lei penal aplicá-las às modalidades qualificadas, deveriam estar localizadas posteriormente ao § 3º do art. 157 do CP. Assim, conclui-se, as majorantes previstas nos §§ 2º, 2º-A e 2º-B do mesmo artigo somente são aplicadas àquilo que as antecede, isto é, as duas modalidades de roubo simples, próprio (*caput*) ou mesmo impróprio (§ 1º).

Tem-se afirmado, com razão, que a morte de qualquer pessoa, durante a prática do roubo, que não alguém do próprio grupo que praticava a subtração, caracteriza o latrocínio. Desse modo, por exemplo, se integrantes de uma associação criminosa ingressam em uma agência bancária e matam, imediatamente, o segurança que ali se encontrava, a fim de praticar a subtração, já se poderá cogitar do latrocínio, consumado ou tentado, dependendo do caso concreto, bem como da posição que se adote, conforme será explicado mais adiante. No entanto, conforme esclarece Weber Martins Batista:

(...) não se pode falar em latrocínio, se é um dos agentes que morre, ferido por tiro disparado pela vítima, pela polícia, ou por qualquer pessoa que veio em socorro desta, pois tal morte *não* foi praticada por qualquer dos sujeitos ativos do crime. Mas, se acontecer – hipótese que não é incomum nos roubos à mão armada – que um dos agentes dispare arma na direção de terceiro e atinja e mate um companheiro, o fato caracteriza o latrocínio.[22]

Pode ocorrer, ainda, que, durante a prática do roubo, várias pessoas sejam mortas. Nesse caso, haveria *crime único* (latrocínio), devendo as várias mortes ser consideradas tão somente no momento de aplicação da pena-base, ou se poderia, no caso, cogitar de *concurso de crimes*, considerando-se cada morte uma infração penal (consumada ou tentada)?

O Superior Tribunal de Justiça, esposando posição amplamente majoritária, já se posicionou no sentido de que, no caso de uma única subtração patrimonial com pluralidade de mortes, reportando a unidade da ação delituosa, não obstante desdobrada em vários atos, há crime único, com o número de mortes atuando como agravante judicial na determinação da pena-base.[23]

Ressalte-se, entretanto, que tal raciocínio diz respeito à situação em que apenas uma é a vítima da subtração. Portanto, quando estivermos diante de várias subtrações com vários resultados morte, nada impede o raciocínio do concurso de crimes. Assim, imagine-se que, durante a prática de um roubo em um prédio de apartamentos, os agentes acabem subtraindo os bens de várias pessoas, causando a morte de algumas delas. Poder-se-á cogitar, *in casu*, de concurso de latrocínios, com as discussões que lhe são pertinentes, que girarão em torno da natureza desse concurso de crimes (concurso material, concurso formal ou, ainda, crime continuado).

O latrocínio encontra-se previsto no rol das infrações penais consideradas hediondas pela Lei nº 8.072/90, conforme se verifica pela leitura da alínea *c* do inciso II do art. 1º, com a nova redação que lhe foi dada pela Lei nº 13.964/2019.

CONSUMAÇÃO E TENTATIVA NO DELITO DE LATROCÍNIO

O latrocínio, sendo uma modalidade qualificada do delito de roubo (art. 157, § 3º, II, do CP), é um crime complexo. Poderíamos afirmar que esse crime permaneceria na fase do *conatus* se não fossem preenchidos todos os elementos que o compõem, vale dizer, a subtração da coisa alheia móvel mais o resultado morte. Quanto a essa infração penal, especificamente, a discussão não é tão simples assim. Se temos um homicídio consumado e uma subtração consumada, não hesitamos em afirmar que estamos diante de um latrocínio consumado.

Da mesma forma, se temos um homicídio tentado e uma subtração tentada, somos convencidos de que houve um latrocínio tentado.

---

[22] BATISTA, Weber Martins. *o furto e o roubo no direito e no processo penal*, p. 286.
[23] STJ, REsp 15.701/SP, Rel. Min. Costa Leite, 6ª T., *DJ* 27/04/1992, p. 5507.

Agora, se há o homicídio consumado e a subtração tentada, ou se a subtração foi consumada e o homicídio tentado, as discussões doutrinárias e jurisprudenciais começam a surgir. Faremos, então, a análise das duas últimas situações isoladamente.

- *Subtração consumada e homicídio tentado* – para Hungria, haveria aqui uma tentativa de homicídio qualificado (art. 121, § 2º, V), pois, segundo o renomado autor:

> (...) se se admitisse tentativa de latrocínio quando se consuma o homicídio (crime-meio) e é apenas tentada a subtração patrimonial (crime-fim) ou, ao contrário, quando é tentado o homicídio, consumando-se a subtração, o agente incorreria, no primeiro caso, em pena inferior à do homicídio simples (!) e, no segundo, em pena superior à da tentativa de homicídio qualificado pela conexão de meio a fim com outro crime (art. 121, § 2º, V), ainda que este "outro crime" seja de muito maior gravidade que o roubo. A solução que sugiro, nas hipóteses formuladas, como menos subversiva dos princípios é a seguinte: o agente responderá, e tão somente, por consumado ou tentado o homicídio qualificado (121, § 2º, V), dada a relação de meio e fim entre o homicídio consumado e a tentativa de crime patrimonial ou entre homicídio tentado e a consumada lesão patrimonial.[24]

Fragoso[25] e Noronha[26], analisando a mesma situação, discordando do posicionamento de Hungria, entendem que, havendo subtração consumada e homicídio tentado, resolve-se pela tentativa de latrocínio, posição à qual nos filiamos.

- *Homicídio consumado e subtração tentada* – aqui, tentando elucidar o problema, surgiram, pelo menos, três correntes:

A primeira delas, na esteira de Frederico Marques, citado por Damásio de Jesus,[27] entende que houve latrocínio tentado em virtude de ser um crime complexo.

Na segunda posição, encabeçada por Hungria, conclui-se que, no caso de subtração tentada e homicídio consumado, deve o agente responder tão somente por homicídio qualificado, ficando afastada a punição pela tentativa de subtração, pois, de acordo com o citado autor:

> (...) a única solução que nos parece razoável é a de, sem desrespeito à unidade jurídica do crime, aplicar exclusivamente a pena mais grave, considerados os crimes separadamente, ficando absorvida ou abstraída a pena menos grave. Tome-se, por exemplo, o crime de latrocínio (art. 157, § 3º, *in fine*[28]), e suponha-se que o homicídio

---

[24] HUNGRIA, Nélson. *Comentários ao Código Penal*, v. VII, p. 62-63.
[25] FRAGOSO, Heleno Cláudio. *Lições de direito penal*: parte especial (arts. 121 a 160 do CP), p. 308.
[26] NORONHA, Edgard Magalhães. *Direito penal*, v. 2, p. 375.
[27] JESUS, Damásio E. de. *Direito penal*: parte especial, v. 2, p. 375.
[28] Atualmente, o latrocínio encontra-se no inciso II do § 3º do art. 157 do CP, com a nova redação que lhe foi conferida pela Lei nº 13.654, de 23 de abril de 2018.

(crime-meio) seja apenas tentado, enquanto a subtração da *res aliena* (crime-fim) se consuma: deve ser aplicada tão somente a pena de tentativa de homicídio qualificado (art. 121, § 2º, V), considerando-se absorvida por ela a do crime patrimonial. Se, ao contrário, o homicídio se consuma, ficando apenas tentado o crime patrimonial, a pena única a aplicar-se é a do homicídio qualificado consumado.[29]

Finalmente, hoje, como terceira e majoritária posição, temos aquela adotada pelo STF, o qual deixou transparecer seu entendimento por meio da Súmula nº 610, assim redigida:

> Súmula nº 610 – Há crime de latrocínio, quando o homicídio se consuma, ainda que não realize o agente a subtração de bens da vítima.

Para essa corrente, basta que tenha ocorrido o resultado morte para que se possa falar em latrocínio consumado, mesmo que o agente não consiga levar a efeito a subtração patrimonial.

Por entendermos que, para a consumação de um crime complexo, é preciso que se verifiquem todos os elementos que integram o tipo, ousamos discordar das posições de Hungria e do STF e nos filiamos à posição de Frederico Marques, concluindo que, havendo homicídio consumado e subtração tentada, deve o agente responder por tentativa de latrocínio, e não por homicídio qualificado ou mesmo por latrocínio consumado.

A posição assumida por nossa Corte Maior agride, frontalmente, a determinação contida no inciso I do art. 14 do CP, que diz que o crime é *consumado* quando nele se reúnem *todos* os elementos de sua definição legal. A lei penal é clara ao exigir a presença de *todos* os elementos que compõem os tipos penais, para efeito de reconhecimento da consumação, exceto nos crimes formais, também reconhecidos por crimes de consumação antecipada (de resultado cortado), justamente porque a sua consumação ocorre independentemente da produção naturalística do resultado, considerado um mero exaurimento do crime, como acontece com o delito de extorsão mediante sequestro, tipificado no art. 159 do CP, em que a simples privação da liberdade da vítima já permite o raciocínio da consumação, independentemente da obtenção da vantagem indevida pelo agente.

No latrocínio, ao contrário, estamos diante de um crime material, vale dizer, de conduta e produção naturalística de resultado. Para efeitos de reconhecimento de sua consumação, há necessidade inafastável do preenchimento das figuras que, juntas, formam a cadeia complexa. Assim, para que se configure o latrocínio (crime complexo), é preciso que ocorra a *subtração*, além da *morte* da vítima, ou mesmo de terceiro que se encontre numa relação de contexto com a prática da subtração violenta.

Dessa forma, a posição assumida pelo Supremo Tribunal Federal, que se contenta com a morte da vítima, mesmo que não realize o agente a subtração de seus

---

[29] HUNGRIA, Nélson. *Comentários ao Código Penal*, v. VII, p. 63-64.

bens, para efeitos de reconhecimento do latrocínio consumado, é completamente *contra legem*, ofendendo a determinação contida no mencionado art. 14, I, do CP.

Por isso, quando algum dos elementos que se configuram como infrações penais autônomas, que formam o crime de latrocínio, não estiver presente (seja a subtração dos bens, seja a morte da vítima), a conclusão deverá ser, fatalmente, pela tentativa.

ROUBO E CRIME HEDIONDO

A Lei nº 13.964/2019 deu nova redação à Lei nº 8.072/90, dizendo, no inciso II do seu art. 1º, *in verbis*:

> Art. 1º São considerados hediondos os seguintes crimes, todos tipificados no Decreto-Lei nº 2.848, de 7 de dezembro de 1940 – Código Penal, consumados ou tentados:
> (...)
> II – roubo:
> a) circunstanciado pela restrição de liberdade da vítima (art. 157, § 2º, inciso V);
> b) circunstanciado pelo emprego de arma de fogo (art. 157, § 2º-A, inciso I) ou pelo emprego de arma de fogo de uso proibido ou restrito (art. 157, § 2º-B);
> c) qualificado pelo resultado lesão corporal grave ou morte (art. 157, § 3º);
> (...).

VIOLÊNCIA OU GRAVE AMEAÇA PARA ESCAPAR, SEM A INTENÇÃO DE LEVAR A COISA CONSIGO

Imagine-se a hipótese daquele que, no interior de uma residência, quando agia com *animus furandi*, depois de ser descoberto, querendo tão somente escapar, deixando para trás os objetos que por ele já haviam sido selecionados, agride a vítima com a finalidade de fugir, almejando evitar sua prisão em flagrante. Nesse caso, pergunta-se: estaríamos diante de um roubo com violência imprópria? A resposta só pode ser negativa. O que houve, na verdade, foi uma tentativa de furto, seguida do delito de lesão corporal (leve, grave ou gravíssima, dependendo do caso). O fato de o agente abandonar a coisa que seria furtada descaracteriza o roubo impróprio, passando-se a adotar o raciocínio correspondente ao furto, seguido da infração penal que lhe foi posterior.

Se, no caso em exame, em vez da vítima, o agente tivesse sido surpreendido pela autoridade policial que lhe deu voz de prisão e, agindo única e exclusivamente com a vontade de fugir, não mais querendo realizar a subtração, viesse a agredi-la, opondo-se, violentamente à execução do ato legal, estaríamos diante de uma tentativa de furto, além do fato de também poder ser o agente responsabilizado pelo crime de resistência (art. 329 do CP), bem como pelo de lesões corporais (leves, graves ou gravíssimas, conforme determina o § 2º do art. 329 do CP.

ROUBO COM ARMA DE FOGO SEM MUNIÇÃO OU IMPOSSIBILITADA DE DISPARAR E EXAME DE POTENCIALIDADE OFENSIVA

Embora a questão seja, igualmente, controvertida, entendemos que o fundamento da causa especial de aumento de pena relativa ao emprego de arma de fogo reside não somente no maior temor infundido à vítima mas também – principalmente – na sua potencialidade ofensiva, isto é, na maior probabilidade, no maior risco de dano que o seu possível uso trará para a vida ou a integridade física da vítima.

São precisas, portanto, as lições de Álvaro Mayrink da Costa, quando afirma:

> Não se admite a causa especial de aumento de pena quando se trata de arma *desmuniciada* ou *defeituosa*, incapaz de colocar em risco o segundo objeto jurídico de tutela no tipo complexo de roubo, razão pela qual se exige a apreensão para a feitura da perícia, não sendo bastante a palavra da vítima que não é um experto em armas.[30]

Conforme deixou entrever o ilustre desembargador do Tribunal de Justiça do Estado do Rio de Janeiro, se é exigido que a arma possua potencialidade ofensiva para efeitos de reconhecimento da causa especial de aumento de pena, consequentemente, será fundamental o exame pericial, a fim de ser constatada tal potencialidade ofensiva. Caso contrário, não se podendo realizar o exame, por exemplo, por falta de apreensão da arma de fogo, na dúvida sobre a sua potencialidade ofensiva, esta deverá prevalecer em benefício do agente, aplicando-se o princípio do *in dubio pro reo*.

Como dissemos, existe controvérsia doutrinária e jurisprudencial, havendo decisões no sentido de ser possível a aplicação da majorante sem o exame de potencialidade ofensiva.

Com relação ao exame de potencialidade ofensiva, nossos Tribunais Superiores têm entendido que:

> No que tange à causa de aumento do delito de roubo prevista no art. 157, § 2º-A, inciso I, do Código Penal, a Terceira Seção deste Tribunal Superior decidiu ser desnecessária a apreensão da arma utilizada no crime e a realização de exame pericial para atestar a sua potencialidade lesiva, quando presentes outros elementos probatórios que atestem o seu efetivo emprego na prática delitiva.[31]
> Salienta-se que, mesmo após a superveniência das alterações trazidas, em 24/5/2018, pela Lei n. 13.654/2018, essa Corte Superior, no que tange à causa de aumento do delito de roubo prevista no art. 157, § 2º, I, do Código Penal – nos casos em que utilizada arma de fogo –, manteve o entendimento exarado por sua Terceira Seção, no sentido de ser desnecessária a apreensão da arma utilizada no crime e a realização de exame

---

[30] COSTA, Álvaro Mayrink da. *Direito penal*: parte especial, p. 271.
[31] EREsp 961.863/RS, Rel. Min. Celso Limongi (Desembargador convocado do TJSP), Rel. p/ acórdão Min. Gilson Dipp, 3ª Seção, j. 13/12/2010, *DJe* 06/04/2011.

pericial para atestar a sua potencialidade lesiva, quando presentes outros elementos probatórios que atestem o seu efetivo emprego na prática delitiva, uma vez que seu potencial lesivo é *in re ipsa*.[32]

No presente caso, a Corte de origem concluiu pela utilização ostensiva da arma de fogo na conduta criminosa, em razão dos depoimentos das vítimas, devendo ser mantida a causa de aumento do inciso I do § 2º-A do art. 157 do CP.[33]

DIFERENÇA ENTRE ROUBO E EXTORSÃO

São vários os critérios que procuram traçar as distinções entre o roubo e a extorsão, a saber:

- Conforme lições de Hungria, a diferença reside entre a *contrectatio* e a *traditio*. Assim, se o agente subtrai, o crime é de roubo; se o agente faz que a ele seja entregue pela vítima, estaríamos diante da extorsão.
- Noronha, citando Carrara, aponta a distinção entre os dois crimes considerando que "no roubo o mal é *iminente* e o proveito *contemporâneo*; enquanto, na extorsão, o mal prometido é *futuro* e *futura* a vantagem a que visa"[34].
- Luigi Conti[35] procura levar a efeito a distinção com base no critério da "prescindibilidade ou não do comportamento da vítima". Assim, se, sem a colaboração da vítima, fosse impossível a obtenção da vantagem, o delito seria o de extorsão; por outro lado, se, mesmo sem a colaboração da vítima, fosse possível o sucesso da empresa criminosa, o crime seria o de roubo.
- Weber Martins Batista, por seu turno, em nossa opinião acertadamente, afirma:

> Se o agente ameaça a vítima ou pratica violência contra ela, visando a obter a coisa *na hora*, há roubo, sendo desimportante para caracterização do fato que ele tire o objeto da vítima ou este lhe seja dado por ela. É que, nesta última hipótese, não se pode dizer que a vítima agiu, pois, estando totalmente submetida ao agente, não passou de um instrumento de sua vontade. Só se pode falar em extorsão, por outro lado, quando o mal prometido é futuro e futura a obtenção da vantagem pretendida, porque neste caso a vítima, embora ameaçada, não fica totalmente à mercê do agente e, portanto, participa, ainda que com a vontade viciada, do ato de obtenção do bem.[36]

---

[32] AgRg no HC 473.117/MS, Rel. Min. Reynaldo Soares da Fonseca, 5ª T., j. 05/02/2019, *DJe* 14/02/2019.

[33] STJ, AgRg no REsp 2.030.530/TO, Min. Reynaldo Soares da Fonseca, 5ª T., j. 06/12/2022.

[34] NORONHA, Edgard Magalhães. *Direito penal*, v. 2, p. 266.

[35] CONTI, Luigi *apud* BATISTA, Weber Martins. *O furto e o roubo no direito e no processo penal*, p. 297.

[36] BATISTA, Weber Martins. *O furto e o roubo no direito e no processo penal*, p. 301.

DIFERENÇA ENTRE EXTORSÃO E CONCUSSÃO

A concussão pode ser entendida como uma modalidade especial de extorsão praticada por funcionário público. A diferença entre ambas as figuras típicas reside no modo como os delitos são praticados.

Assim, na extorsão, a vítima é constrangida, *mediante violência ou grave ameaça*, a entregar a indevida vantagem econômica ao agente; na concussão, contudo, o funcionário público deve exigir a indevida vantagem sem o uso de violência ou de grave ameaça, que são elementos do tipo penal do art. 158 do diploma repressivo.

Além do modo como o delito é praticado, na extorsão, de acordo com a redação legal, a indevida vantagem deve ser sempre *econômica*; ao contrário, no delito de concussão, o art. 316 do CP somente usa a expressão *vantagem indevida*, podendo ser esta de qualquer natureza.

DIFERENÇA ENTRE EXTORSÃO E EXERCÍCIO ARBITRÁRIO DAS PRÓPRIAS RAZÕES

Pela redação do art. 345 do CP, percebe-se que a diferença fundamental entre a extorsão e o exercício arbitrário das próprias razões reside no fato de que, neste, a violência é empregada no sentido de satisfazer uma *pretensão legítima* do agente. Entretanto, como a Justiça é um monopólio do Estado, não pode o agente atuar por sua conta, mesmo a fim de satisfazer uma pretensão legítima.

Ao contrário, no delito de extorsão o agente constrange a vítima a fim de obter, para si ou para outrem, *indevida vantagem econômica*.

PRISÃO EM FLAGRANTE QUANDO DO RECEBIMENTO DA VANTAGEM

Considerando que o crime de extorsão é formal e instantâneo, que se consuma quando, com a prática da conduta núcleo do tipo, a vítima, constrangida pelo agente, faz, tolera que se faça ou deixa de fazer alguma coisa, não se prolongando no tempo seus atos de execução e consequente consumação, não entendemos ser possível a prisão em flagrante que ocorre posteriormente ao constrangimento exercido pelo agente, quando lhe estava sendo entregue a indevida vantagem econômica.

Paulo Rangel, embora exemplificando com o delito de concussão, cujo raciocínio se aplica também ao delito em estudo, esclarece:

> Às vezes, é comum ouvirmos dizer que o policial X foi preso em "flagrante delito", no momento em que recebia o dinheiro exigido da vítima, pois esta, alertada por terceiras pessoas, procurou as autoridades e relatou o fato. No dia determinado para a entrega do dinheiro, a vítima, acompanhada de policiais que estavam de atalaia no local, dirigiu-se ao policial X e lhe fez a entrega do dinheiro combinado, momento em que os policiais deram voz de prisão em flagrante ao policial X. Esse fato, inclusive,

é noticiado pela grande imprensa. Nesta hipótese, não há prisão em flagrante delito, pois o que se dá é mero exaurimento do crime, ou seja, o crime já se consumou com a mera exigência da vantagem indevida. Trata-se, portanto, de prisão *manifestamente ilegal*, que deverá ser, imediatamente, *relaxada* pela autoridade judiciária, nos precisos termos do art. 5º, LXV, da CRFB.[37]

EXTORSÃO E SEQUESTRO RELÂMPAGO

A Lei nº 11.923, de 17 de abril 2009, incluiu o § 3º ao art. 158 do CP, criando, assim, mais uma modalidade do chamado sequestro relâmpago, além daquela prevista pelo inciso V do § 2º do art. 157 do mesmo diploma repressivo.

Em virtude da nova disposição legal, temos que, *ab initio*, levar a efeito a distinção entre o sequestro relâmpago que configura o delito de extorsão, e aquele que se consubstancia em crime de roubo.

Pelo que parece, a lei penal cedeu à pressão de parte de nossos doutrinadores que, ainda seguindo as orientações de Hungria, conjugadas com os ensinamentos de Luigi Conti, afirmava que a diferença entre os delitos de roubo e extorsão residiria, fundamentalmente, no fato de que, naquele, o agente podia, por si mesmo, praticar a subtração, sem que fosse necessária a colaboração da vítima; na extorsão, ao contrário, a consumação somente seria possível se a vítima cooperasse com o agente, entregando-lhe a vantagem indevida.

Assim, além de levarem a efeito a diferença entre a *contrectatio* e a *traditio*, procuram distinguir os delitos com base no critério da "prescindibilidade ou não do comportamento da vítima", afirmando que, se a obtenção da vantagem patrimonial fosse impossível sem a sua colaboração, estaríamos diante de um crime de extorsão; por outro lado, se, mesmo sem a colaboração da vítima, fosse possível o sucesso da empresa criminosa, o crime seria o de roubo.

A fim de distinguir essas duas situações, tem-se exemplificado com os crimes praticados contra vítimas que se encontram em caixas eletrônicos. Desse modo, tendo em vista que, para que o agente tenha sucesso na obtenção da vantagem indevida, a vítima, obrigatoriamente, deverá efetuar o saque mediante a apresentação de sua senha, o fato, para a maioria de nossos doutrinadores, deveria ser entendido como extorsão.

Infelizmente, não se tem considerado a possibilidade de decisão da vítima, ou seja, não se tem levado em consideração se a vítima, na situação em que se encontrava, tinha ou não um tempo razoável, ou mesmo se podia resistir ao constrangimento que era praticado pelo agente.

A Lei nº 11.923/2009, como dissemos anteriormente, criou outra modalidade qualificada de extorsão, acrescentando o § 3º do art. 158 do Código Penal, tipificando o delito de *sequestro relâmpago*, mesmo que não tenha consignado, expressamente, esse *nomen juris* como rubrica ao mencionado parágrafo, dispondo, *in verbis*:

---

[37] RANGEL, Paulo. *Direito processual penal*, p. 684.

(...)
§ 3º Se o crime é cometido mediante a restrição da liberdade da vítima, e essa condição é necessária para a obtenção da vantagem econômica, a pena é de reclusão, de 6 (seis) a 12 (doze) anos, além da multa; se resulta lesão corporal grave ou morte, aplicam-se as penas previstas no art. 159, §§ 2º e 3º, respectivamente.

Dessa forma, para que se configure o delito em estudo, há necessidade de que a vítima tenha sido privada de sua liberdade, e essa condição seja necessária para obtenção da vantagem econômica.

Essa privação da liberdade deverá ocorrer por tempo razoável, permitindo, assim, que se reconheça que a vítima ficou limitada em seu direito de ir, vir ou mesmo permanecer, em virtude do comportamento levado a efeito pelo agente.

Por outro lado, a privação da liberdade da vítima deve ser um *meio*, ou seja, uma *condição necessária*, para que o agente tenha sucesso na obtenção da vantagem econômica. Citam-se como exemplos dessa hipótese quando a vítima é obrigada a acompanhar o agente a um caixa eletrônico a fim de que possa efetuar o saque de toda a importância disponível em sua conta bancária, ou mesmo aquele que obriga a vítima a dirigir-se até a sua residência a fim de entregar-lhe todas as joias existentes no seu cofre, que somente poderia ser aberto mediante a apresentação das digitais do seu proprietário.

Faz-se mister ressaltar que, para nós, os exemplos anteriores se configurariam delito de roubo, com a causa especial de aumento de pena prevista no inciso V do § 2º do art. 157 do CP, uma vez que a vítima não tinha liberdade de escolha. No entanto, para a maioria de nossa doutrina, seria um exemplo de extorsão, com restrição de liberdade da vítima.

De acordo com nosso posicionamento, minoritário, por sinal, dificilmente seria aplicado o novo parágrafo do art. 158 do CP, pois a vítima, privada de sua liberdade mediante o constrangimento praticado pelo agente, não teria como deixar de anuir à exigência da entrega, por exemplo, da indevida vantagem econômica.

Ocorreria, por outro lado, o sequestro relâmpago, característico do crime de roubo, para a maioria de nossos doutrinadores, quando o agente pudesse, ele próprio, sem a necessidade de colaboração da vítima, subtrair os bens móveis que desejasse. Assim, por exemplo, pode ocorrer que o agente, ao se deparar com a vítima, que dirigia seu automóvel, anuncie o roubo e, ato contínuo, a coloque no porta-malas e siga em direção a um lugar ermo, afastado, impedindo-a, dessa forma, de se comunicar imediatamente com a polícia.

Como se percebe, neste último caso, o agente poderia, sem a colaboração da vítima, subtrair seu automóvel. No entanto, privou-a de sua liberdade, razão pela qual não haveria dúvida na aplicação do inciso V do § 2º do art. 157 do CP, fazendo que a pena aplicada ao roubo fosse aumentada de um terço até a metade.

Merece ser frisado que a Lei nº 11.923, de 17 de abril de 2009, desigualou o tratamento até então existente entre os crimes de roubo e extorsão, cujos arts.

157 e 158 do CP, respectivamente, preveem as mesmas penas no que diz respeito à modalidade fundamental (reclusão, de 4 a 10 anos, e multa), bem como a majorante de 1/3 (um terço) até a metade para algumas hipóteses similares, e, ainda, penas idênticas se, da violência, resultar lesão corporal grave ou morte.

Agora, a privação da liberdade da vítima importará no reconhecimento de uma qualificadora (art. 158, § 3º, do CP), em vez de uma causa especial de aumento de penal, como havia sido previsto primeiramente para o crime de roubo (art. 157, § 2º, V, do CP). Desse modo, fatos semelhantes terão penas diferentes, ofendendo-se, frontalmente, os princípios da isonomia, da razoabilidade e da proporcionalidade.

Além disso, como alerta, com precisão, Eduardo Luiz Santos Cabette:

> (...) nos casos de roubos qualificados por lesões graves ou morte, onde houve restrição da liberdade da vítima, e extorsões nas mesmas condições, estas serão sempre apenadas com mais rigor. Nestes casos a Lei nº 11.923/2009 manda aplicar à extorsão com restrição da liberdade as mesmas penas do crime de extorsão mediante sequestro qualificada (artigo 159, §§ 2º e 3º, CP). Assim sendo, enquanto nos casos de roubo as penas variam entre "reclusão, de 7 a 15 anos". (lesões graves) e "reclusão, de 20 a 30 anos" (morte); nos casos de extorsão as sanções vão gravitar entre "reclusão, de 16 a 24 anos" (lesões graves) e "reclusão, de 24 a 30 anos" (morte). É realmente de se indagar: o que justifica essa discrepância?
>
> Deixando um pouco de lado essas falhas grotescas da nova legislação, tem-se que, com o advento do novo § 3º do art. 158, CP, dever-se-á verificar em cada caso concreto se ocorreu um roubo ou uma extorsão. Em se formando um juízo de roubo, aplica-se o artigo 157, § 2º, V, CP; caso contrário, concluindo-se pela ocorrência de extorsão, aplica-se o art. 158, § 3º, CP.
>
> Note-se que no caso do roubo a ocorrência de lesões graves ou morte afasta a aplicação do § 2º, V, do artigo 157, CP, prevalecendo o § 3º, do mesmo dispositivo. Já na extorsão deve-se atentar para que se houver lesões graves ou morte, sem que o agente tenha obrado com restrição da liberdade da vítima, aplica-se o § 2º, do artigo 158, CP, que remete às penas do artigo 157, § 3º, CP. Quando ocorrerem os mesmos resultados (lesões graves ou morte), mas o agente tiver atuado mediante restrição da liberdade da vítima, aplica-se o § 3º, *in fine*, do artigo 158, CP, que remete às penas do artigo 159, §§ 2º e 3º, CP.[38]

Outro problema que deve ser enfrentado diz respeito à possibilidade de se raciocinar também com o delito de sequestro, previsto no art. 148 do CP, em concurso com o delito de extorsão. Como dissemos anteriormente, para que se caracterize a modalidade qualificada de extorsão, mediante a restrição da liberdade da vítima, esta, ou seja, a restrição da liberdade, deve ser um *meio* para que o agente obtenha a vantagem econômica.

---

[38] CABETTE, Eduardo Luiz Santos. *A Lei nº 11.923/09 e o famigerado sequestro-relâmpago*: afinal, que raio de crime é esse? Disponível em: <http://jus2.uol.com.br/doutrina/texto.asp?id=12760>. Acesso em: 29/08/2009.

Assim, raciocinemos com o seguinte exemplo: imagine-se a hipótese em que o agente, depois de constranger a vítima, por telefone, a entregar-lhe determinada quantia, marque com ela um local para a entrega do dinheiro. Ao receber o valor exigido, o agente, acreditando que a vítima estivesse sendo seguida, a fim de assegurar a sua fuga, a coloca no porta-malas de seu automóvel e, com ela, vai em direção a uma cidade vizinha, distante, aproximadamente, 50 quilômetros do local da entrega do dinheiro, onde, após assegurar-se de que não estava sendo seguido, a liberta.

Nesse caso, tendo em vista a sua natureza de crime formal, a extorsão havia se consumado anteriormente, quando da prática do constrangimento pelo agente. Ao privar a vítima de sua liberdade, nesse segundo momento, o agente pratica, outrossim, o delito de sequestro, que não serviu, como se percebe, para a prática da extorsão. Aqui, portanto, teríamos o concurso entre o delito de extorsão, tipificado no *caput* do art. 158 do CP, e o delito de sequestro ou cárcere privado, previsto pelo art. 148 do mesmo diploma repressivo.

Se a finalidade da privação da liberdade da vítima for a obtenção, para si ou para outrem, de qualquer vantagem, como condição ou preço do resgate, o fato se amoldará ao delito de extorsão mediante sequestro, tipificado no art. 159 do CP.

DELAÇÃO PREMIADA NA EXTORSÃO MEDIANTE SEQUESTRO

A Lei nº 9.269, de 2 de abril de 1996, fez inserir o § 4º ao art. 159 do CP, criando a chamada *delação premiada* para o crime de extorsão mediante sequestro.

Assim, de acordo com a redação legal, são três os requisitos exigidos para que seja levada a efeito a redução de um a dois terços na pena aplicada ao agente, a saber:

- que o crime tenha sido cometido em concurso;
- que um dos agentes o denuncie à autoridade;
- facilitação da libertação do sequestrado.

CONCURSO ENTRE A QUALIFICADORA DO § 1º DO ART. 159 DO CP E O CRIME DE ASSOCIAÇÃO CRIMINOSA

Há controvérsia doutrinária e jurisprudencial.

Fernando Capez, posicionando-se favoravelmente ao concurso de crimes, afirma:

> A controvérsia reside em saber se a hipótese configura ou não *bis in idem*. Não há que se falar em *bis in idem*, uma vez que os momentos consumativos e a objetividade jurídica entre tais crimes são totalmente diversos, além do que a figura prevista no art. 288 do Código Penal existe independentemente de algum crime vir a ser (...). Do mesmo modo que não há dupla apenação entre associação criminosa (art. 14 da Lei de Tóxicos) e o tráfico por ela praticado, aqui também incide a regra do concurso material.[39]

---

[39] CAPEZ, Fernando. *Curso de Direito Penal*, v. 2, p. 414.

No mesmo sentido, é o entendimento do Superior Tribunal de Justiça:

> Descabe falar em *bis in idem*, pois, evidenciado o vínculo associativo prévio entre os agentes com o intuito de cometer delitos, resta configurado o tipo penal do art. 288 do CP, sendo certo que a consumação do delito de associação criminosa independe da prática de qualquer crime posterior. De mais a mais, importa reconhecer que os bens jurídicos tutelados pelas normais penais incriminadoras são distintos, pois o art. 288 do CP protege a paz pública, enquanto o delito de extorsão visa a resguardar o patrimônio e, de forma mediata, a liberdade individual e a integridade física e psíquica da vítima.[40]

A segunda corrente, minoritária, entende pela impossibilidade de concurso material entre a modalidade qualificada de extorsão mediante sequestro e o crime de associação criminosa, sob a alegação, já mencionada por Fernando Capez, do chamado *bis in idem*, vale dizer, um mesmo fato, a formação da associação criminosa, estar incidindo duas vezes em prejuízo do agente.

In casu, somos partidários da corrente que entende pela possibilidade, pois a própria lei penal foi quem se referiu ao crime cometido por *associação criminosa*, já reconhecendo, anteriormente, sua existência. Assim, a maior gravidade residiria justamente no fato de ter sido praticado pelo grupo criminoso, não reunido eventualmente com esse propósito, mas, sim, unido, de forma duradoura, para a prática de um número indeterminado de crimes, podendo-se contar, entre eles, o delito de extorsão mediante sequestro.

PRESCINDIBILIDADE DE ANIMUS NOCENDI À CARACTERIZAÇÃO DO CRIME DE DANO

Por *animus nocendi* deve ser entendida a finalidade especial com que atua o agente no sentido de causar, com o seu comportamento, um *prejuízo patrimonial* à vítima.

Embora haja controvérsia doutrinária e jurisprudencial, entendemos que se, objetivamente, com o seu comportamento doloso, o agente destruiu, inutilizou ou deteriorou coisa alheia, não importa que tenha ou não agido com a finalidade específica de causar prejuízo à vítima, deve, pois, responder pelo crime de dano, não havendo necessidade, dessa forma, de se evidenciar o seu *animus nocendi*.

PRESO OU CONDENADO QUE DANIFICA CELA PARA FUGIR DA CADEIA OU PENITENCIÁRIA

Com relação ao dano produzido com essa finalidade, duas correntes se formaram. A primeira, seguindo a orientação segundo a qual não se exige, para efeitos de configuração do crime de dano, o chamado *animus nocendi*, entende pela

---

[40] STJ, HC 547.945/SP, *Habeas Corpus* 2019/0353668-7, Rel. Min. Ribeiro Dantas, 5ª T., j. 04/02/2020, *DJe* 12/02/2020.

responsabilidade penal do preso que destrói patrimônio público, nos termos do art. 163, parágrafo único, III.

A segunda corrente, ao contrário, posiciona-se pela exigência de constatação do *animus nocendi*, vale dizer, a finalidade com que atua o agente no sentido de causar prejuízo patrimonial ao Estado.

O STJ já pacificou seu posicionamento, entendendo que:

> (...) a destruição de patrimônio público (buraco na cela) pelo preso que busca fugir do estabelecimento no qual encontra-se encarcerado não configura o delito de dano qualificado (art. 163, parágrafo único, inciso III do CP), porque ausente o dolo específico (*animus nocendi*), sendo, pois, atípica a conduta.[41]

Entendemos que não se exige, para a configuração do crime de dano, o chamado *animus nocendi*. Basta que o agente tenha conhecimento de que, com o seu comportamento, está destruindo, inutilizando ou deteriorando coisa alheia, para que possa ser responsabilizado pelo delito em estudo, uma vez que o tipo não exige essa finalidade especial. Assim, o preso que foge, seja cavando um buraco, seja serrando as grades da cela, deverá ser responsabilizado pelo dano qualificado.

DANO À VIATURA POLICIAL E EMBRIAGUEZ

O agente que, legitimamente preso, provoca danos na viatura policial, responde pelo crime de dano qualificado (art. 163, parágrafo único, III, do CP). O fato de o réu estar embriagado por si só não ilide sua responsabilidade criminal.

O STJ, embora entenda pela necessidade do chamado *animus nocendi*, excepciona sua regra, dizendo:

> 1 – A jurisprudência desta Corte é assente no sentido de que, "para a caracterização do crime tipificado no art. 163, parágrafo único, III, do Código Penal, é imprescindível o dolo específico de destruir, inutilizar ou deteriorar coisa alheia, ou seja, a vontade do agente deve ser voltada a causar prejuízo patrimonial ao dono da coisa, pois, deve haver o *animus nocendi*" (AgRg no REsp n. 1.722.060/PE, relator. Ministro Sebastião Reis Júnior, Sexta Turma, julgado em 2/8/2018, *DJe* 13/8/2018).
>
> 2. Contudo, tal entendimento não se aplica à hipótese vertente, porquanto consta tanto da sentença condenatória quanto do acórdão ora impugnado ter ficado "demonstrado que o acusado deteriorou, por meio de chutes, coisa alheia pertencente ao patrimônio do Estado de Santa Catarina, qual seja, a viatura da Polícia Militar de placas GJH-0657 (...)" e que a intenção de fuga "não foi asseverada nem por ele próprio [paciente] nas duas ocasiões em que interrogado".
>
> Dessarte, não se aplica à hipótese vertente a jurisprudência na qual "a destruição de patrimônio público (buraco na cela) pelo preso que busca fugir do estabelecimento no qual encontra-se encarcerado não configura o delito de dano qualificado (art. 163,

---

[41] AgRg no HC 694.937/SC, Min. Antonio Saldanha Palheiro, 6ª T., j. 08/02/2022.

parágrafo único, inciso III do CP), porque ausente o dolo específico (*animus nocendi*), sendo, pois, atípica a conduta" (HC n. 260.350/GO, relatora Ministra Maria Thereza de Assis Moura, Sexta Turma, *DJe* 21/5/2014).[42]

PICHAÇÃO

A pichação, que se traduz no ato por meio do qual o agente, com a utilização de tintas, leva a efeito a pintura de desenhos, palavras, assinaturas etc., em partes constantes de imóveis, não se coaduna, como regra, com o núcleo *destruir*. Da mesma forma, também como regra, não importa em inutilização da coisa alheia objeto da pichação. Assim, embora não seja pacífico, tem-se entendido que a pichação se amolda ao núcleo *deteriorar*, uma vez que produz na coisa alheia um estrago parcial, alterando o seu estado original, posição à qual nos filiamos.

Vide o art. 65 da Lei nº 9.605, de 12 de fevereiro de 1998, com a nova redação que lhe foi conferida pela Lei nº 12.408, de 25 de maio de 2011, que dispõe sobre pichação em edificação ou monumento urbano.

APROPRIAÇÃO INDÉBITA POR PROCURADOR LEGALMENTE CONSTITUÍDO

Para que se constitua alguém como procurador, é preciso, antes de mais nada, que se deposite uma dose considerável de confiança nessa relação. Às vezes, essa confiança é quebrada com o cometimento de alguma traição. Pode ocorrer que alguém, constituído pela própria vítima para exercer as funções de seu procurador, recebendo determinada importância em dinheiro, não a repasse para o seu legítimo dono. Nesse caso, poderíamos cogitar de apropriação indébita?

A questão deverá ser resolvida em sede de elemento subjetivo, vale dizer, em cada caso, deveremos analisar a intenção do agente, sua finalidade em não efetuar o repasse dos valores pertencentes à vítima, para que possamos chegar à conclusão da prática do delito de apropriação indébita.

Assim, imagine-se a hipótese do advogado que, depois de receber os valores correspondentes a uma indenização pertencente à vítima, depositando-os em sua conta bancária e deles fazendo uso, é procurado por ela, que busca informações a respeito do desfecho do processo, sendo informada pelo profissional do Direito que o feito aguardava decisão de um Tribunal Superior, o que demandaria, ainda, tempo considerável.

Percebe-se, aqui, que o aludido profissional, em virtude dos poderes que lhe foram outorgados no instrumento de mandato, podia sacar qualquer valor pertencente à vítima. Desse modo, a posse de tais valores, *ab initio*, era lícita. No entanto, quando informa, ardilosamente, à vítima, dizendo-lhe que nada ainda havia sido pago, uma vez que seu processo aguardava pauta para julgamento pelo Tribunal, acreditamos que, nesse instante, tenha se configurado o delito de apro-

---

[42] AgRg no HC 694.937/SC, Min. Antonio Saldanha Palheiro, 6ª T., j. 08/02/2022.

priação indébita, podendo-se visualizar o seu dolo de ter a coisa para si, invertendo o título da posse.

Seria possível, *in casu*, o raciocínio referente à apropriação de uso, caso fosse sua intenção devolver a quantia apropriada em curto prazo, o que afastaria o *animus rem sibi habendi*. Imagine-se, agora, o fato de que, procurado por seu cliente na segunda-feira, embora já tendo recebido todo o dinheiro que lhe pertencia em razão de uma indenização judicial, o advogado retarde a sua devolução, dizendo-lhe que o pagamento sairia na sexta-feira, oportunidade em que poderia aproveitar esse curto espaço de tempo para saldar algumas dívidas, já vencidas, pois somente teria algum crédito em sua conta bancária na quinta-feira, por exemplo. Nesse caso, não conseguimos visualizar o dolo de ter a coisa para si, como se fosse dono, invertendo o título da posse. Queria, sim, utilizar, por curto período, o dinheiro já recebido licitamente, pertencente à vítima, caracterizando-se, assim, como apropriação de uso, fato indiferente ao Direito Penal.

PRESCINDIBILIDADE DA PRESTAÇÃO DE CONTAS À CONFIGURAÇÃO DO DELITO

O delito de apropriação indébita prescinde da prestação de contas para efeitos de seu reconhecimento.

ESTELIONATO E TORPEZA BILATERAL

Existe controvérsia doutrinária no que diz respeito à punição do agente pelo delito de estelionato quando ocorrer, no caso concreto, a chamada *torpeza bilateral*. Hungria, com seu brilhantismo e sua imaginação, oferece uma coleção de exemplos nesse sentido, a saber:

> Um indivíduo, inculcando-se *assassino profissional*, ardilosamente obtém de outro certa quantia para matar um seu inimigo, sem que jamais tivesse o propósito de executar o crime: um falso vendedor de produtos farmacêuticos impinge, por bom preço, a uma *faiseuse d'anges*, como eficiência abortiva, substâncias inócuas; a cafetina recebe dinheiro do velho libertino, prometendo levar-lhe à alcova uma *virgem*, quando na realidade o que lhe vem a proporcionar é uma jovem meretriz; o simulado falsário capta o dinheiro de outrem, a pretexto de futura entrega de cédulas falsas ou em troca de máquina para fabricá-las, vindo a verificar-se que aquelas não existem ou esta não passa de um *truque (conto da guitarra)*; o *vigarista* consegue trocar por bom dinheiro o *paco* que o *otário* julga conter uma fortuna, de que se vai locupletar à custa da ingenuidade daquele; o cliente da prostituta não lhe paga o *pretium carnis*, tendo ocultado não dispor de dinheiro para fazê-lo.[43]

Entendemos que, nesses casos, não seria possível a punição do agente pelo crime de estelionato, sob pena de incorrermos em absurdos jurídicos. Assim, por

---

[43] HUNGRIA, Nélson. *Comentários ao Código Penal*, v. VII, p. 192.

exemplo, somente ficaria livre da punição pelo estelionato o agente que, no exemplo fornecido por Hungria, viesse, efetivamente, a matar a pessoa para qual havia sido contratado ou que fornecesse a substância abortiva etc.

Se o próprio Direito Civil não se ocupa dessas questões que envolvem a torpeza da suposta vítima, conforme se verifica pela leitura do art. 883 do CC, que dirá o Direito Penal!

Ainda seguindo as lições de Hungria:

> (...) o patrimônio individual cuja lesão fraudulenta constitui o estelionato é o *juridicamente protegido*, e somente goza da proteção do direito o patrimônio que serve a um fim legítimo, dentro de sua função econômico-social. Desde o momento que ele é aplicado a um fim ilícito ou imoral, a lei, que é a expressão do direito como *mínimo ético* indispensável ao convívio social, retira-lhe o arrimo, pois, de outro modo, estaria faltando a sua própria finalidade.[44]

Dessa forma, filiamo-nos à posição assumida por um dos maiores penalistas que nosso país já conheceu.

No entanto, a posição hoje majoritária entende pela existência do delito de estelionato, não importando a má-fé do ofendido, ou seja, se a sua finalidade também era torpe (ilegal, imoral etc.). Fernando Capez, adepto dessa segunda corrente, resume suas ideias argumentando que a punição do agente que obteve a vantagem deve ser levada a efeito pelo Direito Penal porque:

> *a)* o autor revela maior temibilidade, pois, ilude a vítima e lhe causa prejuízo; *b)* não existe compensação de condutas no Direito Penal, devendo punir-se o sujeito ativo e, se for o caso, também a vítima; *c)* a boa-fé do lesado não constitui elemento do tipo do crime de estelionato; *d)* o dolo do agente não pode ser eliminado apenas porque houve má-fé, pois a consciência e vontade finalística de quem realiza a conduta independe da intenção da vítima.[45]

Deve-se frisar, contudo, que nem sempre que a vítima quiser "levar vantagem" sobre o agente, profissional do crime e, com isso, vier a ser prejudicada, o fato poderá ser considerado hipótese de torpeza bilateral.

Imagine-se o exemplo daquele que, afirmando morar em uma cidade distante da capital, aborda a vítima trazendo consigo um bilhete que dizia estar premiado. Sob o argumento de que não poderia esperar a abertura da instituição bancária responsável pelo pagamento do prêmio, pois deveria viajar imediatamente, estando até mesmo com sua passagem já comprada, indaga se a vítima quer comprá-lo por um preço inferior ao que seria efetivamente pago. Buscando o lucro fácil, a vítima, supondo estar aproveitando "uma oportunidade", anui ao pedido e compra o *bilhete falso*. Nesse caso, não vemos torpeza na conduta da vítima, a

---

[44] HUNGRIA, Nélson. *Comentários ao Código Penal*, v. VII, p. 192-193.
[45] CAPEZ, Fernando. *Curso de Direito Penal*, v. 2, p. 477-478.

ponto de afastar-lhe a proteção do Direito Penal. Havia, sim, é obvio, a intenção de lucrar em virtude da suposta necessidade pela qual passava o estelionatário. Não houve, aqui, qualquer comportamento ilícito, razão pela qual, embora almejando o lucro fácil, estaria afastada a torpeza bilateral, permitindo-se a punição do agente pelo crime de estelionato.

Ao contrário, imagine-se alguém sendo julgado pelo delito de estelionato porque a vítima havia sido por ele enganada, pagando por uma remessa de substâncias entorpecentes que nunca chegou. Seria um absurdo jurídico, com a devida *venia* das posições em contrário.

Embora o Código Civil englobe a finalidade imoral do agente como impeditiva da repetição, entendemos que a torpeza bilateral somente se aplica aos atos considerados ilícitos. Assim, por exemplo, se o agente contrata os serviços de uma prostituta e, depois do ato sexual, confessa que não possui condições financeiras para pagar-lhe, como a prostituição em si pode ser considerada um comportamento lícito, isto é, que não contraria o ordenamento jurídico-penal, entendemos ser possível, aqui, a sua punição pelo crime de estelionato, ao contrário, como vimos, daquele que paga por uma remessa de substância entorpecente, que nunca chegará, pois, se, efetivamente, recebesse a "mercadoria", praticaria um comportamento penalmente ilícito.

ESTELIONATO E FALSIDADE DOCUMENTAL

Não é incomum que o agente, a fim de obter a vantagem ilícita, em prejuízo alheio, utilize falsidade documental, sendo esta, portanto, o meio hábil para que possa ter êxito na empresa criminosa.

Nesse caso, indaga-se: deveria o agente responder pelas duas infrações penais, em concurso de crimes? Na verdade, aqui se formaram cinco posições.

A primeira, defendida por Hungria, entende que, em virtude da natureza formal do delito de falso, o agente deveria ser tão somente por ele responsabilizado, afastando-se, outrossim, a punição pelo delito de estelionato, pois, segundo o renomado penalista:

> (...) quando a um crime formal se segue o dano efetivo, não surge novo crime: o que acontece é que ele se *exaure*, mas continuando a ser único e o mesmo (à parte a sua maior *punibilidade*, quando a lei expressamente o declare). A obtenção de lucro ilícito mediante *falsum* não é mais que um estelionato qualificado pelo meio (IMPALLOMENI). É um estelionato que, envolvendo uma ofensa à *fé pública*, adquire o *nomen juris* de "falsidade". Se alguém se limita, ao enganar outrem numa transação, a pagar, por exemplo, com cédulas falsas, ou a servir-se de uma falsa cambial de terceiro, o crime único que comete é o de introdução de moeda falsa ou de uso de documento falso.[46]

A segunda posição entende pelo concurso material de crimes, haja vista que, no momento anterior à sua utilização como meio para a prática do estelionato

---

[46] HUNGRIA, Nélson. *Comentários ao Código Penal*, v. VII, p. 214.

já estava consumada a falsidade documental, sem falar que as mencionadas infrações penais ofendem bens jurídicos diferentes, vale dizer, o delito de falsidade documental atinge a fé pública, enquanto o estelionato atinge o patrimônio. Poderá, inclusive, ser considerada a distância temporal entre a prática do falso e a sua utilização no crime de estelionato.

A terceira posição adota a tese do concurso formal de crimes quando o falso é um meio para a prática do crime de estelionato.

A quarta posição, em nossa opinião a que melhor atende às exigências de política criminal, afirma que o crime-fim (estelionato) deverá absorver o crime-meio (falsidade documental). Na verdade, o agente somente levou a efeito a falsidade documental para que pudesse ter sucesso na prática do crime de estelionato, razão pela qual deverá responder tão somente por esta última infração penal. O maior problema nesse raciocínio é que, em muitas situações, as penas previstas para o crime-meio serão maiores do que aquelas previstas para o delito-fim. Assim, considerando que a gravidade da infração penal é medida pela pena a ela cominada, que, consequentemente, deverá variar de acordo com a importância do bem jurídico protegido, o agente seria punido, algumas vezes, por infração de menor gravidade, enquanto a de maior gravidade ficaria impune, a exemplo do que ocorre com o estelionato praticado mediante a falsificação de um documento público, prevista no art. 297 do CP, que comina uma pena de reclusão, de 2 (dois) a 6 (seis) anos, e multa, enquanto o estelionato, considerado como o fim último do agente, tipificado no art. 171 do CP, comina uma pena de reclusão, de 1 (um) a 5 (cinco) anos, e multa.

Podemos considerar, ainda, como quinta posição, aquela assumida pelo Superior Tribunal de Justiça, constante da Súmula nº 17, que diz:

> Súmula nº 17 – Quando o falso se exaure no estelionato, sem mais potencialidade lesiva, é por este absorvido.

Destarte, de acordo com o entendimento sumulado, somente se poderá cogitar de absorção do crime-meio (falsidade) pelo crime-fim (estelionato) quando não restar, depois da sua utilização, qualquer potencialidade ofensiva.

À vista disso, por exemplo, aquele que, depois de encontrar um cheque em branco, adquirir uma mercadoria qualquer, pelo fato de ter se esgotado a sua potencialidade lesiva, a falsidade relativa à emissão do cheque ficaria absorvida pelo estelionato. Ao contrário, imagine-se a hipótese daquele que, mediante a utilização de uma carteira de identidade falsa, adquirisse a mesma mercadoria em prestações. A carteira de identidade falsa, utilizada para que pudesse abrir o crediário em seu nome e, com isso, trazer prejuízo ao proprietário da coisa, pois não era a sua intenção honrar com os pagamentos, ainda tinha potencialidade lesiva, ou seja, ainda poderia ser utilizada na prática de outros delitos, razão pela qual deveria ser reconhecido o concurso de crimes, discutindo-se se formal ou material.

ESTELIONATO E APROPRIAÇÃO INDÉBITA

Conforme destaca Hungria:

> (...) na apropriação indébita, o dolo é *subsequens*; no estelionato é *antecedens*. Para que se reconheça o estelionato, é imprescindível que o emprego dos meios fraudulentos seja a *causa* da entrega da coisa. Assim, quando, licitamente obtida a posse da coisa, o agente dispõe dela *ut dominus* e, em seguida, usa de meios fraudulentos para dissimular a apropriação indébita, este é o *nomen juris* que prevalece, e não o estelionato.[47]

É importante frisar que, além do momento de surgimento do dolo, se pode dizer que o objeto do estelionato é muito mais extenso do que o da apropriação indébita, haja vista que, neste último caso, somente pode ser objeto de apropriação a *coisa alheia móvel*, enquanto, no estelionato, a lei penal menciona a obtenção de *vantagem ilícita*, podendo esta se traduzir em móveis, ou até mesmo imóveis.

ESTELIONATO E JOGO DE AZAR

Pode ocorrer que, durante a prática de um jogo de azar, a vítima seja enganada pelo agente, que se vale de meios fraudulentos com o fim de obter vantagem ilícita em seu prejuízo. Nesse caso, poderia o agente responder pelo delito de estelionato ou seria aplicado, aqui, o raciocínio levado a efeito anteriormente, correspondente à torpeza bilateral?

À primeira vista, poderíamos concluir que, sendo ilícito o jogo de azar, deveria ser aplicado o raciocínio relativo à torpeza bilateral, não podendo o Estado, outrossim, tutelar relações que lhe fossem contrárias. No entanto, no que diz respeito, especificamente, ao jogo de azar, o Código Civil regulamentou tal situação dizendo, em seu art. 814, *in verbis*:

> Art. 814. As dívidas de jogo ou de aposta não obrigam a pagamento; mas não se pode recobrar a quantia, que voluntariamente se pagou, salvo se foi ganha por dolo, ou se o perdente é menor ou interdito.

Em razão da expressão *salvo se foi ganha por dolo*, entende-se que, nessa hipótese, se a vítima sofreu prejuízo no jogo em virtude da fraude utilizada pelo agente, como a própria lei civil ressalva a possibilidade de sua recuperação, também seria razoável permitir-se a punição do agente pelo delito de estelionato.

Na verdade, há de ser ressalvada a possibilidade da prática do estelionato quando se estiver diante de jogos considerados lícitos; ao contrário, na hipótese de jogos ilícitos, mantendo-se o argumento expendido quando do estudo da torpeza bilateral, não haverá infração penal a ser perseguida pelo Estado.

---

[47] HUNGRIA, Nélson. *Comentários ao Código Penal*, v. VII, p. 217.

ESTELIONATO E FURTO DE ENERGIA ELÉTRICA

Aquele que desvia a corrente elétrica *antes* que ela passe pelo registro comete o delito de furto. É o que ocorre, normalmente, naquelas hipóteses em que o agente traz a energia para sua casa diretamente do poste, fazendo aquilo que, popularmente, é chamado de "gato". A fiação é puxada, diretamente, do poste de energia elétrica para o lugar onde se quer usá-la, sem que passe por qualquer medidor.

Ao contrário, se a ação do agente consiste, como adverte Noronha:

> (...) em modificar o medidor, para acusar um resultado menor do que o consumido, há fraude, e o crime é estelionato, subentendido, naturalmente, o caso em que o agente está autorizado, por via de contrato, a gastar energia elétrica. Usa ele, então, de artifício que induzirá a vítima a erro ou engano, com o resultado fictício, do que lhe advém vantagem ilícita.[48]

ESTELIONATO E CURANDEIRISMO

A diferença fundamental entre o curandeiro (art. 284 do CP) e o estelionatário reside no fato de que aquele acredita que, com suas fórmulas, poções, gestos etc., conseguirá, realmente, resolver os problemas (físicos, psicológicos, amorosos etc.) que acometem a vítima, enquanto o estelionatário as utiliza sabendo que nada resolverá, pois almeja tão somente aproveitar-se do momento de fraqueza pelo qual passa a vítima, a fim de obter alguma vantagem ilícita em prejuízo dela.

ESTELIONATO E FURTO MEDIANTE FRAUDE

A diferença entre o estelionato e o furto mediante fraude é que, no estelionato, a fraude é empregada a fim de fazer que a própria vítima, voluntariamente, entregue o bem ao agente; já, no furto, a fraude é utilizada para que a vigilância da vítima seja burlada e o agente, com isso, consiga a subtração.

ESTELIONATO E CRIME IMPOSSÍVEL

Entendemos que a fraude grosseira, perceptível à primeira vista como incapaz de enganar qualquer pessoa de inteligência normal, se amolda ao raciocínio correspondente ao crime impossível. O meio utilizado, portanto, para que se possa levar a efeito o raciocínio correspondente ao crime impossível, deve ser absolutamente incapaz de induzir ou manter a vítima em erro, pois, se for relativa essa possibilidade, poderemos concluir pela tentativa.

Desse modo, não há necessidade de que o meio utilizado pelo agente na prática do estelionato seja uma "obra de arte", contanto que seja hábil o suficiente para enganar as pessoas, induzindo-as ou mantendo-as em erro.

---

[48] NORONHA, Edgard Magalhães. *Direito penal*, v. 2, p. 232.

O Superior Tribunal de Justiça, por meio da Súmula nº 73, no que diz respeito à falsificação grosseira de papel-moeda, assim se manifestou:

> Súmula nº 73 – A utilização de papel-moeda grosseiramente falsificado configura, em tese, o crime de estelionato, da competência da Justiça Estadual.

Uma observação deve ser feita com relação ao entendimento sumular. Quando o Tribunal Superior faz menção a *papel-moeda grosseiramente falsificado*, está se referindo àquele que, embora não possa ser tipificado como delito de *moeda falsa*, cujas penas cominadas são quase três vezes maiores do que as previstas para o estelionato, se presta para iludir, enganar as pessoas, não havendo, pois, que se falar em crime impossível.

Caso a falsificação seja tão grosseira a ponto de não conseguir enganar o mais simplório dos cidadãos, o fato deverá ser tratado como hipótese de crime impossível.

ENDOSSO EM CHEQUE SEM SUFICIENTE PROVISÃO DE FUNDOS

Aquele que endossa um cheque sabidamente sem suficiente provisão de fundos pratica o delito tipificado no inciso VI do § 2º do art. 171 do CP? Existe controvérsia doutrinária também nesse sentido.

Noronha, de um lado, entende pela tipicidade do comportamento do endossante: "O endossador pode cometer o crime em apreço. É exato falar a lei em *emissão* – emite cheque. Mas a expressão deve ser tomada em sentido amplo, considerando-se o fim que aquela teve em vista"[49].

Damásio de Jesus, em sentido contrário ao de Noronha, afirma:

> Não cremos possa o endossante ser sujeito ativo do crime, não obstante opiniões em contrário. Sem recurso à analogia, proibida na espécie, não se pode afirmar que a conduta de *endossar* ingressa no núcleo *emitir*, considerando-se o endosso como segunda emissão.[50]

Somos partidários da última posição, haja vista que, conforme salientado por Damásio de Jesus, não podemos compreender no núcleo *emitir*, característico da fraude no pagamento por meio de cheque, a conduta de *endossar*.

A nosso ver, aquele que, conhecedor da ausência de suficiência de fundos, endossa o cheque entregando-o à terceira pessoa deverá responder pelo crime de estelionato, em sua modalidade fundamental, prevista no *caput* do art. 171 do CP.

ESTELIONATO E COLA ELETRÔNICA

Situação em que o réu foi condenado pela prática do crime previsto no art. 311-A, §§ 2º e 3º, do CP, em 2013 e 2015, à pena final de 10 (dez) anos e 8 (oito)

---

[49] NORONHA, Edgard Magalhães. *Direito penal*, v. 2, p. 407.
[50] JESUS, Damásio E. de. *Direito penal*: parte especial, v. 2, p. 436.

meses de reclusão, em regime inicial fechado, além de 240 dias-multa, por ter participado de esquema para fraudar concurso público, transmitindo eletronicamente o gabarito a outros candidatos, durante o certame (artifício também conhecido como "cola eletrônica"). Para que incida a causa de aumento prevista no § 3º do art. 311-A do CP, é imprescindível que se mostre que o réu servidor público se utilizou das facilidades que o cargo lhe proporciona para a prática do intento criminoso, sob pena de responsabilidade penal objetiva pela simples condição do ser, e não pelo fato que praticara.[51]

Hipótese em que o acórdão que concedeu a ordem para trancar a ação penal por atipicidade da conduta fundamentou-se na jurisprudência pacificada tanto no STJ quanto no STF no sentido de que o tipo penal do crime de estelionato não alcança as chamadas fraudes em concursos públicos por meio de colas eletrônicas.[52]

A conduta de fraudar concurso público mediante a utilização da cola eletrônica praticada antes da vigência da Lei nº 12.550/2011, nada obstante conter alto grau de reprovação social, na linha da jurisprudência do STF e do STJ, é atípica. Precedentes.[53]

AUTONOMIA DA RECEPTAÇÃO

Nos termos do § 4º do art. 180 do CP, a receptação é punível, ainda que desconhecido ou isento de pena o autor do crime de que proveio a coisa.

PROVA DO CRIME ANTERIOR À RECEPTAÇÃO

A receptação é um crime acessório que necessita, para efeitos de seu reconhecimento, da comprovação do delito anterior, considerado principal.

RECEPTAÇÃO E CONCURSO DE PESSOAS NO DELITO ANTERIOR

Para que o agente responda criminalmente pela receptação, jamais poderá ter, de alguma forma, concorrido para a prática do delito anterior, pois, caso contrário, deverá ser por ele responsabilizado.

RECEPTAÇÃO EM CADEIA

É admissível, bastando que o agente que adquiriu posteriormente o bem tenha conhecimento de sua origem ilícita.

IMPUTAÇÃO ALTERNATIVA NA DENÚNCIA DE RECEPTAÇÃO

O delito de receptação se encontra no rol daqueles em que é possível o raciocínio da chamada imputação alternativa.

---

[51] STJ, Rcl 37.247/PA, Rel. Min. Reynaldo Soares da Fonseca, 3ª Seção, *DJe* 03/04/2019.
[52] STJ, PExt no HC 208.977/SP, Rel. Min. Gurgel de Faria, 5ª T., *DJe* 19/01/2014.
[53] STJ, HC 208.969/SP, Rel. Min. Moura Ribeiro, 5ª T., *DJe* 11/11/2013.

Isso porque pode ocorrer, *v.g.*, na hipótese em que o agente seja surpreendido com uma coisa que tenha sido objeto de furto. Durante as investigações policiais, também pode ocorrer a sua recusa em prestar as declarações necessárias ao esclarecimento dos fatos, permanecendo a dúvida, outrossim, se fora ele o autor do furto, ou se autor do delito de receptação. Nesse caso, seguindo as lições de Afrânio Silva Jardim, deverá o Ministério Público oferecer denúncia com *imputação alternativa*, que ocorre, segundo o autor:

> (...) quando a peça acusatória vestibular atribui ao réu mais de uma conduta penalmente relevante, asseverando que apenas uma delas efetivamente terá sido praticada pelo imputado, embora todas se apresentem como prováveis, em face da prova do inquérito. Desta forma, fica expresso, na denúncia ou queixa, que a pretensão punitiva se lastreia nesta *ou* naquela ação narrada.[54]

RECEPTAÇÃO DE TALÃO DE CHEQUES E DE CARTÃO DE CRÉDITO

De acordo com a jurisprudência dessa Corte Superior de Justiça, folhas de cheque não podem ser objeto material do crime de receptação, uma vez que desprovidas de valor econômico, indispensável à caracterização do delito contra o patrimônio. Precedentes.[55]

O talonário de cheque não possui valor econômico intrínseco, logo não pode ser objeto do crime de receptação. Precedentes.[56]

RECEPTAÇÃO DE ANIMAL

O delito de *receptação de animal* foi inserido no Código Penal por meio da Lei nº 13.330, de 2 de agosto de 2016, criando, outrossim, o art. 180-A.

Ao contrário do que ocorreu com o delito de furto em que, mediante o diploma legal citado, foi criada mais uma qualificadora, cominando uma pena de reclusão de 2 (dois) a 5 (cinco) anos se a subtração for de semovente domesticável de produção, ainda que abatido ou dividido em partes no local da subtração, no caso da apropriação indébita, entendeu o legislador, de forma equivocada, *permissa venia*, em criar uma figura típica autônoma, surgindo, assim, a *receptação de animal*.

Se foi intenção cuidar mais rigorosamente das situações tipificadas no art. 180-A do CP, o resultado será completamente oposto. Isso porque os fatos previstos no tipo penal em estudo se amoldavam ao § 1º do art. 180 do estatuto repressivo, que prevê uma pena de reclusão, de 3 (três) a 8 (oito) anos, e multa, ao passo que o crime de receptação de animal prevê uma pena menor, variando de 2 (dois) a 5 (cinco) anos, e multa, e, de acordo com o princípio da especialidade, quando o

---

54 JARDIM, Afrânio Silva. *Direito processual penal*: estudos e pareceres, p. 149.
55 STJ, HC 222.503/SP, Rel. Min. Jorge Mussi, 5ª T., *Dje* 29/03/2012, *RSTJ*, v. 226, p. 754.
56 STJ, HC 154.336/DF, Rel.ª Min.ª Laurita Vaz, 5ª T., *Dje* 03/11/2011, *RT*, v. 916, p. 711.

agente adquirir, receber, transportar, conduzir, ocultar, ter em depósito ou vender, com a finalidade de produção ou de comercialização, semovente domesticável de produção, ainda que abatido ou dividido em partes, que deve saber ser produto de crime, seu comportamento se subsumirá ao tipo do art. 180-A do CP.

Cuida-se, *in casu*, de um tipo misto alternativo, em que a prática de mais de um comportamento importará em delito único, não havendo que se falar, portanto, em concurso de crimes. Desse modo, aquele que, por exemplo, adquire, transporta e vende o semovente domesticável de produção já abatido, ou em partes, responderá por um único crime de receptação de animal.

Para que ocorra o delito tipificado no art. 180-A do CP, é preciso que o agente tenha atuado com a finalidade de produção ou de comercialização.

Além disso, só haverá a infração penal *sub examen* se os núcleos do tipo forem realizados quando o agente devia saber que o semovente domesticável de produção, ainda que abatido ou dividido em partes, era produto de crime. A expressão *que deve saber*, constante da parte final do art. 180-A do CP, é motivo de intensa discussão doutrinária e jurisprudencial por conta da sua existência no § 1º do art. 180 do mesmo diploma legal, sendo indicativa do chamado dolo eventual, o que não afasta, obviamente, o dolo direto, ou seja, se a lei pune aquele que devia saber (dolo eventual) que o semovente domesticável de produção, ainda que abatido ou dividido em partes, era produto de crime, o que dirá aquele que tinha essa certeza. É regra básica de interpretação de que quem pune o menos pune o mais.

ESTUPRO

Analisando o *caput* do art. 213 do CP, podemos destacar os seguintes elementos: a) o constrangimento, levado a efeito mediante o emprego de violência ou grave ameaça; b) que pode ser dirigido a qualquer pessoa, seja do sexo feminino, seja do masculino; c) para que tenha conjunção carnal; d) ou ainda para fazer que a vítima pratique ou permita que com ela se pratique qualquer ato libidinoso.

De acordo com a redação legal, verifica-se que o núcleo do tipo é o verbo *constranger*, aqui utilizado no sentido de forçar, obrigar, subjugar a vítima ao ato sexual. Trata-se, portanto, de modalidade especial de constrangimento ilegal, praticado com o fim de fazer que o agente tenha sucesso no congresso carnal ou na prática de outros atos libidinosos.

Para que se possa configurar o delito em estudo, é preciso que o agente atue mediante o emprego de violência ou de grave ameaça. Violência diz respeito à *vis corporalis, vis absoluta*, ou seja, à utilização de força física, no sentido de subjugar a vítima, para que com ela possa praticar a conjunção carnal, ou praticar ou permitir que com ela se pratique outro ato libidinoso.

A grave ameaça, ou *vis compulsiva*, pode ser direta, indireta, implícita ou explícita. Assim, por exemplo, pode ser levada a efeito diretamente contra a própria pessoa da vítima ou pode ser empregada, indiretamente, contra pessoas ou coisas que lhe são próximas, produzindo-lhe efeito psicológico no sentido de passar a temer o agente. Por isso, a ameaça deverá ser séria, causando, na vítima, um fundado temor do seu cumprimento.

Vale ressaltar que o mal prometido pelo agente, para efeito de se relacionar sexualmente com a vítima, contra a sua vontade, não deve ser, necessariamente, injusto, como ocorre com o delito tipificado no art. 147 do CP. À vista disso, imagine-se a hipótese daquele que, sabendo da infidelidade da vítima para com seu marido, a obriga a com ele também se relacionar sexualmente, sob pena de contar todo o fato ao outro cônjuge, que, certamente, dela se separará.

Não exige mais a lei penal, para efeitos de caracterização do estupro, que a conduta do agente seja dirigida contra uma *mulher*. No entanto, esse constrangimento pode ser dirigido, finalisticamente, à prática da conjunção carnal, vale dizer, a relação sexual normal, o coito vagínico, que compreende a penetração do pênis do homem na vagina da mulher.

Foi adotado, portanto, pela legislação penal brasileira, o *sistema restrito* no que diz respeito à interpretação da expressão conjunção carnal, repelindo-se o *sistema amplo*, que compreende a cópula anal, ou mesmo o *sistema amplíssimo*, que inclui, ainda, os atos de felação (orais).

Hungria traduz o conceito de conjunção carnal dizendo ser "a cópula *secundum naturam*, o ajuntamento do órgão genital do homem com o da mulher, a intromissão do pênis na cavidade vaginal"[57].

Merece registro, igualmente, o fato de que a conjunção carnal também é considerada um ato libidinoso, isto é, aquele em que o agente deixa aflorar a sua libido, razão pela qual a parte final constante do *caput* do art. 213 do CP se utiliza da expressão *outro ato libidinoso*.

A redação do art. 213 do CP considera, inclusive, como estupro o constrangimento levado a efeito pelo agente no sentido de fazer que a vítima, seja do sexo feminino, seja do sexo masculino, pratique ou permita que com ela se pratique outro ato libidinoso.

Na expressão *outro ato libidinoso*, estão contidos todos os atos de natureza sexual, que não a conjunção carnal, que tenham por finalidade satisfazer a libido do agente.

O constrangimento empregado pelo agente, portanto, pode ser dirigido a duas finalidades diversas. Na primeira delas, o agente obriga a própria vítima a praticar um ato libidinoso diverso da conjunção carnal. A sua conduta, dessa maneira, é *ativa*, podendo atuar sobre seu próprio corpo, com atos de masturbação, por exemplo; no corpo do agente que a constrange, praticando, *v.g.*, sexo oral; ou, ainda, em terceira pessoa, sendo assistida pelo agente.

O segundo comportamento é *passivo*. Nesse caso, a vítima permite que com ela seja praticado o ato libidinoso diverso da conjunção carnal, seja pelo próprio agente que a constrange, seja por um terceiro, a mando daquele.

---

[57] HUNGRIA, Nélson. *Comentários ao Código Penal*, v. VIII, p. 116.

Dessa forma, o papel da vítima pode ser *ativo*, *passivo*, ou, ainda, simultaneamente, *ativo e passivo*.

ESTUPRO DE VULNERÁVEL

O mundo globalizado vive e presencia a atuação de pedófilos, que se valem de inúmeros e vis artifícios, a fim de praticarem algum ato sexual com crianças e adolescentes, não escapando de suas taras doentias até mesmo os recém-nascidos. A *internet* tem sido utilizada como um meio para atrair essas vítimas para as garras desses verdadeiros psicopatas sexuais. Vidas são destruídas em troca de pequenos momentos de um prazer estúpido e imbecil.

A Lei nº 12.015, de 7 de agosto de 2009, inserindo o art. 217-A ao CP, criou o delito de estupro de vulnerável, dispondo, *in verbis*:

> Art. 217-A. Ter conjunção carnal ou praticar outro ato libidinoso com menor de 14 (catorze) anos;
> Pena – reclusão, de 8 (oito) a 15 (quinze) anos.
> § 1º Incorre na mesma pena quem pratica as ações descritas no *caput* com alguém que, por enfermidade ou deficiência mental, não tem o necessário discernimento para a prática do ato, ou que, por qualquer outra causa, não pode oferecer resistência.
> § 2º (Vetado).
> § 3º Se da conduta resulta lesão corporal de natureza grave:
> Pena – reclusão, de 10 (dez) a 20 (vinte) anos.
> § 4º Se da conduta resulta morte:
> Pena – reclusão, de 12 (doze) a 30 (trinta) anos.
> § 5º As penas previstas no *caput* e nos §§ 1º, 3º e 4º deste artigo aplicam-se independentemente do consentimento da vítima ou do fato de ela ter mantido relações sexuais anteriormente ao crime.

IDENTIFICAÇÃO DO PERFIL GENÉTICO NOS CRIMES SEXUAIS

O art. 9º-A e seus parágrafos, incluídos na Lei de Execução Penal por meio da Lei nº 12.654, de 28 de maio de 2012, e alterados pela Lei nº 13.964, de 24 de dezembro de 2019, dizem, textualmente:

> Art. 9º-A. O condenado por crime doloso praticado com violência grave contra a pessoa, bem como por crime contra a vida, contra a liberdade sexual ou por crime sexual contra vulnerável, será submetido, obrigatoriamente, à identificação do perfil genético, mediante extração de DNA (ácido desoxirribonucleico), por técnica adequada e indolor, por ocasião do ingresso no estabelecimento prisional.
> § 1º A identificação do perfil genético será armazenada em banco de dados sigiloso, conforme regulamento a ser expedido pelo Poder Executivo.
> § 1º-A. A regulamentação deverá fazer constar garantias mínimas de proteção de dados genéticos, observando as melhores práticas da genética forense.

§ 2º A autoridade policial, federal ou estadual, poderá requerer ao juiz competente, no caso de inquérito instaurado, o acesso ao banco de dados de identificação de perfil genético.

§ 3º Deve ser viabilizado ao titular de dados genéticos o acesso aos seus dados constantes nos bancos de perfis genéticos, bem como a todos os documentos da cadeia de custódia que gerou esse dado, de maneira que possa ser contraditado pela defesa.

§ 4º O condenado pelos crimes previstos no *caput* deste artigo que não tiver sido submetido à identificação do perfil genético por ocasião do ingresso no estabelecimento prisional deverá ser submetido ao procedimento durante o cumprimento da pena.

§ 5º A amostra biológica coletada só poderá ser utilizada para o único e exclusivo fim de permitir a identificação pelo perfil genético, não estando autorizadas as práticas de fenotipagem genética ou de busca familiar.

§ 6º Uma vez identificado o perfil genético, a amostra biológica recolhida nos termos do *caput* deste artigo deverá ser correta e imediatamente descartada, de maneira a impedir a sua utilização para qualquer outro fim.

§ 7º A coleta da amostra biológica e a elaboração do respectivo laudo serão realizadas por perito oficial.

§ 8º Constitui falta grave a recusa do condenado em submeter-se ao procedimento de identificação do perfil genético.

Em 12 de março de 2013, foi editado o Decreto nº 7.950, que instituiu o Banco Nacional de Perfis Genéticos e a Rede Integrada de Bancos de Perfis Genéticos, no âmbito do Ministério da Justiça, tendo aquele o objetivo de armazenar dados de perfis genéticos coletados para subsidiar ações destinadas à apuração de crimes, e esta última, vale dizer, a Rede Integrada de Bancos de Perfis Genéticos, o objetivo de permitir o compartilhamento e a comparação de perfis genéticos constantes dos bancos de perfis genéticos da União, dos estados e do Distrito Federal.

REVOGAÇÃO DO ART. 61 DA LCP (IMPORTUNAÇÃO OFENSIVA AO PUDOR) E CONTINUIDADE NORMATIVO-TÍPICA

Dizia o revogado art. 61 do Decreto-Lei nº 3.688, de 3 de outubro de 1941 (Lei das Contravenções Penais – LCP), *in verbis*:

Art. 61. Importunar alguém, em local público ou acessível ao público, de modo ofensivo ao pudor:
Pena: multa (...).

Assim, aqueles que praticaram o fato, durante a vigência do mencionado art. 61, agora revogado pela Lei nº 13.718/2018, serão beneficiados com o instituto da *abolitio criminis*, ou será possível o raciocínio correspondente à continuidade normativo-típica? Rogério Sanches Cunha assevera que:

Em virtude da inserção deste tipo penal, a Lei 13.718/18 revoga a contravenção penal do art. 61 do Decreto-Lei 3.688/41 (importunação ofensiva ao pudor). Não se pode falar, no entanto, em *abolitio criminis* relativa à contravenção, pois estamos, na verdade, diante do princípio da continuidade normativo-típica. O tipo do art. 61 da LCP é formalmente revogado, mas seu conteúdo migra para outra figura para que a importunação seja punida com nova roupagem.

Contudo, em que pese o raciocínio da impossibilidade do reconhecimento da *abolitio criminis*, não podemos deixar de frisar que, se o agente praticou o fato sob a vigência da revogada contravenção penal, então tipificada no referido art. 61 da LCP, a lei anterior deverá ser ultra-ativa, pois o novo tipo, que prevê expressamente a importunação sexual, lhe é prejudicial.

DIFERENÇA ENTRE OS DELITOS DE ATO OBSCENO E IMPORTUNAÇÃO SEXUAL

O delito de ato obsceno é um *minus* se comparado ao crime de importunação sexual, previsto no art. 215-A do CP, que diz, textualmente:

> Art. 215-A. Praticar contra alguém e sem a sua anuência ato libidinoso com o objetivo de satisfazer a própria lascívia ou a de terceiro:
> Pena – reclusão, de 1 (um) a 5 (cinco) anos, se o ato não constitui crime mais grave.

Antes da inserção do art. 215-A no diploma repressivo, levada a efeito por meio da Lei nº 13.718, de 24 de setembro de 2018, quando o suposto ato obsceno praticado pelo agente não gozava de tanta importância, costumava-se desclassificá-lo para a contravenção penal tipificada no art. 61 do Decreto-Lei nº 3.688/41, já agora revogada.

Por outro lado, fatos graves, como noticiados frequentemente pela mídia, em que homens se masturbavam em veículos coletivos e, muitas vezes, acabavam ejaculando em suas vítimas, sem mesmo que estas percebessem, eram tipificados, equivocadamente, como estupros, tendo em vista que, se fossem capitulados tanto no delito de ato obsceno (art. 233 do CP) quanto na revogada contravenção penal de importunação ofensiva ao pudor (art. 61 da LCP), a punição era demasiadamente branda para o comportamento praticado pelo agente.

Agora, suprindo essa lacuna, foi criado o delito de importunação sexual. Rogério Sanches Cunha, dissertando sobre o tema, diz, com precisão, que a conduta relativa ao delito de importunação sexual:

> Consiste em praticar (levar a efeito, fazer, realizar) ato libidinoso, isto é, ação atentatória ao pudor, praticada com propósito lascivo ou luxurioso.
> O tipo exige que o ato libidinoso seja praticado contra alguém, ou seja, pressupõe uma pessoa específica a quem deve se dirigir o ato de autossatisfação. Assim é não só porque o crime está no capítulo relativo à liberdade sexual, da qual apenas indivíduos podem ser titulares, mas também porque somente desta forma se evita confusão com o crime de ato obsceno. Com efeito, responde por importunação sexual quem, por exemplo, se masturba em frente a alguém porque aquela pessoa lhe desperta um impulso

sexual; mas responde por ato obsceno quem se masturba em uma praça pública sem visar alguém específico, apenas para ultrajar ou chocar os frequentadores do local.

ATENDIMENTO OBRIGATÓRIO E INTEGRAL A PESSOAS EM SITUAÇÃO DE VIOLÊNCIA SEXUAL

Em 1º de agosto de 2013, foi publicada a Lei nº 12.845, que dispôs sobre o atendimento obrigatório e integral de pessoas em situações de violência sexual, dizendo, em seus arts. 1º e 2º, *in verbis*:

> Art. 1º Os hospitais devem oferecer às vítimas de violência sexual atendimento emergencial, integral e multidisciplinar, visando ao controle e ao tratamento dos agravos físicos e psíquicos decorrentes de violência sexual, e encaminhamento, se for o caso, aos serviços de assistência social.
> Art. 2º Considera-se violência sexual, para os efeitos desta Lei, qualquer forma de atividade sexual não consentida.

Em data anterior à referida lei, vale dizer, em 13 de março de 2013, foi publicado o Decreto nº 7.958, estabelecendo diretrizes para o atendimento às vítimas de violência sexual pelos profissionais de segurança pública e da rede de atendimento do Sistema Único de Saúde (SUS).

O art. 2º do referido Decreto Presidencial assevera:

> Art. 2º O atendimento às vítimas de violência sexual pelos profissionais de segurança pública e da rede de atendimento do SUS observará as seguintes diretrizes:
> I – acolhimento em serviços de referência;
> II – atendimento humanizado, observados os princípios do respeito da dignidade da pessoa, da não discriminação, do sigilo e da privacidade;
> III – disponibilização de espaço de escuta qualificado e privacidade durante o atendimento, para propiciar ambiente de confiança e respeito à vítima;
> IV – informação prévia à vítima, assegurada sua compreensão sobre o que será realizado em cada etapa do atendimento e a importância das condutas médicas, multiprofissionais e policiais, respeitada sua decisão sobre a realização de qualquer procedimento;
> V – identificação e orientação às vítimas sobre a existência de serviços de referência para atendimento às vítimas de violência e de unidades do sistema de garantia de direitos;
> VI – divulgação de informações sobre a existência de serviços de referência para atendimento de vítimas de violência sexual;
> VII – disponibilização de transporte à vítima de violência sexual até os serviços de referência; e
> VIII – promoção de capacitação de profissionais de segurança pública e da rede de atendimento do SUS para atender vítimas de violência sexual de forma humanizada, garantindo a idoneidade e o rastreamento dos vestígios coletados.

INFILTRAÇÃO DE AGENTES DE POLÍCIA NA INTERNET E CRIMES SEXUAIS

A Lei nº 13.441, de 8 de maio de 2017, previu a possibilidade de infiltração de agentes de polícia na internet com o fim de investigar crimes contra a dignidade sexual de criança e adolescente, fazendo inserir a Seção V-A na Lei nº 8.069, de 13 de julho de 1990 (ECA), cujo art. 190-A, nela previsto, elenca as seguintes regras para que possa, efetivamente, ocorrer a mencionada infiltração:

> I – será precedida de autorização judicial devidamente circunstanciada e fundamentada, que estabelecerá os limites da infiltração para obtenção de prova, ouvido o Ministério Público;
> II – dar-se-á mediante requerimento do Ministério Público ou representação de delegado de polícia e conterá a demonstração de sua necessidade, o alcance das tarefas dos policiais, os nomes ou apelidos das pessoas investigadas e, quando possível, os dados de conexão ou cadastrais que permitam a identificação dessas pessoas;
> III – não poderá exceder o prazo de 90 (noventa) dias, sem prejuízo de eventuais renovações, desde que o total não exceda a 720 (setecentos e vinte) dias e seja demonstrada sua efetiva necessidade, a critério da autoridade judicial.

A Lei nº 13.964, de 24 de dezembro de 2019, modificando a Lei nº 12.850, de 2 de agosto de 2013, previu a admissão de agentes de polícia infiltrados virtuais, dizendo, em seus arts. 10-A a 10-D:

> Art. 10-A. Será admitida a ação de agentes de polícia infiltrados virtuais, obedecidos os requisitos do *caput* do art. 10, na internet, com o fim de investigar os crimes previstos nesta Lei e a eles conexos, praticados por organizações criminosas, desde que demonstrada sua necessidade e indicados o alcance das tarefas dos policiais, os nomes ou apelidos das pessoas investigadas e, quando possível, os dados de conexão ou cadastrais que permitam a identificação dessas pessoas.
> § 1º Para efeitos do disposto nesta Lei, consideram-se:
> I – dados de conexão: informações referentes a hora, data, início, término, duração, endereço de Protocolo de Internet (IP) utilizado e terminal de origem da conexão;
> II – dados cadastrais: informações referentes a nome e endereço de assinante ou de usuário registrado ou autenticado para a conexão a quem endereço de IP, identificação de usuário ou código de acesso tenha sido atribuído no momento da conexão.
> § 2º Na hipótese de representação do delegado de polícia, o juiz competente, antes de decidir, ouvirá o Ministério Público.
> § 3º Será admitida a infiltração se houver indícios de infração penal de que trata o art. 1º desta Lei e se as provas não puderem ser produzidas por outros meios disponíveis.
> § 4º A infiltração será autorizada pelo prazo de até 6 (seis) meses, sem prejuízo de eventuais renovações, mediante ordem judicial fundamentada e desde que o total não exceda a 720 (setecentos e vinte) dias e seja comprovada sua necessidade.
> § 5º Findo o prazo previsto no § 4º deste artigo, o relatório circunstanciado, juntamente com todos os atos eletrônicos praticados durante a operação, deverão ser registrados, gravados, armazenados e apresentados ao juiz competente, que imediatamente cientificará o Ministério Público.

§ 6º No curso do inquérito policial, o delegado de polícia poderá determinar aos seus agentes, e o Ministério Público e o juiz competente poderão requisitar, a qualquer tempo, relatório da atividade de infiltração.

§ 7º É nula a prova obtida sem a observância do disposto neste artigo.

Art. 10-B. As informações da operação de infiltração serão encaminhadas diretamente ao juiz responsável pela autorização da medida, que zelará por seu sigilo.

Parágrafo único. Antes da conclusão da operação, o acesso aos autos será reservado ao juiz, ao Ministério Público e ao delegado de polícia responsável pela operação, com o objetivo de garantir o sigilo das investigações.

Art. 10-C. Não comete crime o policial que oculta a sua identidade para, por meio da internet, colher indícios de autoria e materialidade dos crimes previstos no art. 1º desta Lei.

Parágrafo único. O agente policial infiltrado que deixar de observar a estrita finalidade da investigação responderá pelos excessos praticados.

Art. 10-D. Concluída a investigação, todos os atos eletrônicos praticados durante a operação deverão ser registrados, gravados, armazenados e encaminhados ao juiz e ao Ministério Público, juntamente com relatório circunstanciado.

Parágrafo único. Os atos eletrônicos registrados citados no *caput* deste artigo serão reunidos em autos apartados e apensados ao processo criminal juntamente com o inquérito policial, assegurando-se a preservação da identidade do agente policial infiltrado e a intimidade dos envolvidos.

INCITAÇÃO AO CRIME

O núcleo *incitar*, previsto no tipo do art. 286 do CP, tem o significado de estimular, instigar, induzir etc.

Tendo em vista a necessidade de que a incitação seja levada a efeito publicamente, gerando risco à paz social, poderemos descartar a infração penal em exame quando a conduta do agente vier a ocorrer em locais reservados, a exemplo da que ocorre no ambiente familiar, ou até mesmo no interior de uma pequena empresa etc.

O delito pode ser praticado por meios diversos. Assim, poderá a incitação pública ocorrer não somente por intermédio das palavras pronunciadas pelo agente como também por escritos, gestos, enfim, qualquer meio capaz de fazer que seja produzido um sentimento de medo, de insegurança, de quebra da paz pública no meio social.

Exige a lei penal que a incitação seja dirigida à prática de *crime*, razão pela qual a incitação dirigida ao cometimento de *contravenções penais* não se configura delito tipificado no art. 286 do CP.

Além de dizer respeito tão somente a crimes, estes devem ser determinados pelo agente, a exemplo daquele que incita a multidão a linchar um delinquente que fora preso em flagrante ou mesmo a quebrar as vidraças das lojas no centro da cidade. Enfim, a incitação deverá ser dirigida à prática de determinada infração penal, não se configurando o delito quando ocorrer uma incitação vaga, genérica.

Não será preciso, para fins de reconhecimento do delito de *incitação ao crime*, que as pessoas pratiquem, efetivamente, o delito para o qual foram incitadas, pois estamos diante de uma infração penal de perigo comum e concreto, embora grande parte da doutrina a entenda como sendo de perigo abstrato. Dessa forma, se o comportamento levado a efeito pelo agente, embora incitando publicamente a multidão a praticar determinado delito, for inócuo, risível, não podemos, simplesmente, presumi-lo como perigoso, pois o perigo criado à paz pública deverá ser demonstrado no caso concreto.

O delito se consuma quando o agente, incitando publicamente a prática de crime, coloca, efetivamente, em risco a paz pública, criando uma sensação de instabilidade social, de medo, de insegurança, no corpo social.

Dependendo do meio utilizado pelo agente para incitar publicamente a prática de crime, será possível ou não o reconhecimento da tentativa.

APOLOGIA DE CRIME OU CRIMINOSO

O núcleo *fazer* é utilizado pelo art. 287 do CP no sentido de realizar, levar a efeito, manifestar etc. *Fazer apologia* significa enaltecer, realizar com afinco, engrandecer, glorificar etc. Essa apologia deve ser realizada *publicamente*, bem como dizer respeito a *fato criminoso* ou a *autor de crime*. Assim, a conduta do agente deve ser dirigida, finalisticamente, a enaltecer, engrandecer, elogiar, aplaudir, em público, fato criminoso ou autor de crime.

Existe controvérsia doutrinária se o fato criminoso, constante como elemento do tipo penal em estudo, já deve ter acontecido ou se pode ser um fato apontado abstratamente, a exemplo daquele que enaltece o cometimento de um delito previsto em nosso Código Penal, mas não se referindo a um fato especificamente praticado por alguém.

Na verdade, o que a lei penal procura evitar é não somente o enaltecimento de um fato criminoso já acontecido como também qualquer apologia à prática de um delito abstratamente considerado. A defesa, o engrandecimento e a justificação da prática do delito é que colocam em risco a paz pública.

Deve-se ter cuidado, no entanto, em fazer a distinção entre a apologia ao crime e as discussões necessárias ao desenvolvimento e ao aperfeiçoamento do próprio Direito Penal, sob pena de engessarmos esse ramo do direito. Assim, discussões acadêmicas sobre a necessidade de revogação de tipos penais, inclusive com justificativas e enaltecimentos de sua prática, como acontece com o delito de aborto, não podem se configurar o delito *sub examen*.

O delito é consumado quando o agente, levando a efeito a apologia de crime ou criminoso, coloca, efetivamente, em risco a paz pública, criando uma sensação de instabilidade social, de medo, de insegurança, no corpo social.

Dependendo do meio utilizado pelo agente para fazer a apologia de crime ou criminoso, será possível ou não o reconhecimento da tentativa.

USO DE CAMISETAS QUE ENALTECEM O CONSUMO DE DROGAS OU FACÇÕES CRIMINOSAS

O uso de camisetas que enaltecem o consumo de drogas tem sido muito frequente. São estampas que mostram, por exemplo, uma folha de *cannabis sativa*, ou mesmo de alguém fumando maconha, enfim, qualquer pessoa que tenha um mínimo de conhecimento sobre o assunto saberá do que se trata a camiseta.

Nesse caso, a pessoa que estiver usando esse tipo de camiseta, com estampas que enaltecem ou estimulam o consumo de drogas, poderia ser responsabilizada penalmente pelo delito de apologia de crime ou criminoso? Entendemos que sim, desde que a sua utilização ocorra em lugares públicos, como requer o tipo do art. 287 do CP.

Da mesma forma, o uso das camisetas que fazem apologia a facções criminosas, a exemplo do Comando Vermelho, Terceiro Comando etc., também se amolda ao tipo penal em estudo, podendo fazer que as pessoas que praticam esse comportamento sejam presas em flagrante delito.

MÚSICAS QUE ENALTECEM O CRIME ORGANIZADO OU CHEFES DO TRÁFICO

Situação frequente é aquela que ocorre nos chamados bailes *funk*, onde as letras das músicas enaltacem facções criminosas, a exemplo do Comando Vermelho, do Primeiro Comando etc., bem como a figura de criminosos.

As músicas, cantadas em público, são um meio para a prática do delito tipificado no art. 287 do CP, podendo seus autores ser presos em flagrante delito por essa infração penal.

ASSOCIAÇÃO CRIMINOSA

O núcleo *associar* diz respeito a uma reunião não eventual de pessoas, com caráter relativamente duradouro, ou, conforme preconiza Hungria: "*Associar-se* quer dizer reunir-se, aliar-se ou congregar-se *estável* ou *permanentemente*, para a consecução de um fim comum"[58].

Para efeito de configuração do delito de associação criminosa, o art. 288 do CP exige um número mínimo de três pessoas, ao contrário do que ocorria em sua antiga redação, quando previa um número mínimo de quatro pessoas para a formação da quadrilha ou bando.

De acordo com a nova redação legal, portanto, haverá o delito de associação criminosa quando três ou mais pessoas se associarem com o fim específico de cometer crimes.

Tratando-se de um crime formal, o delito de associação criminosa se configura quando ocorre a adesão do terceiro sujeito ao grupo criminoso, que terá por

---

[58] HUNGRIA, Nélson. *Comentários ao Código Penal*, v. IX, p. 177-178.

finalidade específica a prática de um número indeterminado de crimes. Não há necessidade, para efeito de configuração do delito, que seja praticado um único delito sequer, em virtude do qual a associação criminosa foi formada. Se houver a prática dos crimes, em razão dos quais a associação criminosa foi constituída, haverá concurso material entre eles.

INIMPUTÁVEIS COMO INTEGRANTES DA ASSOCIAÇÃO CRIMINOSA

Para efeito de reconhecimento do delito de associação criminosa, no que diz respeito ao número mínimo de integrantes necessário à sua configuração, basta tão somente que um deles seja imputável, podendo os demais ser considerados inimputáveis.

AGENTES NÃO IDENTIFICADOS NA ASSOCIAÇÃO CRIMINOSA

São computados para efeito de reconhecimento da associação criminosa, desde que se tenha a certeza necessária de que compunham o grupo criminoso.

ABANDONO POR UM INTEGRANTE DA ASSOCIAÇÃO CRIMINOSA DEPOIS DE FORMADA

Não se aplica o raciocínio correspondente à desistência voluntária, haja vista a consumação anterior do delito, mesmo sem a prática de qualquer crime pelo grupo.

PRÁTICA DE DELITO PELA ASSOCIAÇÃO CRIMINOSA, SEM O CONHECIMENTO DE UM DE SEUS INTEGRANTES

Para que algum dos integrantes do grupo criminoso responda pelo delito praticado pela associação criminosa, faz-se mister que essa infração penal tenha ingressado na sua esfera de conhecimento, pois, caso contrário, será aplicada a chamada responsabilidade penal objetiva.

INDIVIDUALIZAÇÃO DA FUNÇÃO DE CADA INTEGRANTE DO GRUPO

> 1. A orientação desta Corte Superior no sentido da desnecessidade de individualização extremamente detalhada da conduta de cada acusado nos crimes praticados em coautoria não afasta, em nenhuma hipótese, o dever atribuído ao Órgão acusatório de oferecer denúncia com a descrição suficiente da atuação dos agentes na prática dos delitos, de forma a viabilizar o exercício do contraditório e da ampla defesa. Precedente.
> 2. Hipótese em que o Ministério Público acusa três pessoas de associação criminosa e de estelionato, sem, porém, ao longo da denúncia, discorrer sobre a atuação de um deles. Na peça acusatória, verifica-se a individualização das condutas de apenas dois dos denunciados, em momento nenhum atribuindo qualquer função ao ora agravado.[59]

---

[59] STJ, AgRg no RHC 167.350/PB, Rel. Min. Ribeiro Dantas, 5ª T., j. 12/12/2022.

Não pode ser acoimada de inepta a denúncia formulada em obediência aos requisitos traçados no art. 41 do CPP, descrevendo, perfeitamente, as condutas típicas, cuja autoria é atribuída ao paciente, devidamente qualificado, circunstâncias que permitem o exercício da ampla defesa. Nos chamados crimes de autoria coletiva, embora a vestibular acusatória não possa ser de todo genérica, é válida quando, apesar de não descrever minuciosamente as atuações individuais dos acusados, demonstra um liame entre o agir do denunciado e a suposta prática delituosa, estabelecendo a plausibilidade da imputação e possibilitando o exercício da ampla defesa, preenchendo os requisitos do art. 41 do CPP. Precedentes.[60]

FINALIDADE DE PRATICAR CONTRAVENÇÕES PENAIS

O art. 288 do CP é claro no sentido de exigir que a associação criminosa tenha por finalidade específica a prática de *crimes,* restando afastadas, portanto, as contravenções penais.

ASSOCIAÇÃO PARA O TRÁFICO ILÍCITO DE DROGAS

O art. 35 da Lei nº 11.343, de 23 de agosto de 2006, dispõe sobre a associação para o tráfico ilícito de drogas.

Renato Marcão, com autoridade, sob a vigência da revogada Lei nº 6.368/76, já afirmava pela necessidade de estabilidade da mencionada *associação* dizendo que era preciso "identificar certa permanência na *societas criminis*, que não se confunde com mera coautoria"[61].

No mesmo sentido, o Superior Tribunal de Justiça:

> A jurisprudência desta Corte entende ser necessária a demonstração da estabilidade e permanência da associação para a condenação pelo crime do art. 35 da Lei nº 11.343/2006 (...).[62]

O Superior Tribunal de Justiça, em sua compilação de jurisprudências sobre a Lei de Drogas, trouxe o seguinte entendimento na *Jurisprudência em Tese* nº 28:

> 28) O crime de associação para o tráfico de entorpecentes (art. 35 da Lei nº 11.343/2006) não figura no rol taxativo de crimes hediondos ou de delitos a eles equiparados.

ORGANIZAÇÃO CRIMINOSA

Até o advento da Lei nº 12.694, de 24 de julho de 2012, não tínhamos um conceito legal de organização criminosa. Por essa razão, a doutrina criticava essa ausência normativa, indispensável à segurança jurídica, conforme as precisas lições de Gamil Föppel El Hireche:

---

[60] STJ, HC 205.575/PB, Rel. Min. Jorge Mussi, 5ª T., *DJe* 06/06/2013.
[61] MARCÃO, Renato. *Tóxicos*, p. 201.
[62] AgRg no HC 581.479/SC, Rel. Min. Nefi Cordeiro, 6ª T., j. 15/09/2020, *DJe* 23/09/2020.

Não existe, definitivamente, no plano ôntico, "crime organizado", mas, caso o legislador pretenda tratar da matéria, precisa conceituá-la, sob pena de se violar o princípio da legalidade;

O "crime organizado" não poderia, assim, ficar sujeito a um tipo vago, impreciso, como elemento normativo do tipo;

Não há um conceito único que reúna em si todas as pretensas manifestações da "criminalidade organizada";

Ao pretender tratar da criminalidade organizada, o legislador ordinário valeu-se de três expressões: bando ou quadrilha, associação e organização criminosa, sendo que as duas primeiras estão definidas em lei, a terceira, não;

Na verdade, existiriam, para quem sustenta haver o fenômeno, três espécies no gênero "criminalidade organizada", quais sejam: bando ou quadrilha, associação criminosa e organização criminosa.[63]

Hoje, tal discussão perdeu o sentido, uma vez que a Lei nº 12.694, de 24 de julho de 2012, inicialmente, definiu o conceito de organização criminosa, dizendo, em seu art. 2º, *in verbis*:

> Art. 2º Para os efeitos desta Lei, considera-se organização criminosa a associação, de 3 (três) ou mais pessoas, estruturalmente ordenada e caracterizada pela divisão de tarefas, ainda que informalmente, com objetivo de obter, direta ou indiretamente, vantagem de qualquer natureza, mediante a prática de crimes cuja pena máxima seja igual ou superior a 4 (quatro) anos ou que sejam de caráter transnacional.

Conforme previsto no art. 1º da referida lei, em processos ou procedimentos que tenham por objeto crimes praticados por organizações criminosas, o juiz poderá decidir pela formação de colegiado, que será composto, de acordo com o § 2º do mesmo artigo, do juiz do processo mais 2 (dois) outros juízes escolhidos por sorteio eletrônico, entre aqueles de competência criminal em exercício no primeiro grau de jurisdição, para a prática de qualquer ato processual, especialmente:

I – decretação de prisão ou de medidas assecuratórias;
II – concessão de liberdade provisória ou revogação de prisão;
III – sentença;
IV – progressão ou regressão de regime de cumprimento de pena;
V – concessão de liberdade condicional;
VI – transferência de preso para estabelecimento prisional de segurança máxima; e
VII – inclusão do preso no regime disciplinar diferenciado.

A competência do colegiado limita-se ao ato para o qual foi convocado, e as reuniões poderão ser sigilosas sempre que houver risco de que a publicidade resulte em prejuízo à eficácia da decisão judicial. Suas decisões devem ser devida-

---

[63] EL HIRECHE, Gamil Föppel. *Análise criminológica das organizações criminosas*, p. 147.

mente fundamentadas e firmadas, sem exceção, por todos os seus integrantes, e serão publicadas sem qualquer referência a voto divergente de qualquer membro, de acordo com o disposto nos §§ 3º, 4º e 6º do art. 1º da Lei nº 12.694/2012.

Embora houvesse, a partir da referida Lei nº 12.694/2012, um conceito sobre organização criminosa, ainda não havia sido criado um tipo penal incriminador que acolhesse essa definição. Em 2 de agosto de 2013, foi publicada a Lei nº 12.850, definindo, mais uma vez, e com algumas diferenças do conceito anterior, a organização criminosa, dizendo, no § 1º do seu art. 1º:

> § 1º Considera-se organização criminosa a associação de 4 (quatro) ou mais pessoas estruturalmente ordenada e caracterizada pela divisão de tarefas, ainda que informalmente, com objetivo de obter, direta ou indiretamente, vantagem de qualquer natureza, mediante a prática de infrações penais cujas penas máximas sejam superiores a 4 (quatro) anos, ou que sejam de caráter transnacional.

A nova definição diferiu, em alguns aspectos, daquela trazida, inicialmente, pela Lei nº 12.694/2012. Como se percebe, por meio da comparação dos textos legais:

- o novo diploma passou a exigir um mínimo de *quatro* pessoas para efeitos de configuração da organização criminosa, enquanto a lei anterior exigia um mínimo de *três*;
- a conceituação anterior era específica para os efeitos contidos na Lei nº 12.694/2012, enquanto a Lei nº 12.850/2013 criou um conceito genérico de organização criminosa;
- a Lei nº 12.694/2012, para efeito de reconhecimento da organização criminosa, exigia a prática de *crimes* cuja pena máxima fosse igual ou superior a 4 (quatro) anos ou que fossem de caráter transnacional, enquanto a Lei nº 12.850/2013 faz menção a infrações penais, ou seja, crimes ou contravenções penais, cujas penas máximas sejam *superiores* a 4 (quatro) anos, ou que sejam de caráter transnacional;
- a Lei nº 12.850/2013 não somente definiu, mais uma vez, o conceito de organização criminosa como também criou uma figura típica específica, dizendo:

> Art. 2º Promover, constituir, financiar ou integrar, pessoalmente ou por interposta pessoa, organização criminosa:
> Pena – reclusão, de 3 (três) a 8 (oito) anos, e multa, sem prejuízo das penas correspondentes às demais infrações penais praticadas.
> § 1º Nas mesmas penas incorre quem impede ou, de qualquer forma, embaraça a investigação de infração penal que envolva organização criminosa.
> § 2º As penas aumentam-se até a metade se na atuação da organização criminosa houver emprego de arma de fogo.
> § 3º A pena é agravada para quem exerce o comando, individual ou coletivo, da organização criminosa, ainda que não pratique pessoalmente atos de execução.

§ 4º A pena é aumentada de 1/6 (um sexto) a 2/3 (dois terços):

I – se há participação de criança ou adolescente;

II – se há concurso de funcionário público, valendo-se a organização criminosa dessa condição para a prática de infração penal;

III – se o produto ou proveito da infração penal destinar-se, no todo ou em parte, ao exterior;

IV – se a organização criminosa mantém conexão com outras organizações criminosas independentes;

V – se as circunstâncias do fato evidenciarem a transnacionalidade da organização.

Com o advento da Lei nº 12.850/2013, criando um conceito de organização criminosa, surgiram duas correntes doutrinárias. A primeira delas defende a tese de que ambos os conceitos coexistem.

Conforme asseveram Rogério Sanches Cunha e Ronaldo Batista Pinto,[64] cada qual com suas especificidades, o conceito anterior, trazido pela Lei nº 12.694, de 24 de julho de 2012, seria aplicado somente para os efeitos por ela previstos, consoante o disposto na parte inicial de seu art. 2º. Por sua vez, a segunda corrente, com a qual nos filiamos, entende que o conceito anterior foi derrogado por aquele trazido pelo § 1º do art. 1º da Lei nº 12.850/2013. Nesse sentido, trazemos à colação as lições de Guilherme de Souza Nucci, que aduz:

> A novel previsão, exigindo quatro pessoas para configurar a organização criminosa, provoca a derrogação do art. 2º da Lei 12.694/2012 – que menciona três ou mais pessoas – pois não há sentido algum para se ter, no ordenamento nacional, dois conceitos simultâneos e igualmente aplicáveis do mesmo instituto. Logo, para se invocar o colegiado, independentemente da expressão "para os efeitos desta lei", deve-se estar diante de autêntica organização criminosa, hoje com quatro pessoas no mínimo. Do mesmo modo, afasta-se do art. 2º da Lei 12.694/2012 a previsão de crimes cuja pena máxima seja igual a quatro anos. Somente penas superiores a quatro ou delitos transnacionais envolvem organização criminosa.[65]

Infelizmente, mais uma vez, o legislador nos fez a "gentileza" de criar mais essa controvérsia. Deveria, no entanto, ter observado o disposto no art. 9º da Lei Complementar nº 95, de 26 de fevereiro de 1998, que determina que a cláusula de revogação deverá enumerar, expressamente, as leis ou disposições legais revogadas. Assim, da mesma forma que revogou, expressamente, a Lei nº 9.034/95, deveria ter procedido com o art. 2º da Lei nº 12.694/2012.

In casu, deverá ser aplicado o § 1º do art. 2º da Lei de Introdução às Normas do Direito Brasileiro (Decreto-Lei nº 4.657, de 4 de setembro de 1942, que diz, *in verbis*:

---

[64] CUNHA, Rogério Sanches; PINTO, Ronaldo Batista. *Crime organizado*: comentários à nova lei sobre o crime organizado – Lei nº 12.850/2013, p. 15.

[65] NUCCI, Guilherme de Souza. *Organização Criminosa*: comentários à Lei 12.850, de 02 de agosto de 2013, p. 22.

§ 1º A lei posterior revoga a anterior quando expressamente o declare, quando seja com ela incompatível ou quando regule inteiramente a matéria de que tratava a lei anterior.

Ora, a lei posterior (Lei nº 12.850/2013) trouxe um novo conceito de organização criminosa, regulando, nesse aspecto, inteiramente a matéria de que tratava a lei anterior (Lei nº 12.694/2012). Assim, devemos entender que somente existe um único conceito de organização criminosa, vale dizer, aquele trazido pela Lei nº 12.850/2013, que deverá ser aplicado às situações previstas pela Lei nº 12.694/2012.

A Lei nº 13.964/2019, modificando a Lei nº 8.072/90, previu, no inciso V do parágrafo único do seu art. 1º, *in verbis*:

> Parágrafo único. Consideram-se também hediondos, tentados ou consumados:
> (...)
> V – o crime de organização criminosa, quando direcionado à prática de crime hediondo ou equiparado.

CONSTITUIÇÃO DE MILÍCIA PRIVADA

A Lei nº 12.720, de 27 de setembro de 2012, inseriu o art. 288-A ao Código Penal, criando o delito de *constituição de milícia privada*, atendendo, assim, ao disposto no item 1º da Resolução nº 44/162, editada pela Assembleia Geral das Nações Unidas, em 1989, que preceitua:

> Os governos proibirão por lei todas as execuções extralegais, arbitrárias ou sumárias, e zelarão para que todas essas execuções se tipifiquem como delitos em seu direito penal, e sejam sancionáveis como penas adequadas que levem em conta a gravidade de tais delitos. Não poderão ser invocadas, para justificar essas execuções, circunstâncias excepcionais, como por exemplo, o estado de guerra ou o risco de guerra, a instabilidade política interna, nem nenhuma outra emergência pública. Essas execuções não se efetuarão em nenhuma circunstância, nem sequer em situações de conflito interno armado, abuso ou uso ilegal da força por parte de um funcionário público ou de outra pessoa que atue em caráter oficial ou de uma pessoa que promova a investigação, ou com o consentimento ou aquiescência daquela, nem tampouco em situações nas quais a morte ocorra na prisão. Esta proibição prevalecerá sobre os decretos promulgados pela autoridade executiva.

Com a criação do tipo penal em estudo, independentemente da punição que couber em virtude dos crimes praticados pelo grupo criminoso, a exemplo do que ocorre com o delito de homicídio, lesões corporais, extorsões, ameaças etc., também será punido com uma pena de reclusão, de 4 (quatro) a 8 (oito) anos, aquele que, de acordo com o art. 288-A do diploma repressivo, vier a constituir, organizar, integrar, manter ou custear organização paramilitar, milícia particular, grupo ou esquadrão com a finalidade de praticar qualquer dos crimes previstos no Código Penal.

O núcleo *constituir* tem o sentido de criar, trazer à existência, formar a essência; *organizar* significa colocar em ordem, preparar para o funcionamento, estabelecer as bases; *integrar* diz respeito a fazer parte integrante, juntar-se, reunir-se ao grupo; *manter* tem o sentido de sustentar; *custear* tem o significado de financiar, arcar com os custos.

As condutas elencadas pelo tipo penal devem ter a finalidade de constituir, organizar, manter ou custear organização paramilitar, milícia particular, grupo ou esquadrão, com o objetivo de praticar qualquer dos crimes previstos no Código Penal.

Paramilitares são associações ou grupos não oficiais, cujos membros atuam ilegalmente, com o emprego de armas, com estrutura semelhante à militar. Atuam ilegal e paralelamente às forças policiais e/ou militares. Essas forças paramilitares utilizam as técnicas e táticas policiais oficiais por elas conhecidas, a fim de executarem seus objetivos anteriormente planejados. Não é raro ocorrer – e, na verdade, acontece com frequência – que pessoas pertencentes a grupos paramilitares também façam parte das forças militares oficiais do Estado, a exemplo de policiais militares, bombeiros, policiais civis e federais.

Preconiza o inciso XVII do art. 5º da CF:

> XVII – é plena a liberdade de associação para fins lícitos, vedada a de caráter paramilitar; (...).

O art. 288-A do CP menciona, ainda, as condutas de constituir, organizar, integrar, manter ou custear *milícia particular*. Definir, com precisão, o conceito de milícia, não é tarefa fácil. Historicamente, voltando à época do Império, os portugueses entendiam como "milícia" as chamadas tropas de segunda linha, que exerciam uma reserva auxiliar ao Exército, considerado de primeira linha. Como a polícia militar, durante muito tempo, foi considerada uma reserva do Exército, passou, em virtude disso, a ser considerada milícia.

No meio forense, não era incomum atribuir-se a denominação "milícia" quando se queria fazer referência à Polícia Militar. Assim, por exemplo, na peça inicial de acusação ou da lavratura do auto de prisão em flagrante, ou mesmo em qualquer manifestação escrita nos autos, era comum referir-se aos policiais militares, que efetuavam a prisão, como "milicianos".

Infelizmente, nos dias de hoje, já não se pode mais utilizar essa denominação sem que, com ela, venha uma forte carga pejorativa. Existe, na verdade, uma dificuldade na tradução do termo "milícia". Essa dificuldade foi externada, inclusive, no Relatório Final da Comissão Parlamentar de Inquérito (Resolução nº 433/2008) da Assembleia Legislativa do Estado do Rio de Janeiro, destinada a investigar a ação dessas novas "milícias" no âmbito daquele Estado.

Tal dificuldade de conceituação pode ser vislumbrada já no início do referido relatório (página 34), quando diz:

> Desde que grupos de agentes do Estado, utilizando-se de métodos violentos passaram a dominar comunidades inteiras nas regiões mais carentes do município do Rio,

exercendo à margem da Lei o papel de polícia e juiz, o conceito de milícia consagrado nos dicionários foi superado. A expressão milícias se incorporou ao vocabulário da segurança pública no Estado do Rio e começou a ser usada frequentemente por órgãos de imprensa quando as mesmas tiveram vertiginoso aumento, a partir de 2004. Ficou ainda mais consolidado após os atentados ocorridos no final de dezembro de 2006, tidos como uma ação de represália de facções de narcotraficantes à propagação de milícias na cidade.

Embora de difícil tradução, mas, para efeitos de reconhecimento do tipo previsto pelo art. 288-A do CP, podemos, inicialmente, subdividir as milícias em públicas, isto é, pertencentes, oficialmente, ao Poder Público, e *privadas,* vale dizer, criadas às margens do aludido Poder.

Dessa forma, as milícias podem ser consideradas, ainda, militares ou paramilitares. *Militares* são as forças policiais pertencentes à Administração Pública, que envolvem não somente as Forças Armadas (Exército, Marinha e Aeronáutica) como também as forças policiais (polícia militar) que tenham uma função específica, determinada legalmente pelas autoridades competentes. Já *paramilitares* são as referidas anteriormente.

As milícias privadas, consideradas criminosas, ou seja, que se encontram à margem da lei, eram, inicialmente, formadas por policiais, ex-policiais e civis (entendidos aqui aqueles que nunca fizeram parte de qualquer força policial).

Suas atividades, no começo, cingiam-se à proteção de comerciantes e moradores de determinada região da cidade. Para tanto, cobravam pequenos valores individuais, que serviam como remuneração aos serviços de segurança por elas prestados. Como as milícias eram armadas, havia, em algumas comunidades, o confronto com traficantes, que eram expulsos dos locais ocupados, assim como com pequenos criminosos (normalmente, pessoas que costumavam praticar crimes contra o patrimônio), que eram, igualmente, expulsos daquela região ou mortos pelos milicianos.

A diferença fundamental, naquela oportunidade, entre a milícia privada e as forças policiais do Estado era que os milicianos não somente expulsavam os traficantes de drogas, por exemplo, mas também se mantinham no local, ocupando os espaços por eles anteriormente dominados, ao contrário do que ocorria com as forças policiais, que dali saíam após algum confronto com criminosos da região, permitindo que a situação voltasse ao *statu quo,* ou seja, que retornasse ao domínio do grupo criminoso que ali imperava. Atualmente, com a implementação das Unidades de Polícia Pacificadora (UPPs), como vem acontecendo na cidade do Rio de Janeiro, a polícia vem ocupando os espaços que antes ficavam sob a custódia ilegal dos traficantes de drogas, que as mantinham sob o regime de terror.

Essa situação original da milícia privada a identificava como um grupo organizado, não formalizado, ou seja, sem a regular constituição de empresa, voltado para a prestação de serviço de segurança em determinada região. Quando havia empresa constituída, esta era puramente de fachada, isto é, utilizada para dar uma aparência de legalidade aos serviços de segurança prestados, que, na verdade, eram impostos, mediante violência ou ameaça, à população.

Nesses locais, também ocorria o chamado "bico" por parte dos integrantes das forças policiais. O "bico" diz respeito à atividade remunerada do policial, quando deixa seu turno de serviço, que é proibido em grande parte dos Estados da Federação, e tolerado em outros, permitindo que o policial consiga auferir um ganho além do seu soldo ou dos seus vencimentos, auxiliando nas suas despesas pessoais.

Normalmente, as milícias exercem uma vigilância da comunidade por meio de pessoas armadas, que se revezam em turnos, impedindo, assim, a ação de outros grupos criminosos.

Com o passar do tempo, os membros integrantes das milícias despertaram para o fato de que, além do serviço de segurança, podiam auferir lucros com outros serviços por eles monopolizados, como aconteceu com os transportes realizados pelas *vans* e motocicletas, com o fornecimento de gás, TV a cabo (vulgarmente conhecido como "gatonet"), internet (ou "gato velox", como é conhecida) etc.

Passaram, outrossim, a exigir que os moradores de determinada região somente adquirissem seus produtos e serviços, mediante a imposição do regime de terror. A violência, inicialmente voltada contra os traficantes e outros criminosos, passou a ser dirigida também contra a população em geral, que se via compelida a aceitar o comando das milícias e suas determinações. Para elas, não havia concorrência, ou seja, ninguém, além dos integrantes da milícia, podia explorar os serviços ou mesmo o comércio de bens por eles monopolizado. Em caso de desobediência, eram julgados e imediatamente executados, sofrendo em seus corpos a punição determinada pela milícia (normalmente, lesões corporais ou mesmo a morte).

Nesse sentido, são lúcidas as conclusões de Paulo Rangel, quando afirma que: "Os moradores que não se submetem ao jugo miliciano, se negando a pagar, são ameaçados, torturados e mortos, quando menos expulsos da favela e suas casas 'desapropriadas'"[66].

Podemos tomar como parâmetro, para efeitos de definição de milícia privada, as lições do sociólogo Ignácio Cano, citado no Relatório Final da Comissão Parlamentar de Inquérito da Assembleia Legislativa do Estado do Rio de Janeiro (página 36), quando aponta as seguintes características que lhe são peculiares:

> 1. controle de um território e da população que nele habita por parte de um grupo armado irregular;
> 2. o caráter coativo desse controle;
> 3. o ânimo de lucro individual como motivação central;
> 4. um discurso de legitimação referido à proteção dos moradores e à instauração de uma ordem;
> 5. a participação ativa e reconhecida dos agentes do Estado.

---

[66] RANGEL, Paulo. *Reflexões teóricas sobre o processo penal e a violência urbana*: uma abordagem crítica construtiva à luz da Constituição, p. 152.

O art. 288-A do CP também fez referência às condutas de constituir, organizar, integrar, manter ou custear *grupo*. Devemos nos perguntar: que espécie de grupo é esse, abrangido pela redação do mencionado artigo? Para entendermos a que grupo se refere o tipo penal, distinguindo-o dos demais, devemos levar a efeito uma interpretação teleológica na Lei nº 12.720/2012, que dispõe sobre o crime de *extermínio de seres humanos*, razão pela qual altera o Código Penal.

Esse grupo, portanto, apontado pelo tipo penal, só pode ser aquele ligado ao extermínio de pessoas, ou seja, um grupo, geralmente, de "justiceiros", que procura eliminar aqueles que, segundo seus conceitos, por algum motivo, merecem morrer. Seus integrantes podem ser contratados para a empreitada de morte, ou podem cometer, gratuitamente, os crimes de homicídio de acordo com a "filosofia" do grupo criminoso, que escolhe suas vítimas para que seja realizada uma "limpeza".

Não podemos confundir, contudo, a expressão "extermínio de pessoas", utilizada pela Lei nº 12.720/2012, com o delito de genocídio, previsto pela Lei nº 2.889/56, uma vez que, de acordo com o *caput* do art. 1º deste último diploma legal, pratica o delito aquele que atua com a intenção de destruir, no todo ou em parte, grupo nacional, étnico, racial ou religioso, havendo previsão no art. 2º da referida lei para a associação criminosa, quando diz, textualmente:

> Art. 2º Associarem-se mais de 3 (três) pessoas para a prática dos crimes mencionados no artigo anterior:
> Pena: Metade da cominada aos crimes ali previstos.

Conforme esclarecimentos do Deputado Federal Nilmário Miranda, Presidente da Comissão de Direitos Humanos da Câmara Federal:

> A ação dos grupos de extermínio consiste numa das principais fontes de violação dos direitos humanos e de ameaça ao Estado de direito no país. Essas quadrilhas agem normalmente nas periferias dos grandes centros urbanos e têm seus correspondentes nos jagunços do interior. Usam estratégia de ocultar os corpos de suas vítimas para se furtar à ação da justiça, sendo que os mais ousados chegam a exibir publicamente sua crueldade. Surgem como decorrência da perda de credibilidade nas instituições da justiça e de segurança pública e da certeza da impunidade, resultante da incapacidade de organismos competentes em resolver o problema. Os embriões dos grupos de extermínio nascem quando comerciantes e outros empresários recrutam matadores de aluguel, frequentemente policiais militares e civis, para o que chamam "limpar" o "seu bairro" ou "sua cidade".[67]

O conceito, no entanto, ainda não se encontra completamente esclarecido.

A lei previu, ainda, as condutas de constituir, organizar, integrar, manter ou custear *esquadrão*. O raciocínio, aqui, é o mesmo que fizemos para efeitos de

---

[67] MIRANDA, Nilmário. A ação dos grupos de extermínio no Brasil. *Dhnet*. Disponível em: <http://www.dhnet.org.br/direitos/militantes/nilmario/nilmario_dossieexterminio.html>. Acesso em: 07/04/2023.

identificação do termo "grupo". Embora o termo "esquadrão" diga respeito, normalmente, a uma pequena unidade militar ou força especial, como acontece com o esquadrão antibombas, antissequestro etc., também é utilizado pelas Forças Armadas em suas unidades aéreas, terrestres ou navais.

Entretanto, entendemos que não é a essa modalidade de esquadrão oficial que se refere o tipo do art. 288-A do CP, mas, sim, àquela de natureza clandestina, marginal, ou seja, que fica às margens da lei, com a finalidade precípua de exterminar pessoas. São conhecidos, na verdade, como esquadrão da morte justamente por essa sua característica, a exemplo da Scuderie Detetive Le Cocq ou Esquadrão Le Cocq, que foi uma organização extraoficial criada em 1965, por policiais do Rio de Janeiro, com a finalidade de vingar a morte de um detetive, Milton Le Cocq. Cara de Cavalo, o bandido que matou Le Cocq, foi morto com mais de cem disparos e seu corpo coberto com o cartaz de uma caveira. A Scuderie Detetive Le Cocq atuou nas décadas de 1960, 1970, 1980 e começo da década de 1990. Além do Rio de Janeiro, outros Estados a organizaram, a exemplo de Minas Gerais e Espírito Santo.

Importante frisar que o esquadrão Le Cocq não era formado somente por policiais mas também tinha por "sócios" políticos, membros do Poder Judiciário e do Ministério Público, advogados que se autointitulavam "irmãozinhos", profissionais liberais, médicos etc.

Em Minas Gerais, na década de 1990, outro esquadrão da morte, conhecido como "Esquadrão do Torniquete", trouxe terror à cidade de Belo Horizonte, matando suas vítimas sempre por estrangulamento, com a utilização de um torniquete. Embora tenha sido atribuída ao esquadrão a morte de 37 pessoas, apenas quatro integrantes do grupo foram identificados e condenados, mas somente por cinco delitos de homicídio.

Esquadrões da morte podem incluir uma força policial secreta, grupo paramilitar ou unidades oficiais do governo, com membros oriundos dos militares ou da polícia. Eles podem, inclusive, ser reconhecidos como "justiceiros", uma vez que praticam execuções extrajudiciais dos "marginais" por eles escolhidos, como parte integrante de um projeto de "limpeza social".

Determina a parte final do art. 288-A do estatuto repressivo que as condutas de constituir, organizar, integrar, manter ou custear organização paramilitar, milícia particular, grupo ou esquadrão tenham por finalidade a prática de quaisquer dos crimes previstos no Código Penal.

Essa finalidade tem de ser analisada com reservas. Isso porque a forma como está redigido o artigo nos leva a acreditar que qualquer infração penal poderia ser objeto do delito em estudo, quando, na verdade, não podemos chegar a essa conclusão. Assim, por exemplo, não seria razoável imputar a uma organização paramilitar a prática do delito tipificado no art. 288-A quando a finalidade do grupo era praticar, reiteradamente, crimes contra a honra. Para essas infrações penais, se praticadas em *associação criminosa*, já temos o delito previsto no art.

288 do mesmo diploma repressivo, com a redação que lhe foi conferida pela Lei nº 12.850/2013.

Desse modo, de acordo com nossa posição, embora a parte final do art. 288-A diga que haverá crime de *constituição de milícia particular* quando o agente constituir, organizar, integrar, manter ou custear organização paramilitar, milícia particular, grupo ou esquadrão com a finalidade de praticar qualquer dos crimes previstos no Código Penal; temos de limitar esses crimes àqueles que dizem respeito às atividades normalmente praticadas pelas milícias (*nomen juris* genérico dado aos comportamentos tipificados no art. 288-A do CP), a exemplo do crime de homicídio, lesão corporal, extorsão, sequestros, ameaças etc.

Por outro lado, visto que o tipo penal em estudo limitou o reconhecimento da infração penal à constituição de milícia privada para a prática dos crimes previstos no Código Penal, em virtude do necessário respeito ao princípio da legalidade, caso essa formação criminosa tenha sido levada a efeito, por exemplo, para a prática de crimes previstos na legislação penal especial, como ocorre com o crime de tortura (Lei nº 9.455/97), tais fatos não poderão ser reconhecidos como hipóteses do delito de *constituição de milícia particular*. Caso contrário, haveria ofensa frontal ao referido princípio da legalidade, que exige, por meio de conceito de tipicidade formal, que o comportamento praticado se subsuma, perfeitamente, àquele previsto no tipo penal.

DIFERENÇA ENTRE ASSOCIAÇÃO CRIMINOSA E CONSTITUIÇÃO DE MILÍCIA PRIVADA

Qual a diferença entre os delitos de associação criminosa, tipificada no art. 288 do CP, e constituição de milícia privada, prevista no art. 288-A do mesmo diploma repressivo?

Mais uma vez, o legislador nos fez a "gentileza" de editar um tipo penal sem que, para tanto, nos fornecesse dados seguros à sua configuração. No entanto, para que possamos levar a efeito a distinção entre os crimes previstos nos arts. 288 e 288-A do CP, temos de buscar a natureza de cada formação criminosa, pois ambas, como se percebe pela redação de seus textos legais, são criadas com a finalidade de praticar crimes.

Aqui, já vale uma primeira ressalva. O art. 288-A, ao contrário do que ocorre com o art. 288, ambos do mesmo estatuto repressivo, prevê que a milícia privada tem a finalidade de praticar os crimes previstos no Código Penal, ou seja, limitou o reconhecimento da infração penal apenas aos crimes nele previstos. Contrariamente, o art. 288 não tem essa limitação, bastando, contudo, que estejamos diante de um crime, previsto ou não no Código Penal, ficando afastadas somente as contravenções penais.

Dessa forma, se um esquadrão se reúne com a finalidade de praticar torturas, como esse delito não se encontra no Código Penal, mas, sim, na legislação penal extravagante (Lei nº 9.455/97), não seria possível o reconhecimento do delito tipificado no art. 288-A, mas tão somente o do art. 288, ambos do Código Penal.

A pena para o delito de constituição de milícia privada é bem superior àquela prevista para o crime de associação criminosa. Entretanto, ao contrário do que ocorre com o parágrafo único do art. 288 do CP, não houve previsão para qualquer causa de aumento de pena na hipótese de utilização de armas pela milícia privada, o que é comum. Na verdade, se houvesse essa previsão, dificilmente não seria aplicada, uma vez que é da própria natureza da milícia privada a utilização de armas, como imposição do seu regime de terror. Assim, acreditamos que não se cuida de uma omissão legislativa, mas de uma opção do legislador em já aplicar uma pena superior àquela prevista pelo art. 288 do CP, já entendendo, de antemão, que a milícia se configura pela reunião de pessoas armadas.

Por outro lado, o fato de não prever o emprego de arma como causa de aumento de pena permitirá a aplicação do raciocínio correspondente ao concurso de crimes, ou seja, haverá concurso entre o delito de constituição de milícia privada, com o porte ilegal de armas, se houver.

Enfim, após essas ressalvas, voltamos ao nosso ponto de partida para distinguir quando uma reunião não eventual de pessoas, destinada à prática de crimes, poderá ser reconhecida como uma associação criminosa, ou como uma milícia privada. Entendemos que o ponto de partida é a natureza de cada uma dessas reuniões de pessoas. A milícia goza de uma particularidade em relação à associação criminosa.

A experiência prática nos demonstra que, quando uma milícia é formada, a finalidade é a obtenção de lucro, seja com o fornecimento de serviços ilegais (segurança privada, "gatonet", "gato velox", transportes coletivos por meio de *vans*, motocicletas etc.), seja com a venda de produtos (gás, água etc.). Dessa forma, a violência por ela empregada é destinada à manutenção dos seus serviços e produtos.

Portanto, a partir de agora, o reconhecimento da associação criminosa deverá ser feito por exclusão, ou seja, quando não se tratar do crime de constituição de milícia privada, poderemos começar a reconhecer o delito tipificado no art. 288 do CP.

DIFERENÇA ENTRE A ORGANIZAÇÃO CRIMINOSA E A CONSTITUIÇÃO DE MILÍCIA PRIVADA

A Lei nº 12.694/2012 definiu, inicialmente, o conceito de organização criminosa, dizendo, em seu art. 2º, *in verbis*:

> Art. 2º Para os efeitos desta Lei, considera-se organização criminosa a associação, de 3 (três) ou mais pessoas, estruturalmente ordenada e caracterizada pela divisão de tarefas, ainda que informalmente, com objetivo de obter, direta ou indiretamente, vantagem de qualquer natureza, mediante a prática de crimes cuja pena máxima seja igual ou superior a 4 (quatro) anos ou que sejam de caráter transnacional.

Em 2 de agosto de 2013, no entanto, foi publicada a Lei nº 12.850, que, por mais uma vez, conceituou a organização criminosa, com algumas diferenças do texto anterior, revogando-o tacitamente, conforme se verifica pela redação do § 1º do art. 1º, que diz:

> Art. 1º Esta Lei define organização criminosa e dispõe sobre a investigação criminal, os meios de obtenção da prova, infrações penais correlatas e o procedimento criminal a ser aplicado.
> § 1º Considera-se organização criminosa a associação de 4 (quatro) ou mais pessoas estruturalmente ordenada e caracterizada pela divisão de tarefas, ainda que informalmente, com objetivo de obter, direta ou indiretamente, vantagem de qualquer natureza, mediante a prática de infrações penais cujas penas máximas sejam superiores a 4 (quatro) anos, ou que sejam de caráter transnacional.

Não podemos negar que a milícia privada se configura, igualmente, uma organização criminosa, haja vista que também é, estruturalmente, ordenada e caracterizada pela divisão de tarefas e tem como objetivo obter, direta ou indiretamente, vantagem (ainda que não de qualquer natureza, pois a sua finalidade é obter vantagem de natureza econômica). Contudo, temos de tentar traçar distinções entre essas duas organizações criminosas.

Assim, voltamos a insistir, da mesma forma como fizemos quando do estudo da distinção entre os delitos de constituição de milícia privada e associação criminosa, que o crime tipificado no art. 288-A do CP tem por finalidade, por meio de um regime de terror, imposto em determinada comunidade, ou seja, em um território previamente delimitado, obter lucros com o fornecimento de serviços ou produtos, ao passo que a organização criminosa, prevista pelo § 1º do art. 1º da Lei nº 12.850/2013, embora tenha por fim a obtenção de *vantagem de qualquer natureza*, não diz respeito ao domínio de determinado território, tal como ocorre com as milícias.

Por outro lado, não há limite de pena para a infração penal ser reconhecida como atividade característica da milícia privada, ao contrário do que ocorre com a organização criminosa, cujo mencionado § 1º do art. 1º da Lei nº 12.850/2013 exige a prática de infrações penais (crime ou contravenção), cujas penas máximas sejam superiores a 4 (quatro) anos, ou que sejam de caráter transnacional, vale dizer, que ultrapassem as fronteiras do nosso país.

Existem, no entanto, pontos de contato entre os crimes de constituição de milícia privada e organização criminosa. Abel Fernandes Gomes, Geraldo Prado e William Douglas, dissertando sobre as principais características das organizações criminosas, destacam, com precisão, os seguintes traços inerentes a estas:

> A utilização de meios de violência para intimidação de pessoas ou exclusão de obstáculos, com a imposição do silêncio que assegure a clandestinidade, ocultação e impunidade das ações delituosas praticadas (...), a conexão estrutural ou funcional com o poder público ou seus agentes, ingrediente necessário para assegurar sua existência e o sucesso de suas atividades, bem como possibilitar o alcance de outros de seus objetivos, a obtenção, manutenção e ampliação de poder.[68]

---

[68] FERNANDES GOMES, Abel; PRADO, Geraldo; DOUGLAS, William. *Crime organizado*, p. 5.

Ressaltam, ainda, que essas organizações criminosas jamais se confundem "com as meras quadrilhas (hoje entendidas como associações criminosas) constituídas para a prática de crimes, cujo potencial ofensivo à sociedade distingue-se, desde logo, pelo grau inferior que lhes é inerente"[69].

NÚMERO NECESSÁRIO À CARACTERIZAÇÃO DO CRIME DE CONSTITUIÇÃO DE MILÍCIA PRIVADA

Ao contrário do que ocorre com o delito de associação criminosa, previsto no art. 288 do CP, em que o tipo penal, corretamente, aponta o número de pessoas necessário à sua caracterização, vale dizer, no mínimo três (três ou mais pessoas), a Lei nº 12.720/2012, ao criar o delito de constituição de milícia privada, não teve o cuidado de esclarecer esse importante detalhe, evitando posições doutrinárias e jurisprudenciais divergentes.

O art. 288-A do CP, todavia, faz menção a organização paramilitar, milícia particular, grupo ou esquadrão. Partindo desses elementos que compõem o tipo penal em análise, devemos apontar o número mínimo exigível para a configuração típica.

Alberto Silva Franco, com a precisão que lhe é peculiar, buscando o significado da palavra "grupo", preleciona:

> Em matéria penal, a ideia de grupo vincula-se, de imediato, a uma hipótese de crime plurissubjetivo, mas, nesse caso, quantas pessoas devem, no mínimo, compor o grupo? O texto é totalmente silente a respeito. Mas é óbvio que a ideia de "par" colide, frontalmente, com a de "grupo": seria, realmente, um contrassenso cogitar-se de um grupo composto de duas pessoas... De uma forma geral, quando estrutura uma figura plurissubjetiva, o legislador penal, em respeito ao princípio constitucional da legalidade, não deve deferir, ao juiz ou ao intérprete, a tarefa de especificar o número mínimo de agentes. Deve quantificá-la, de pronto. A simples discussão sobre essa matéria evidencia a falha de técnica legislativa e põe a nu a ofensa ao princípio constitucional já mencionado. Um tipo penal não pode ficar para a garantia do próprio cidadão – e a legislação penal nada mais é, em resumo, do que uma limitação do poder repressivo estatal em face do direito de liberdade de cada pessoa – na dependência dos humores ou dos azares interpretativos do juiz.[70]

Conclui o renomado professor que a palavra "grupo" denota a necessidade de, pelo menos, quatro pessoas, posição à qual nos filiamos.

Embora tal análise diga respeito à expressão *grupo de extermínio*, prevista pelo inciso I do art. 1º da Lei nº 8.072/90, ela se amolda perfeitamente ao problema criado pelo art. 288-A do CP, que também a utilizou sem, no entanto, identificar o número mínimo ao seu reconhecimento.

---

[69] FERNANDES GOMES, Abel; PRADO, Geraldo; DOUGLAS, William. *Crime organizado*, p. 6.
[70] FRANCO, Alberto Silva. *Crimes hediondos*, p. 260.

Embora possa haver divergência quanto ao número mínimo exigido ao reconhecimento do delito tipificado no art. 288-A do CP, podemos tomar como referência o conceito de organização criminosa, trazido pela Lei nº 12.850/2013, que requer a associação de quatro ou mais pessoas.

A prática ainda demonstra que, quando estamos diante de milícias privadas, o número de seus componentes é, inclusive, bem superior a quatro pessoas, uma vez que exercem uma atividade extremamente complexa de controle de comunidades, onde necessitam de muitas pessoas para levarem a efeito a vigilância e o controle dos territórios por elas assumidos. A questão, portanto, cinge-se à necessidade de uma correta interpretação do tipo penal, independentemente do que ocorre na realidade prática.

Assim, concluindo, para que se possa reconhecer o delito tipificado no art. 288-A do CP, faz-se necessária a presença de, no mínimo, quatro pessoas.

FALSIFICAÇÃO DE DOCUMENTO PÚBLICO E USO DE DOCUMENTO PÚBLICO FALSO

Caso o agente que falsificou o documento venha, efetivamente, a fazer uso dele, não poderíamos, *in casu*, cogitar de concurso entre os crimes de *falsificação de documento público* e *uso de documento falso*, pois, nessa hipótese, devemos aplicar a regra relativa ao antefato impunível, ou seja, o crime-meio (falsificação do documento público) deve ser absorvido pelo crime-fim (uso de documento público falso).

> Súmula nº 546 do STJ – A competência para processar e julgar o crime de uso de documento falso é firmada em razão da entidade ou órgão ao qual foi apresentado o documento público, não importando a qualificação do órgão expedidor.

FALSIFICAÇÃO DE DOCUMENTO PÚBLICO E ESTELIONATO

No que diz respeito à falsificação de documento público utilizada, efetivamente, na prática do crime de estelionato, existem, basicamente, cinco posições que disputam o tratamento sobre o tema.

A primeira delas entende pelo *concurso material* de crimes, devendo o agente responder, nos termos do art. 69 do CP, por ambas as infrações penais.

A segunda posição preconiza que, se a falsidade é um meio utilizado na prática do estelionato, deve ser reconhecido o concurso formal de crimes, aplicando-se, nos termos do art. 70 do CP, a mais grave das penas cabíveis, aumentada de um sexto até metade.

Considerando o fato de que o delito de falsificação de documento público possui pena superior à do crime de estelionato, sendo, portanto, mais grave, a terceira posição tem entendido pela absorção deste último por aquele.

Aplicando o raciocínio relativo ao *ante factum* impunível, a quarta posição entende que o delito-fim (estelionato) deve absorver o delito-meio (*falsificação de documento público*).

Por fim, a última posição poderia ser entendida como uma vertente da anterior. O Superior Tribunal de Justiça, por intermédio da Súmula nº 17, expressou o seu posicionamento no seguinte sentido: *Quando o falso se exaure no estelionato, sem mais potencialidade lesiva, é por este absorvido*. Assim, para esta última corrente, somente não haveria concurso de crimes quando o falso não possuísse mais potencialidade lesiva, pois, caso contrário, a regra seria a do concurso, havendo discussão, ainda, se formal ou material.

Estamos com a posição do STJ, expressa pela Súmula nº 17. Isso porque, se o documento público falsificado pelo agente ainda puder ser utilizado na prática de outras infrações penais, forçoso será reconhecer a independência das infrações penais. Assim, imagine-se a hipótese em que o agente tenha falsificado um documento de identidade para, com ele, abrir diversos crediários em lojas de eletrodomésticos, a fim de praticar o delito de estelionato, pois receberá as mercadorias, sem efetuar um único pagamento. O documento de identidade falsificado, como se percebe, poderá ser utilizado em inúmeras infrações penais, razão pela qual, nesse caso, somos pelo concurso material de crimes, haja vista não se poder visualizar, na espécie, conduta única, mas, sim, pluralidade de comportamento.

FALSIFICAÇÃO DE DOCUMENTO PÚBLICO E FOTOCÓPIAS NÃO AUTENTICADAS

Tem-se entendido que as fotocópias não autenticadas não gozam do *status* exigido pelo conceito de documento público, não se configurando, assim, a infração penal tipificada no art. 297 do estatuto repressivo, caso sejam falsificadas ou alteradas.

FALSIFICAÇÃO DE DOCUMENTO PARTICULAR E USO DE DOCUMENTO PARTICULAR FALSO

Se o próprio autor da falsificação do documento particular dele fizer uso, não se cogitará de concurso de crimes, devendo responder, tão somente, pelo uso de documento particular falsificado, nos termos do art. 304 do CP.

FALSIFICAÇÃO DE DOCUMENTO PARTICULAR E ESTELIONATO

Aplica-se, aqui, o mesmo raciocínio relativo ao delito de falsificação de documento público.

FALSIFICAÇÃO DE CARTÃO DE CRÉDITO OU DÉBITO

De acordo com o parágrafo único do art. 298 do CP, inserido pela Lei nº 12.737, de 30 de novembro de 2012, equipara-se a documento particular o cartão de crédito ou débito.

FALSIDADE IDEOLÓGICA E FOLHA EM BRANCO, COM ABUSO NO SEU PREENCHIMENTO

São várias as hipóteses em que um documento assinado pode ter sido entregue em branco a outra pessoa, ou mesmo ter chegado às suas mãos ilegitimamente. Fragoso, resumindo as hipóteses mais comuns, preleciona:

> 1. Se a folha, total ou parcialmente em branco, estiver na posse legítima do agente, para que ele a preencha de acordo com entendimento havido com o signatário, seu preenchimento abusivo será *falsidade ideológica*. Neste caso, o agente insere ou faz inserir declaração "diversa da que deveria ser escrita".
>
> 2. Se o papel foi confiado ao agente para guarda ou depósito, ou se ele vem a obtê-lo por meio ilegítimo (furto, roubo, apropriação indébita, extorsão etc.), o seu preenchimento constituirá *falsidade material*. Tal hipótese em nada difere da contrafação documental. A contrafação será total (formação do documento falso), se o papel contiver apenas a assinatura, e será parcial, se o agente preencher apenas alguns claros existentes.
>
> 3. Haverá *falsidade material* se, na hipótese acima figurada (nº 1), houver sido revogado o mandado *ad scribendum*, ou tiver cessado a obrigação ou faculdade de preencher o papel.
>
> 4. Se o agente recebeu o documento do signatário para preenchê-lo falsamente (...), e vem a preenchê-lo *secundum veritatem*, não há certamente crime de falsidade, material ou ideológica. Neste caso, como bem observa Mirto, o agente não cometeu abuso mas evitou que um abuso fosse praticado.[71]

USO DO DOCUMENTO IDEOLOGICAMENTE FALSIFICADO

Se o agente, autor da falsificação, fizer uso do documento ideologicamente falsificado, não haverá concurso de crimes, devendo o agente responder tão somente pelo crime-fim (uso de documento falso), tipificado no art. 304 do CP.

FALSIDADE IDEOLÓGICA DE CIRCUNSTÂNCIA INCOMPATÍVEL COM A REALIDADE

Tal como ocorre na falsidade material praticada grosseiramente, que deixa de se configurar crime em virtude da ausência de potencialidade de dano, quando a falsidade ideológica for incompatível com a realidade dos fatos, conhecida por todos, sendo, portanto, inverossímil, restará afastado o delito previsto pelo art. 299 do CP.

DECLARAÇÃO DE NASCIMENTO INEXISTENTE

Embora a declaração de nascimento inexistente seja também ideologicamente falsa, existe previsão específica para esse comportamento, conforme se verifica na redação do art. 241 do CP.

---

[71] FRAGOSO, Heleno Cláudio. *Lições de direito penal*, v. 2, p. 351-352.

PARTO ALHEIO COMO PRÓPRIO

Aquela que dá parto alheio como próprio, fazendo que conste, erroneamente, a maternidade diversa da verdadeira no registro de nascimento, pratica um falso ideal.

No entanto, também entendeu por bem o legislador criar um tipo penal específico, conforme se verifica no art. 242 do CP.

FALSIDADE IDEOLÓGICA E SONEGAÇÃO FISCAL

A Lei nº 8.137, de 27 de dezembro de 1990, em vários tipos penais, fez previsão para a prática do delito de falso, a exemplo do disposto no inciso I do seu art. 1º, sendo, portanto, considerada especial em relação ao delito previsto pelo Código Penal.

FALSIDADE IDEOLÓGICA E ESTELIONATO

> Súmula nº 17 STJ – Quando o falso se exaure no estelionato, sem mais potencialidade lesiva, é por este absorvido.

DECLARAÇÃO FALSA PARA EFEITOS DE INSTRUÇÃO DE PEDIDO DE REMIÇÃO

O condenado que cumpre a pena em regime fechado ou semiaberto poderá remir, por trabalho ou estudo, parte do tempo de execução da pena. A contagem de tempo será feita à razão de 1 (um) dia de pena a cada 12 (doze) horas de frequência escolar (atividade de ensino fundamental, médio, inclusive profissionalizante, ou superior, ou ainda de requalificação profissional) divididas, no mínimo, em 3 (três) dias; 1 (um) dia de pena a cada 3 (três) dias de trabalho.

O condenado que cumpre pena em regime aberto ou semiaberto e o que usufrui liberdade condicional poderão remir, pela frequência a curso de ensino regular ou de educação profissional, parte do tempo de execução da pena ou do período de prova.

O tempo a remir em função das horas de estudo será acrescido de 1/3 (um terço) no caso de conclusão do ensino fundamental, médio ou superior durante o cumprimento da pena, desde que certificada pelo órgão competente do sistema de educação.

Dessa forma, para efeitos de remição, deverão ser comprovados, nos autos, os dias efetivamente trabalhados ou as horas de estudo, de forma que retrate a verdade, pois, caso contrário, o autor da declaração ou do atestado falso responderá pelo delito de falsidade ideológica, conforme determina, expressamente, o art. 130 da LEP.

USO DE DOCUMENTO FALSO E APRESENTAÇÃO DO DOCUMENTO PELO AGENTE

Não importa se o agente entregou o documento mediante prévia solicitação da autoridade, ou se dele fez uso espontaneamente. Deverá, de qualquer forma, responder pelo delito tipificado no art. 304 do CP.

DOCUMENTO QUE É ENCONTRADO EM PODER DO AGENTE

Aquele com quem é encontrado o documento falsificado não pratica o delito de uso de documento falso, havendo necessidade, outrossim, que o agente, volitivamente, utilize-o, apresentando-o como se fosse verdadeiro.

COMPETÊNCIA PARA JULGAMENTO DO DELITO DE USO DE PASSAPORTE FALSO

Tratando-se de uso de passaporte falso, o Superior Tribunal de Justiça, por intermédio da Súmula nº 200, pacificou o seu entendimento no que diz respeito ao juízo competente para o julgamento do delito, dizendo:

> Súmula nº 200 – O Juízo Federal competente para processar e julgar o acusado de crime de uso de passaporte falso é o do lugar onde o delito se consumou.

FALSIFICAÇÃO OU ALTERAÇÃO DO DOCUMENTO E USO PELO PRÓPRIO AGENTE

Não haverá concurso de crimes, aplicando-se, aqui, o raciocínio relativo ao antefato impunível, devendo o uso de documento falso (crime-fim) absorver o crime-meio (falsificação de documento).

USO DE DOCUMENTO FALSO E ESTELIONATO

Verificar discussão relativa à falsificação de documento público e estelionato.

USUÁRIO QUE SOLICITA A FALSIFICAÇÃO DO DOCUMENTO

Em vez de responder pela infração penal tipificada no art. 304 do CP, seria responsabilizado pelo crime de *falsificação de documento* (público ou particular), aplicando-se, aqui, a regra correspondente ao concurso de pessoas.

USO DE DOCUMENTO FALSO E FOTOCÓPIA NÃO AUTENTICADA

Tem sido descartada a natureza de *documento* da fotocópia não autenticada, razão pela qual qualquer falsificação nela produzida seria considerada atípica quando o agente, efetivamente, viesse a usá-la.

FALSIFICAÇÃO GROSSEIRA

Segundo posição majoritária de nossos tribunais, a falsificação grosseira não tem o condão de configurar o delito de falso, tampouco a utilização do documento grosseiramente falsificado se configura o delito tipificado no art. 304 do CP.

USO DE DOCUMENTO FALSO E ERRO DE TIPO

O acusado que porta Carteira Nacional de Habilitação falsificada, acreditando tratar-se de documento legítimo, não pratica o delito previsto no art. 304 do CP. Erro de tipo que afasta a caracterização do fato como criminoso.

FALSA IDENTIDADE E AUTODEFESA

Tem sido objeto de intenso debate doutrinário e jurisprudencial a discussão em torno da possibilidade de o agente atribuir-se falsa identidade com a finalidade de se livrar, por exemplo, de uma condenação criminal ou mesmo para se livrar da sua prisão em flagrante.

Assim, a título de raciocínio, imagine-se a hipótese em que o agente, portador de uma extensa folha de antecedentes criminais, ao ser, mais uma vez, preso em flagrante, atribua a si mesmo uma identidade falsa, querendo, com isso, livrar-se da prisão. Nesse caso, pergunta-se: deveria o agente ser responsabilizado pelo delito tipificado no art. 307 do CP, ou estaria ele no exercício de sua autodefesa, ou de, pelo menos, não se autoincriminar, fazendo prova contra si mesmo, haja vista que a primeira parte do inciso LXIII do art. 5º da CF diz que *o preso será informado de seus direitos, entre os quais o de permanecer calado*?

Com a devida *venia* das posições em contrário, não podemos entender a prática do comportamento previsto no tipo do art. 307 do CP como uma "autodefesa". Certo é que, de acordo com a determinação constitucional, o preso, vale dizer, o indiciado (na fase de inquérito policial), ou mesmo o acusado (quando de seu interrogatório em juízo) tem o direito de permanecer calado. Na verdade, podemos ir até além, no sentido de afirmar que não somente tem o direito ao silêncio como também o direito de mentir ou de se omitir sobre *fatos* que, de alguma forma, podem lhe ser prejudiciais.

A autodefesa diz respeito, portanto, a *fatos*, e não a uma autoatribuição falsa de identidade. O agente pode até mesmo dificultar a ação da Justiça Penal no sentido de não revelar situações que seriam indispensáveis à elucidação dos fatos. No entanto, não poderá eximir-se de se identificar. É um direito do Estado saber em face de quem propõe a ação penal e uma obrigação do indiciado/acusado revelar sua identidade. Essa autoatribuição falsa de identidade nada tem a ver com o direito de autodefesa, ou de, pelo menos, não fazer prova contra si mesmo, de não autoincriminar-se. São situações, segundo nosso raciocínio, inconfundíveis.

Assim, apesar da existência de divergência doutrinária e jurisprudencial, posicionamo-nos pela possibilidade de se imputar ao agente a prática do delito de falsa identidade quando comete a conduta prevista no art. 307 do CP, com a finalidade de livrar-se da Justiça Penal.

Tal posicionamento vem sendo adotado pelo STJ, conforme se verifica pelas decisões a seguir colacionadas:

> O direito à autodefesa não é ilimitado, tendo, neste sentido, mesmo que por conduta diversa, sido editada a Súmula 522, a qual dispõe que "a conduta de atribuir-se falsa identidade perante autoridade policial é típica, ainda que em situação de alegada autodefesa". "O exercício da autodefesa não pode ser invocado para autorizar e nem justificar o cometimento de outros delitos".[72]
>
> Hipótese em que o réu fez uso de documento falso (carteira de identidade) perante a autoridade policial para evitar sua prisão, por se tratar de foragido do sistema carcerário. A teor do art. 304 do Código Penal, aquele que faz uso de qualquer dos papéis falsificados e alterados, a que se referem os arts. 297 e 302, comete o crime de uso de documento falso (...).[73]

A efetiva utilização do documento objeto do falso afasta o enquadramento da conduta no tipo penal de falsa identidade, previsto no art. 307 do CP, que tem caráter subsidiário.[74]

> Súmula nº 522 do STJ: A conduta de atribuir-se falsa identidade perante autoridade policial é típica, ainda que em situação de alegada autodefesa.

AGENTE QUE SILENCIA COM RELAÇÃO À SUA IDENTIDADE OU NÃO NEGA A FALSA IDENTIDADE A ELE ATRIBUÍDA

Tendo em vista que o tipo do art. 307 do CP exige uma conduta positiva por parte do agente, não pratica o delito de falsa identidade aquele que simplesmente silencia quando lhe é imputada uma identidade que não coincide com a dele.

RECUSA DE DADOS SOBRE A PRÓPRIA IDENTIDADE OU QUALIFICAÇÃO

Caso o agente se recuse a fornecer seus dados para efeitos de identificação e qualificação, deverá ser responsabilizado nos termos do art. 68 do Decreto-Lei nº 3.688/41 (Lei das Contravenções Penais).

USO DE DOCUMENTO FALSO DE IDENTIDADE

Para efeito de reconhecimento do delito de falsa identidade, não poderá o agente valer-se de qualquer documento falso, pois, caso contrário, incorrerá nas penas do art. 304 do CP, que prevê o delito de *uso de documento falso*.

---

[72] STJ, AgRg no HC 622.955/SC, Rel. Min. Ribeiro Dantas, 5ª T., j. 01/06/2021.
[73] HC 287.350/SP, Rel.ª Min.ª Maria Thereza de Assis Moura, 6ª T., *DJe* 03/12/2014.
[74] STJ, REsp 1.710.259/SP, Rel. Min. Jorge Mussi, 5ª T., *DJe* 19/09/2018.

FALSA IDENTIDADE E FURTO

Na hipótese em que o agente se autoatribua falsa identidade a fim de, fazendo-se passar por outra pessoa, conseguir levar a efeito a subtração não violenta de algum bem móvel pertencente à vítima, o fato se amoldará ao tipo penal que prevê o delito de furto praticado mediante fraude, tipificado no art. 155, § 4º, II, segunda figura, do CP.

ADULTERAÇÃO DE SINAL IDENTIFICADOR DE VEÍCULO AUTOMOTOR

Até o advento da Lei nº 9.426/96, não havia sido previsto, em nosso ordenamento jurídico-penal, o delito de *adulteração de sinal identificador de veículo automotor*, fruto de uma "nova onda de criminalidade", que teve início quando os proprietários de oficinas mecânicas, ou mesmo pessoas com habilidades no conserto de veículos, passaram a auxiliar grupos criminosos, modificando os sinais identificadores dos veículos que tinham sido objeto de infração penal (furto, roubo, receptação etc.).

A criação do delito de *adulteração de sinal identificador de veículo automotor* veio, na verdade, preencher essa lacuna, uma vez que aqueles que auxiliavam esses grupos criminosos, geralmente, ficavam impunes, pois somente intervinham após a consumação da infração penal, ou seja, após, por exemplo, a prática do furto ou do roubo, quando já não era mais possível o recurso ao art. 29 do CP, que prevê o concurso de pessoas, a não ser que o sujeito que levava a efeito a adulteração ou a remarcação do chassi, *v.g.*, fizesse parte do grupo. Até mesmo nessa hipótese, somente haveria responsabilização penal pelo delito contra o patrimônio que havia sido praticado, vale dizer, a subtração do veículo automotor.

Agora, com a criação típica do delito de *adulteração de sinal identificador de veículo automotor*, pune-se, de forma autônoma, o delito contra o patrimônio, bem como a infração penal contra a fé pública, podendo, inclusive, se for o caso, haver o concurso de crimes.

O núcleo *adulterar* é utilizado pelo texto legal no sentido de mudar, alterar, modificar; *remarcar* significa marcar de novo, tornar a marcar. Dessa maneira, ou o agente pode adulterar, por exemplo, o chassi de um automóvel, modificando apenas alguns números ou letras, ou pode remarcá-lo completamente, retirando a sua anterior identificação.

Objeto material da ação do sujeito é o número do chassi ou qualquer outro sinal identificador de veículo automotor, de seu componente ou equipamento. A conduta do agente, como já esclarecido anteriormente, visa não permitir a identificação original do veículo (*vide* arts. 114 e 115 do CTB).

Chassi é uma estrutura de aço sobre a qual se monta a carroceria de veículo motorizado. Além de adulterar ou remarcar o chassi, o art. 311 do CP, determinando a realização de uma interpretação analógica, prevê que a conduta do agente poderá recair sobre qualquer outro sinal identificador de veículo automotor, de seu componente ou equipamento, a exemplo de vidros, colunas interiores, placas etc., tal como mencionado pelos arts. 114 e 115 da Lei nº 9.503, de 23 de setembro de 1997.

Infelizmente, não houve previsão legal para a *supressão* de número de chassi ou qualquer sinal identificador de veículo automotor, de seu componente ou equipamento. Dessa forma, por exemplo, se o agente, em vez de adulterar ou remarcar o número do chassi, simplesmente cortá-lo ou apagá-lo completamente, impedindo-lhe a identificação, o fato não se amoldará ao delito em estudo, não se podendo levar a efeito a chamada analogia *in malam partem*, em obediência ao princípio da legalidade, sob a vertente do *nullum crimen, nulla poena sine lege stricta*.

CONTRIBUIÇÃO DE FUNCIONÁRIO PÚBLICO PARA O LICENCIAMENTO OU REGISTRO DO VEÍCULO REMARCADO OU ADULTERADO

Diz o § 2º do art. 311 do CP que incorre nas mesmas penas o funcionário público que contribui para o licenciamento ou registro do veículo remarcado ou adulterado, fornecendo indevidamente material ou informação oficial.

No caso em exame, o funcionário público atua no sentido de contribuir para que o agente tenha sucesso perante o órgão de trânsito, no pedido de licenciamento ou registro do veículo remarcado ou adulterado, fornecendo indevidamente material ou informação oficial.

PECULATO

O art. 312 do CP, inserido no Capítulo I, correspondente aos crimes praticados por funcionário público contra a administração em geral, prevê quatro modalidades do delito de peculato, a saber: a) peculato-apropriação (primeira parte do *caput* do art. 312); b) peculato-desvio (segunda parte do *caput* do art. 312); c) peculato-furto (§ 1º); e d) peculato culposo (§ 2º).

Nos termos da redação constante do art. 312, *caput*, do CP, podemos destacar os seguintes elementos: a) a conduta de se apropriar o funcionário público de dinheiro, valor ou qualquer outro bem móvel, público ou particular, do qual tem a posse em razão do cargo; b) ou desviá-lo, em proveito próprio ou alheio.

O chamado *peculato-apropriação* encontra-se no rol dos *delitos funcionais impróprios*, haja vista que, basicamente, o que o especializa em relação ao delito de apropriação indébita, previsto no art. 168 do CP, é o fato de ser praticado por funcionário público em virtude do cargo.

A conduta núcleo, portanto, constante da primeira parte do art. 312 do CP é o verbo *apropriar*, que deve ser entendido no sentido de *tomar como propriedade*, *tomar para si*, *apoderar-se* indevidamente de dinheiro, valor ou qualquer outro bem móvel, público ou particular, de que tem a posse ou a detenção (embora o artigo só faça menção expressa àquela), em razão do cargo. Aqui, o agente inverte o título da posse, agindo como se fosse dono, vale dizer, com o chamado *animus rem sibi habendi*.

O objeto material da conduta do agente, de acordo com a redação típica, é o dinheiro (cédulas e moedas aceitas como pagamento), valor (tudo aquilo que pode ser convertido em dinheiro, vale dizer, todo documento ou papel de crédito que pode ser negociado, a exemplo das notas promissórias, ações, apólices etc.) ou qualquer outro bem móvel (isto é, um bem passível de remoção e, consequentemente, de apreensão pelo agente).

Não importa, ainda, a natureza do objeto material, se *público* ou *privado*. Assim, pratica o delito de peculato o funcionário público que se apropria tanto de um bem móvel pertencente à Administração Pública quanto de outro bem, de natureza particular, que se encontrava temporariamente apreendido ou mesmo guardado.

O importante, para efeito de configuração do delito em estudo, é que o funcionário público tenha se apropriado do dinheiro, valor ou bem móvel, público ou particular, de que *tem a posse em razão do cargo*. Isso significa que o sujeito tinha uma *liberdade desvigiada* sobre a coisa em virtude do cargo por ele ocupado.

Dessa forma, posse e cargo devem ter uma relação direta, ou seja, uma relação de causa e efeito. Não é pelo fato de ser funcionário público que o sujeito deverá responder pelo delito de peculato se houver se apropriado, por exemplo, de uma coisa móvel, mas, sim, pela conjugação do fato de que somente obteve a posse da coisa em virtude do cargo por ele ocupado. Aquele que não tinha atribuição legal para ter a posse sobre a *res* pode praticar outra infração penal que não o delito de peculato, podendo, inclusive, responder pelo delito de apropriação indébita, furto ou mesmo peculato-furto, já que, se não tinha qualquer poder sobre a coisa, pois ocupante de cargo que não lhe proporcionava essa condição, a liberdade sobre ela exercida poderá ser considerada como vigiada, importando, dependendo da hipótese concreta a ser apresentada, em subtração, e não em apropriação.

O agente deverá, ainda, ocupar legalmente um cargo público, ou seja, ter sido nele investido corretamente, de acordo com as determinações legais, pois, caso contrário, não se configurará o delito em estudo.

A segunda parte do art. 312 do CP prevê o *peculato-desvio*. Aqui, o agente não atua com *animus rem sibi habendi*, ou seja, não atua no sentido de inverter a posse da coisa, agindo como se fosse dono, mas, sim, desvia o dinheiro, valor ou qualquer outro bem móvel, em proveito próprio ou alheio.

As duas modalidades de peculato previstas pelo *caput* do art. 312 do CP são conhecidas como *peculato próprio*, haja vista ter o agente a posse (ou mesmo a detenção) sobre o dinheiro, valor ou qualquer outro bem, em virtude do cargo.

No entanto, existe outra modalidade de peculato, prevista no § 1º do art. 312 do CP, reconhecida como *imprópria*, que ocorre na hipótese do chamado *peculato-furto*.

Aqui também nos encontramos diante de um *delito funcional impróprio*, haja vista que sua distinção fundamental com o delito de furto reside no fato de que o funcionário, para efeitos de subtração do dinheiro, valor ou bem, deve *valer-se da facilidade que lhe proporciona essa qualidade*, pois, caso contrário, haverá a desclassificação para o delito tipificado no art. 155 do CP.

O § 1º do art. 312 do CP, contrariamente ao que ocorre com o art. 155 do mesmo diploma legal, utiliza não apenas o verbo *subtrair* mas também *concorrer* para que seja subtraído o objeto material já citado. Assim, pode o agente, ele próprio, levar a efeito a subtração, retirando, por exemplo, o bem pertencente à Administração Pública, ou simplesmente *concorrer* para que terceiro o subtraia, a exemplo daquele que convence o vigia de determinada repartição a sair do local onde o bem se encontrava guardado, com a desculpa de irem tomar um café, a fim de que o terceiro possa ali ingressar e subtrair o bem.

Ao contrário do que ocorre com as modalidades de peculato próprio (*peculato-apropriação e peculato-desvio*), no peculato impróprio basta que o agente, funcionário público, tenha se valido dessa qualidade para fins de praticar a subtração ou concorrido para que terceiro a praticasse. Essa situação é fundamental para o reconhecimento do delito em estudo, cuja pena, comparativamente à do delito de furto, é significativamente mais grave, em virtude do maior juízo de censura, de reprovabilidade, em razão da quebra ou abuso da confiança que nele era depositada pela Administração Pública.

Súmula nº 599 do STJ – O princípio da insignificância é inaplicável aos crimes contra a Administração Pública.

PECULATO E EXTINÇÃO DA PUNIBILIDADE

Se o funcionário público que concorre culposamente para o crime de outrem vier a reparar o dano até a sentença irrecorrível, será extinta a punibilidade; se a reparação lhe for posterior, a pena será reduzida de metade, nos termos preconizados pelo § 3º do art. 312 do CP.

Por sentença irrecorrível devemos entender tanto a decisão de primeiro grau, proferida pelo juízo monocrático, quanto o acórdão do Tribunal. Esse será o nosso marco para concluirmos pela extinção da punibilidade ou pela aplicação da minorante.

NECESSIDADE DE NOTIFICAÇÃO PRÉVIA DO FUNCIONÁRIO PÚBLICO

Súmula nº 330 do STJ – É desnecessária a resposta preliminar de que trata o art. 514 do Código de Processo Penal, na ação penal instruída por inquérito policial.

PECULATO DE USO

Não se pune o chamado *peculato de uso*, podendo, no entanto, ser o agente responsabilizado por um ilícito de natureza administrativa, que poderá trazer como consequência uma sanção da mesma natureza.

Poderá, no entanto, se configurar ato de improbidade administrativa, a exemplo do que ocorre com o inciso IV do art. 9º da Lei nº 8.429/92, a utilização, em obra ou serviço particular, de veículos, máquinas, equipamentos ou material de qualquer natureza, de propriedade ou à disposição de qualquer das entidades mencionadas pelo art. 1º da aludida lei, bem como o trabalho de servidores públicos, empregados ou terceiros contratados por essas entidades.

O uso de bens, rendas ou serviços públicos configura-se, entretanto, crime de responsabilidade quando o sujeito ativo é prefeito, nos termos do inciso II do art. 1º do Decreto-Lei nº 201, de 27 de fevereiro de 1967.

DIFERENÇA ENTRE CONCUSSÃO E CORRUPÇÃO PASSIVA

Podemos resumir as distinções pelas lições de Edmundo Oliveira, que diz que:

> (...) o verdadeiro critério para diferenciar concussão e corrupção está na presença ou na ausência de coação; ela existe na primeira e inexiste na segunda. Naquela o funcionário exige; na outra ele apenas solicita, recebe ou aceita promessa.[75]

PRISÃO EM FLAGRANTE QUANDO DA ENTREGA DA VANTAGEM INDEVIDA DA CONCUSSÃO

Não é incomum a notícia de suposto flagrante quando o agente, após exigir da vítima o pagamento de uma vantagem indevida, impõe-lhe determinado prazo para o seu cumprimento. A vítima, assustada, pede ajuda à autoridade policial, que a orienta no sentido de marcar dia e hora para a entrega da vantagem, oportunidade em que será preparada a "prisão em flagrante" do funcionário autor da indevida exigência.

Nesse caso, pergunta-se: seria possível a realização da prisão em flagrante quando do ato da entrega da indevida vantagem? A resposta, aqui, só pode ser negativa, haja vista ter o crime se consumado quando da exigência da indevida vantagem, e não quando da sua efetiva entrega pela vítima ao agente.

Paulo Rangel, com a autoridade que lhe é peculiar, afirma, com precisão:

> Nesta hipótese, não há prisão em flagrante delito, pois o que se dá é mero exaurimento do crime, ou seja, o crime já se consumou com a mera exigência da vantagem indevida. Trata-se, portanto, de prisão *manifestamente* ilegal, que deverá ser, imediatamente, *relaxada* pela autoridade judiciária, nos precisos termos do art. 5º, LXV, da CRFB.[76]

CONCUSSÃO PRATICADA POR MÉDICO CREDENCIADO PELO SUS

O médico de hospital credenciado pelo SUS que presta atendimento a segurado, por ser considerado funcionário público para efeitos penais, pode ser sujeito ativo do delito de concussão.[77]

---

[75] OLIVEIRA, Edmundo. *Crimes de corrupção*, p. 52.
[76] RANGEL, Paulo. *Direito processual penal*, p. 633.
[77] STJ, HC 51.054/RS, Rel. Min. Gilson Dipp, 5ª T., *DJ* 05/06/2006, p. 303.

CORRUPÇÃO PASSIVA

O delito de corrupção passiva é muito parecido com o crime de concussão. Na verdade, a diferença fundamental reside nos núcleos constantes das duas figuras típicas. Na concussão, há uma exigência, uma determinação, uma imposição do funcionário para obtenção da vantagem indevida; na corrupção passiva, ao contrário, existe uma solicitação, um pedido (na primeira hipótese). Em termos de gravidade, considerando aquele a quem é feita a exigência ou a solicitação, podemos concluir que *exigir*, psicologicamente falando, é mais grave do que *solicitar*, daí o raciocínio segundo o qual a concussão seria entendida como a "extorsão" praticada pelo funcionário público.

Em geral, existe, na corrupção passiva, um acordo entre o funcionário que solicita a indevida vantagem e aquele que a presta, principalmente quando estamos diante dos núcleos *receber* e *aceitar* promessa de tal vantagem. *Receber* tem o significado de tomar, entrar na posse; *aceitar a promessa* diz respeito ao comportamento de anuir, concordar, admitir receber a indevida vantagem.

Há um ditado popular que diz que "onde há um corrupto, é porque há também um corruptor". No entanto, nem sempre quando houver corrupção passiva haverá, consequentemente, a corrupção ativa.

Hungria, fazendo a distinção entre *corrupção própria* e *imprópria*, bem como entre *corrupção antecedente* e *subsequente*, preleciona:

> É irrelevante que o ato funcional (comissivo ou omissivo) sobre que versa a venalidade seja ilícito ou lícito, isto é, contrário, ou não aos deveres do cargo ou da função. No primeiro caso, fala-se em *corrupção própria* e, no segundo, em *corrupção imprópria*. Aqui já não se usa a cláusula "em razão do cargo", mas outra: "em razão da função". Assim, não é preciso que se trate do titular de um cargo público no sentido técnico: basta que exerça, ainda que acidentalmente, uma função pública, tal como o jurado, o depositário nomeado pelo juiz etc.
>
> Costuma-se distinguir entre corrupção *antecedente* e *subsequente*. A primeira ocorre quando a recompensa é dada ou prometida em vista de uma ação ou omissão *futura*, e a segunda quando se refere a uma ação ou omissão *pretérita*. Não é exato dizer que o nosso Código não contempla a *corruptio subsequens*. O art. 317, *caput*, não pode ser interpretado no sentido de tal conclusão. O legislador pátrio não rejeitou o critério que remonta ao direito romano: mesmo a recompensa não ajustada antes do ato ou omissão do *intraneus* pode ter sido esperada por este, sabendo ele que o *extraneus* é homem rico e liberal, ou acostumado a gratificar a quem o serve, além de que, como argumentava Giuliani (*apud* Carrara), a opinião pública, não deixaria de vincular a essa esperança a anterior conduta do exercente da função pública, o que redundaria em fundada desconfiança em torno da administração do Estado.[78]

---

[78] HUNGRIA, Nélson. *Comentários ao Código Penal*, v. IX, p. 368-369.

CORRUPÇÃO PASSIVA E GRAVAÇÃO DE CONVERSA

> 1. O paciente, no exercício do cargo de Fiscal de Atividades Econômicas do Município do Rio de Janeiro, solicitou ao funcionário da empresa Midas Rio Convention Suítes a quantia de R$ 80.000,00, para regularizar supostas pendências.
> 2. A gravação, tida por ilegal na impetração, foi realizada por Paulo Sérgio Reis (funcionário da empresa e um dos interlocutores) sob a supervisão de agentes da Delegacia Fazendária.
> 3. É lícita a prova obtida mediante gravação ambiental realizada por um dos interlocutores sem o conhecimento dos demais. Precedentes.
> 4. A jurisprudência desta Corte também é firme no sentido de que o fato de a polícia ter fornecido e instalado o equipamento utilizado na gravação não invalida a prova obtida.[79]

A gravação de conversa realizada por um dos interlocutores é considerada prova lícita e difere da interceptação telefônica, esta sim, medida que não prescinde de autorização judicial (precedentes).[80]

PREVARICAÇÃO

No crime de prevaricação, previsto no art. 319 do CP, o núcleo *retardar* nos dá a ideia de que o funcionário público estende, prolonga, posterga para além do necessário a prática do ato que lhe competia. Aqui, o funcionário pratica o ato, só que demora na sua realização. Poderá, ainda, *deixar de praticar* o ato de ofício, omitindo-se, dolosamente. Por fim, a lei penal prevê, inclusive, o comportamento daquele que *pratica* o ato de ofício, realizando-o, no entanto, contra disposição expressa da lei.

Por *ato de ofício* deve ser entendido todo aquele que se encontra na esfera de atribuição do agente que pratica qualquer dos comportamentos típicos.

Para que se configure o delito em estudo, o comportamento deve ser praticado de forma *indevida*, ou seja, contrariamente àquilo que era legalmente determinado a fazer, infringindo o seu dever funcional.

O traço marcante do delito de prevaricação reside no fato de que o funcionário retarda, deixa de praticar o ato de ofício ou o pratica contrariamente à disposição expressa de lei, *para satisfazer interesse ou sentimento pessoal*. Conforme ressalta Fragoso:

> (...) o interesse pessoal pode ser de qualquer espécie (patrimonial, material ou moral). O sentimento pessoal diz com a afetividade do agente em relação às pessoas ou fatos a que se refere a ação a ser praticada, e pode ser representado pelo ódio, pela afeição, pela benevolência etc. A eventual nobreza dos sentimentos e o altruísmo dos motivos determinantes são indiferentes para a configuração do crime, embora possam influir na medida da pena.[81]

---

[79] STJ, AgRg no HC 547.920/RJ, Rel. Rogerio Schietti Cruz, 6ª T., j. 13/09/2022.
[80] STJ, RHC 63.562/ES, Rel. Min. Felix Fischer, 5ª T., *DJe* 10/12/2015.
[81] FRAGOSO, Heleno Cláudio. *Lições de direito penal*: parte geral, p. 426.

A denúncia deverá, obrigatoriamente, apontar a satisfação do interesse ou sentimento pessoal do agente, que o motivou à prática de qualquer dos comportamentos típicos, sob pena de ser considerada inepta, conduzindo, necessariamente, à sua rejeição, nos termos do inciso I do art. 395 do CPP, com a nova redação que lhe foi dada pela Lei nº 11.719, de 20 de junho de 2008.

DEVER DE VEDAR AO PRESO O ACESSO A APARELHO TELEFÔNICO, DE RÁDIO OU SIMILAR

O núcleo utilizado pelo tipo penal constante do art. 319-A do CP é o verbo *deixar*, pressupondo, outrossim, omissão por parte daquele que tinha o dever de vedar ao preso o acesso *indevido* a aparelho telefônico, de rádio ou similar, permitindo, dessa forma, a comunicação com outros presos ou com o ambiente externo.

Somente o *acesso indevido* se configura a infração penal em estudo. Isso porque o preso não está proibido de ter contato, por exemplo, com pessoas que se encontram fora do cárcere, a exemplo de parentes, amigos ou do seu próprio advogado, valendo-se de um aparelho telefônico. Ele pode – e deve – manter esse contato, desde que devidamente autorizado pela administração penitenciária, como ocorre quando se utilizam dos telefones públicos instalados dentro dos presídios. Tal orientação consta da Resolução nº 14, de 11 de novembro de 1994, do Conselho Nacional de Política Criminal e Penitenciária, que, em seu art. 33, § 2º, após dizer que o preso estará autorizado a comunicar-se, periodicamente, sob vigilância, com sua família, parentes, amigos ou instituições idôneas, por correspondência ou por meio de visitas, esclarece que *o uso dos serviços de telecomunicações poderá ser autorizado pelo diretor do estabelecimento prisional*.

Exige o tipo penal que o indevido acesso seja sobre aparelho telefônico (seja ele fixo, como nos casos dos telefones públicos instalados nos presídios, seja móvel, como ocorre com os telefones celulares), de rádio (radiocomunicadores, *walkie-talkies* etc.) ou similar, que permita a comunicação com outros presos ou com o ambiente externo. Quer isso significar que os mencionados aparelhos, necessariamente, possam ser utilizados para essa comunicação, o que não ocorre, por exemplo, quando o preso possui um telefone quebrado, sem qualquer possibilidade de uso.

INGRESSO DE PESSOA PORTANDO APARELHO TELEFÔNICO DE COMUNICAÇÃO MÓVEL, DE RÁDIO OU SIMILAR, SEM AUTORIZAÇÃO LEGAL, EM ESTABELECIMENTO PRISIONAL

A Lei nº 12.012, de 6 de agosto de 2009, acrescentou ao Código Penal o art. 349-A, que diz, *in verbis*:

> Art. 349-A. Ingressar, promover, intermediar, auxiliar ou facilitar a entrada de aparelho telefônico de comunicação móvel, de rádio ou similar, sem autorização legal, em estabelecimento prisional.

Ingressar significa fazer que, efetivamente, ingresse, entre no estabelecimento prisional; *promover* diz respeito a diligenciar, tomando as providências necessárias para a entrada; *intermediar* é interceder, intervir, servindo o agente como um intermediário entre o preso que deseja possuir o aparelho de comunicação e um terceiro, que se dispõe a fornecê-lo; auxiliar é ajudar de alguma forma; *facilitar* é remover os obstáculos, as dificuldades, permitindo a entrada do aparelho telefônico de comunicação móvel, de rádio ou similar, sem autorização legal.

Todos esses comportamentos proibidos pelo tipo penal em estudo têm por finalidade impedir a entrada de aparelho telefônico de comunicação móvel (celulares), de rádio (*walkie-talkies* etc.) ou similar (*pagers*, aparelhos que permitem o acesso à *internet* etc.), sem autorização legal, em estabelecimento prisional.

Por estabelecimento prisional podemos entender penitenciárias, presídios, cadeias públicas, casas do albergado, enfim, qualquer estabelecimento destinado ao recolhimento dos presos, provisória ou definitivamente condenados.

Conforme preleciona Rogério Sanches Cunha:

> Com a novel incriminação, na esteira do art. 319-A do CP, o tipo quer proibir não a *comunicabilidade* do preso com o mundo exterior, mas a *intercomunicabilidade*, isto é, a transmissão de informações entre pessoas (sendo, pelo menos uma, habitante prisional).[82]

A criatividade daqueles que desejam fazer que esses aparelhos de comunicação cheguem até os presos não tem limite. Todos os recursos são utilizados com essa finalidade. Muitas mulheres, nos dias de visita, introduzem pedaços de aparelhos telefônicos móveis em suas partes íntimas (vagina e ânus); parentes e amigos levam bolos, tortas, pães "recheados" com telefones celulares; até mesmo pombos-correio são utilizados para fazer chegar esses aparelhos até os presos. Ultimamente, *drones* têm sido utilizados para o arremesso desses aparelhos nos pátios do sistema prisional.

É importante ressaltar que, embora, à primeira vista, o tipo penal tenha por destino aqueles que não fazem parte do sistema penitenciário, vale dizer, que não exercem qualquer função dentro do sistema prisional, não será impossível a sua aplicação a algum servidor público, a exemplo de um policial penal que, sem receber qualquer vantagem com isso, de alguma forma facilite, por exemplo, a entrada desses aparelhos, ou mesmo que faça a intermediação entre o preso e alguém que se encontra fora do sistema.

No entanto, caso o servidor público receba alguma vantagem indevida para, por exemplo, fazer chegar às mãos do preso – provisório ou definitivo – algum aparelho telefônico de comunicação móvel, de rádio ou similar, o fato se subsumirá ao tipo do art. 317 do CP, que prevê o delito de corrupção passiva, cuja pena é significativamente maior do que aquela prevista para o delito em análise.

---

[82] CUNHA, Rogério Sanches; GOMES, Luis Flávio; MAZZUOLI, Valerio de Oliveira. *Comentários à reforma penal de 2009 e à convenção de Viena sobre o direito dos tratados*, p. 31.

Para que ocorra o delito em exame, as condutas deverão ser levadas a efeito sem que, para tanto, haja *autorização legal*. Havendo a mencionada autorização, o fato será considerado atípico.

Pela situação topográfica do artigo, podemos entendê-lo como uma modalidade especial de favorecimento real.

CONDESCENDÊNCIA CRIMINOSA

Na primeira hipótese, constante do art. 320 do CP, existe uma relação de hierarquia entre o agente que cometeu a infração e aquele que é o competente para responsabilizá-lo administrativamente. Nesse caso, o funcionário hierarquicamente superior deixa, por indulgência, isto é, por tolerância, benevolência, clemência, de responsabilizar o autor da infração.

Na segunda modalidade de condescendência criminosa, prevê a lei penal uma espécie de delação entre funcionários que tenham o mesmo nível hierárquico, ou mesmo hierarquias distintas. Nesse caso, como o funcionário não possui competência para, ele próprio, responsabilizar o agente infrator, sua obrigação limita-se a comunicar o fato à autoridade competente.

O art. 320 do CP tem como pressuposto a prática de uma *infração*. A infração nele referida pode ser tão somente aquela de natureza administrativa, ou ainda importar em uma infração penal. Trata-se, portanto, de um conceito amplo de infração. Contudo, é importante frisar que a referida infração deve dizer respeito ao *exercício do cargo*. Assim, não pratica o delito de condescendência criminosa o funcionário que nada faz quando toma conhecimento de que um de seus subordinados emitiu um cheque sem fundos para a compra de um televisor. Ao contrário, deverá ser responsabilizado se, chegando ao seu conhecimento a infração a um dever funcional praticada por um de seus subordinados hierarquicamente, nada fizer para responsabilizá-lo, em prejuízo do bom andamento da Administração Pública.

Vale destacar que a *indulgência* é o elemento característico da condescendência criminosa, ou seja, a clemência, a tolerância, enfim, a vontade de perdoar, pois, se o agente atua com outra motivação, o fato pode se subsumir, dependendo da hipótese concreta, ao crime de prevaricação ou mesmo de corrupção passiva.

Para efeito de reconhecimento do delito de condescendência criminosa, a lei penal não determina qualquer prazo para que seja providenciada a responsabilização do funcionário subordinado que cometeu infração no exercício do cargo, ou mesmo quando o funcionário não tiver competência para tanto, para que leve o fato ao conhecimento da autoridade competente. Todavia, o art. 143 da Lei nº 8.112/90, que dispôs sobre o regime jurídico dos servidores públicos civis da União, das autarquias e das fundações públicas federais, nos auxilia na interpretação do art. 320 do CP, dizendo:

Art. 143. A autoridade que tiver ciência de irregularidade no serviço público é obrigada a promover a sua apuração imediata, mediante sindicância ou processo administrativo disciplinar, assegurada ao acusado ampla defesa.

Dessa forma, assim que tomar conhecimento da infração, a autoridade competente deverá instaurar a sindicância ou o procedimento administrativo disciplinar; igualmente, o funcionário que não tiver competência para tanto deverá, de imediato, levar os fatos ao conhecimento da autoridade competente, para que sejam tomadas aquelas providências.

CONCEITO DE FUNCIONÁRIO PÚBLICO

Funcionário público, para efeitos penais, não somente é aquele ocupante de um *cargo*, que poderíamos denominar de funcionário público em sentido estrito, mas também aquele que exerce emprego ou função pública. *Emprego público* é a expressão utilizada para efeitos de identificação de uma relação funcional regida pela Consolidação das Leis do Trabalho, geralmente para o exercício de atividades temporárias. *Função*, de acordo com as precisas lições de José dos Santos Carvalho Filho, "é a atividade em si mesma, ou seja, função é sinônimo de atribuição e corresponde às inúmeras tarefas que constituem o objeto dos serviços prestados pelos servidores públicos"[83].

O exercício de uma função pública, ou seja, aquela inerente aos serviços prestados pela Administração Pública, não pode ser confundido com múnus público, entendido como encargo ou ônus conferido pela lei e imposto pelo Estado em determinadas situações, a exemplo do que ocorre com os tutores, curadores etc.

O § 1º, acrescentado ao art. 327 pela Lei nº 9.983, de 14 de julho de 2000, criou o chamado funcionário público por equiparação, passando a gozar desse *status* o agente que exerce cargo, emprego ou função em entidades paraestatais (aqui compreendidas autarquias, sociedades de economia mista, empresas públicas e fundações instituídas pelo Poder Público), bem como aquele que trabalha para empresa prestadora de serviço contratada ou conveniada para a execução de atividade típica da Administração Pública.

O § 2º foi acrescentado ao art. 327 do CP pela Lei nº 6.799, de 23 de junho de 1980, criando uma majorante (aumento em um terço da pena), na hipótese em que os autores dos crimes praticados por funcionário público contra a administração em geral forem ocupantes de *cargos em comissão,* ou seja, aqueles que, na definição de Celso Antônio Bandeira de Mello, são "vocacionados para serem ocupados em caráter transitório por pessoa de confiança da autoridade competente para preenchê-los, a qual também pode exonerar *ad nutum*, isto é, livremente, quem os esteja titularizando"[84], para cujo provimento não há necessi-

---
[83] CARVALHO FILHO, José dos Santos. *Manual de direito administrativo*, p. 362.
[84] BANDEIRA DE MELLO, Celso Antônio. *Curso de Direito Administrativo*, p. 147.

dade de concurso público, ou de *função de direção* ou *assessoramento* de órgão da administração direta, sociedade de economia mista, empresa pública ou fundação instituída pelo Poder Público.

A Lei nº 10.467, de 11 de junho de 2002, acrescentou o Capítulo II-A, que prevê os crimes praticados por particular contra a Administração Pública estrangeira, ao Título XI da Parte Especial do Código Penal, relativo aos crimes contra a Administração Pública. Visto que, nos artigos em que foram previstos os crimes de *corrupção ativa em transação comercial internacional* e *tráfico de influência em transação comercial internacional*, havia, como elemento dos aludidos tipos penais, a figura do *funcionário público estrangeiro*, a lei penal, procurando evitar as divergências sobre a interpretação desse conceito, resolveu explicitá-lo em seu art. 337-D e parágrafo único.

O conceito de funcionário público estrangeiro em muito se parece com aquele previsto pelo art. 327 do CP. Sua diferença, no entanto, reside no fato de que, de acordo com a previsão constante do *caput* do art. 337-D, o exercício de cargo, emprego ou função deve ser levado a efeito em *entidades estatais* ou em *representações diplomáticas de país estrangeiro*.

O parágrafo único do art. 337-D equipara a funcionário público estrangeiro, para efeitos penais, aquele que exerce cargo, emprego ou função em empresas controladas, direta ou indiretamente, pelo Poder Público de país estrangeiro ou em organizações públicas internacionais, a exemplo da ONU, OMS, FMI etc.

REGIME CELETISTA E CONCEITO PENAL DE FUNCIONÁRIO PÚBLICO

Agente que desempenha a função de escrevente em cartório de serviços notariais e de registros, para fins penais, é considerado funcionário público, ainda que contratado sob a égide do regime celetista.[85]

CONCEITO DE FUNCIONÁRIO PÚBLICO E ADVOGADO QUE ATUA EM VIRTUDE DE CONVÊNIO CELEBRADO COM O PODER PÚBLICO

"O advogado que, por força de convênio celebrado com o Poder Público, atua de forma remunerada em defesa dos agraciados com o benefício da Justiça Pública, enquadra-se no conceito de funcionário público para fins penais (Precedentes)" (REsp 902.037/SP, Rel. Min. Felix Fischer, 5ª T., *DJ* de 04/06/2007). Precedentes. Sendo equiparado a funcionário público, possível a adequação típica aos crimes previstos nos artigos 312 e 317 do Código Penal.[86]

Embora não sejam servidores públicos propriamente ditos, pois não são membros da Defensoria Pública, os advogados dativos, nomeados para exercer a defesa de

---

[85] TJSP, Ap. Crim. 116159 03000, Rel. Ribeiro dos Santos, 15ª Câmara de Direito Criminal, pub. 30/05/2008.
[86] STJ, HC 264.459/SP, Rel. Min. Reynaldo Soares da Fonseca, 5ª T., *DJe* 16/03/2016.

acusado necessitado nos locais onde o referido órgão não se encontra instituído, são considerados funcionários públicos para fins penais, nos termos do artigo 327 do Código Penal. Doutrina.[87]

FUNCIONÁRIO PÚBLICO E MÉDICO CONVENIADO AO SUS

Somente após o advento da Lei 9.983/2000, que alterou a redação do art. 327 do Código Penal, é possível a equiparação de médico de hospital particular conveniado ao Sistema Único de Saúde a funcionário público para fins penais. Precedentes.[88]

O médico e o administrador de entidade hospitalar conveniada ao SUS somente podem ser equiparados a funcionário público, nos termos do § 1º do art. 327 do Código Penal, para fins penais, em relação a condutas praticadas após a entrada em vigor da Lei 9.983/00.[89]

CRIMES FUNCIONAIS PRÓPRIOS E CRIMES FUNCIONAIS IMPRÓPRIOS

Os *crimes funcionais próprios* são aqueles em que a qualidade de funcionário público é essencial à sua configuração, não havendo figura semelhante que possa ser praticada por quem não goza dessa qualidade, a exemplo do que ocorre com o delito de prevaricação, tipificado no art. 319 do CP. Por outro lado, há infrações penais que podem ser cometidas tanto pelo funcionário público como por aquele que não goza desse *status*, a exemplo do que ocorre com o peculato-furto, previsto no art. 312, § 1º, do CP, que encontra semelhança com o art. 155 do mesmo diploma legal, denominando tais crimes funcionais, aí, de impróprios.

RESISTÊNCIA

Quando a lei penal, a fim de caracterizar aquilo que denominou de *resistência*, utiliza a expressão *opor-se à execução de ato legal*, mediante violência ou ameaça, não está abrangendo toda e qualquer resistência, mas, sim, aquela de natureza *ativa*, não importando, na infração penal em estudo, a resistência reconhecida como *passiva*.

Para que a resistência seja considerada *ativa* e, portanto, característica do delito tipificado no art. 329 do CP, deverá o agente valer-se do emprego de violência ou ameaça. A violência deverá ser aquela dirigida contra a pessoa do funcionário competente para executar o ato legal, ou mesmo contra quem lhe esteja prestando auxílio. Importa em vias de fato, lesões corporais, podendo até mesmo chegar à prática do delito de homicídio. A ameaça poderá, inclusive, ser utilizada como meio para a prática do delito em estudo. Embora a lei penal não se utilize da expressão *grave ameaça*, tal como fez em outras situações, a exemplo do crime

---

[87] STJ, RHC 33.133/SC, Rel. Min. Jorge Mussi, 5ª T., *DJe* 05/06/2013.
[88] STJ, REsp 1.067.653/PR, Rel. Min. Felix Fischer, 5ª T., *DJe* 01/02/2010.
[89] STJ, HC 100.563/PB, Rel. Min. Arnaldo Esteves Lima, 5ª T., *DJe* 01/02/2010.

de roubo, entendemos que, também aqui, deverá ter alguma gravidade, possibilitando abalar emocionalmente um homem normal, ficando afastada aquela de nenhuma significância.

Visto que, na *resistência passiva*, o agente não utiliza esses meios – violência ou ameaça – para opor-se à execução do ato legal, caso ocorra, poderá se configurar outra infração penal, como o delito de desobediência.

Para que ocorra o delito de resistência, o agente deve opor-se a um ato legal, ou seja, determinado de acordo com os ditames da lei. No entanto, se o ato for ilegal, a resistência daquele contra quem é executado caracterizará o delito em estudo? Respondendo a essa indagação, surgiram três correntes.

Durante o absolutismo, prevalecia a corrente segundo a qual havia presunção de legalidade em todo ato praticado pelos funcionários públicos, razão pela qual não se poderia arguir qualquer direito de resistência.

Com o final do absolutismo e o início do século das luzes, surge, com relação ao direito de resistência, uma postura diametralmente oposta àquela que prevalecia durante o "período de escuridão". Essa postura liberal foi consignada, expressamente, no art. 11 da Declaração dos Direitos do Homem e do Cidadão, de 1789, que diz: "Todo ato exercido contra um homem fora dos casos e sem as formas que a Lei determina é arbitrário e tirânico; aquele contra quem se quer exercer pela violência tem o direito de rechaçá-lo pela força". Os revolucionários diziam que, mais do que um *direito de resistência*, os cidadãos tinham um verdadeiro *dever de resistência*, pois todos tinham a missão de esmagar a tirania do poder.

Assumindo uma posição intermediária, surgiu uma terceira corrente no que diz respeito à possibilidade do direito de resistência. Para essa corrente, adotada pelo nosso Código Penal, somente se pode falar em direito de resistência quando o sujeito está diante de um ato manifestamente ilegal. Não importa que o ato seja formal ou materialmente ilegal, pois, desde que manifestamente contrário às disposições legais, caberá o direito de resistência, atuando o sujeito que o repele amparado por uma causa de justificação, a exemplo da legítima defesa.

Não se pode confundir, no entanto, *ato injusto* com *ato manifestamente ilegal*. Contra a *injustiça do ato* não cabe o direito de resistência. Se o ato está formal e materialmente correto, contra ele não se pode arguir o direito de resistência.

Contudo, se o ato era originariamente legal, mas o funcionário se excede na sua execução, contra esse excesso caberá o direito de resistência, alegando-se, por exemplo, a legítima defesa, haja vista que todo excesso se configura uma agressão injusta e, consequentemente, abre a possibilidade para o raciocínio relativo a essa causa de justificação.

Finalmente, o ato, além de ser formal e materialmente legal, deverá ser executado por *funcionário competente* ou por *quem lhe esteja prestando auxílio*.

É de extrema importância a presença do assistido, ou seja, do funcionário público competente para a execução do ato legal, para efeitos de reconhecimento do crime de resistência quando a conduta praticada pelo agente (violência ou ameaça) é dirigida contra o particular que o auxilia, pois, caso contrário, restará afastado o delito em estudo.

RESISTÊNCIA E EMBRIAGUEZ

Existe discussão doutrinária e jurisprudencial a respeito da influência da embriaguez do agente para efeitos de caracterização do delito de resistência.

Uma primeira corrente aduz que a embriaguez teria o condão de afastar o dolo, eliminando, consequentemente, a infração penal. Existe posição, ainda, no sentido de que, mesmo nos casos de embriaguez completa, não proveniente de caso fortuito ou força maior, deveria o agente responder pela infração penal praticada, aplicando-se, pois, a teoria da *actio libera in causa*.

Entendemos que a questão não pode ser colocada em termos absolutos. É claro que, se o agente estiver embriagado a ponto de não saber o que faz, não teremos condições de identificar o dolo, principalmente se proferiu ameaças, no sentido de opor-se à execução do ato legal. Entretanto, se a embriaguez foi um fator que teve o poder de soltar os freios inibidores do agente, não podemos descartar a caracterização do delito.

RESISTÊNCIA E DESACATO

Traçando a distinção entre os delitos de desacato e resistência, Lélio Braga Calhau, com precisão, assevera:

> O desacato difere da resistência, já que nesta a violência ou ameaça direcionada a funcionário visa à não realização de ato de ofício, ao passo que, naquele, eventual violência ou ameaça perpetrada contra funcionário público tem por finalidade desprestigiar a função por ele exercida.[90]

Existe, no entanto, controvérsia a respeito da possibilidade de concurso entre os delitos de resistência e desacato. Uma primeira corrente entende que o delito de desacato absorveria o crime de resistência, conforme se verifica pela decisão do TJRS, que diz:

> Réu que proferiu ofensas contra os policiais, dizendo-lhes "venham seus merdas" e na tentativa de fugir do local, foi perseguido pela guarnição e detido, momento em que investiu contra os policiais com chutes e pontapés. Trata-se de duas condutas cometidas em um mesmo contexto fático-temporal e que transparecem o dolo único de desacatar servidor público no exercício de suas atribuições. Absorção da resistência pelo desacato.[91]

Outra, em sentido completamente oposto, afirma que a resistência, mesmo possuindo uma pena inferior, absorveria o delito de desacato.

O delito de resistência absorve os crimes de ameaça, desacato e desobediência quando praticados em um mesmo contexto fático. Precedentes.[92]

---

[90] CALHAU, Lélio Braga. *Desacato*, p. 69.
[91] TJRS, AC 70065430274, Rel. Des. Ivan Leomar Bruxel, *DJe* 25/02/2016.
[92] TJMG, AC 1.0422.15.000038-4/001, Rel. Des. Cássio Salomé, *DJe* 17/03/2016.

Apesar das posições expostas, entendemos ser possível o concurso entre os delitos de resistência e desacato. Isso porque o desacato não é um meio para que o agente resista à execução do ato legal, tal como ocorre quando pratica violência ou ameaça o funcionário competente ou aquele que lhe presta auxílio. Trata-se de um concurso real de crimes, havendo mais de uma conduta, com a produção de mais de um resultado. O agente atua, ainda, com motivações diferentes. Como bem ressaltou Lélio Braga Calhau, o que o agente pretende com a prática da resistência é impedir a execução de um ato legal; ao contrário, no desacato, sua finalidade é desprestigiar ou menoscabar a função pública.

RESISTÊNCIA E DESOBEDIÊNCIA

Existe controvérsia também no que diz respeito à possibilidade de concurso entre os crimes de desobediência e resistência.

No entanto, entendemos que, nesse caso, o ato de opor-se à execução de ato legal, mediante violência ou ameaça, a funcionário competente para executá-lo ou a quem lhe esteja prestando auxílio, já compreende uma desobediência, devendo, portanto, o delito tipificado no art. 330 do CP ser absorvido por aquele previsto no art. 329 do mesmo diploma repressivo.

RESISTÊNCIA E PORTE DE ARMA

De acordo com a atual jurisprudência consolidada do Superior Tribunal de Justiça, a aplicação do princípio da consunção pressupõe a existência de ilícitos penais (delitos-meio) que funcionem como fase de preparação ou de execução de outro crime (delito-fim), com evidente vínculo de dependência ou subordinação entre eles; não sendo obstáculo para sua aplicação a proteção de bens jurídicos diversos ou a absorção de infração mais grave pelo de menor gravidade. Precedentes. No caso, inaplicável o princípio da consunção ante o delineamento fático do caso, no qual o porte de arma de fogo constituiu-se conduta autônoma relativamente ao delito de resistência, mormente pela circunstância de que a abordagem feita pela polícia ocorreu de forma aleatória quando realizam patrulhamento de rotina, o que evidencia a ausência de nexo de dependência ou subordinação entre os delitos.[93]

AUTO DE RESISTÊNCIA E HOMICÍDIO DECORRENTE DE INTERVENÇÃO POLICIAL

Não é incomum que, durante confrontos policiais, o suposto autor de determinada infração penal, ou mesmo alguém contra quem tenha sido expedido um mandado de prisão, possa vir a morrer. A polícia, nesses casos, ao narrar o aludido confronto, normalmente fazia menção à resistência oferecida pelo agente, que colo-

---

[93] STJ, REsp 1.294.411/SP, Rel.ª Min.ª Laurita Vaz, 5ª T., *DJe* 03/02/2014.

cava em risco a vida ou mesmo a integridade física dos policiais que participavam daquela diligência. Assim, convencionou-se formalizar essa narrativa em um documento chamado *auto de resistência*, em que se informava que o agente havia sido morto devido à resistência ativa por ele empregada. Nesses casos, os policiais relatavam uma situação de agressão injusta, que lhes permitia agir em legítima defesa.

Como o número de autos de resistência aumentou sensivelmente ao longo dos anos, a Secretaria Especial de Direitos Humanos, da Presidência da República, entendeu por bem regulamentar essas hipóteses, fazendo editar a Resolução nº 8, de 20 de dezembro de 2012, que, após algumas considerações, asseverou:

> Art. 1º As autoridades policiais devem deixar de usar em registros policiais, boletins de ocorrência, inquéritos policiais e notícias de crimes designações genéricas como "autos de resistência", "resistência seguida de morte", promovendo o registro, com o nome técnico de "lesão corporal decorrente de intervenção policial" ou "homicídio decorrente de intervenção policial", conforme o caso.
>
> Art. 2º Os órgãos e instituições estatais que, no exercício de suas atribuições, se confrontarem com fatos classificados como "lesão corporal decorrente de intervenção policial" ou "homicídio decorrente de intervenção policial" devem observar, em sua atuação, o seguinte:
>
> I – os fatos serão noticiados imediatamente à Delegacia de Crimes contra a Pessoa ou à repartição de polícia judiciária, federal ou civil, com atribuição assemelhada, nos termos do art. 144 da Constituição, que deverá:
>
> a) instaurar, inquérito policial para investigação de homicídio ou de lesão corporal;
>
> b) comunicar nos termos da lei, o ocorrido ao Ministério Público.
>
> II – a perícia técnica especializada será realizada de imediato em todos os armamentos, veículos e maquinários envolvidos em ação policial com resultado morte ou lesão corporal, assim como no local em que a ação tenha ocorrido, com preservação da cena do crime, das cápsulas e projeteis até que a perícia compareça ao local, conforme o disposto no art. 6º, incisos I e II; art. 159; art. 160; art. 164 e art. 181, do Código de Processo Penal;
>
> III – é vedada a remoção do corpo do local da morte ou de onde tenha sido encontrado sem que antes se proceda ao devido exame pericial da cena, a teor do previsto no art. 6º, incisos I e II, do Código de Processo Penal;
>
> IV – cumpre garantir que nenhum inquérito policial seja sobrestado ou arquivado sem que tenha sido juntado o respectivo laudo necroscópico ou cadavérico subscrito por peritos criminais independentes e imparciais, não subordinados às autoridades investigadas;
>
> V – todas as testemunhas presenciais serão identificadas e sua inquirição será realizada com devida proteção, para que possam relatar o ocorrido em segurança e sem temor;
>
> VI – cumpre garantir, nas investigações e nos processos penais relativos a homicídios ocorridos em confrontos policiais, que seja observado o disposto na Resolução 1.989/65 do Conselho Econômico e Social das Nações Unidas (ECOSOC);
>
> VII – o Ministério Público requisitará diligências complementares caso algum dos requisitos constantes dos incisos I a V não tenha sido preenchido;
>
> VIII – no âmbito do Ministério Público, o inquérito policial será distribuído a membro com atribuição de atuar junto ao Tribunal do Júri, salvo quando for hipótese de "lesão corporal decorrente de intervenção policial";

IX – as Corregedorias de Polícia determinarão a imediata instauração de processos administrativos para apurar a regularidade da ação policial de que tenha resultado morte, adotando prioridade em sua tramitação;

X – sem prejuízo da investigação criminal e do processo administrativo disciplinar, cumpre à Ouvidoria de Polícia, quando houver, monitorar, registrar, informar, de forma independente e imparcial, possíveis abusos cometidos por agentes de segurança pública em ações de que resultem lesão corporal ou morte;

XI – os Comandantes das Polícias Militares nos Estados envidarão esforços no sentido de coibir a realização de investigações pelo Serviço Reservado (P-2) em hipóteses não relacionadas com a prática de infrações penais militares;

XII – até que se esclareçam as circunstâncias do fato e as responsabilidades, os policiais envolvidos em ação policial com resultado de morte:

a) serão afastados de imediato dos serviços de policiamento ostensivo ou de missões externas, ordinárias ou especiais; e

b) não participarão de processo de promoção por merecimento ou por bravura.

XIII – cumpre às Secretarias de Segurança Pública ou pastas estaduais assemelhadas abolir, quando existentes, políticas de promoção funcional que tenham por fundamento o encorajamento de confrontos entre policiais e pessoas supostamente envolvidas em práticas criminosas, bem como absterem-se de promoções fundamentadas em ações de bravura decorrentes da morte dessas pessoas;

XIV – será divulgado, trimestralmente, no Diário Oficial da unidade federada, relatório de estatísticas criminais que registre o número de casos de morte ou lesões corporais decorrentes de atos praticados por policiais civis e militares, bem como dados referentes a vítimas, classificadas por gênero, faixa etária, raça e cor;

XV – será assegurada a inclusão de conteúdos de Direitos Humanos nos concursos para provimento de cargos e nos cursos de formação de agentes de segurança pública, membros do Poder Judiciário, do Ministério Público e da Defensoria Pública, com enfoque historicamente fundamentado sobre a necessidade de ações e processos assecuratórios de política de segurança baseada na cidadania e nos direitos humanos;

XVI – serão instaladas câmeras de vídeo e equipamentos de geolocalização (GPS) em todas as viaturas policiais;

XVII – é vedado o uso, em fardamentos e veículos oficiais das polícias, de símbolos e expressões com conteúdo intimidatório ou ameaçador, assim como de frases e jargões em músicas ou jingles de treinamento que façam apologia ao crime e à violência;

XVIII – o acompanhamento psicológico constante será assegurado a policiais envolvidos em conflitos com resultado morte e facultado a familiares de vítimas de agentes do Estado;

XIX – cumpre garantir a devida reparação às vítimas e a familiares das pessoas mortas em decorrência de intervenções policiais;

XX – será assegurada reparação a familiares dos policiais mortos em decorrência de sua atuação profissional legítima;

XXI – cumpre condicionar o repasse de verbas federais ao cumprimento de metas públicas de redução de:

a) mortes decorrentes de intervenção policial em situações de alegado confronto;

b) homicídios com suspeitas de ação de grupo de extermínio com a participação de agentes públicos; e

c) desaparecimentos forçados registrados com suspeita de participação de agentes públicos.

XXII – cumpre criar unidades de apoio especializadas no âmbito dos Ministérios Públicos para, em casos de homicídios decorrentes de intervenção policial, prestarem devida colaboração ao promotor natural previsto em lei, com conhecimentos e recursos humanos e financeiros necessários para a investigação adequada e o processo penal eficaz.

Art. 3º Cumpre ao Ministério Público assegurar, por meio de sua atuação no controle externo da atividade policial, a investigação isenta e imparcial de homicídios decorrentes de ação policial, sem prejuízo de sua própria iniciativa investigatória, quando necessária para instruir a eventual propositura de ação penal, bem como zelar, em conformidade com suas competências, pela tramitação prioritária dos respectivos processos administrativos disciplinares instaurados no âmbito das Corregedorias de Polícia.

Art. 4º O Conselho de Defesa dos Direitos da Pessoa Humana oficiará os órgãos federais e estaduais com atribuições afetas às recomendações constantes desta Resolução dando-lhes ciência de seu inteiro teor.

Art. 5º Esta Resolução entra em vigor na data de sua publicação.

DESOBEDIÊNCIA

O núcleo do tipo constante do art. 330 do CP é o verbo *desobedecer*, que significa deixar de atender, não cumprir a ordem legal de funcionário público, seja fazendo alguma coisa que a lei impunha, seja deixando de fazê-la.

A ordem deve ser formal e materialmente legal, tal como mencionamos quando do estudo do delito de resistência, bem como o funcionário público que a determinou deve ter atribuições legais para tanto, pois, caso contrário, a resistência do sujeito em obedecê-la não se configurará o delito em estudo.

Da mesma forma, não se poderá cogitar em crime de desobediência se a pessoa a quem foi dirigida a ordem não tinha a obrigação legal de cumpri-la.

Conforme já decidido pelo Superior Tribunal de Justiça, para a configuração do delito de desobediência, imprescindível se faz a cumulação de três requisitos, quais sejam: desatendimento de uma ordem, que essa ordem seja legal e que emane de funcionário público. Inexistindo recalcitrância do acusado ao cumprimento de ordem legal, não há falar em crime de desobediência.[94]

DESOBEDIÊNCIA A DECISÃO JUDICIAL

Caso a desobediência diga respeito a decisão judicial sobre perda ou suspensão de direito, terá aplicação, em virtude da adoção do princípio da especialidade, o art. 359 do CP.

---

[94] STJ, HC 17.121/ES, Rel. Min. Hamilton Carvalhido, 6ª T., *DJ* 04/02/2002, p. 566.

DESOBEDIÊNCIA À ORDEM QUE IMPLICARIA AUTOINCRIMINAÇÃO OU PREJUÍZO PARA O SUJEITO

Se o prejuízo é patente, não se pode responsabilizar criminalmente o agente pelo fato de não atender às ordens legais, afastando-se, outrossim, o delito de desobediência.

INDICIADO OU ACUSADO QUE SE RECUSA A COMPARECER EM JUÍZO OU NA DELEGACIA DE POLÍCIA A FIM DE PRESTAR SUAS DECLARAÇÕES

Não importará em reconhecimento do delito de desobediência quando o agente deixar de comparecer ao seu interrogatório em juízo, ou mesmo a fim de prestar suas declarações perante a autoridade policial, haja vista não estar obrigado a qualquer tipo de manifestação, nos termos preconizados pelo inciso LXIII do art. 5º da CF.

ADVOGADO QUE SE RECUSA A PRESTAR INFORMAÇÕES SOBRE FATOS QUE IMPORTARÃO EM PREJUÍZO PARA SEU CLIENTE

O advogado não está obrigado a atender a suposta requisição do Ministério Público ou de qualquer outra autoridade para prestar esclarecimentos sobre fatos que importarão em prejuízo para seu cliente, em virtude do disposto no inciso XIX do art. 7º do Estatuto da Advocacia e da Ordem dos Advogados do Brasil.

CUMULAÇÃO DA SANÇÃO PENAL POR DESOBEDIÊNCIA COM SANÇÃO DE NATUREZA ADMINISTRATIVA

Esclarece Hungria:

> Se, pela desobediência de tal ou qual ordem oficial, alguma lei comina determinada penalidade administrativa ou civil, não deverá reconhecer o crime em exame, salvo se a dita lei ressalvar expressamente a cumulativa aplicação do art. 330 (ex.: a testemunha faltosa, segundo o art. 219 do Cód. de Proc. Penal, está sujeita não só a prisão administrativa e pagamento das custas da diligência da intimação, com o "processo penal por crime de desobediência").[95]

Desse modo, esse esclarecimento contradiz o que ocorre com a testemunha referida pelo art. 455, § 5º, do CPC/2015, que prevê tão somente a sua condução perante o juízo, bem como o pagamento pelas despesas do adiamento da audiência.

DESOBEDIÊNCIA E POLÍCIA MILITAR

> Desobediência (Código Penal, art. 330). Tipicidade (falta). Polícia Militar (obrigação). O tipo legal pressupõe a obrigação de cumprimento da ordem expedida, isto é, que o destinatário esteja juridicamente obrigado a obedecer a ela; se não o estiver, a

---

[95] HUNGRIA, Nélson. *Comentários ao Código Penal*, v. IX, p. 420.

desobediência não se configura. Conquanto a ela se recomende preste cooperação, a Polícia Militar, legal e legitimamente, não está, no entanto, obrigada a escolher quem não esteja sob custódia (no caso, pessoa portadora de distúrbios mentais). Falta de tipicidade.[96]

ADVERTÊNCIA SOBRE O CRIME DE DESOBEDIÊNCIA

A simples intimação genérica para cumprimento de decisão jurisdicional, sob pena de eventual caracterização de crime de desobediência, não constitui constrangimento à liberdade de locomoção passível de correção pela via do *Habeas Corpus*.[97]

A requisição de servidor público, ato de natureza administrativa, não constitui ordem legal para fins de caracterização de crime de desobediência, conforme disciplinado no art. 330 do CP.[98]

DESOBEDIÊNCIA E MANDADO DE SEGURANÇA

O art. 26 da Lei nº 12.016/2009 diz, *in verbis*:

> Art. 26. Constitui crime de desobediência, nos termos do art. 330 do Decreto-Lei nº 2.848, de 7 de dezembro de 1940, o não cumprimento das decisões proferidas em mandado de segurança, sem prejuízo das sanções administrativas e da aplicação da Lei nº 1.079, de 10 de abril de 1950, quando cabíveis.

DESACATO

O núcleo *desacatar* deve ser entendido no sentido de faltar com o devido respeito, afrontar, menosprezar, menoscabar, desprezar, profanar. Conforme esclarece Hungria:

> (...) a ofensa constitutiva do desacato é qualquer *palavra* ou *ato* que redunde em vexame, humilhação, desprestígio ou irreverência ao funcionário. É a grosseira falta de acatamento, podendo consistir em palavras injuriosas, difamatórias ou caluniosas, vias de fato, agressão física, ameaças, gestos obscenos, gritos agudos etc. Uma expressão grosseira, ainda que não contumeliosa, proferida em altos brados ou de modo a provocar escândalo, bastará para que se identifique o desacato.[99]

Para que ocorra o delito de desacato, faz-se necessária a presença do funcionário público, não se exigindo, contudo, seja a ofensa proferida face a face,

---

[96] STJ, RHC 16.045/MG, Rel. Min. Nilson Naves, 6ª T., *RSTJ* 182, p. 509.
[97] HC 295.826/SC, Rel. Min. Herman Benjamin, 2ª T., *DJe* 25/09/2014. No mesmo sentido: HC 157.499/MS, Rel.ª Min.ª Laurita Vaz, Corte Especial, *DJe* 01/07/2011; e HC 134.829/AL, Rel. Min. Mauro Campbell Marques, 2ª T., *DJe* 19/08/2009 (STJ, HC 299.519/AC, Rel. Min. Humberto Martins, 2ª T., *DJe* 04/12/2014).
[98] STJ, HC 161.448/MS, Rel. Min. Jorge Mussi, 5ª T., *DJe* 20/06/2012.
[99] HUNGRIA, Nélson. *Comentários ao Código Penal*, v. IX, p. 424.

bastando que, de alguma forma, possa escutá-la, presenciá-la, enfim, que seja por ele percebida. Hungria, com precisão, também esclarece:

> Não é desacato a ofensa *in litteris*, ou por via telefônica, ou pela imprensa, em suma: por qualquer modo, na ausência do funcionário. Em tais casos, poderão configurar-se os crimes de injúria, difamação, calúnia, ameaça, se ocorrerem os respectivos *essentialia*, e somente por qualquer deles responderá o agente.[100]

Igualmente, é fundamental, para efeito de caracterização do delito de desacato, que as ofensas sejam proferidas contra o funcionário público *no exercício da função* (*in officio*) ou *em razão dela* (*propter officium*). A conduta de menosprezo deve, portanto, dizer respeito às funções exercidas pelo funcionário, que atingem, diretamente, a Administração Pública. Qualquer altercação entre um *extraneus* e um funcionário público relacionada a problemas pessoais que não desprestigie as funções por este exercidas pode se configurar outra figura típica, mas não o desacato.

São precisas as lições de Lélio Braga Calhau, quando diz:

> Para a configuração do delito se faz necessário o *nexo funcional*, ou seja, que a ofensa seja proferida no exercício da função ou que seja perpetrada em razão dela. Esse nexo funcional pode se apresentar de duas formas: *ocasional* ou *causal*. Será *ocasional* se a ofensa ocorre onde e quando esteja o funcionário a exercer funções de seu cargo – ou de caráter *causal*, quando, embora presente, o ofendido não esteja a desempenhar ato de ofício, mas a ofensa se dê em razão do exercício de sua função pública.
>
> Se a ofensa não for em razão da função pública, mas sim sobre a conduta particular do ofendido, a ação penal será privada, pois não ocorrerá desacato, mas um crime contra a honra.[101]

É importante frisar, no entanto, que *exercício da função* diz respeito à prática de qualquer ato a ela correspondente, independentemente do local onde é levado a efeito. Assim, como adverte Noronha:

> (...) um juiz de direito ou um delegado de polícia não são ofendidos apenas no fórum ou na delegacia, mas também, por exemplo, em imóvel, onde aquele se acha em diligência de ação demarcatória, ou em lupanar, onde o segundo foi ter por ocasião de um crime.[102]

Não é preciso que o agente esteja no exercício da função para que se possa configurar o desacato, bastando que a conduta ofensiva seja praticada em razão dela.

---

[100] HUNGRIA, Nélson. *Comentários ao Código Penal*, v. IX, p. 424.
[101] CALHAU, Lélio Braga. *Desacato*, p. 45.
[102] NORONHA, Edgard Magalhães. *Direito penal*, v. 2, p. 319-320.

DESACATO E PLURALIDADE DE FUNCIONÁRIOS OFENDIDOS

Se os fatos ocorrerem em um mesmo contexto, haverá crime único, devendo o número de funcionários desacatados ser considerado para efeitos de aplicação da pena.

DESACATO E EMBRIAGUEZ

Tal como ocorre em outras infrações penais, a exemplo do delito de resistência, discute-se se a embriaguez do agente teria o condão de eliminar o seu dolo e, consequentemente, afastar a infração penal em estudo.

Remetemos o leitor ao item em que discorremos sobre a embriaguez e o crime de resistência, pois tudo o que foi dito se aplica ao delito em exame.

DESACATO E EXIGÊNCIA DE ÂNIMO CALMO E REFLETIDO

Entendemos, com a devida *venia* das posições em contrário, que, para efeitos de configuração do delito de desacato, não se exige que deva o agente atuar com ânimo calmo e refletido. Isso porque, geralmente, a infração penal é praticada em situações de alteração psicológica, agindo o agente impulsionado por sentimentos de raiva, ódio, rancor etc.

DESACATO PRATICADO POR ADVOGADO E O § 2º DO ART. 7º DO ESTATUTO DA OAB

Diz o art. 133 da CF que o *advogado é indispensável à administração da justiça, sendo inviolável por seus atos e manifestações no exercício da profissão, nos limites da lei.*

O Código Penal, por seu turno, cuidando das chamadas imunidades judiciárias, assevera, no inciso I do seu art. 142, não se constituir em injúria ou difamação punível a ofensa irrogada em juízo, na discussão da causa, pela parte ou por seu procurador.

De forma inusitada, a Lei nº 8.906, de 4 de julho de 1994, que dispôs sobre o Estatuto da Advocacia e da Ordem dos Advogados do Brasil (OAB), no § 2º do seu art. 7º, ampliou as mencionadas imunidades excluindo a punição dos advogados por desacato.

No entanto, logo após a entrada em vigor do referido diploma legal, o Supremo Tribunal Federal, na ADI 1127 MC-QO/DF, julgada em 06/10/1994, com acerto, suspendeu a eficácia da expressão "ou desacato", constante do mencionado § 2º do art. 7º do Estatuto da OAB, razão pela qual o advogado, mesmo que no exercício de sua profissão, ainda que em juízo, ou fora dele, não poderá proceder de modo que menoscabe a Administração Pública, devendo ser responsabilizado pelo delito de desacato, caso venha a praticar qualquer comportamento que se amolde ao art. 331 do CP.

Em 2 de junho de 2022, a Lei nº 14.365 revogou expressamente o aludido § 2º do art. 7º do Estatuto da OAB, eliminando, por completo, a discussão.

DESACATO E OFENSA DIRIGIDA A FUNCIONÁRIO QUE NÃO SE ENCONTRA PRESENTE

Se o funcionário público não estiver presente quando da conduta do agente, mesmo que praticado *propter officium*, ou seja, em razão das suas funções, o fato poderá subsumir-se a um delito contra a honra, com a incidência da causa especial de aumento de pena, prevista no inciso II do art. 141 do CP.

INDIGNAÇÃO E DESACATO

O simples fato de demonstrarmos a nossa indignação com determinadas atitudes administrativas não importa em desacato.

CORRUPÇÃO ATIVA

O núcleo *oferecer* deve ser entendido no sentido de propor ou apresentar uma proposta para entrega imediata, uma vez que o verbo *prometer*, também constante do art. 333 do CP, nos dá a entender que essa proposta, esse oferecimento, seja para o futuro. Tratando-se de um crime de forma livre, a corrupção ativa pode ser praticada por diversos meios, a exemplo de sinais, gestos, escritos, conversas explícitas etc.

As condutas de oferecer e prometer devem ser dirigidas a um funcionário público e dizer respeito a uma vantagem a ele indevida. Existe controvérsia quanto ao que seja, efetivamente, *vantagem indevida*. Entendemos que a *vantagem indevida* pode ter qualquer natureza, isto é, econômica, moral, sexual etc., pois o tipo penal está inserido em capítulo, bem como em título, que nos permite essa ilação.

A conduta de oferecer ou prometer vantagem indevida a funcionário público deve ser dirigida, finalisticamente, no sentido de determiná-lo a praticar, omitir ou retardar ato de ofício. Quando o tipo penal em estudo se vale do verbo determinar, o faz não com um sentido impositivo, mas, sim, com uma conotação de convencimento. Isso significa que o corruptor não, necessariamente, exige que o funcionário pratique qualquer dos comportamentos mencionados pelo tipo, mas, sim, que a sua conduta o convence, o estimula a praticá-los.

Portanto, a finalidade do comportamento do corruptor é fazer, com o oferecimento ou a promessa da vantagem indevida, que o funcionário público pratique, omita ou retarde ato de ofício. Assim, é de suma importância que se trate de ato de ofício, ou seja, aquele atribuído às funções exercidas pelo funcionário perante a Administração Pública, não havendo até mesmo necessidade de que o mencionado ato seja ilícito. Se o funcionário público, no entanto, vier a, efetivamente, retardar ou omitir o ato de ofício, ou a praticá-lo com infração ao dever funcional, a pena será aumentada em um terço, conforme determinação contida no parágrafo único do art. 333 do CP.

CORRUPÇÃO ATIVA E OFERECIMENTO DE VANTAGEM INDEVIDA APÓS A PRÁTICA DO ATO

Para que se configure o delito de corrupção ativa, a conduta do agente, ao oferecer ou prometer a indevida vantagem a funcionário público, deve ser dirigida no sentido de fazer que ele pratique, omita ou retarde ato de ofício. Portanto, para efeitos de caracterização da corrupção ativa, o oferecimento ou a promessa da vantagem ilícita deve ser anterior ao comportamento praticado pelo funcionário.

Caso o agente, após a prática do ato de ofício pelo funcionário público, venha lhe oferecer ou prometer vantagem indevida, o fato não se subsumirá ao tipo penal que prevê o delito de corrupção ativa.

CORRUPÇÃO ATIVA E ATIPICIDADE NO QUE DIZ RESPEITO À CONDUTA DE DAR A VANTAGEM SOLICITADA PELO FUNCIONÁRIO PÚBLICO

No tipo penal do art. 333, não se encontra a previsão do núcleo *dar*, ao contrário do que ocorre com os delitos mencionados nos arts. 309 do CPM e 337-B do CP.

Assim, por não ser possível o recurso à analogia *in malam partem*, deverá ser considerado atípico o comportamento do *extraneus* que, cedendo às solicitações do funcionário corrupto, lhe der a vantagem indevida.

CORRUPÇÃO ATIVA E OFERECIMENTO DE PEQUENOS AGRADOS

Não é incomum, no serviço público, o oferecimento de pequenos agrados, feitos por particulares, com a finalidade de angariar a simpatia dos funcionários públicos. Assim, são oferecidas caixas de bombons, canetas, garrafas de vinho etc. Se tais comportamentos não são destinados a fazer que o *intraneus* pratique, omita ou retarde ato de ofício, não terão eles a importância exigida pelo Direito Penal.

CORRUPÇÃO ATIVA E FLAGRANTE ESPERADO

> Crime de corrupção ativa. Hipótese em que o delito se desenvolveu, por etapas, com participação de pessoas diferentes: sondagem inicial junto ao funcionário; confirmação e verificação, por outra pessoa, do resultado dessa sondagem; concretização da oferta e pagamento da propina (ocasião do flagrante). Flagrante esperado, caracterizado na consumação da última etapa, já que, no caso, não houve provocação ou instigação da autoridade, que se limitou a não opor resistência ao desenrolar dos acontecimentos, isto é, as investidas espontâneas dos corruptores.[103]

DENUNCIAÇÃO CALUNIOSA

O delito de denunciação caluniosa encontra-se tipificado no art. 339 do CP. De acordo com a nova redação que lhe foi conferida pela Lei nº 14.110, de 18 de dezembro de 2020, podemos apontar os seguintes elementos que integram a

---

[103] STJ, HC 2.467/RJ, Rel. Min. Assis Toledo, 5ª T., *RSTJ* 82, p. 279.

figura típica: a) a conduta de dar causa à instauração: b) de inquérito policial, procedimento investigatório criminal, processo judicial, processo administrativo disciplinar, inquérito civil, ação de improbidade administrativa; c) contra alguém; d) imputando-lhe crime, infração ético-disciplinar ou ato ímprobo; e) de que o sabe inocente.

FALSO TESTEMUNHO E FALSA PERÍCIA

A conduta prevista pelo tipo penal constante do art. 342 do CP diz respeito ao fato de *fazer afirmação falsa*, isto é, que não condiz com a realidade, mentindo sobre determinado fato, *negar* um fato que ocorreu, não reconhecendo a sua veracidade, ou mesmo se *calar*, impedindo, com o seu silêncio, que os fatos cheguem ao conhecimento daquele que irá proferir o julgamento. Assevera Hungria:

> Na primeira hipótese, temos a falsidade *positiva*, consistente na asseveração de um fato mentiroso; na segunda, a falsidade *negativa*, consistente na negação de um fato verdadeiro; na terceira, a *reticência*, isto é, o silêncio acerca do que se sabe ou a recusa em manifestá-lo (ocultação da verdade).[104]

O *caput* do art. 342 do CP aponta aqueles que serão considerados sujeitos ativos do delito e poderão praticar um dos comportamentos anteriormente narrados. São eles: a testemunha, o perito, o contador, o tradutor e o intérprete.

Percebe-se, portanto, que, de um lado, temos o crime de *falso testemunho* e, de outro, o de *falsa perícia*. Na verdade, a qualidade de perito seria o gênero, de onde seriam suas espécies o perito (em sentido estrito, abrangendo, aqui, todas as perícias que não dissessem respeito à contabilidade, à tradução e à interpretação), bem como o contador, o tradutor e o intérprete.

A conduta prevista pelo tipo penal deve ser levada a efeito em *processo judicial, ou administrativo, inquérito policial* ou em *juízo arbitral*. Processo judicial é aquele cuja tramitação ocorre em juízo (cível ou criminal), competindo sua direção a um Juiz de Direito; *processo administrativo* diz respeito a todo aquele que ocorre no âmbito da Administração Pública, que não tenha cunho judicial; o *inquérito policial* é presidido pelo delegado de polícia, que tem por finalidade produzir as provas necessárias a fim de justificar o oferecimento da denúncia, permitindo, assim, o início da *persecutio criminis in judicio*; *juízo arbitral* é aquele capaz de dirimir extrajudicialmente os litígios relativos a direitos patrimoniais disponíveis, nos termos constantes da Lei nº 9.307, de 23 de setembro de 1996, que dispõe sobre a arbitragem.

O delito de falso testemunho é consumado no momento em que o juiz encerra o depoimento, sendo o momento consumativo da falsa perícia, como adverte Luiz Regis Prado, o da:

---
[104] HUNGRIA, Nélson. *Comentários ao Código Penal*, v. IX, p. 475.

(...) entrega do laudo pericial, da tradução, ou com a realização da interpretação falsa. Faz-se mister que o depoimento seja efetivamente concluído – reduzido a termo e devidamente assinado (art. 216 do CPP). Até então, pode ele ser retificado ou alterado pelo depoente, o que poderá impedir a consumação da falsidade. Note-se, ainda, que somente o depoimento findo pode pôr em perigo o bem jurídico protegido, vale dizer, pode ser utilizado pela autoridade como meio de prova.[105]

Não há necessidade, para efeito de reconhecimento do delito de falso testemunho, que o julgador tenha se valido do depoimento falso em sua decisão, bastando tão somente a comprovação da falsidade. Nesse sentido, tem entendido o Supremo Tribunal Federal que o crime de falso testemunho é de natureza formal e consumado com a simples prestação do depoimento falso, sendo de todo irrelevante se influiu ou não no desfecho do processo.[106]

Embora haja divergência, a maioria da doutrina não admite a tentativa na infração penal em exame, posição com a qual concordamos.

RETRATAÇÃO NO FALSO TESTEMUNHO

O § 2º do art. 342 do CP, com a nova redação determinada pela Lei nº 10.268, de 28 de agosto de 2001, assevera que *o fato deixa de ser punível se, antes da sentença no processo em que ocorreu o ilícito, o agente se retrata ou declara a verdade.*

COMPROMISSO DE DIZER A VERDADE E FALSO TESTEMUNHO

Como este não é elementar do delito tipificado no art. 342 do CP, a outra conclusão não podemos chegar a não ser pelo reconhecimento do delito de falso testemunho em qualquer situação, ou seja, haja ou não a testemunha assumido o compromisso de falar a verdade do que souber e lhe for perguntado.

Estamos, portanto, com Hélio Tornaghi quando, com autoridade, preleciona:

> Não se pense, portanto, que só tem obrigação de dizer a verdade as testemunhas que prometem fazê-lo; que o dever de veracidade só existe para quem tem dever de prometer. Não! A obrigação de dizer a verdade independe da obrigação de prometer! Da primeira, a lei não dispensa ninguém; da outra, isto é, da de prometer, estão *dispensados* (Código de Processo Penal, art. 208).[107]

VÍTIMA QUE PRESTA DEPOIMENTO FALSO

Não comete o delito de falso testemunho, pois sua situação não se amolda ao conceito de testemunha, exigido pelo tipo do art. 342 do CP.

---

[105] PRADO, Luiz Regis. *Curso de Direito Penal Brasileiro*, v. 4, p. 659-660.
[106] HC 81.951/SP, Rel.ª Min.ª Ellen Gracie, 1ª T., DJ 30/04/2004.
[107] TORNAGHI, Hélio. *Compêndio de processo penal*, v. 3, p. 890.

PRISÃO EM FLAGRANTE NO CRIME DE FALSO TESTEMUNHO

Quando a testemunha, por algum motivo, na presença do juiz, se recusa a prestar suas declarações, não vemos óbice à prisão em flagrante, pois ela tem a obrigação de responder sobre aquilo que lhe perguntarem.

No entanto, se o julgador, durante a inquirição de uma testemunha, vier a se convencer de que suas declarações são falsas ou de que nega a verdade, é sinal de que, antecipando o seu julgamento, entendeu que as demais provas, que até aquele momento foram trazidas para os autos, eram verdadeiras.

Trata-se, portanto, de uma valoração perigosa, principalmente se ainda existirem outras provas a produzir.

Por isso, entendemos que a prisão em flagrante de alguém pela prática do delito de falso testemunho poderá, em algumas situações, conduzir até mesmo à suspeição do julgador, pelo fato de que, com ela, já terá manifestado a sua valoração, entendendo como verdadeira a prova que serviu de parâmetro a fim de concluir pela falsidade testemunhal.

FAVORECIMENTO PESSOAL

O núcleo *auxiliar*, previsto no art. 348 do CP, significa ajudar, socorrer. Essa ajuda, essa prestação de auxílio, deve ser dirigida no sentido de fazer que alguém se subtraia à ação de autoridade pública, ou seja, aquela que, de alguma forma, seja a legitimada a determinar ou a proceder à captura do autor do crime, a exemplo do delegado de polícia do, promotor de justiça, do juiz de direito.

Pressuposto para o cometimento do *favorecimento pessoal* é a prática de um crime anterior pela pessoa a quem o agente auxilia a subtrair-se à ação da autoridade pública.

O delito é consumado quando o agente, efetivamente, presta o auxílio necessário para que o autor de crime se subtraia à ação da autoridade pública, sendo necessário o sucesso do referido auxílio, pois, caso contrário, o delito poderá ser reconhecido como tentado.

DIFERENÇA ENTRE FAVORECIMENTO PESSOAL E PARTICIPAÇÃO NO CRIME

Para que ocorra o delito de favorecimento pessoal, aquele a quem o agente auxilia já deverá ter consumado o crime anterior.

Se o auxílio, não importando a sua natureza, for oferecido anteriormente à prática do crime, o agente deverá responder a título de participação no delito praticado por aquele a quem supostamente auxiliaria, e não por favorecimento pessoal.

FAVORECIMENTO REAL

Prestar auxílio, nos termos constantes do art. 349 do CP, significa ajudar, socorrer. O agente, portanto, auxilia o autor da infração penal, que o artigo denomina de *criminoso*, a preservar ou conservar o proveito do crime. *Proveito*, esclarece Hungria:

> (...) no sentido em que é empregado o vocábulo no texto legal, é toda vantagem ou utilidade, material ou moral, obtida ou esperada em razão do crime anterior, seja direta ou indiretamente: tanto o *produto* do crime (ex.: a *res furtiva*) ou o *resultado* dele (ex.: a posse de menor raptada), quanto a coisa que venha a substituir a que foi objeto material do crime (ex.: o ouro resultante da fusão das joias subtraídas, ou a coisa que veio a ser comprada com o dinheiro furtado), ou, finalmente, o *pretium criminis*. Os *instrumenta sceleris* não são proveito do crime: sua guarda clandestina ou ocultação, porém, se praticada com o fim de despistar a perseguição do criminoso, será favorecimento real.[108]

Para que ocorra o favorecimento real, não poderá o agente ter, de alguma forma, concorrido para o crime anterior, que culminou com seu proveito. Assim, embora o art. 349 mencione o termo *coautoria*, na verdade, quer significar *concurso de pessoas*, abrangendo suas duas modalidades, isto é, a coautoria e a participação. O Código Penal utiliza o termo "coautoria" porque o mencionado artigo ainda faz parte daqueles que foram criados pelo Código de 1940, e o Título IV de sua revogada Parte Geral cuidava do concurso de pessoas sob a denominação de *coautoria*. Dessa forma, a coautoria seria o gênero, do qual seriam suas espécies a coautoria, em sentido estrito, e a participação.

Não poderá o agente, portanto, ter concorrido, de qualquer modo, para o crime anterior.

Também menciona o citado art. 349 que não poderá ter havido receptação.

Merece ser ressaltado, ainda, que o art. 349 do CP vale-se da expressão *proveito do crime*, ficando afastado do tipo penal em estudo qualquer proveito que diga respeito, por exemplo, à prática de contravenção penal.

O delito será consumado, como adverte Fragoso, "no momento e no lugar em que o auxílio idôneo for prestado pelo agente, ainda que a pessoa beneficiada não tenha conseguido o objetivo visado"[109].

A tentativa é admissível.

FAVORECIMENTO REAL E RECEPTAÇÃO

Enquanto, no delito de favorecimento real, o agente pratica a conduta para beneficiar o autor do crime precedente, tornando seguro para este o proveito do delito, na receptação, o autor pratica as condutas insertas no tipo em proveito próprio ou de terceiro (que não seja o autor do crime anterior). Havendo prova de que o réu ocultou, em sua residência, veículo, sabendo-o produto de furto, para

---
[108] HUNGRIA, Nélson. *Comentários ao Código Penal*, v. IX, p. 510.
[109] FRAGOSO, Heleno Cláudio. *Lições de direito penal*: parte especial, p. 535.

dois indivíduos que supostamente eram autores do crime antecedente, aplicando-se o princípio *in dubio pro reo*, mister realizar a desclassificação para o delito do art. 349 do CP.[110]

Caracteriza o crime de favorecimento real se o acusado recebe o bem proveniente de crime com o intuito de tão somente favorecer o criminoso, sem que objetive proveito próprio ou de outrem com a sua conduta.[111]

FAVORECIMENTO REAL E FURTO

O delito de favorecimento real se configura com o auxílio idealizado e prestado após a prática do delito. Assim, se o agente, antes da subtração, aderiu, expressamente, ao plano criminoso, tornou-se partícipe, ainda que só intervenha em fase posterior da prática criminosa.[112]

ARREBATAMENTO DE PRESO

O núcleo *arrebatar*, constante do art. 353 do CP, significa tomar das mãos, arrancar, tirar. A conduta do agente, portanto, é dirigida, finalisticamente, no sentido de arrebatar *preso*, isto é, aquele que já se encontra sob a custódia ou guarda do Estado.

Trata-se de crime formal, de consumação antecipada, não havendo necessidade de que o agente, efetivamente, consiga maltratar o preso, bastando, no entanto, que aja com essa finalidade.

Conforme lições de Hungria, "os *maus-tratos* têm variada casuística, indo desde as vias de fato vexatórias até o extremo do *linchamento* (que ultimamente tem ocorrido com certa e alarmante frequência)"[113].

Para que ocorra o delito em estudo, é necessário que o preso esteja sob a custódia ou guarda do Estado, podendo o fato acontecer *intra* ou *extramuros*, ou seja, dentro ou fora de um estabelecimento prisional, a exemplo do sujeito que quer arrancar do interior de uma viatura policial alguém que havia estuprado uma criança, e que tinha sido preso em flagrante delito, com a finalidade de agredi-lo.

Note-se que o art. 353 do CP somente faz menção ao *preso*, e não ao indivíduo submetido à medida de segurança detentiva, sendo essa uma falha que não pode ser reparada pelo recurso da analogia, pois utilizada *in malam partem*.

O delito é consumado com o efetivo arrebatamento, ou seja, com a retirada do preso do poder de quem o tenha sob custódia ou guarda, independentemente do fato de ter o agente conseguido maltratá-lo, uma vez que se cuida de um crime formal.

---

[110] TJMG, AC 1.0024.12.319433-4/001, Rel. Des. Nelson Missias de Morais, *DJe* 14/09/2015.
[111] TJSC, AC 2012.036272-5, Rel. Des. Roberto Lucas Pacheco, j. 02/10/2014.
[112] TJMG, AC 1.0672.10.004616-4/001, Rel. Des. Beatriz Pinheiro Caires, *DJe* 04/03/2013.
[113] HUNGRIA, Nélson. *Comentários ao Código Penal*, v. IX, p. 521.

ESPIONAGEM

O art. 359-K foi inserido no Código Penal por meio da Lei nº 14.197, de 1º de setembro de 2021, criando o delito de espionagem, com redação similar àquela prevista no art. 13 da revogada Lei de Segurança Nacional.

De acordo com a redação constante do *caput* do tipo penal que prevê o crime de espionagem, podemos destacar os seguintes elementos: a) a conduta de entregar a governo estrangeiro, a seus agentes, ou a organização criminosa estrangeira, b) em desacordo com determinação legal ou regulamentar, c) documento ou informação classificados como secretos ou ultrassecretos nos termos da lei, d) cuja revelação possa colocar em perigo a preservação da ordem constitucional ou a soberania nacional.

Por *governo* estrangeiro devemos entender aquele que diz respeito a outro país; *agentes* são todos aqueles que trabalham oficialmente para o referido governos estrangeiro; *organização criminosa estrangeira* podemos entender quaisquer grupos criminosos que possuam os requisitos necessários para que possam ser assim reconhecidos, a exemplo das máfias italianas, dos cartéis mexicanos, ou mesmo dos grupos terroristas, que também se amoldam a esse conceito, tal como ocorre com o Estado Islâmico, a Al-Qaeda, o Talibã etc.

GOLPE DE ESTADO

O art. 359-M foi inserido no Código Penal mediante a Lei nº 14.197/2021, criando o delito de golpe de Estado, cuja figura típica possui os seguintes elementos: a) a conduta de tentar depor, por meio de violência ou grave ameaça, b) o governo legitimamente constituído.

Para que o golpe de Estado seja considerado crime, há necessidade de que a tentativa de deposição do governo legitimamente constituído seja levada a efeito por meio de violência ou grave ameaça.

Tentar depor tem o sentido de tentar destituir, afastar, retirar o governo legitimamente constituído.

Para que se caracterize o golpe de Estado, a conduta de tentar depor, por meio de violência ou grave ameaça, deve ser dirigida a um governo legitimamente constituído. Aqui, deve ser entendido o governo que por finalidade ditar os rumos da nação, isto é, o Poder Executivo em âmbito Federal. Não se fala em golpe de Estado quando estamos diante de violência ou grave ameaça a fim de tomar os governos estaduais e municipais.

CONSUMO DE DROGAS

A Lei nº 11.343/2006 instituiu o Sistema Nacional de Políticas Públicas sobre Drogas (Sisnad), bem como prescreveu medidas para prevenção do uso indevido, atenção e reinserção social de usuários e dependentes de drogas, revogando, expressamente, a Lei nº 6.368, de 21 de outubro de 1976, que regulava a matéria.

O art. 28 do atual diploma legislativo prevê cinco condutas que, dependendo do dolo do agente, poderão caracterizar o delito, a saber:

- *adquirir* – tem o sentido de receber, conseguir, obter, gratuita ou onerosamente;
- *guardar* – importa em conservar, manter, ter sob o seu cuidado, mas em nome de outrem;
- *ter em depósito* – significa acondicionar em determinado lugar, estocar, ter à sua disposição;
- *transportar* – deve ser entendido como conduzir, levar de um lugar para outro;
- *trazer consigo* – tem o significado de ter a posse, encontrando-se a droga em poder do próprio agente.

Foram acrescentados à nova figura típica os núcleos *ter em depósito e transportar*. Não foi inserido o núcleo *usar*, motivo de discussões anteriores. Havia posição no sentido de que a conduta de *usar* era atípica, pois não se amoldava aos núcleos *adquirir, guardar* e *trazer consigo*, previstos no revogado art. 16 da Lei nº 6.368/76. No entanto, a posição contrária dizia que quem usa, por questões óbvias, traz consigo. O exemplo que era motivo de discussão, principalmente acadêmica, era aquele em que o cigarro de maconha era colocado, por uma terceira pessoa, na boca do sujeito, para que pudesse tragá-lo, ou – a hipótese mais acadêmica ainda – a situação daquele que tragava o mencionado cigarro, que se encontrava acondicionado sobre um objeto, sem que, para tanto, o agente tivesse que segurá-lo. Como não foi inserido o núcleo *usar*, a discussão ainda persiste.

Cuida-se de um tipo misto alternativo, em que a prática de mais de um comportamento importará em uma única infração penal, a exemplo do agente que adquire e traz consigo drogas para consumo pessoal.

CONCEITO DE DROGA

A expressão *substância entorpecente ou que determine dependência física ou psíquica*, constante do revogado art. 16 da Lei nº 6.368/76, foi substituída pela palavra *droga*, que foi conceituada pelo parágrafo único do art. 1º da Lei nº 11.343/2006, como sendo *as substâncias ou os produtos capazes de causar dependência, assim especificados em lei ou relacionados em listas atualizadas periodicamente pelo Poder Executivo da União*.

NORMA PENAL EM BRANCO OU PRIMARIAMENTE REMETIDA

É aquela que necessita de um complemento para que o seu preceito primário possa ser entendido e aplicado. No caso em exame, somente poderá ser aplicado o art. 28 da Lei nº 11.343/2006 quando forem especificadas em *lei* ou *relacionadas em listas atualizadas periodicamente pelo Poder Executivo da União* quais são as substâncias ou os produtos capazes de causar dependência que importarão na prática da infração penal.

O cigarro e o álcool, por exemplo, causam dependência. No entanto, se não fizerem parte do rol das substâncias consideradas proibidas, poderão ser normalmente utilizados.

Continua, em virtude da conceituação de droga, a discussão sobre a ofensa ao princípio da legalidade, com a delegação a outro Poder, que não o Legislativo, da competência para determinar o conteúdo do tipo penal, cuidando-se, nessa hipótese, de uma norma penal em branco heterogênea. Tem prevalecido, no entanto, a posição de Juan Carlos Carbonell Mateu, que esclarece que:

> (...) a técnica das leis penais em branco pode ser indesejável, mas não se pode ignorar que é absolutamente necessária em nossos dias. A amplitude das regulamentações jurídicas que dizem respeito sobre as mais diversas matérias, sobre as que pode e deve pronunciar-se o Direito Penal, impossibilita manter o grau de exigência de legalidade que se podia contemplar no século passado ou inclusive a princípio do presente. Hoje, cabe dizer que desgraçada mas necessariamente, temos que nos conformar que a lei contemple o núcleo essencial da conduta.[114]

Como se percebe, hoje em dia, a maioria da doutrina tem se contentado com a existência de um *núcleo essencial da conduta*, em que a sua narração fundamental vem determinada, esclarecida, pelo tipo, podendo, entretanto, haver complementação por outro diploma, tenha ou não o mesmo nível hierárquico, como acontece com as portarias editadas pelo Ministério da Saúde.

CONSUMO PESSOAL

O tipo penal do art. 28 da Lei nº 11.343/2006 se valeu da expressão *para consumo pessoal*, deixando de lado a já conhecida expressão *para uso próprio*, utilizada pelo revogado art. 16 da Lei nº 6.368/76. Assim, para que seja caracterizada a infração penal *sub examen*, as condutas previstas no tipo deverão ser dirigidas, finalisticamente, ao *consumo pessoal*. Para que o julgador possa aferir o dolo do agente, nos termos do § 2º do art. 28 da Lei nº 11.343/2006, deverá atender à natureza e à quantidade da substância apreendida, ao local e às condições em que se desenvolveu a ação, às circunstâncias sociais e pessoais, bem como à conduta e aos antecedentes do agente.

---

[114] MATEU, Juan Carlos Carbonell. *Derecho penal*: concepto y principios constitucionales, p. 124.

CONSUMO DE DROGAS E ELEMENTO SUBJETIVO

O dolo é o elemento subjetivo exigido pelo tipo penal, não havendo previsão para a modalidade de natureza culposa.

Muito embora o § 2º do art. 28 da Lei nº 11.343/2006 tenha asseverado que, para a aferição do elemento subjetivo, o juiz deverá atender à natureza e à quantidade da substância apreendida, ao local e às condições em que se desenvolveu a ação, às circunstâncias sociais e pessoais, bem como à conduta e aos antecedentes do agente, não se pode presumir esse elemento subjetivo, em virtude da presença dessas circunstâncias, sob pena de ser erigido um verdadeiro direito penal do autor, punindo o agente por aquilo que ele é, pela sua personalidade, pelo seu passado etc.

Assim, não é pelo fato de já ter sido o agente processado e condenado pelo tráfico ilícito de drogas que se presumirá sempre estar ele praticando a mencionada infração penal. Se, por exemplo, um sujeito, já condenado anteriormente por tráfico de drogas, for encontrado portando um cigarro de maconha, ou mesmo um papelote de cocaína, próximo a uma "boca de fumo", localizada no interior de uma comunidade carente, não poderemos, simplesmente, em virtude da conjunção dessas circunstâncias, presumir que aquela droga seria destinada ao tráfico ilícito. Por isso, na verdade, devemos conjugar todos esses fatores, que servirão de orientação à descoberta do elemento subjetivo. Se o agente, por exemplo, conhecido traficante de drogas, for surpreendido, trazendo consigo vários papelotes de cocaína, em local normalmente destinado ao comércio ilícito de drogas etc., tudo levará a crer que a sua conduta era dirigida ao tráfico ilícito, e não ao consumo pessoal.

Da mesma forma, podemos raciocinar com o delito de tráfico se um conhecido traficante for surpreendido, por exemplo, com uma única "trouxinha" de maconha, em frente a uma escola, local no qual costumava vender a droga, pois tudo levava a crer que a sua finalidade não era o consumo, mas, sim, a venda ilícita.

No entanto se, mesmo conjugados esses elementos, ainda persistir a dúvida, deverá ser aplicado o princípio do *in dubio pro reo*, devendo o agente ser responsabilizado criminalmente pelo delito tipificado no art. 28 da Lei nº 11.343/2006, e não pelo delito de tráfico de drogas.

CONSUMO DE DROGAS E PRISÃO EM FLAGRANTE

Se o tipo penal do art. 28 da Lei nº 11.343/2006 não comina qualquer pena privativa de liberdade, seria ilógica – e mesmo arbitrária – a prisão em flagrante daquele que foi surpreendido fazendo uso de drogas, razão pela qual a primeira parte do § 2º do art. 48 do diploma legal citado diz que, *tratando-se da conduta prevista no art. 28 desta Lei, não se imporá prisão em flagrante.*

Isso não impede, entretanto, seja o agente conduzido coercitivamente ao juízo competente para que seja levado a efeito o termo circunstanciado. Só não poderá, portanto, ser lavrado *auto de prisão em flagrante*, tampouco ser mantido *preso*.

APLICAÇÃO DO PRINCÍPIO DA INSIGNIFICÂNCIA PELA AUTORIDADE POLICIAL

Quando se cogita da aplicação do princípio da insignificância, tem-se entendido, majoritariamente, que a sua aplicação ficaria a cargo do Ministério Público, que, no caso concreto, emitiria sua *opinio delicti*, ordenando o arquivamento do inquérito policial ou de quaisquer elementos informativos da mesma natureza, nos termos do art. 28 do CPP, com a redação que lhe foi conferida pela Lei nº 13.964/2019, comunicando à vítima, ao investigado e à autoridade policial, encaminhando os autos para a instância de revisão ministerial para fins de homologação, na forma da lei.

Todavia, poderá a autoridade policial que tomou conhecimento dos fatos deixar de lavrar o auto de prisão em flagrante, ou mesmo o termo circunstanciado, sob o argumento da aplicação do princípio da insignificância? Entendemos que não. É bom que se entenda que, com essa resposta, não existe qualquer desrespeito para com a autoridade policial, especificamente falando, tampouco com o seu juízo de valoração sobre o caso concreto. No entanto, como não existe qualquer forma de controle prevista em lei para esse tipo de comportamento, entendemos que, se houver tipicidade formal da conduta praticada, deverá a autoridade policial lavrar, obrigatoriamente, o termo circunstanciado, devendo o Ministério Público, por seu turno, avaliar a existência de tipicidade material, oferecendo a denúncia, ou ordenando o arquivamento do feito.

Em ambas as hipóteses, haverá controle pelo Poder Judiciário. Se oferecida a denúncia sobre um fato em que inexiste tipicidade material, poderá a autoridade judiciária rejeitá-la, com base no art. 395, VI, do CPP, haja vista que a ausência de tipicidade material conduz à atipicidade do fato e, consequentemente, não haverá crime; se ordenar o arquivamento, o fato será levado para a instância de revisão ministerial para fins de homologação, na forma da lei.

AGENTE QUE É SURPREENDIDO PELA POLÍCIA LOGO APÓS TER FEITO USO DA DROGA

Não responderá pelo delito em estudo, pois seu comportamento não se amolda a qualquer núcleo, tampouco poderá ser objeto de prova pericial residuográfica.

TRÁFICO DE DROGAS

O tráfico ilícito de drogas talvez seja uma das infrações penais mais devastadoras da sociedade. Não somente o ato de traficar em si, mas seus efeitos periféricos são tão ou mais nefastos do que o próprio tráfico.

Caminham juntamente com o tráfico de drogas o homicídio, a corrupção, as torturas, as ameaças, os crimes econômicos, ou seja, existe uma gama de infrações penais que seguem a ele atreladas.

Seu combate, portanto, passou a ser prioridade nos países que sofrem com sua nefasta influência. As legislações modernas passaram a tratar com mais severidade esse tipo de comportamento e, por outro lado, a entender o consumidor não apenas como um criminoso mas também como alguém que necessita de tratamento.

Claro que nem todo consumidor de drogas é um viciado, assim como nem todo indivíduo que ingere bebidas alcoólicas é um alcoólatra. Existe uma parcela grande da sociedade que estimula o tráfico, fazendo do consumo uma "rotina social".

O art. 33 da Lei nº 11.343/2006, que substitui o revogado art. 12 da Lei nº 6.368/76, passou a tipificar as condutas que importarão no delito de tráfico de drogas, com as consequências que lhes são pertinentes.

Trata-se de um crime de ação múltipla, isto é, um tipo penal em que se preveem vários comportamentos que importam no reconhecimento da infração penal. Assim, de acordo com a redação constante do *caput* do mencionado art. 33, são estes os comportamentos proibidos que, se praticados, poderão determinar a condenação do agente pela prática da infração penal em estudo:

> a) importar; b) exportar; c) remeter; d) preparar; e) produzir; f) fabricar; g) adquirir; h) vender; i) expor à venda; j) oferecer; k) ter em depósito; l) transportar; m) trazer consigo; n) guardar; o) prescrever; p) ministrar; q) entregar a consumo ou fornecer, ainda que gratuitamente.

Todos esses comportamentos devem ser realizados sem a devida autorização ou em desacordo com determinação legal ou regulamentar para que se configurem a infração penal.

Em sessão realizada em 2016, o Plenário do STF entendeu que o chamado tráfico privilegiado, no qual as penas podem ser reduzidas, conforme o art. 33, § 4º, da Lei nº 11.343/2006 (Lei de Drogas), não deve ser considerado crime de natureza hedionda. A discussão ocorreu no julgamento do *Habeas Corpus* (HC) 118.533, que foi deferido por maioria dos votos.

O Superior Tribunal de Justiça, por seu turno, na edição nº 131 da sua *Jurisprudência em Teses*, da mesma forma, no item 21, concluiu que:

> 21) O tráfico ilícito de drogas na sua forma privilegiada (art. 33, § 4º, da Lei nº 11.343/2006) não é crime equiparado a hediondo.[115]

No que diz respeito à progressão de regime, a Lei nº 13.964/2019 inseriu o § 5º no art. 112 da LEP, dizendo:

> (...)
> § 5º Não se considera hediondo ou equiparado, para os fins deste artigo, o crime de tráfico de drogas previsto no § 4º do art. 33 da Lei nº 11.343, de 23 de agosto de 2006.

---

[115] Tese revisada sob o rito do art. 1.036 do CPC/2015 – Tema 600.

§ 6º O cometimento de falta grave durante a execução da pena privativa de liberdade interrompe o prazo para a obtenção da progressão no regime de cumprimento da pena, caso em que o reinício da contagem do requisito objetivo terá como base a pena remanescente.

§ 7º O bom comportamento é readquirido após 1 (um) ano da ocorrência do fato, ou antes, após o cumprimento do requisito temporal exigível para a obtenção do direito.

TRÁFICO DE DROGAS E ELEMENTO SUBJETIVO

O fundamento principal da distinção entre o delito de consumo e o crime de tráfico de drogas é, efetivamente, o elemento subjetivo do agente. Uma pessoa pode ter sido encontrada, por exemplo, trazendo consigo um "tablete" de maconha, com aproximadamente um quilo, e ser condenada pelo crime de consumo de drogas, tipificado no art. 28 da Lei nº 11.343/2006. Por outro lado, alguém pode ter sido surpreendido trazendo consigo dois papelotes de cocaína e ser condenado pelo tráfico.

Tudo dependerá do dolo do agente, vale dizer, se sua vontade era dirigida, finalisticamente, ao consumo ou à venda ilícita.

O papel da Polícia será de suma importância para que se possa concluir por uma ou por outra infração penal. Por isso, todos os detalhes deverão, inicialmente, constar, por exemplo, no Boletim de Ocorrência e, posteriormente, ser narrados pelo policial que constará como condutor no auto de prisão em flagrante.

A quantidade da droga, portanto, será tão somente um dos fatores a serem observados para que se conclua pelo consumo ou pelo tráfico, pois, conforme determina o inciso I do art. 52 da Lei Antidrogas, a autoridade policial, ao encerrar as investigações formalizadas no inquérito policial:

> (...) relatará sumariamente as circunstâncias do fato, justificando as razões que a levaram à classificação do delito, indicando a quantidade e natureza da substância ou do produto apreendido, o local e as condições em que se desenvolveu a ação criminosa, as circunstâncias da prisão, a conduta, a qualificação e os antecedentes do agente.

TRÁFICO DE DROGAS E REGIME INICIAL DE CUMPRIMENTO DE PENA

Por maioria de votos, o Plenário do STF concedeu, durante sessão extraordinária realizada em 27 de junho de 2012, o HC 111.840 e declarou, incidentalmente, a inconstitucionalidade do § 1º do art. 2º da Lei nº 8.072/90, com redação dada pela Lei nº 11.464/2007, o qual prevê que a pena por crime de tráfico será cumprida, inicialmente, em regime fechado.

No HC, a Defensoria Pública do Estado do Espírito Santo pedia a concessão do *habeas corpus* para que um condenado por tráfico de drogas pudesse iniciar o cumprimento da pena de seis anos em regime semiaberto, alegando, para tanto, a inconstitucionalidade da norma que determina que os condenados por tráfico devem cumprir a pena em regime inicialmente fechado.

O julgamento teve início em 14 de junho de 2012 e, naquela ocasião, cinco Ministros se pronunciaram pela inconstitucionalidade do dispositivo: Dias Toffoli (relator), Rosa Weber, Cármen Lúcia Antunes Rocha, Ricardo Lewandowski e Cezar Peluso. Em sentido contrário, pronunciaram-se os Ministros Luiz Fux, Marco Aurélio e Joaquim Barbosa, que votaram pelo indeferimento da ordem.

Na sessão de 27 de junho de 2012, quando foi concluído o julgamento, os Ministros Gilmar Mendes, Celso de Mello e Ayres Britto acompanharam o voto do relator, Ministro Dias Toffoli, pela concessão do HC para declarar a inconstitucionalidade do § 1º do art. 2º da Lei nº 8.072/90. De acordo com o entendimento do relator, o dispositivo contraria a Constituição Federal, especificamente no ponto que trata do princípio da individualização da pena (art. 5º, XLVI).

Assim, a decisão do STF, embora *incidenter tantum*, deve ser aplicada não somente aos casos futuros, permitindo ao julgador, quando possível, a fixação de outro regime inicial de cumprimento de pena que não o fechado, mas também deve retroagir, a fim de alcançar aquelas condenações já transitadas em julgado ou mesmo ainda pendentes de recurso, para que esse novo entendimento seja aplicado a todos os agentes condenados por tráfico de drogas que fizerem jus à fixação de um regime inicial de cumprimento de pena diverso do fechado.

ASSOCIAÇÃO PARA O TRÁFICO DE DROGAS

O art. 35 da Lei nº 11.343/2006 prevê o delito de associação para o tráfico de drogas.

Ao contrário do que ocorre com o delito de associação criminosa, previsto no art. 288 do CP, que, após a nova redação que lhe foi conferida pela Lei nº 12.850/2013, passou a exigir um número mínimo de três pessoas para sua configuração, o delito de associação para o tráfico prevê um número mínimo de tão somente duas pessoas. No entanto, o tipo penal exige uma finalidade especial, vale dizer, a prática, reiterada ou não, de qualquer dos crimes previstos nos arts. 33, *caput* e § 1º, e 34 da Lei Antidrogas.

No que diz respeito ao seu parágrafo único, há necessidade de que a associação seja para a prática reiterada do crime definido no art. 36 da Lei nº 11.343/2006.

DIREÇÃO PERIGOSA E EMBRIAGUEZ

Diz o art. 306 do CTB, *in verbis*:

Art. 306. Conduzir veículo automotor com capacidade psicomotora alterada em razão da influência de álcool ou de outra substância psicoativa que determine dependência:
Penas – detenção, de 6 (seis) meses a três anos, multa e suspensão ou proibição de se obter a permissão ou a habilitação para dirigir veículo automotor.
§ 1º As condutas previstas no *caput* serão constatadas por:

I – concentração igual ou superior a 6 decigramas de álcool por litro de sangue ou igual ou superior a 0,3 miligrama de álcool por litro de ar alveolar; ou

II – sinais que indiquem, na forma disciplinada pelo Contran, alteração da capacidade psicomotora.

§ 2º A verificação do disposto neste artigo poderá ser obtida mediante teste de alcoolemia ou toxicológico, exame clínico, perícia, vídeo, prova testemunhal ou outros meios de prova em direito admitidos, observado o direito à contraprova. (Redação dada pela Lei nº 12.971, de 9 de maio de 2014)

§ 3º O Contran disporá sobre a equivalência entre os distintos testes de alcoolemia ou toxicológicos para efeito de caracterização do crime tipificado neste artigo. (Redação dada pela Lei nº 12.971, de 9 de maio de 2014)

§ 4º Poderá ser empregado qualquer aparelho homologado pelo Instituto Nacional de Metrologia, Qualidade e Tecnologia – INMETRO – para se determinar o previsto no *caput*. (Incluído pela Lei nº 13.840, de 2019.)

Trata-se de crime de perigo abstrato, também reconhecido como de perigo presumido, em que basta a prática do comportamento previsto pelo tipo para que a infração penal reste consumada, independentemente da produção efetiva de perigo ao bem juridicamente tutelado.

O art. 306 do CTB, com a nova redação que lhe foi conferida pela Lei nº 12.760/2012, presume o perigo do comportamento daquele que é surpreendido conduzindo veículo automotor com capacidade psicomotora alterada em razão da influência de álcool ou de outra substância psicoativa que determine dependência. Assim, não há necessidade, por exemplo, de que seja apontada uma vítima específica do comportamento perigoso levado a efeito pelo agente, em virtude da presunção do perigo por ele produzido.

Para efeitos de reconhecimento da capacidade psicomotora alterada em razão da influência de álcool ou de outra substância psicoativa que determine dependência, a exemplo, neste último caso, do que ocorre com o consumo de drogas, os incisos I e II do art. 306 do CTB a presumem quando o agente estiver com concentração igual ou superior a 6 decigramas de álcool por litro de sangue ou igual ou superior a 0,3 miligrama de álcool por litro de ar alveolar ou manifeste sinais que indiquem, na forma disciplinada pelo Contran, alteração da capacidade psicomotora, e o § 2º do art. 306 do diploma legal citado, inserido pela Lei nº 12.760/2012, com a nova redação que lhe foi conferida pela Lei nº 12.971, de 9 de maio de 2014, determina que essa verificação poderá ser obtida mediante teste de alcoolemia ou toxicológico, exame clínico, perícia, vídeo, prova testemunhal ou outros meios de prova em direito admitidos, observado o direito à contraprova.

Poderá ser empregado qualquer aparelho homologado pelo Instituto Nacional de Metrologia, Qualidade e Tecnologia (Inmetro) para se determinar a alteração da capacidade psicomotora em razão da influência de álcool ou de outra substância psicoativa que determine dependência.

INVASÃO DE DISPOSITIVO INFORMÁTICO

Muito se tem discutido, atualmente, a respeito dos chamados *delitos de informática*, também reconhecidos, doutrinariamente, pelas expressões *crimes de computador*, *crimes digitais*, *crimes cibernéticos*, *crimes via internet*, entre outras. Na verdade, sob essa denominação, abrigam-se não somente os crimes cujo objeto material da conduta praticada pelo agente é um componente informático, a exemplo dos programas de computador, ou as próprias informações existentes em um dispositivo informático, como também – e o que é mais comum – as demais infrações penais em que a informática é utilizada como verdadeiro instrumento para sua prática, razão pela qual observam Mário Furlaneto Neto e José Augusto Chaves Guimarães:

> A informática permite não só o cometimento de novos delitos, como potencializa alguns outros tradicionais (estelionato, por exemplo). Há, assim, crimes cometidos com o computador (*The computer as a tool of a crime*) e os cometidos contra o computador, isto é, contra as informações e programas nele contidos (*The computer as the object of a crime*).[116]

É neste último sentido que, precipuamente, a Lei nº 12.737/2012, inserindo o art. 154-A ao Código Penal, criou o delito de *invasão de dispositivo informático*, prevendo, outrossim, o chamado *crime de informática puro*, isto é, aquele, segundo definição de Marco Aurélio Rodrigues da Costa, cuja conduta ilícita "tenha por objetivo exclusivo o sistema de computador, seja pelo atentado físico ou técnico do equipamento e seus componentes, inclusive dados e sistemas"[117].

A Lei nº 12.737/2012 – que, conforme mencionado, inseriu o art. 154-A ao Código Penal – exigiu a presença dos seguintes elementos para efeito de caracterização do delito de invasão de dispositivo informático, a saber: a) o núcleo *invadir*; b) dispositivo informático alheio; c) conectado ou não à rede de computadores; d) mediante violação indevida de mecanismo de segurança; e) com o fim de obter, adulterar ou destruir dados ou informações sem autorização expressa ou tácita do titular do dispositivo; f) ou instalar vulnerabilidades para obter vantagem ilícita.

O Decreto nº 8.771, de 11 de maio de 2016, regulamentou a Lei nº 12.965, de 23 de abril de 2014, para tratar das hipóteses admitidas de discriminação de pacotes de dados na internet e de degradação de tráfego, indicar procedimentos para guarda e proteção de dados por provedores de conexão e de aplicações, apontar medidas de transparência na requisição de dados cadastrais pela Administração Pública e estabelecer parâmetros para fiscalização e apuração de infrações.

---

[116] FURLANETO NETO, Mário; GUIMARÃES, José Augusto Chaves. Crimes na internet: elementos para uma reflexão sobre a ética informacional. *Revista CEJ*, p. 69.

[117] COSTA, Marco Aurélio Rodrigues da. Crimes de informática. *Jus Navigandi*, Teresina, n. 12, ano 1, maio 1997. Disponível em: <http://jus2.uol.com.br/doutrina/texto.asp?id=1826>. Acesso em: 20/01/2009.

ABUSO DE AUTORIDADE

A Lei nº 13.869/2019 revogou a Lei nº 4.898/65 e tipificou novas condutas como abuso de autoridade, a saber:

Art. 9º Decretar medida de privação da liberdade em manifesta desconformidade com as hipóteses legais:
Pena – detenção, de 1 (um) a 4 (quatro) anos, e multa.
Parágrafo único. Incorre na mesma pena a autoridade judiciária que, dentro de prazo razoável, deixar de:
I – relaxar a prisão manifestamente ilegal;
II – substituir a prisão preventiva por medida cautelar diversa ou de conceder liberdade provisória, quando manifestamente cabível;
III – deferir liminar ou ordem de habeas corpus, quando manifestamente cabível.
Art. 10. Decretar a condução coercitiva de testemunha ou investigado manifestamente descabida ou sem prévia intimação de comparecimento ao juízo:
Pena – detenção, de 1 (um) a 4 (quatro) anos, e multa.
Art. 11. (Vetado).
Art. 12. Deixar injustificadamente de comunicar prisão em flagrante à autoridade judiciária no prazo legal:
Pena – detenção, de 6 (seis) meses a 2 (dois) anos, e multa.
Parágrafo único. Incorre na mesma pena quem:
I – deixa de comunicar, imediatamente, a execução de prisão temporária ou preventiva à autoridade judiciária que a decretou;
II – deixa de comunicar, imediatamente, a prisão de qualquer pessoa e o local onde se encontra à sua família ou à pessoa por ela indicada;
III – deixa de entregar ao preso, no prazo de 24 (vinte e quatro) horas, a nota de culpa, assinada pela autoridade, com o motivo da prisão e os nomes do condutor e das testemunhas;
IV – prolonga a execução de pena privativa de liberdade, de prisão temporária, de prisão preventiva, de medida de segurança ou de internação, deixando, sem motivo justo e excepcionalíssimo, de executar o alvará de soltura imediatamente após recebido ou de promover a soltura do preso quando esgotado o prazo judicial ou legal.
Art. 13. Constranger o preso ou o detento, mediante violência, grave ameaça ou redução de sua capacidade de resistência, a:
I – exibir-se ou ter seu corpo ou parte dele exibido à curiosidade pública;
II – submeter-se a situação vexatória ou a constrangimento não autorizado em lei;
III – produzir prova contra si mesmo ou contra terceiro:
Pena – detenção, de 1 (um) a 4 (quatro) anos, e multa, sem prejuízo da pena cominada à violência.
Art. 14. (Vetado).
Art. 15. Constranger a depor, sob ameaça de prisão, pessoa que, em razão de função, ministério, ofício ou profissão, deva guardar segredo ou resguardar sigilo:
Pena – detenção, de 1 (um) a 4 (quatro) anos, e multa.
Parágrafo único. Incorre na mesma pena quem prossegue com o interrogatório:

I – de pessoa que tenha decidido exercer o direito ao silêncio; ou

II – de pessoa que tenha optado por ser assistida por advogado ou defensor público, sem a presença de seu patrono.

Violência Institucional (Incluído pela Lei nº 14.321, de 2022)

Art. 15-A. Submeter a vítima de infração penal ou a testemunha de crimes violentos a procedimentos desnecessários, repetitivos ou invasivos, que a leve a reviver, sem estrita necessidade: (Incluído pela Lei nº 14.321, de 2022)

I – a situação de violência; ou (Incluído pela Lei nº 14.321, de 2022)

II – outras situações potencialmente geradoras de sofrimento ou estigmatização: (Incluído pela Lei nº 14.321, de 2022)

Pena – detenção, de 3 (três) meses a 1 (um) ano, e multa. (Incluído pela Lei nº 14.321, de 2022)

§ 1º Se o agente público permitir que terceiro intimide a vítima de crimes violentos, gerando indevida revitimização, aplica-se a pena aumentada de 2/3 (dois terços). (Incluído pela Lei nº 14.321, de 2022)

§ 2º Se o agente público intimidar a vítima de crimes violentos, gerando indevida revitimização, aplica-se a pena em dobro. (Incluído pela Lei nº 14.321, de 2022)

Art. 16. Deixar de identificar-se ou identificar-se falsamente ao preso por ocasião de sua captura ou quando deva fazê-lo durante sua detenção ou prisão:

Pena – detenção, de 6 (seis) meses a 2 (dois) anos, e multa.

Parágrafo único. Incorre na mesma pena quem, como responsável por interrogatório em sede de procedimento investigatório de infração penal, deixa de identificar-se ao preso ou atribui a si mesmo falsa identidade, cargo ou função.

Art. 17. (Vetado).

Art. 18. Submeter o preso a interrogatório policial durante o período de repouso noturno, salvo se capturado em flagrante delito ou se ele, devidamente assistido, consentir em prestar declarações:

Pena – detenção, de 6 (seis) meses a 2 (dois) anos, e multa.

Art. 19. Impedir ou retardar, injustificadamente, o envio de pleito de preso à autoridade judiciária competente para a apreciação da legalidade de sua prisão ou das circunstâncias de sua custódia:

Pena – detenção, de 1 (um) a 4 (quatro) anos, e multa.

Parágrafo único. Incorre na mesma pena o magistrado que, ciente do impedimento ou da demora, deixa de tomar as providências tendentes a saná-lo ou, não sendo competente para decidir sobre a prisão, deixa de enviar o pedido à autoridade judiciária que o seja.

Art. 20. Impedir, sem justa causa, a entrevista pessoal e reservada do preso com seu advogado:

Pena – detenção, de 6 (seis) meses a 2 (dois) anos, e multa.

Parágrafo único. Incorre na mesma pena quem impede o preso, o réu solto ou o investigado de entrevistar-se pessoal e reservadamente com seu advogado ou defensor, por prazo razoável, antes de audiência judicial, e de sentar-se ao seu lado e com ele comunicar-se durante a audiência, salvo no curso de interrogatório ou no caso de audiência realizada por videoconferência.

Art. 21. Manter presos de ambos os sexos na mesma cela ou espaço de confinamento:

Pena – detenção, de 1 (um) a 4 (quatro) anos, e multa.

Parágrafo único. Incorre na mesma pena quem mantém, na mesma cela, criança ou adolescente na companhia de maior de idade ou em ambiente inadequado, observado o disposto na Lei nº 8.069, de 13 de julho de 1990 (Estatuto da Criança e do Adolescente).

Art. 22. Invadir ou adentrar, clandestina ou astuciosamente, ou à revelia da vontade do ocupante, imóvel alheio ou suas dependências, ou nele permanecer nas mesmas condições, sem determinação judicial ou fora das condições estabelecidas em lei:

Pena – detenção, de 1 (um) a 4 (quatro) anos, e multa.

§ 1º Incorre na mesma pena, na forma prevista no *caput* deste artigo, quem:

I – coage alguém, mediante violência ou grave ameaça, a franquear-lhe o acesso a imóvel ou suas dependências;

II – (Vetado);

III – cumpre mandado de busca e apreensão domiciliar após as 21h (vinte e uma horas) ou antes das 5h (cinco horas).

§ 2º Não haverá crime se o ingresso for para prestar socorro, ou quando houver fundados indícios que indiquem a necessidade do ingresso em razão de situação de flagrante delito ou de desastre.

Art. 23. Inovar artificiosamente, no curso de diligência, de investigação ou de processo, o estado de lugar, de coisa ou de pessoa, com o fim de eximir-se de responsabilidade ou de responsabilizar criminalmente alguém ou agravar-lhe a responsabilidade:

Pena – detenção, de 1 (um) a 4 (quatro) anos, e multa.

Parágrafo único. Incorre na mesma pena quem pratica a conduta com o intuito de:

I – eximir-se de responsabilidade civil ou administrativa por excesso praticado no curso de diligência;

II – omitir dados ou informações ou divulgar dados ou informações incompletos para desviar o curso da investigação, da diligência ou do processo.

Art. 24. Constranger, sob violência ou grave ameaça, funcionário ou empregado de instituição hospitalar pública ou privada a admitir para tratamento pessoa cujo óbito já tenha ocorrido, com o fim de alterar local ou momento de crime, prejudicando sua apuração:

Pena – detenção, de 1 (um) a 4 (quatro) anos, e multa, além da pena correspondente à violência.

Art. 25. Proceder à obtenção de prova, em procedimento de investigação ou fiscalização, por meio manifestamente ilícito:

Pena – detenção, de 1 (um) a 4 (quatro) anos, e multa.

Parágrafo único. Incorre na mesma pena quem faz uso de prova, em desfavor do investigado ou fiscalizado, com prévio conhecimento de sua ilicitude.

Art. 26. (Vetado).

Art. 27. Requisitar instauração ou instaurar procedimento investigatório de infração penal ou administrativa, em desfavor de alguém, à falta de qualquer indício da prática de crime, de ilícito funcional ou de infração administrativa:

Pena – detenção, de 6 (seis) meses a 2 (dois) anos, e multa.

Parágrafo único. Não há crime quando se tratar de sindicância ou investigação preliminar sumária, devidamente justificada.

Art. 28. Divulgar gravação ou trecho de gravação sem relação com a prova que se pretenda produzir, expondo a intimidade ou a vida privada ou ferindo a honra ou a imagem do investigado ou acusado:
Pena – detenção, de 1 (um) a 4 (quatro) anos, e multa.
Art. 29. Prestar informação falsa sobre procedimento judicial, policial, fiscal ou administrativo com o fim de prejudicar interesse de investigado:
Pena – detenção, de 6 (seis) meses a 2 (dois) anos, e multa.
Parágrafo único. (Vetado).
Art. 30. Dar início ou proceder à persecução penal, civil ou administrativa sem justa causa fundamentada ou contra quem sabe inocente:
Pena – detenção, de 1 (um) a 4 (quatro) anos, e multa.
Art. 31. Estender injustificadamente a investigação, procrastinando-a em prejuízo do investigado ou fiscalizado:
Pena – detenção, de 6 (seis) meses a 2 (dois) anos, e multa.
Parágrafo único. Incorre na mesma pena quem, inexistindo prazo para execução ou conclusão de procedimento, o estende de forma imotivada, procrastinando-o em prejuízo do investigado ou do fiscalizado.
Art. 32. Negar ao interessado, seu defensor ou advogado acesso aos autos de investigação preliminar, ao termo circunstanciado, ao inquérito ou a qualquer outro procedimento investigatório de infração penal, civil ou administrativa, assim como impedir a obtenção de cópias, ressalvado o acesso a peças relativas a diligências em curso, ou que indiquem a realização de diligências futuras, cujo sigilo seja imprescindível:
Pena – detenção, de 6 (seis) meses a 2 (dois) anos, e multa.
Art. 33. Exigir informação ou cumprimento de obrigação, inclusive o dever de fazer ou de não fazer, sem expresso amparo legal:
Pena – detenção, de 6 (seis) meses a 2 (dois) anos, e multa.
Parágrafo único. Incorre na mesma pena quem se utiliza de cargo ou função pública ou invoca a condição de agente público para se eximir de obrigação legal ou para obter vantagem ou privilégio indevido.
Art. 34. (Vetado).
Art. 35. (Vetado).
Art. 36. Decretar, em processo judicial, a indisponibilidade de ativos financeiros em quantia que extrapole exacerbadamente o valor estimado para a satisfação da dívida da parte e, ante a demonstração, pela parte, da excessividade da medida, deixar de corrigi-la:
Pena – detenção, de 1 (um) a 4 (quatro) anos, e multa.
Art. 37. Demorar demasiada e injustificadamente no exame de processo de que tenha requerido vista em órgão colegiado, com o intuito de procrastinar seu andamento ou retardar o julgamento:
Pena – detenção, de 6 (seis) meses a 2 (dois) anos, e multa.
Art. 38. Antecipar o responsável pelas investigações, por meio de comunicação, inclusive rede social, atribuição de culpa, antes de concluídas as apurações e formalizada a acusação:
Pena – detenção, de 6 (seis) meses a 2 (dois) anos, e multa.

TERRORISMO

A Lei nº 13.260, de 16 de março de 2016, regulamentou o disposto no inciso XLIII do art. 5º da CF, disciplinando o terrorismo, tratando de disposições investigatórias e processuais e reformulando o conceito de organização terrorista.

Diz o seu art. 2º, *in verbis*:

> Art. 2º O terrorismo consiste na prática por um ou mais indivíduos dos atos previstos neste artigo, por razões de xenofobia, discriminação ou preconceito de raça, cor, etnia e religião, quando cometidos com a finalidade de provocar terror social ou generalizado, expondo a perigo pessoa, patrimônio, a paz pública ou a incolumidade pública.
> § 1º São atos de terrorismo:
> I – usar ou ameaçar usar, transportar, guardar, portar ou trazer consigo explosivos, gases tóxicos, venenos, conteúdos biológicos, químicos, nucleares ou outros meios capazes de causar danos ou promover destruição em massa;
> II – (Vetado);
> III – (Vetado);
> IV – sabotar o funcionamento ou apoderar-se, com violência, grave ameaça a pessoa ou servindo-se de mecanismos cibernéticos, do controle total ou parcial, ainda que de modo temporário, de meio de comunicação ou de transporte, de portos, aeroportos, estações ferroviárias ou rodoviárias, hospitais, casas de saúde, escolas, estádios esportivos, instalações públicas ou locais onde funcionem serviços públicos essenciais, instalações de geração ou transmissão de energia, instalações militares, instalações de exploração, refino e processamento de petróleo e gás e instituições bancárias e sua rede de atendimento;
> V – atentar contra a vida ou a integridade física de pessoa:
> Pena – reclusão, de doze a trinta anos, além das sanções correspondentes à ameaça ou à violência.
> § 2º O disposto neste artigo não se aplica à conduta individual ou coletiva de pessoas em manifestações políticas, movimentos sociais, sindicais, religiosos, de classe ou de categoria profissional, direcionados por propósitos sociais ou reivindicatórios, visando a contestar, criticar, protestar ou apoiar, com o objetivo de defender direitos, garantias e liberdades constitucionais, sem prejuízo da tipificação penal contida em lei.

O ponto fundamental do terrorismo, como o próprio nome nos induz a crer, é a prática de atos que tragam à população a sensação de pânico, medo, insegurança, incerteza dos atos futuros, enfim, resumidamente, a expansão do medo é sua peça central.

Conforme as precisas lições de Tatiana de Almeida Freitas R. Cardoso:

> O medo é uma característica enraizada aos atos terroristas, exatamente porque essa emoção "gera um sentimento coletivo e cotidiano de insegurança". E os seres humanos, de um modo geral, detêm "um medo específico de ameaças que possam ser facilmente representadas ou imaginadas", as quais influenciam o pensamento de tal forma que tudo passa a ser visto como uma possibilidade de atentado – mesmo que

aquele tenha sido um fato isolado doméstico, como aqueles ocorridos em Boston no dia 5 de abril de 2013.

Através de suas incursões, os (grupos) terroristas promovem a difusão desse sentimento, paralisando a população – aqui englobando governo e sociedade civil – de modo que os deixem sem forças para combatê-lo rapidamente, em uma real demonstração de incapacidade, a qual faz com que seus pedidos e pretensões sejam garantidos, mesmo que momentaneamente. Afinal, o medo ressalta a insegurança social, de modo que a comunidade não se sentiria "mais protegida pelo Estado", dada a falta de confiança e segurança oferecida por este.[118]

Com precisão, Ernesto Garzón Valdés esclarece que:

> O terrorismo é um método ou um modo de comportamento. Consiste precisamente na realização de um ato ou uma atividade cujo resultado pretendido é a criação de um estado psicológico de temor generalizado. Nesse sentido, podia dizer-se que existe uma relação intrínseca ou *lógica* entre terrorismo e a obtenção deste determinado estado psicológico; quando este último não se produz, não cabe falar de terrorismo. Ao contrário, as motivações e objetivos que conduzem ao uso desse método estão extrínseca ou *casualmente* vinculados ao terrorismo. Eles podem ser de variada natureza: políticos, religiosos, econômico ou sociais.[119]

O termo *terrorismo* foi utilizado pela primeira vez após a Revolução Francesa, de 1789, com o sentido de "atos contrários ao regime", quando, a fim de serem mantidos os ideais revolucionários, inúmeras pessoas foram executadas, principalmente com a utilização da guilhotina. Naquela época, havia um grupo radical, conhecido como Jacobinos, tendo Robespierre como um de seus líderes, que criou o Tribunal Revolucionário, espalhando o medo a todos aqueles que se opunham ao pensamento que tomou conta da França.

Como esclarecem Paulo Sutti e Silvia Ricardo:

> O período entre setembro de 1793 e julho de 1794, caracterizado por grande violência e por centenas de execuções, deu origem ao termo terrorismo, que apareceu grafado pela primeira vez em 1798 no Suplemento do Dicionário da Academia Francesa, para caracterizar o extermínio em massa de pessoas de oposição ao regime promovido pela autoridade governamental instituída. Nesse sentido, o Estado é o agente do terror.[120]

Não podemos nos esquecer de que um ato de terrorismo precipitou o início da Primeira Grande Guerra Mundial (1914-1918), quando Gavrilo Princip, membro da organização nacionalista sérvia conhecida por Mão Negra, causou a morte

---

[118] CARDOSO, Tatiana de Almeida Freitas R. *A mundialização do terrorismo*: a (re)definição do fenômeno após o 11 de setembro – direitos humanos e terrorismo, p. 131-132.

[119] GARZÓN VALDÉS, Ernesto et al. *Terrorismo y derechos fundamentales*: el terrorismo político no institucional, p. 37-38.

[120] SUTTI, Paulo; RICARDO, Silvia. *As diversas faces do terrorismo*, p. 3.

do Arquiduque Francisco Ferdinando, herdeiro do Império austro-húngaro, juntamente com sua esposa, a Duquesa Sofia de Hohenberg, durante uma visita a Sarajevo, capital da Bósnia, em 28 de junho de 1914.

No entanto, foi após a Segunda Grande Guerra Mundial (1939-1945) que o terrorismo sofreu uma expansão extraordinária, sendo utilizado como recurso em quase todas as partes do planeta, principalmente nos países do chamado terceiro mundo, onde havia uma divisão entre grupos de esquerda e de direita, por conta da guerra fria.

Alessandro Visacro relembra que:

> Em algumas lutas de independência, como no Quênia e na Argélia, o terrorismo desempenhou um papel realmente significativo. Nesse período, os militantes do IRA e os membros da OLP e da FPLP redefiniram os métodos terroristas. Os irlandeses tornaram-se responsáveis por atentados a bomba bem elaborados, que vitimaram propositadamente um número considerável de civis inocentes. Os palestinos internacionalizaram o terror, atacando alvos israelenses fora do Oriente Médio e estabelecendo estreitos vínculos com organizações de outros países. O Exército Vermelho japonês, a Fração do Exército Vermelho alemã, as Brigadas Vermelhas italianas, o basco ETA, entre tantos outros grupos, sofreram enorme influência de irlandeses e palestinos, sem nunca se igualarem a eles.
>
> No final dos anos 1970, a Revolução Iraniana marcou o "surgimento" do terrorismo religioso. Desde então, organizações como o Hezbollah, o Hamas e a Jihad Islâmica Palestina têm alcançado notável projeção e obtido êxitos significativos, recorrendo às operações de martírio.[121]

Desde a segunda metade do século XX, a sociedade tem sido vítima de centenas de ataques terroristas ao redor do mundo, e a grande maioria foi ignorada pela mídia, que, ao que parece, somente se importa com os ataques que envolvam as nações mais desenvolvidas, a exemplo dos EUA, da França, da Espanha, da Inglaterra, da Bélgica etc. Quando esses ataques ocorrem no Oriente Médio ou na África, por exemplo, quase não são divulgados, mesmo que ocasionem a morte de centenas de pessoas inocentes. Existe, portanto, uma divulgação seletiva desses ataques. Quando a mídia os noticia, não dá a mesma importância que àqueles praticados em países do chamado "primeiro mundo", mais ocidentalizados, como se as vidas dos demais não tivesse tanta relevância. O absurdo é evidente.

O início do século XXI já começou marcado por uma história de medo aos atos terroristas, sobretudo àqueles de cunho religioso, como os praticados, por exemplo, pela Al-Qaeda e pelo Estado Islâmico. Na verdade, como bem apontado por Emanuel de Moraes:

---

[121] VISACRO, Alessandro. *Guerra irregular*: terrorismo, guerrilha e movimentos de resistência ao longo da história, p. 28.

A prática dos atos de terrorismo faz parte de uma ação guerreira islâmica desde o século VII, sendo certo que Maomé recomendava todas as espécies de ações violentas contra os não crentes. Por isso, o jornalista Jerry Falwell bem caracterizou o Profeta Maomé como um terrorista e um homem violento.[122]

RACISMO E INJÚRIA RACIAL

O art. 2º-A foi inserido na lei que define os crimes resultantes de preconceito de raça e de cor (Lei nº 7.716/89) por meio da Lei nº 14.532, de 11 de janeiro de 2023, criando o delito de injúria racial, com a seguinte redação típica:

> Art. 2º-A Injuriar alguém, ofendendo-lhe a dignidade ou o decoro, em razão de raça, cor, etnia ou procedência nacional.
> Pena: reclusão, de 2 (dois) a 5 (cinco) anos, e multa.
> Parágrafo único. A pena é aumentada de metade se o crime for cometido mediante concurso de 2 (duas) ou mais pessoas.

Esse comportamento, antes da referida modificação legislativa, se configurava, tão somente, um crime contra a honra, previsto no Código Penal. Agora, com sua inserção na lei que define os crimes resultantes de preconceito de raça e de cor, passa a ser considerado crime de racismo, com todas as consequências que lhe são inerentes, conforme o disposto no inciso XLII do art. 5º da CF, que diz:

> (...)
> XLII – a prática do racismo constitui crime inafiançável e imprescritível, sujeito à pena de reclusão, nos termos da lei;
> (...).

---

[122] MORAES, Emanuel de. *A atual guerra islâmica*: o terrorismo, p. 67-68.

Bibliografia

ALEXANDRINO, Marcelo; PAULO, Vicente. *Direito administrativo descomplicado*. 19. ed. São Paulo: Método, 2011.

ARAÚJO, Gustavo Garcia. Excesso culposo da legítima defesa no júri. *Boletim do Instituto de Ciências Penais*, n. 31, ano III, p. 5-6, nov. 2002.

ARRAIS, Gerson Santana. *Homicídio simples praticado a partir de atividade de extermínio considerado como hediondo*. Disponível em: <http://jus.com.br/revista/texto/14711/homicidio-simples-praticado-a-partir-de-atividade-de-exterminio-considerado-como-hediondo#ixzz27t0tXHHg>. Acesso em: 29/09/2012.

ASSIS, Jorge César de. *Código de Processo Penal Militar anotado*. 2. ed. Curitiba: Juruá, 2008.

ASSIS, Jorge Cesar de. *Comentários ao Código Penal Militar*: comentários, doutrina, jurisprudência dos tribunais militares e tribunais superiores. 6. ed. Curitiba: Juruá, 2011.

BANDEIRA DE MELLO, Celso Antônio. *Curso de Direito Administrativo*. 5. ed. São Paulo: Malheiros Editores, 1994.

BARROSO, Luís Roberto. *Curso de Direito Constitucional Contemporâneo*: os conceitos fundamentais e a construção do novo modelo. 4. ed. São Paulo: Saraiva, 2013.

BATISTA, Nilo. *Concurso de agentes*. 2. ed. Rio de Janeiro: Lumen Juris, 2004.

BATISTA, Weber Martins. *O furto e o roubo no direito e no processo penal*. 2. ed. Rio de Janeiro: Forense, 1995.

BENI, Eduardo Alexandre. *Aviação de segurança pública e a responsabilidade cível do comandante de aeronave da Polícia Militar do Estado de São Paulo*. 2009. Monografia (Curso de Aperfeiçoamento de Oficiais) – Centro de Aperfeiçoamento de Estudos Superiores da Polícia Militar de São Paulo, São Paulo, 2009.

BIERRENBACH, Sheila de Albuquerque. *Crimes omissivos impróprios*. Belo Horizonte: Del Rey, 1996.

BINETTI, Saffo Testoni. Doutrina. In: BOBBIO, Norberto; MATTEUCCI, Nicola; PASQUINO, Gianfranco. *Dicionário de política*. 11. ed. Brasília: Editora UnB, 1998. v. 1. p. 381-382.

BITENCOURT, Cezar Roberto. *Manual de direito penal*: parte geral. São Paulo: Saraiva, 2000. v. 1.

BITENCOURT, Cezar Roberto. *Tratado de direito penal*. 3. ed. São Paulo: Saraiva, 2003. v. 3.

BITENCOURT, Cezar Roberto. *Tratado de direito penal*: parte geral. 13. ed. São Paulo, 2008.

BOCKELMANN, Paul. *Relaciones entre autoria y participación*. Buenos Aires: Abeledo-Perrot, 1960.

BODNAR, Zenildo et al. *Nova Lei Antidrogas*. Niterói: Impetus, 2006.

BOFF, Leonardo. *Fundamentalismo, terrorismo, religião e paz*: desafio para o século XXI. Petrópolis: Editora Vozes, 2009.

BRUNO, Aníbal. *Direito penal*: parte geral. Rio de Janeiro: Forense, 1967.

BRUNO, Aníbal. *Direito penal*: parte geral. Rio de Janeiro: Forense, 1984. t. II.

CABETTE, Eduardo Luiz Santos. *A Lei nº 11.923/09 e o famigerado sequestro-relâmpago*: afinal, que raio de crime é esse? Disponível em: <http://jus2.uol.com.br/doutrina/texto.asp?id=12760>. Acesso em: 29/08/2009.

CALHAU, Lélio Braga. *Desacato*. Belo Horizonte: Mandamentos, 2004.

CAPEZ, Fernando. *Curso de Direito Penal*. 2. ed. São Paulo: Saraiva, 2003. v. 2.

CAPEZ, Fernando. *Curso de Direito Penal*: parte geral. 14. ed. São Paulo: Saraiva, 2010.

CARDOSO, Tatiana de Almeida Freitas R. *A mundialização do terrorismo*: a (re)definição do fenômeno após o 11 de setembro – direitos humanos e terrorismo. Porto Alegre: ediPUCRS, 2014.

CARRARA, Francesco. *Programa de Derecho Criminal*. Bogotá: Temis, 1991. v. VI.

CARVALHO FILHO, Aloysio de. *Comentários ao Código Penal*. Rio de Janeiro: Forense, 1958. v. IV.

CARVALHO FILHO, José dos Santos. *Manual de direito administrativo*. Rio de Janeiro: Freitas Bastos, 1997.

CARVALHO FILHO, José dos Santos. *Manual de direito administrativo*. 23. ed. Rio de Janeiro: Lumen Juris, 2010.

CARVALHO FILHO, José dos Santos. *Manual de direito administrativo*. 34. ed. São Paulo: Atlas, 2020.

CEREZO MIR, José. *Curso de Derecho Penal Español*: parte general. Madrid: Editorial Tecnos, 2001.

CONSELHO NACIONAL DE JUSTIÇA. Artigo disponível em: <http://www.cnj.jus.br/programas-e-acoes/assuntos-fundiarios-trabalho-escravo-e-trafico-de-pessoas/trafico-de-pessoas>. Acesso em: 09/10/2016.

CONSELHO NACIONAL DE JUSTIÇA. *Audiências de custódia*. Disponível em: <https://www.cnj.jus.br/sistema-carcerario/audiencia-de-custodia/>. Acesso em: 20/01/2023.

COSTA, Álvaro Mayrink da. *Direito penal*: parte especial. 5. ed. Rio de Janeiro: Forense, 2001.

COSTA, Marco Aurélio Rodrigues da. Crimes de informática. *Jus Navigandi*, Teresina, n. 12, ano 1, maio 1997. Disponível em: <http://jus2.uol.com.br/doutrina/texto.asp?id=1826>. Acesso em: 20/01/2009.

COSTA JÚNIOR, Paulo José. *Direito penal objetivo*. Rio de Janeiro: Forense Universitária, 1989.

CRUZ, Ione de Souza; MIGUEL, Claudio Amin. *Elementos de direito penal militar*: parte geral. Rio de Janeiro: Lumen Juris, 2005.

CUNHA, Rogério Sanches; GOMES, Luis Flávio; MAZZUOLI, Valerio de Oliveira. *Comentários à reforma penal de 2009 e à convenção de Viena sobre o direito dos tratados*. São Paulo: Ed. RT, 2009.

CUNHA, Rogério Sanches; PINTO, Ronaldo Batista. *Crime organizado*: comentários à nova lei sobre o crime organizado – Lei nº 12.850/2013. Salvador: Editora JusPodivm, 2013.

CUNHA, Rogério Sanches; PINTO, Ronaldo Batista. *Tráfico de pessoas*: Lei 13.344/2016 comentada por artigos. Salvador: Editora JusPodivm, 2017.

DAL PIERO, Fabrizzio Bonela; VINICIUS, Marcus. *Camuflagem e o padrão ideal para a Forças Policiais Brasileiras*. Disponível em: <http://ceante.org/noticia5.htm>.

DELGADO, Lucrecio Rebollo. *Derechos fundamentales y protección de datos*. Madrid: Dykinson, 2004.

DE SOUZA, Alex Augusto Chinelato. *Segurança operacional e a responsabilidade administrativa dos comandantes de aeronaves da polícia Militar de Minas Gerais*. 2008. Monografia (Curso de Especialização em Segurança Pública) – Centro de Pesquisa e Pós-Graduação da Academia de Polícia Militar de Minas Gerais, Belo Horizonte, 2008.

DI PIETRO, Maria Sylvia Zanella. *Direito administrativo*. 8. ed. São Paulo: Atlas, 1997.

DI PIETRO, Maria Sylvia Zanella. *Direito administrativo*. 18. ed. São Paulo: Atlas, 2005.

EL HIRECHE, Gamil Föppel. *Análise criminológica das organizações criminosas*. Rio de Janeiro: Lumen Juris, 2005.

FALEIROS, Eva. T. Silveira. A Exploração sexual comercial de crianças e de adolescentes no mercado do sexo. In: LIBÓRIO, Renata Maria Coimbra; SOUSA, Sônia M. Gomes (org.). *A exploração sexual de crianças e adolescentes no Brasil*: reflexões teóricas, relatos de pesquisas e intervenções psicossociais. São Paulo: Casa do Psicólogo; Goiânia: Editora da UCG, 2004.

FARIAS, Cristiano Chaves de; EL DEBS, Martha; DIAS, Wagner Inácio. *Direito de laje*: do puxadinho à digna moradia. 3. ed. Salvador: Editora JusPodivm, 2019.

FEITOZA, Denilson. *Direito processual penal*. 6. ed. Niterói: Impetus, 2009.

FERNANDES, Bernardo Gonçalves. *Curso de Direito Constitucional*. 5. ed. Salvador, 2013.

FERNANDES GOMES, Abel; PRADO, Geraldo; DOUGLAS, William. *Crime organizado*. Rio de Janeiro, Impetus, 2000.

FERREIRA, Manuel Cavaleiro de. *Lições de direito penal*: parte geral. Lisboa: Verbo, 1992.

FOUREAUX, Rodrigo. *Justiça Militar*: aspectos gerais e controversos. São Paulo: Fiuza, 2012.

FOUREAUX, Rodrigo. Abordagem policial e busca pessoal. *Atividade Policial*, 04/09/2022. Disponível em: <https://atividadepolicial.com.br/2022/09/04/abordagem-policial-e-busca-pessoal>. Acesso em: 20/01/2023.

FRAGOSO, Heleno Cláudio. *Lições de direito penal*: parte especial (arts. 121 a 160 do CP). 6. ed. Rio de Janeiro: Forense, 1981.

FRAGOSO, Heleno Cláudio. *Lições de direito penal*: parte geral. Rio de Janeiro: Forense, 1993.

FRANÇA, Júnia Lessa; VASCONCELLOS, Ana Cristina de. *Manual para normalização de publicações técnico-científicas*. 8. ed. Belo Horizonte: UFMG, 2011.

FRANCO, Alberto Silva. *Código Penal e sua interpretação jurisprudencial*: parte geral. São Paulo: Ed. RT, 1997. v. 1. t. I.

FRANCO, Alberto Silva. *Crimes hediondos*. 4. ed. São Paulo: Ed. RT, 2000.

FREITAS, Daciana Almeida. A teoria do *labelling approach*: etiquetamento da conduta e o controle social. *JurisWay*, 09/12/2011. Disponível em: <http://www.jurisway.org.br/v2/dhall.asp?id_dh=6925>. Acesso em: 03/05/2014.

FURLANETO NETO, Mário; GUIMARÃES, José Augusto Chaves. Crimes na internet: elementos para uma reflexão sobre a ética informacional. *Revista CEJ*, Brasília, n. 20, jan.-mar. 2003.

GALVÃO, Fernando. *Direito penal*: parte geral. 4. ed. rev., atual. e ampl. Rio de Janeiro: Lumen Juris, 2011.

GALVÃO, Fernando. *Direito penal*: parte geral. Niterói: Impetus, 2004.

GARZÓN VALDÉS, Ernesto et al. *Terrorismo y derechos fundamentales*: el terrorismo político no institucional. Madrid: Fundación Coloquio Jurídico Europeo, 2010.

GASPARINI, Diógenes. *Direito administrativo*. 12. ed. São Paulo: Saraiva, 2007.

GERBOVIC, Luciana. *Stalking*. São Paulo: Almedina, 2016.

GONÇALVES, Luiz Carlos dos Santos. *Primeiras impressões sobre a nova conceituação do crime de estupro, vinda da Lei nº 12.015/2009*. Disponível em: <http://www.cpcmarcato.com.br/arquivo_interno.php?un=1&arquivo=41>.

GRECO, Rogério. *Direito penal*: lições. 2. ed. Belo Horizonte: Del Rey, 2000.

GRECO, Rogério (coord.) et al. *Medicina legal à luz do direito penal e do direito processual penal*. 10. ed. rev. e atual. Rio de Janeiro: Impetus, 2011.

GRECO, Rogério. *Código Penal comentado*. 8. ed. Rio de Janeiro: Impetus, 2014.

GRECO, Rogério. *Curso de Direito Penal*: parte geral. 16. ed. Rio de Janeiro: Impetus, 2014. v. 1.

GRECO, Rogério. *Curso de Direito Penal*: parte especial. 11. ed. Rio de Janeiro: Impetus, 2014. v. 2.

GRECO, Rogério. *Curso de Direito Penal*: parte especial. 11. ed. Rio de Janeiro: Impetus, 2014. v. 3.

GRECO, Rogério. *Curso de Direito Penal*: parte especial. 10. ed. Rio de Janeiro: Impetus, 2014. v. 4.

GRECO, Rogério. *Direito penal do equilíbrio*. 7. ed. Rio de Janeiro: Impetus, 2014.

GRECO, Rogério. Vade mecum *penal e processual penal*. Rio de Janeiro: Impetus, 2014.

HOMA, Jorge M. *Aeronaves e motores*: conhecimentos técnicos. 29. ed. São Paulo: Asa, 2009.

HONORATO, Marcelo. A aviação militar estadual e a interpretação à Constituição Federal do art. 107 do CBA: obediência ao pacto federativo. *Revista Jurídica da Seção Judiciária de Pernambuco*, Recife, n. 5, p. 249-269, 2012.

HUNDZINSKI, Celuy Roberta. Luta contra a excisão. *Revista Espaço* Acadêmico, v. 1, n. 3, ago. 2001.

HUNGRIA, Nélson. *Comentários ao Código Penal*. 4. ed. Rio de Janeiro: Forense, 1958. v. 1. t. II.

HUNGRIA, Nélson. *Comentários ao Código Penal*. Rio de Janeiro: Forense, 1967. v. VII.

JARDIM, Afrânio Silva. *Direito processual penal*: estudos e pareceres. 11. ed. Rio de Janeiro: Forense, 2002.

JESUS, Damásio E. de. *Teoria do domínio do fato no concurso de pessoas*. São Paulo: Saraiva, 2001.

JESUS, Damásio E. de. *Direito penal*: parte geral. 28. ed. São Paulo: Saraiva, 2005. v. 1.

JESUS, Damásio E. de. *Direito penal*: parte especial. 28. ed. São Paulo: Saraiva, 2005. v. 2.

LASSO, José Alaya. Prefácio. In: NAÇÕES UNIDAS. Alto-Comissariado das Nações Unidas para os Direitos Humanos. *Direitos humanos e aplicação da lei*: manual de formação em direitos humanos para as forças policiais. Lisboa: Procuradoria-Geral da República. Gabinete de Documentação e Direito Comparado, 2001.

LAZZARINI, Álvaro. *Estudos de direito administrativo*. São Paulo: Ed. RT, 1996.

LIMA JÚNIOR, Plínio de Oliveira. *Regulamento de tráfego aéreo*: voo visual, avião e helicóptero, piloto privado e comercial. 33. ed. São Paulo: Asa, 2007.

LOBÃO, Célio. *Comentários ao Código Penal Militar*: parte geral. Rio de Janeiro: Forense, 2011. v. 1.

MANKELL, Roberto. *O helicóptero sem segredos*: teoria de voo, conhecimentos técnicos específicos de helicópteros e emergências. 2. ed. São Paulo: [s.n.], 1997.

MARCÃO, Renato. *Tóxicos*. 3. ed. São Paulo: Saraiva, 2005.

MARCONI, Marina; LAKATOS, Eva. *Fundamentos de metodologia científica*. 7. ed. São Paulo: Atlas, 2010.

MARQUES, José Frederico. *Elementos de direito processual penal*. Campinas: BookSeller, 1997. v. 1.

MARQUES, Osvaldo de Souza. *O emprego de helicópteros da PMMG em ocorrências policiais de alta complexidade*: uma avaliação crítica sobre a sua utilização no interior do Estado. 2006. Monografia (Curso de Especialização em Segurança Pública) – Centro de Pesquisa e Pós-Graduação da Academia de Polícia Militar de Minas Gerais, Belo Horizonte, 2006.

MARTINS, Valmir Farias. *Assédio moral*: a emergência de um mal globalizado. Disponível em: <www.portal.fbb.br/arqnew/ARQUIVOS/BACHARELADO_EM_ADMINISTRACAO_COM.../Art.%20Assédio%20Mor>. Acesso em: 10/01/2009.

MASSON, Cleber. *Direito penal*: parte especial. 11. ed. Rio de Janeiro: Forense; São Paulo: Método, 2018. v. 2.

MATEU, Juan Carlos Carbonell. *Derecho penal*: concepto y principios constitucionales. Valencia: Tirant lo Blanch, 1999.

MAURACH, Reinhart; ZIPF, Heinz. *Derecho penal*: parte general. Trad. Jorge Bofill Genzsch e Enrique Aimone Gibson. Buenos Aires: Astrea, 1994. v. 1.

MEIRELLES, Hely Lopes. *Licitação e contrato administrativo*. 10. ed. São Paulo: Ed. RT, 1991.

MEIRELLES, Hely Lopes; ALEIXO, Délcio Balestero; BURLE FILHO, José Emmanuel. *Direito administrativo brasileiro*. São Paulo: Malheiros Editores, 2012, 38ª edição.

MENDONÇA, Andrey Borges de. *Nova reforma do Código de Processo Penal*. São Paulo: Método, 2008.

MIR PUIG, Santiago. *Derecho penal*: parte general. 4. ed. Barcelona, 1996.

MIRABETE, Julio Fabbrini. *Código de Processo Penal interpretado*. São Paulo: Atlas, 1997.

MIRABETE, Julio Fabbrini. *Manual de direito penal*. 35. ed. São Paulo: Atlas, 2021, v. 1.

MIRANDA, Nilmário. A ação dos grupos de extermínio no Brasil. *DHnet*. Disponível em: <http://www.dhnet.org.br/direitos/militantes/nilmario/nilmario_dossieexterminio.html>. Acesso em: 07/04/2023.

MORAES, Alexandre de. *Direito constitucional*. 15. ed. São Paulo: Atlas, 2004.

MORAES, Emanuel de. *A atual guerra islâmica*: o terrorismo. Rio de Janeiro: Edições Galo Branco, 2006.

NACIONES UNIDAS. OFICINA DE LAS NACIONES UNIDAS CONTRA LA DROGA Y EL DELITO (UNODC). *Manual sobre la lucha contra la trata de personas para profesionales de la justicia penal*. New York: Naciones Unidas, 2010.

NAÇÕES UNIDAS. Alto-Comissariado das Nações Unidas para os Direitos Humanos. *Direitos humanos e aplicação da lei*: manual de formação em direitos humanos para as forças policiais. Lisboa: Procuradoria-Geral da República. Gabinete de Documentação e Direito Comparado, 2001.

NAPOLEÃO, Ricardo Ferreira. Disponível em: <www.operacoesespeciais.com.br>.

NASSIF, Aramis. *O novo júri brasileiro*. Porto Alegre: Livraria do Advogado, 2009.

NEJAIM, América. *A formação do processo no novo CPC*. Disponível em: <https://america-nejaim.jusbrasil.com.br/artigos/447819306/a-formacao-do-processo-no-novo-cpc>. Acesso em: 27/12/2020.

NORONHA, Edgard Magalhães. *Direito penal*. 33. ed. São Paulo: Saraiva, 2003. v. 2.

NUCCI, Guilherme de Souza. *Código Penal comentado*. 5. ed. São Paulo: Ed. RT, 2005.

NUCCI, Guilherme de Souza. *Código Penal Militar comentado*. São Paulo: Ed. RT, 2013.

NUCCI, Guilherme de Souza. *Organização criminosa*: comentários à Lei 12.850, de 02 de agosto de 2013. São Paulo: Ed. RT, 2013.

NUCCI, Guilherme de Souza. *Curso de Direito Penal*: parte especial. 2. ed. Rio de Janeiro: Forense; São Paulo: Método, 2018. v. 2.

OLIVEIRA, Edmundo. *Crimes de corrupção*. Rio de Janeiro: Forense, 1994.

OLIVEIRA, Rafael Carvalho Rezende. *Curso de Direito Administrativo*. 8. ed. Rio de Janeiro: Método, 2020.

OLIVEIRA DA SILVA, Higor Lucas. *Formação, suspensão e extinção*. Disponível em: <https://jus.com.br/artigos/72489/formacao-suspensao-e-extincao>. Acesso em: 26/12/2020.

PIERANGELI, José Henrique. *Escritos jurídico-penais*. São Paulo: Ed. RT, 1992.

PRADO, Luiz Regis. *Curso de Direito Penal Brasileiro*. São Paulo: Ed. RT, 2002. v. 2.

PRADO, Luiz Regis. *Curso de Direito Penal Brasileiro*. São Paulo: Ed. RT, 2002. v. 3.

PRADO, Luiz Regis. *Curso de Direito Penal Brasileiro*. São Paulo: Ed. RT, 2002. v. 4.

QUEIROZ, Paulo. *Direito processual penal*: por um sistema integrado de direito, processo e execução penal. Salvador: Editora JusPodivm, 2018.

RAMOS, Beatriz Vargas. *Do concurso de pessoas*. Belo Horizonte: Del Rey, 1996.

RANGEL, Paulo. *Reflexões teóricas sobre o processo penal e a violência urbana*: uma abordagem crítica construtiva à luz da Constituição. Rio de Janeiro: Lumen Juris, 2008.

RANGEL, Paulo. *Direito processual penal*. 16. ed. Rio de Janeiro: Lumen Juris, 2009.

REALE JÚNIOR, Miguel. *Teoria do delito*. São Paulo: Ed. RT, 1998.

RICARDO, José Ailson Aparecido. Dignidade da pessoa humana e a apresentação de presos à mídia. *JurisWay*, 10/10/2012. Disponível em: <http://www.jurisway.org.br/v2/dhall.asp?id_dh=9071>. Acesso em: 03/05/2014.

SANTOS, Juarez Cirino dos. *A moderna teoria do fato punível*. Rio de Janeiro: Freitas Bastos, 2000.

SARLET, Ingo Wolfgang. *Dignidade da pessoa humana e direitos fundamentais*. Porto Alegre: Livraria do Advogado, 2001.

SILVEIRA, Alexandre de Assis. *Núcleo de interceptação e inteligência policial*. 1º Curso de interceptadores. Polícia Civil do Estado de Minas Gerais, 2007.

SOUZA, Renato Vieira de. *Do exército estadual à polícia de resultados*: crise e mudanças de paradigmas na produção doutrinária da Polícia Militar de Minas Gerais. 2003. Dissertação (Mestrado em Administração Pública) – Escola de Governo, Fundação João Pinheiro, Belo Horizonte, 2003.

SOUZA, Sérgio Ricardo de. *A nova Lei Antidrogas*. Niterói: Impetus, 2006.

SUPREMO TRIBUNAL FEDERAL. *Boletim Eletrônico*, 21/06/2012. Disponível em: <www.stf.gov.br/portal/cms/verNoticiaDetalhe.asp>. Acesso em: 02/10/2012.

SUTTI, Paulo; RICARDO, Silvia. *As diversas faces do terrorismo*. São Paulo: Editora Harbra, 2009.

TAVARES, Juarez. *As controvérsias em torno dos crimes omissivos*. Rio de Janeiro: Instituto Latino-Americano de Cooperação Penal, 1996.

TAVARES, Mauro Calixta. *Gestão estratégica*. 2. ed. São Paulo: Atlas, 2008.

TORNAGHI, Hélio. *Compêndio de processo penal*. Rio de Janeiro: José Konfino, 1967. v. 3.

TOURINHO FILHO, Fernando da Costa. *Prática de processo penal*. 30. ed. São Paulo: Saraiva, 2009.

VILCHEZ GUERRERO, Hermes. *Do excesso em legítima defesa*. Belo Horizonte: Del Rey, 1997.

VISACRO, Alessandro. *Guerra irregular*: terrorismo, guerrilha e movimentos de resistência ao longo da história. São Paulo: Editora Contexto, 2009.

WELZEL, Hans. *Derecho penal alemán*. Trad. Juan Bustos Ramirez e Sergio Yañes Peréz. Santiago: Editorial Jurídica de Chile, 1987.

WESSELS, Johannes. *Derecho penal*: parte general. Buenos Aires: De Palma, 1980.

ZAFFARONI, Eugenio Raúl; PIERANGELI, José Henrique. *Manual de direito penal brasileiro*: parte geral. 2. ed. São Paulo: Ed. RT, 1999.